U0659913

湖北省学术著作出版专项资金资助项目

现代航运与物流:安全·绿色·智能技术研究丛书

引 航 学

刘明俊　刘敬贤　甘浪雄　翁建军　编著

武汉理工大学出版社
·武　汉·

内 容 提 要

本书为《现代航运与物流:安全·绿色·智能技术研究丛书》之一。全书围绕船舶引航，从基础理论、操船技术、信息应用及管理法规等方面分两篇14章展开论述。第1篇为船舶通航环境，主要包括河流、航道、水文、气象、船舶助导航系统、航行图、船舶交通流与定线制、船舶信息感知与信息服务等内容，详细论述了船舶通航环境组成要素及其对船舶航行的影响、船舶定线制基本原理与规定、现代信息导航技术在船舶引航中的应用。第2篇为船舶引航技术，主要包括引航原理、典型河段的引航、水工建筑河段的引航、海上引航、特种船舶引航和特殊环境下的引航等内容，详细论述了船舶在各种通航环境和特殊情况下的引航理论、技术和引航注意事项。本书对船舶引航理论和技术作了全面系统的分析、研究和阐述，对提高船舶引航技术，保障船舶航行安全，加强船舶通航管理等具有重要作用。

本书可作为航海院校研究生的教材，也可供航海技术专业教师及船舶驾引、通航管理、科研院所和设计部门等高级技术人员参考使用。

图书在版编目(CIP)数据

引航学/刘明俊等编著. —武汉 :武汉理工大学出版社，2016.10
ISBN 978-7-5629-5339-5

Ⅰ. ①引… Ⅱ. ①刘… Ⅲ. ①船舶航行—领航—研究 Ⅳ. ①U675.98

中国版本图书馆CIP数据核字(2016)第202821号

项目负责:陈军东 陈 硕 **责任编辑**:彭佳佳
责任校对:雷红娟 **封面设计**:兴和设计
出版发行:武汉理工大学出版社
武汉市洪山区珞狮路122号 邮编:430070
http://www.wutp.com.cn
E-mail:chenjd@whut.edu.cn
经 销 者:各地新华书店
印 刷 者:湖北恒泰印务有限公司
开 本:787×1092 1/16
印 张:20.75
字 数:520千字
版 次:2016年10月第1版
印 次:2016年10月第1次印刷
定 价:88.00元(精装本)
凡购本书，如有缺页、倒页、脱页等印装质量问题，请向出版社发行部调换。
本社购书热线电话:(027)87515798 87165708

现代航运与物流：安全·绿色·智能技术研究丛书

编审委员会

主任委员：严新平

航运物流与交通规划技术系列主任委员：张培林

内河航运技术系列主任委员：黄立文

船港设备绿色制造技术系列主任委员：袁成清

交通智能化与安全技术系列主任委员：吴超仲

委　员（按姓氏笔画为序）

邓　健　甘浪雄　田　高　白秀琴　刘正林

刘明俊　刘敬贤　刘　清　牟军敏　杨亚东

杨学忠　肖汉斌　吴建华　吴超仲　初秀民

张矢宇　张培林　陈　宁　周新聪　袁成清

钟　鸣　黄立文　黄　珍　蒋惠园　蔡　薇

秘 书 长：杨学忠

总责任编辑：陈军东

出版说明

航运与物流作为国家交通运输事业的重要组成部分，在国民经济尤其是沿海及内陆沿河沿江省份的区域经济发展中起着举足轻重的作用。我国是一个航运大国，航运事业在经济社会发展中扮演着重要的角色。然而，我国航运事业的管理水平和技术水平还不高，离建设航运强国的发展目标还有一定的差距。为了研究我国航运交通事业发展中的安全生产、交通运输规划、设备绿色节能设计等技术与管理方面的问题，立足于安全生产这一基础前提，从航运物流与社会经济、航运物流与生态环境、航运物流与信息技术等角度用环境生态学、信息学的知识来解决我国水运交通事业绿色化和智能化发展的问题，促进我国航运事业管理水平与技术水平的提升，加快航运强国的建设。因此，武汉理工大学出版社组织了国内外一批从事现代水运交通与物流研究的专家学者编纂了《现代航运与物流：安全·绿色·智能技术研究丛书》。

本丛书第一期拟出版二十多种图书，分为船港设备绿色制造技术、交通智能化与安全技术、航运物流与交通规划技术、内河航运技术等四个系列。本丛书中很多著作的研究对象集中于内河航运物流，尤其是长江水系的内河航运物流。作为我国第一大内河航运水系的长江水系的航运物流，对长江经济带经济发展的促进作用十分明显。2011 年年初，国务院发布《关于加快长江等内河水运发展的意见》，提出了内河水运发展目标，即利用 10 年左右的时间，建成畅通、高效、平安、绿色的现代化内河水运体系，2020 年全国内河水路货运量将达到 30 亿吨以上，拟建成 1.9 万千米的国家高等级航道。2014 年，国家确定加强长江黄金水道建设和发展，正式提出开发长江经济带的战略构想，这是继“西部大开发”、“中部崛起”之后的又一个面向中西部地区发展的重要战略。围绕航运与物流开展深层次、全方位的科学研究，加强科研成果的传播与转化，是实现国家中西部发展战略的必然要求。我们也冀望丛书的出版能够提升我国现代航运与物流的技术和管理水平，促进社会经济的发展。

组织一套大型的学术著作丛书的出版是一项艰巨复杂的任务，不可能一蹴而就。我们自 2012 年开始组织策划这套丛书的编写与出版工作，期间多次组织专门的研讨会对选题进行优化，首期确定的 4 个系列 22 种图书，将于 2017 年年底之前出版发行。本丛书的出版工作得到了湖北省学术著作出版专项资金项目的资助。本丛书涉猎的研究领域广泛，在这方面的研究成果众多，首期出版的项目不能完全包含所有的研究成果，难免挂一漏万。有鉴于此，我们将丛书设计成一个开放的体系，择机推出后续的出版项目，与读者分享更多的我国现代航运与物流业的优秀学术研究成果，以促进我国交通运输行业的专家学者在这个学术平台上的交流。

现代航运与物流:安全·绿色·智能技术研究丛书编委会
2015 年 8 月

前　　言

水路运输是现代综合运输体系的重要组成部分。随着国家“一带一路”发展战略的实施，水路运输将进一步发挥水运运力大、成本低、能耗少的竞争优势，打造网络化、标准化、智能化的综合立体交通体系。目前，我国航运业已形成了以沿海、沿江重要港口为节点和枢纽，布局合理、层次分明、功能齐全、优势互补的港口体系。随着船舶大型化、集装箱运输网络化和水路运输物流链的构筑，我国航运将会打开一个崭新的局面。

伴随我国经济发展战略的实施，进出港和航行于内河航道的船舶会进一步增多，大型化趋势会更加明显。为积极响应国家战略决策，推动航运业的不断发展，提升相关教学和科技工作者的基础理论水平，提高驾驶人员的操船技术，保障船舶航行安全，编者受《现代航运与物流：安全·绿色·智能技术研究丛书》编委会委托完成本书的编写。本书凝聚了编者长期的教学、实践经验和科研、学术成果，在参考国内外有关学术专著和教材的基础上编写而成。

本书的编写坚持理论联系实际的原则，其内容面向全国港口与内河航道，具有适用性、系统性和一定的前瞻性、先进性，既有引航理论研究，又有引航实践和技术分析。

本书共 2 篇 14 章，由刘明俊、刘敬贤、甘浪雄和翁建军编著。其中，刘明俊编写第 9、10、11 章，甘浪雄编写第 2、3 章，刘敬贤编写第 7、12 章，翁建军编写第 1、6 章，徐言民编写第 5 章，文元桥编写第 4 章，刘克中编写第 8 章，牟军敏编写第 13 章，熊锡龙编写第 14 章。陈蜀喆参与了统稿及部分章节的编写工作。

本书的编写和出版工作得到了长江引航中心领导和许多高级引航员的关心和大力支持，在此致以衷心的感谢。

由于本书的编写时间和编者水平有限，书中不当之处敬请读者批评指正。

编者

2015 年 6 月

目　　录

第1篇　船舶通航环境

第 2 篇 船舶引航技术

第1篇　船舶通航环境

1　河　流

1.1　河流基本知识

河流是指陆地表面上的线性凹地与在其上流动的河水的总称，是在地壳构造运动的基础上，水流与河床长期不断地相互作用下形成的。河水是一种天然水体，它由一定区域内的地面水及地下水补给，并在重力作用下经常或周期性地沿着由它本身所造成的连续延伸的线性凹地流动。河流在水利、航运、养殖及人类生存、供水等方面发挥着巨大的作用。

1.1.1　河流的基本组成

河流最基本的组成可分为两部分，一是陆地表面的线性凹地，即河谷；二是在河谷上流动的地表流水，即河水。

河谷是河流挟带着沙砾在地表侵蚀塑造的线性凹地，是一种形态组合。河谷的形成与地质过程、水流的冲淤变化有关。河谷一般由谷底、冲积层、谷坡、阶地、河床、河槽、河漫滩等部分组成(图1-1)。根据其组成特点可分为有阶地河谷与无阶地河谷两大类。

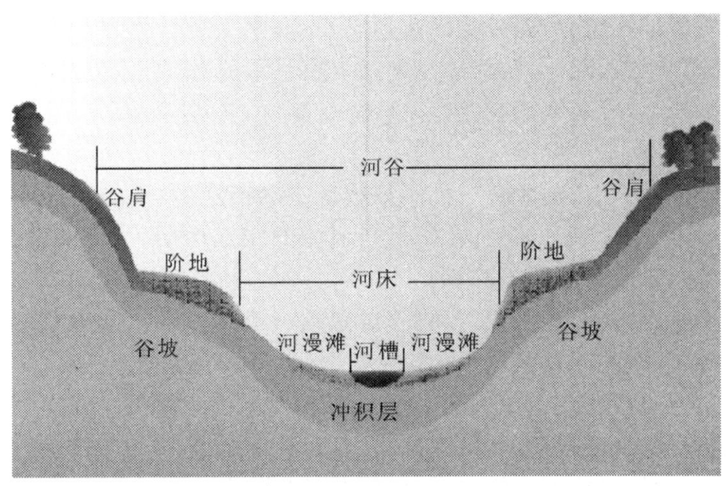

图1-1　河谷(有阶地)横剖面形态图

① 谷底：河谷的最下部分，包括河水占据的河槽和洪水能淹没的河漫滩。

② 冲积层：淤积在谷底上的泥沙、砾石、卵石、石块等，包括阶地、河漫滩、边滩等。

③ 河床：河床是指河谷中曾经被水流淹没的部分。

④ 河槽：河床中正被水流淹没的部分。河槽有洪水河槽、中水河槽、枯水河槽之分，习惯

上将枯水河槽称为基本河槽。

⑤ 河漫滩:冲积层的一部分,因泥沙等物淤积在近岸边而形成,洪水时一般被淹没,而中枯水时则露出水面。

⑥ 谷坡:河漫滩以上由河流侵蚀形成的两侧岸坡。

⑦ 阶地:由于河流下切侵蚀,河床不断加深,原先的河漫滩地面超出一般洪水期水面,排列较平坦,呈阶梯状分布于河谷两侧谷坡上的地貌,称为阶地。

⑧ 谷肩:谷坡上的转折点(或带),是计算河谷宽度、深度和河谷制图的标志。

河水是地表水在重力作用下沿河谷流动的水流。在流动过程中,河水能侵蚀地面,形成各种形态的侵蚀沟谷。被侵蚀的物质沿途堆积,形成各种各样的堆积地貌。凡由地表流水作用(包括侵蚀、搬运和堆积)塑造的各种地貌,统称流水地貌。对通航河流而言,均具有稳定的水源补给和固定的水道,河床中终年保持一定的水量。河水的存在使得水上运输成为可能。

1.1.2 河流的分类与分段

河流与地壳、气候、土壤、植被、河道演变、人工用水等各种因素密切相关。每条河流都具有各自的特征。根据地质地貌、水文特征和航行条件,通常将较大的河流分为山区河流与平原河流两大类。

山区河流流经地势高峻、地形复杂的山区,河床多由原生基岩、乱石或卵石所组成,河床抗冲性强,航道稳定少变;沿途多为开阔段与峡谷相间的地区,平面形态极为复杂,两岸与河心常有巨石突出,岸线极不规则,急弯、卡口比比皆是。由于山区河流两岸坡面陡峻、降雨时间长、降雨量较大、汇流时间短,因此,洪水的猛涨猛落是山区河流重要的水文特点。山区河流的水面纵比降一般都比较大,而且受河床形态影响,绝大部分落差集中于局部河段。山区河流的流速大、流态十分紊乱。山区河道易在遭受突然而强烈的外界因素影响时,产生河床的显著变形。总体来说,山区河流流速大,水位变幅大,流态紊乱,航道尺度小,航行条件较差。

平原河流流经地势平坦、土质疏松的平原地区。其特点为具有宽广的河漫滩,河床多为卵石挟沙、粗沙、中沙、细沙以及黏土。在水流与河床的相互作用下,河流往往在广阔的河漫滩上左右摆动,因此,平原河流航道多变。

平原河流由于集水面积大,汇流时间长,洪水期一般没有水位猛涨猛落的现象,但洪水期持续时间相对较长,水位变化幅度不大。

平原河流相对于山区河流而言流速小,水位变幅小,水流平顺,流态平缓,航道尺度较大,但航道不稳定,时有浅滩碍航,属宽浅型的河段。总体来说,其航行条件比山区河流要好。

同一河流,不同的部门从不同的角度出发,对其分段有不同的划分结果,但一般来说,其划分结果都有以下共同特点:

① 河源:河流的发源地。

② 上游:地处山区峡谷地带,具有山区河流的基本特征。

③ 中游:位于上游和下游之间,一般流经丘陵地区,因而同时具有山区河流与平原河流的某些特征。

④ 下游:地处平原地区,具有平原河流的基本特征。

⑤ 河口段:河流流入海洋、湖泊、水库、沼泽、沙漠或另一河流的出口处。

上述河流的分类与分段方法,对于较小的河流不完全适用。

1.1.3 河道特征

河道特征包括河槽的平面形态、河流的断面和比降等。河流的断面分为纵断面及横断面。一般纵断面是指沿河流中线或轴线的剖面。以河长为横坐标,高程为纵坐标,即可绘出河流的纵断面图,如图 1-2 所示。

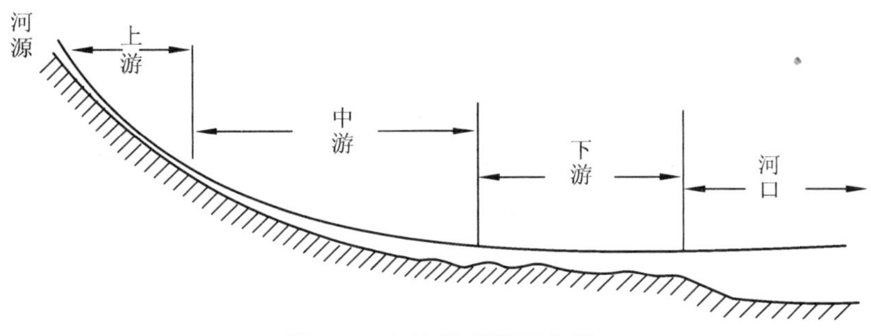

图 1-2 河流纵断面示意图

河槽中某处垂直于流向的断面称为河流在该处的横断面。它的下界为河底,两侧为河槽斜坡,上界为水面线。横断面也称为过水断面,是计算流量的重要因素。

1.2 河流动力学基本原理

河流是水流与河床相互作用的产物。水流作用于河床,使河床发生变化;河床又反过来作用于水流,影响水流的结构。两者构成一个矛盾的统一体,相互依存,相互影响,相互制约,永远处于变化和发展的过程中。

1.2.1 泥沙运动的基本形式

泥沙运动的基本形式,可分为推移质运动(包括沙波运动)和悬移质运动两大类。

1.2.1.1 推移质运动

泥沙所采取的运动形式,与其本身粒径的大小、在河床上所处的位置以及水流条件等因素有关。在河流中,泥沙一颗一颗地沿河床滚动、滑动或跳跃前进,运动一阵、停止一阵,呈间歇性。运动着的泥沙与静止的泥沙经常彼此交换,前进的速度远小于水流速度,这一类泥沙叫作推移质,在水流挟运的泥沙中属于比较粗的一部分。当河床上有一定数量的推移质向前运动的时候,河床表面往往形成起伏的沙波。

这种滑动或滚动着的泥沙,在运动中始终保持与床面接触,所以叫接触质。而在床面附近采取跳跃式前进的泥沙,叫跃移质。跃移质运动是推移质的主要运动形式。

1.2.1.2 悬移质运动

在一定水流条件下,泥沙在水中浮游前进,顺水流前进的速度与水流的速度基本上相同。浮游的位置时上时下,较细的泥沙能上升至接近水面;较粗的泥沙有时甚至回到河床上"休息",与床面泥沙(简称"床沙")产生置换现象,这一类泥沙叫作悬移质,在水流所挟运的泥沙中属于比较细的一部分。在平原冲积型河流中，悬移质占河流输沙的绝大部分。

悬移质可分为床沙质和冲泻质。对某一段河段来说，悬移质中较粗的一部分泥沙以及绝大部分推移质泥沙直接来自上游及本河段的河床，是从床沙中被水流带起进入运动的泥沙，因此，称为床沙质。悬移质中较细的部分以及推移质中的极小部分是床沙中很少或几乎不存在的，它们起源于流域内坡面上的冲蚀，是被水流长途挟带输入到河流中的，因此称为冲泻质。

在一定的水流与河床组成条件下，水流在单位时间内所能挟带并通过河段下泄的悬移质泥沙数量叫作悬移质输沙率。

1.2.1.3　沙波运动

推移质运动达到一定规模的地方，河床表面便形成起伏的沙波，这是推移质运动的一种主要形式。一般沙波的纵剖面向上隆起的地方叫作波峰，向下凹的地方叫作波谷；相邻两波谷或相邻两波峰之间的距离叫作波长；波谷至波峰的铅直距离叫作波高。

在航行中，经常见到的沙齿、沙嘴、沙角等是沙波运动在河道中的具体表现，对水上船舶的航行安全，有很大的影响。

1.2.1.4　河流的工作

河流的工作是通过泥沙运动来体现的，其结果是泥沙冲积物的形成、消亡或河槽的变形，有侵蚀、搬运和沉积三个过程。

侵蚀是指水流的冲刷作用。侵蚀的结果，给河流带来很多泥沙，以及溶解在水中的物质。

河流的侵蚀作用是河流发育壮大的主要因素。侵蚀分为两种：一种称为深侵蚀，指侵蚀作用朝纵深方向发展，使河流的深度和长度（溯源侵蚀）增加；另一种称为侧侵蚀，指侵蚀作用向两岸进行，使河床加宽或发生平面变形。

搬运就是指河水以推移或悬移的形式，把侵蚀下来的泥沙、石块往下游输送。

沉积是指泥沙在水流挟带过程中，由于流速的减小，水流挟沙能力降低，泥沙颗粒便由运动状态变为静止状态，淤积于河槽中。任何一条河流的流速都是从上游往下游递减，故其挟沙能力也是从上游往下游递减，而沉积则从上游往下游递增。

侵蚀、搬运、沉积是河流工作的统一过程。没有侵蚀就没有什么可以搬运，没有搬运就不可能产生沉积。河流的工作是永远朝着一个方向进行的。整个过程的趋势似乎是要削平大陆，填平海洋。

1.2.2　河道演变的基本原理

河道演变是指河道在自然条件影响下或受人工建筑物干扰时所发生的变化。这种变化是水流和河床相互作用的结果。水流和河床的相互作用是以泥沙运动为纽带的。在一种水流情况下，通过泥沙的淤积使得河床升高或束窄；在另一种水流情况下，通过泥沙的冲刷使得河床降低或拓宽。因此河道演变的基本规律是以泥沙运动的基本规律为基础的。

河道演变的具体原因千差万别，但根本原因归结为输沙的不平衡。河床的纵向变形是由于纵向输沙不平衡所引起的，河床的横向变形是由于横向输沙不平衡所引起的，河床的局部变形是由于局部输沙不平衡所引起的。

由于河床和水流的“自动调整作用”，当河床发生淤积时，其淤积速度将逐渐减小，直至淤积停止；当河床发生冲刷时，其冲刷速度也将逐渐减小，直至冲刷停止。

一般地说，对于任何一个具体河段，影响河道演变的主要因素通常有如下四项：河段的来水量及其变化过程；河段的来沙量、来沙组成及其变化过程；河段的河谷比降；河段的河床形态及地质情况。对于冲积平原河道来说，前两个因素起主导作用；而对于山区河流来说，后两个因素常起主导作用。此外，人为因素对河道演变的影响也是很大的。

1.2.3 泥沙冲积物

泥沙的运动与流速有密切关系，而在河槽中流速的分布是极不均匀的，加之河槽底部常常起伏不平，使泥沙在河槽中产生冲积物。它们对船舶航行有着不同程度的妨碍和影响。下面介绍几种与船舶航行有关的常见泥沙冲积物。

1.2.3.1 边滩

河槽中与某岸相连的大块带状泥沙冲积物称为边滩。通常它与凸岸相连接。边滩开始时很小，以后随着泥沙的沉积而逐渐变大，在紊流作用下，它的平面特征是斜伸向下游的。与大的边滩或河岸相连的小突嘴称沙嘴。依附于边滩而伸向下游或对岸的形似锯齿的小沙嘴称沙齿。在两相邻沙齿间，有一深坑，称为沙齿后坑，见图 1-3。一般沙齿上方水面平滑，水色较亮，呈淡黄色，沙齿后方水色较暗。但上水船经过时，船波在沙齿上就显得特别明显。驾驶员可利用这些特征来辨别沙齿的位置，确定缓流航道的离岸距离。

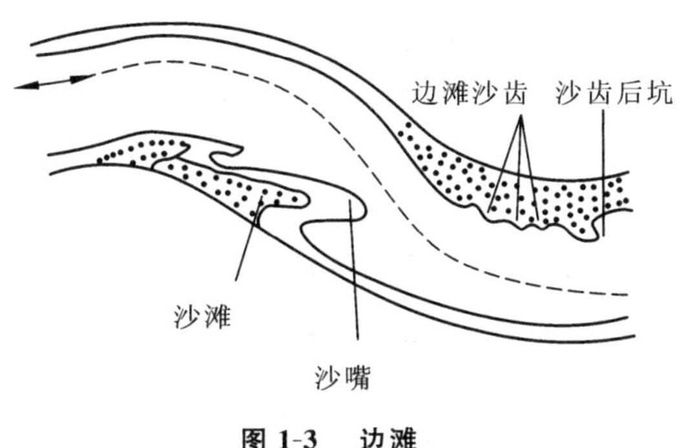

图 1-3 边滩

1.2.3.2 冲积堆

如图 1-4 所示，在干、支流交汇处，因流速变慢，原来由支流或山溪所挟带出的粗颗粒泥沙，如砾石、沙石甚至块石等，便在河口处沉积下来，形成冲积堆。特别是在山洪暴发的情况下，大量沙石被携带而下，沉积在河口或沟谷口，严重者几乎能将河槽完全阻塞，必须进行开挖，才能通航。

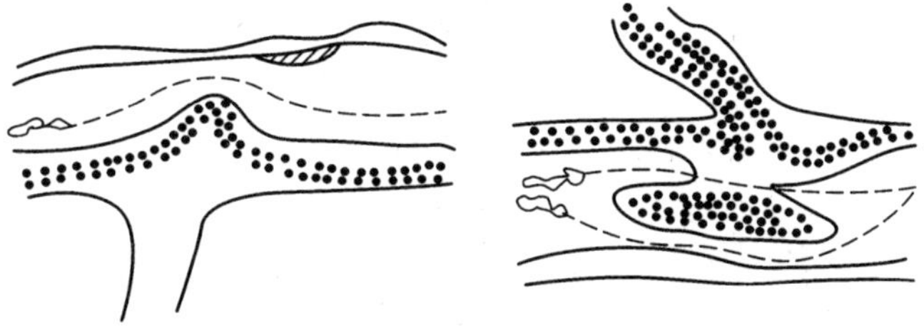
图 1-4 冲积堆

1.2.3.3 沙包

在宽浅散乱和游荡型浅滩河段上，因河面宽阔、水流分散，流速减慢，或因沉船、沉树等偶然因素，在河床上形成的一些碍航的泥沙淤积体，称为沙包（图 1-5）。这种沙包前坡陡峭，后坡平缓。沙波则相反，前坡平缓，而后坡陡峭。

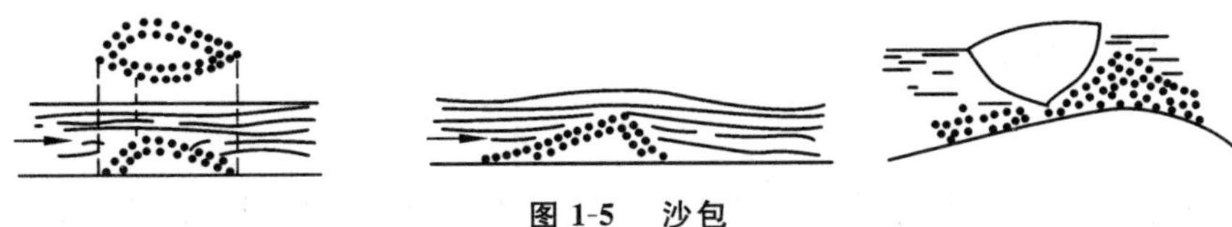
图 1-5 沙包

沙包大多数是不稳定的,当它的形成条件消失之后,很快就会被冲刷掉。

1.2.3.4 江心洲

河槽中四周环水的水上或水下泥沙冲积物称江心洲。水下江心洲一般称为潜洲。

江心洲的形成原因有:

① 边滩尾部被水流冲刷而脱离边岸。这种江心洲是不稳定的。

② 两条河流汇流后,水流的流速和挟沙能力降低,引起泥沙沉积,形成江心洲。

③ 河槽平面形状发生急变,使水流情况也随之改变,如在河槽束窄处的上方有壅水,泥沙因之沉积,这种江心洲是十分稳定的。

④ 河道裁弯取直。江心洲与边滩一样,随着时间的推移而变化。在比较稳定的江心洲上,常会长满植物,江心洲也会逐渐向下游移动或在一定条件下与河岸连接起来,大的江心洲也可能被某一次洪水分割成几个小的江心洲。植物对江心洲的增长和稳定有巨大的影响,植物越茂盛,江心洲增长越快,抵抗冲刷的能力也越强。

1.3 弯曲河段

1.3.1 弯曲河段的组成

弯曲河段是由正反相间的曲率达到一定程度的弯道和介于其间的长短不等的过渡段连接而成的,河道蜿蜒曲折,经常处于蠕动之中,一般为单股,很少分汊。图 1-6 所示为蜿蜒型河段弯道段示意图,图中河道具有一定曲率的部分称为弯道段,连接上下两弯道段的直线部分称为过渡段。弯道中心线的半径称为弯曲半径 R。弯道段自进口至出口所包含的中心角称为弯道中心角 φ。上下两过渡段中点沿弯道中心线的长度与两点之间直线长度的比值称为弯曲系数,通常所指的弯曲河段,其弯曲系数大于 1.5。弯道水深较深的一岸称为凹岸,对岸水深较浅的一岸称为凸岸。

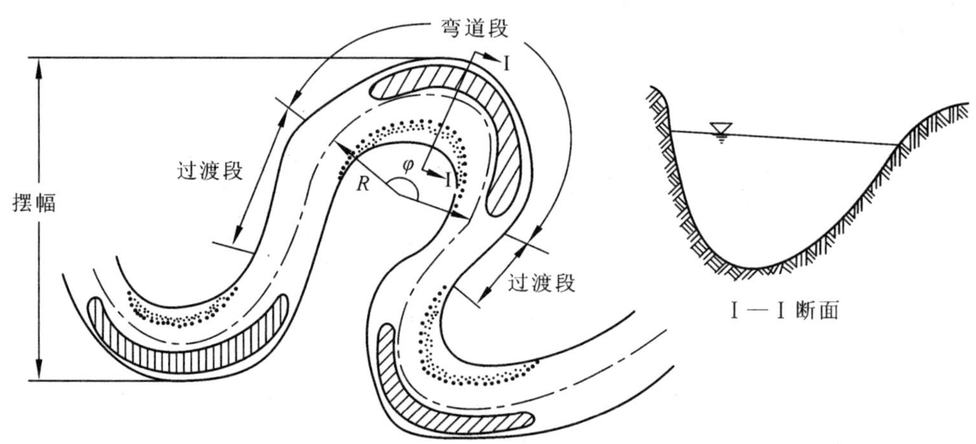

图 1-6 蜿蜒型河段弯道示意图

1.3.2 弯曲河段的水流泥沙特性

1.3.2.1 弯道环流

弯道环流是由于弯道水流受重力与离心力的作用,而形成的一种表层水流流向凹岸;底层水流流向凸岸的封闭水流。这种封闭水流与纵向水流结合在一起，便形成一种旋转前行的螺旋流。这个螺旋流在横断面内的投影即为弯道环流。

1.3.2.2　弯道水流动力轴线

在天然河道内，一般在弯道进口段或者在弯道上游的过渡面，主流常偏靠凸岸。进入弯道以后，主流即逐渐向凹岸转移，至弯顶稍上部位，主流才偏靠凹岸。主流逼近凹岸的位置叫作“顶冲点”，自“顶冲点”向下相当长的距离内，主流贴近凹岸，如图 1-7 所示。

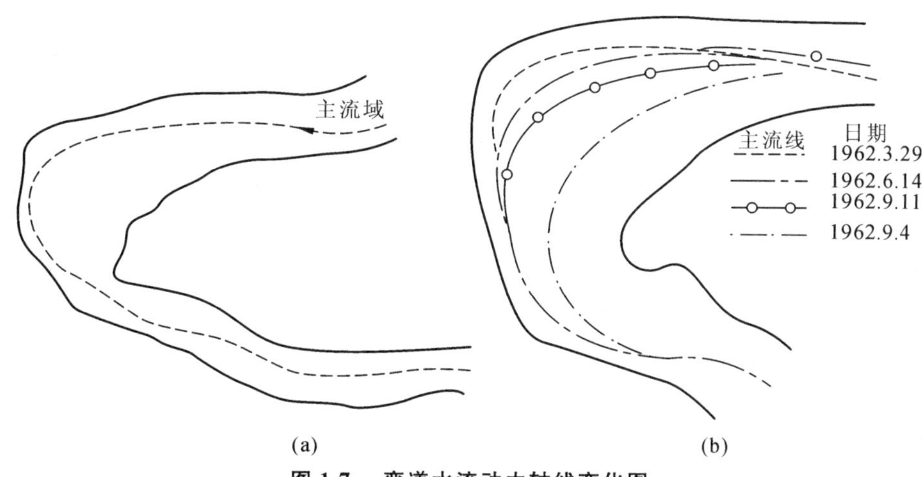

图 1-7　弯道水流动力轴线变化图

在弯道段，水面纵比降有以下特点：弯道上段的水面纵比降，凸岸常大于凹岸；弯道下段则相反。

1.3.3　弯曲河段的演变规律

1.3.3.1　凹岸崩退和凸岸淤长

弯曲河段的河道演变最本质的问题是在环流作用下所引起的横向输沙不平衡。流向凹岸的挟沙较少的表层水流，在到达凹岸并折向河底的过程中，将从凹岸的挟沙较多的底层水流中获取泥沙，并在流向凸岸并转向水面的过程中，在靠近凸岸处逐渐释放多余的泥沙。当水流向下和向上运动时，泥沙的重力作用将加强水流对泥沙的攫取和释放作用。这种运动过程必然导致凹岸崩退和凸岸淤长，如图 1-8 所示。

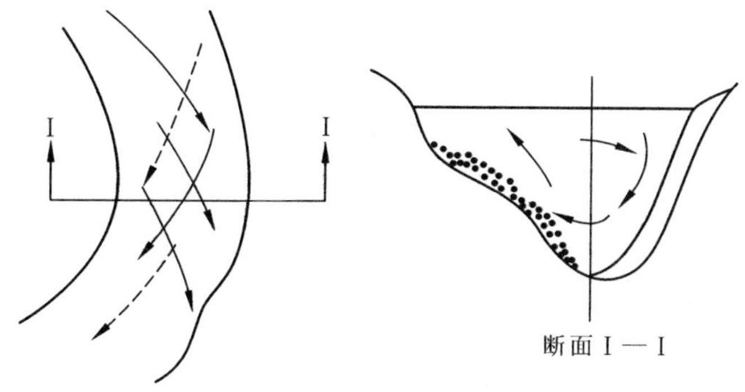

图 1-8　弯道横向输沙图

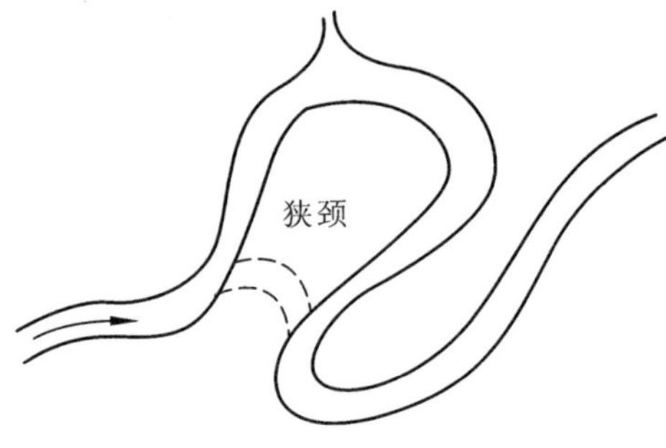

图 1-9　下荆江碾子弯自然裁弯示意图

1.3.3.2　弯道的发展及消亡

河环的起点和终点相距很近，称为狭颈，如图 1-9 所示。狭颈两端水位高度相差较大，一遇漫坪水流，就可能冲开并发展成新河，这就是自然裁弯。

裁弯之后，新河由于比降大、流速大、水流挟沙力也大，断面受到强烈的冲刷，迅速展宽加深。老河则与此相反，由于比降小、流速小、水流挟沙力也小，加之流入的水又往往是底层较浑的水，因此，形成强烈的淤积，断面迅速减小。

从上述演变过程可以看出，弯曲河段是经常处于运动和发展状态中的。撇弯和切滩是河弯发展消亡的另一种形式。当凹岸土质很不均匀，河湾发展受到限制，形成曲率较大的锐弯时，往往在凹岸出现撇弯现象。另一种情况，随着凹岸迅速崩退，凸岸边滩延伸较宽，如果刚好遇上连续数年的小水年，凹岸崩退较远，而形成的广阔而平坦的凸岸边滩却来不及相应上升，一旦较大洪水来临，在锐弯低滩条件下，主流容易切滩取直，并在凹岸发生撇弯。河道通过撇弯和切滩使主流取直，也能使河槽缩短，河道曲率减小。

1.3.3.3　河湾的纵向变形

一般弯曲河侧面的纵向变形，主要表现在凹岸深槽和过渡浅滩在年内发生相互交替的冲淤变化。枯水期过渡段浅滩冲刷，凹岸深槽淤积。洪水期则与此相反。产生这一现象主要与年内纵向水流变化所造成的水流挟沙力变化有关。

(a) 平面图

(b) Ⅰ—Ⅰ纵剖面图

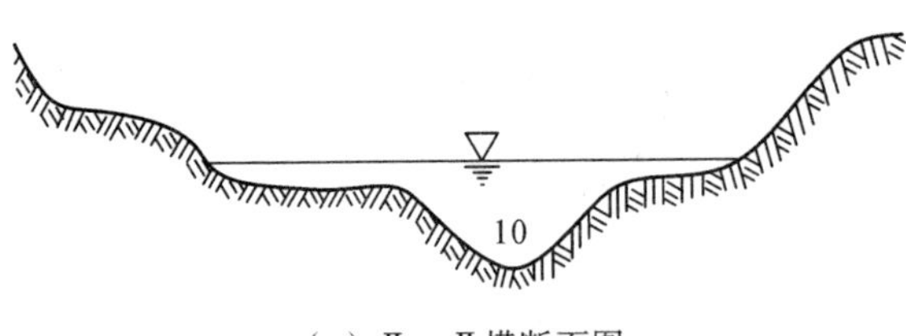

(c) Ⅱ—Ⅱ横断面图

图 1-10　浅滩的组成

1.4　浅滩河段

1.4.1　浅滩河段的组成

在冲积平原河道上，由于挟沙水流与可动性河床的相互作用，造成泥沙堆积，形成各种形式的泥沙淤积体，如边滩、江心洲、沙埂等，形成了浅滩。沙埂是连接边滩与边滩，边滩与江心洲而隔断上下深槽的泥沙冲积物，其水深往往不满足航行要求，称之为浅滩。

浅滩河段一般由上深槽(图中 1)、下深槽(图中 2)、上边滩(图中 3)、下边滩(图中 4)、沙埂(图中 5) 五个基本部分组成，如图 1-10(a) 所示。位于浅滩上游一岸的边滩称为上边滩，其尾部向沙埂延伸的部分称为上沙嘴。位于浅滩下游一岸的边滩称为下边滩，其首部向沙埂延伸的部分称为下沙嘴。与边滩相对而水深较大的部分称为深槽,位于浅滩上游的深槽称为上深槽,位于浅滩下游的深槽称为下深槽。上深槽下部的尖端部分称为尖潭(图中7),下深槽上部的尖端部分称为倒套,又称沱口(图中6)。沙埂的剖面如图1-10(b)和图1-10(c)所示。在沙埂最高处的连线称为浅滩脊或称沙脊线。沙埂迎水面的斜坡,称为迎流坡或前坡(图中8)。背水面的斜坡,称为背流坡或后坡(图中9)。脊线上的最低部分称为鞍槽(图中10)。

1.4.2 浅滩演变的基本规律

1.4.2.1 影响浅滩演变的主要因素

影响浅滩演变的主要因素可概括为来水来沙条件和河床边界条件两个方面,它们结合在一起,既决定了进入浅滩的水量,也决定了浅滩水流的输沙能力,从而决定了浅滩的演变过程。一般来说水量小,来沙量大,则浅滩淤积较多;反之,则较少。沙峰出现在洪峰之后,则浅滩淤积多;反之,则较少。

河床边界条件包括浅滩河段的河床形态及其组成,它直接决定浅滩河段的水流结构及输沙能力。边滩在枯水期对水流的约束作用会影响浅滩的冲淤变化,当边滩完整高大,水流归槽早、流路集中,则浅滩脊的冲刷就小,水深也小。上下游河道演变,对浅滩演变也有影响。

1.4.2.2 浅滩演变的基本规律

冲积平原河道上的浅滩普遍存在两个特点。一是绝对的活动性,二是相对的稳定性。所谓绝对活动性是指浅滩无时无刻不处于活动状态之中,这是由冲积河道的河床特点所决定的。浅滩具有绝对活动性的同时,又存在相对的稳定性。在具有形成浅滩条件的河段中,浅滩是必然存在的,这就是浅滩的相对稳定性。相对稳定性主要取决于浅滩河段的河床形态,如果河床形态没有发生根本性变化,浅滩是不会自行消失的。在天然河道上,来水来沙条件具有年内周期性变化及多年周期性变化的规律。浅滩的演变亦相应地具有年内周期性变化及多年周期性变化的规律。

浅滩的年周期性变化是指在一个水文年内,浅滩随来水量、来沙量的大小及其过程而产生的变化。这种变化主要体现在浅滩河床高程和鞍凹平面位置上。在一个水文年内,浅滩河床高程的变化具有一定的规律性。在冲积平原河道上的大多数浅滩,一般都是洪水涨水期淤积,退水期冲刷,而深槽则相反。其年内冲淤变化过程可概括成四个阶段:洪水初涨期及退水初期属冲淤变化交替阶段;高水期属明显淤积阶段;汛后中水期及枯水期属明显冲刷阶段;枯水末期属基本稳定阶段。有少数浅滩因特殊的局部条件,其冲淤规律与此相反。

浅滩鞍凹平面位置的年内周期性变化,主要取决于浅滩河段水流动力轴线的变化,也就是取决于水流动力轴线通过浅滩脊的方向和位置。影响浅滩水流动力轴线变化的因素有:水流动力因素的变化;河床形态特征;边滩、江心洲的冲淤和运动;沿岸突出的岸嘴、石矶、护岸矶头等的挑流作用。

浅滩的多年变化主要与特大洪水的出现有关。

有些浅滩定期下移。下移速度与流量、比降、土壤的坚硬程度有关。逐年下移的浅滩,当下移到一定位置时,会出现突然上提的现象,即浅滩的各个组成部分被水流冲毁,河床处于剧烈的淤积变化状态之中,常出现不稳定的沙包,严重碍航。

1.4.3 浅滩的类型

按浅滩所在位置的不同,可将浅滩分为下列六种类型:弯道过渡段的浅滩,河槽放宽段的浅滩，河槽束窄处上游的浅滩，分汊河段的浅滩，分流河段的浅滩，支流汇入河段的浅滩。

从船舶驾驶的角度出发，根据浅滩的平面形态特征和航行条件，可将浅滩分为四种类型。

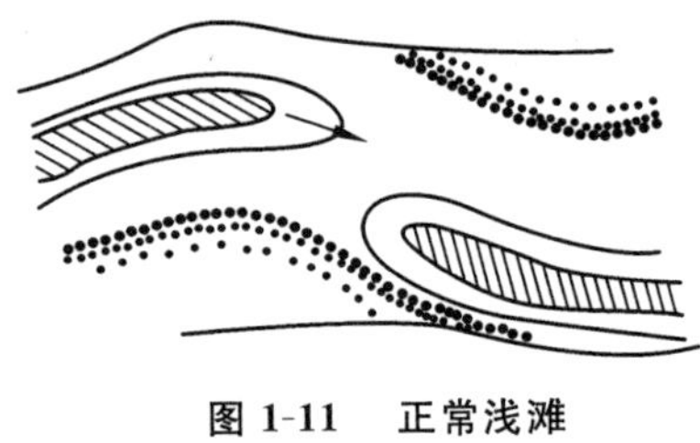

图 1-11 正常浅滩

1.4.3.1 正常浅滩

正常浅滩的主要特点是：边滩和深槽相互对应分布，上下深槽相互对峙而不交错，两岸边滩较高；浅滩上水流的动力轴线与鞍槽基本一致，流路集中，水流平顺，鞍槽明显，顺直且深，冲淤变化不大。这类浅滩一般对航行妨碍较小，见图 1-11。

1.4.3.2 交错浅滩

交错浅滩的主要特点是：上下深槽相互交错，下深槽首部形成窄而深的倒套，横向漫滩水流比较强烈，浅滩脊宽而浅，鞍槽则横而窄，或无明显的鞍槽，浅滩冲淤变化较大，航道极不稳定，航行条件不良。

这类浅滩形态基本有两种：一种是沙埂较宽，缺口较多，其水流动力轴线的摆移一般随着上边滩的成长、壮大、下移、消失而逐步下移和大幅度上提；另一种是沙埂较窄长并与河岸基本平行，往往无明显的鞍槽，其水流动力轴线摆动一般是随上游河岸崩坍变形和上下边滩的成长或消失而左右摆移，如图 1-12 所示。

交错浅滩的横向漫滩水流如图 1-13 所示，这种水流是由于倒套的存在而形成的。

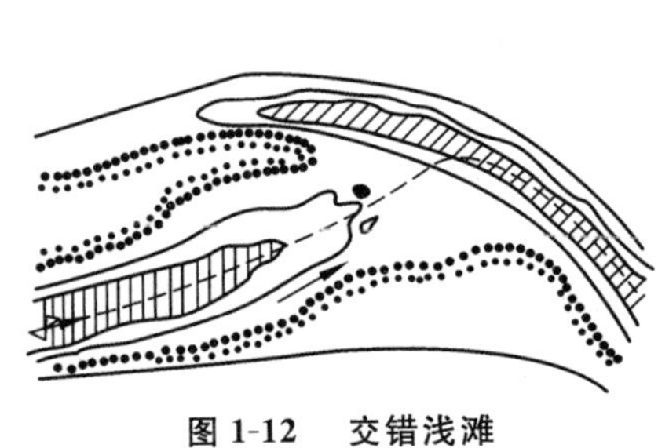

图 1-12 交错浅滩

图 1-13 交错浅滩的横向漫滩水流

交错浅滩由于具有强烈的横流，故给航行带来严重的困难。

1.4.3.3 复式浅滩

复式浅滩是由两个或两个以上相距较近的浅滩所组成的浅滩群，其主要特点是：两岸的边滩和深槽相互交替分布，边滩与边滩之间形成浅滩，上下浅滩之间有共同的边滩和深槽，上浅滩的下边滩和下深槽就是下浅滩的上边滩和上深槽；两岸边滩高程较低且不大明显，中间深槽容量较小；浅滩冲淤变化大，航道弯曲、狭窄、不稳定，严重碍航。如图 1-14 所示。

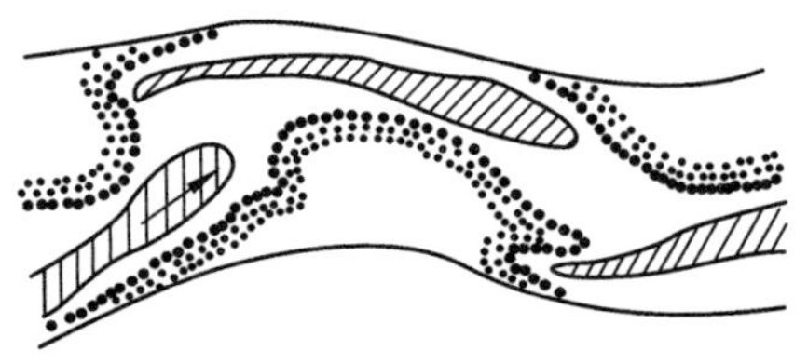

图 1-14 复式浅滩

复式浅滩多出现于比较顺直的河段或两反向弯道之间的长直过渡段。这类浅滩群的单个浅滩，可能是正常浅滩，也可能是交错浅滩。

这类浅滩的水流特点和碍航情况，取决于它的类型（正常浅滩或交错浅滩）。

1.4.3.4　散乱浅滩

散乱浅滩的主要特点是：在整个河段上，极不规则地散布着各种不同形式的大小江心洲和潜洲，没有明显的边滩、沙脊和鞍槽；水流分散，流路曲折，航道弯曲且极不稳定，水深很小，严重碍航。如图 1-15 所示。

散乱浅滩多出现于河槽放宽或周期性壅水的河段。

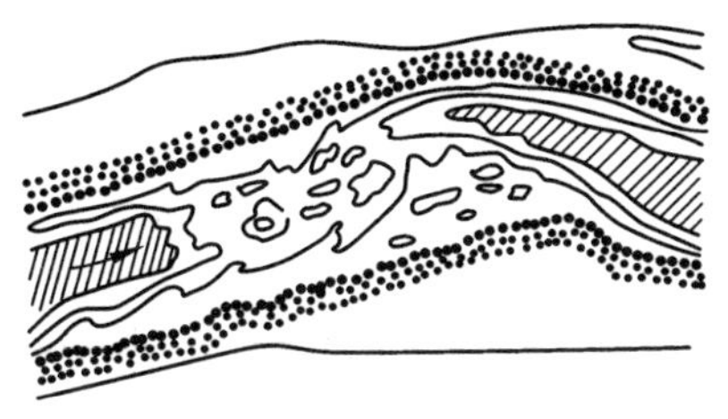

图 1-15　散乱浅滩

2 航　道

2.1 航道的基本概念

航道有广义和狭义之分。广义的航道基本上与河道或河槽等同。国外常用“水道”(Waterway)一词来表示航道,而“水道”即有较大水流经过的通道,包括江、河、渠道等。德国《联邦航道法》将“供公共交通运输使用的联邦内河航道”列入航道法的附件,而所列的都是通航河流或河段的整体。我国《航道管理条例》明确指出:“航道”是指“中华人民共和国沿海、江河、湖泊、运河内船舶、排筏可以通航的水域”。《航道管理条例实施细则》进一步将“航道”界定为“中华人民共和国沿海、江河、湖泊、水库、渠道和运河内船舶、排筏在不同水位期可以通航的水域”,这与国际上对航道一词的定义原则上是一致的,因为无论是航道维护还是航道治理,离开河岸、洲滩和河槽,一切工作都无从谈起。所以,从广义来讲,必须把航道理解为水道或河道整体,它可以不包括堤防和整个河漫滩,但必须包括常遇洪水位线以下的基本河槽或者是中高潮位以下的沿海水域。

航道的狭义理解等同于“航槽”(Navigation Channel)。之所以需要做此理解是因为航道应当有尺度标准和设标界限,航道位置可以随河床演变或水位变动而随时移动,航道尺度也可以随季节与水位变化以及治理工程的实施而有所调整。除了运河、通航渠道和某些水网地区的航道以外,航道宽度总是小于河槽的宽度。在天然河流、湖泊、水库内,航道的设定范围总是只占水面宽度的一部分而不是全部。用航标标示出可供船舶航行利用的这一部分水域,既是确保航行安全的需要,也受到客观条件的制约。因为在天然条件下,不同水位期能供船舶安全通航的那一部分水域,不仅需要水深足够,而且水流条件也要满足要求,它不是无限宽阔的,在某些特定的航段内,还受到某些过河建筑物如桥梁、过江管道、缆线的限制。因此,狭义的航道是一个在三维空间上既有要求又有限制的通道。

在内河领域,将凡是能进行水上运输的天然河流称为天然河道,它与运河、湖泊、水库等统称内河水道。水道中具有一定深度、宽度、净空高度和弯曲半径,能供船舶安全航行的水域称为航道,通常用航标标示。

2.2 航道及其种类

航道按其级别、管理属性、所处地域、形成的原因、通航条件等多种方法进行分类,具体如下。

2.2.1 按航道的级别划分

不少国家都定有航道级别标准,并就具体的河流或河段划定航道等级。

在我国,航道等级由高到低分为7级,即Ⅰ级航道、Ⅱ级航道、Ⅲ级航道、Ⅳ级航道、Ⅴ级航道、Ⅵ级航道和Ⅶ级航道,这7级航道均可称为等级航道。通航标准低于Ⅶ级的航道可称为等外级航道。在我国航运比较发达的平原省区，等外级航道的作用也不可忽视。

2.2.2　按航道的管理属性划分

以往交通部在制定《航道技术政策》时将航道划分为国家航道、地方航道和专用航道，后来国家颁布《航道管理条例》，又正式肯定了这一划分办法，并明确了划分标准。其后，交通部组织制定《航道工程基本术语标准》时，沿用上述办法和标准，将三类航道的含义做了如下表述：

① 国家航道　这是指构成国家航道网、可通航 500 吨级以上船舶的内河干线航道，跨省、自治区、直辖市可常年通航 300 吨级以上船舶的内河干线航道，可通航 3000 吨级以上海船的沿海干线航道，以及对外开放的海港航道和国家指定的重要航道。

② 地方航道　这是指可以常年通航300吨级以下船舶的内河航道，可通航3000吨级以下海船的沿海航道，地方沿海小港口间的短程航道，非对外开放的海港航道，以及其他属于地方航道主管部门管理的航道。

③ 专用航道　这是指由军事、水利、电力、林业、水产等部门以及其他企事业单位自行建设和使用的航道。

相对于专用航道而言，国家航道、地方航道均属于公用航道。

随着经济体制改革和对外开放的发展进程，以及国家法律、法规的完善，以上划分标准可以有所调整。

2.2.3　按航道所处地域划分

基本上可分为内河航道和沿海航道两大类。

2.2.3.1　内河航道

内河航道是河流、湖泊、水库内的航道以及运河和通航渠道的总称。其中天然的内河航道又可分为山区航道、平原航道、潮汐河口航道和湖区航道等。而湖区航道又可进一步分为湖泊航道、河湖两相航道和滨湖航道，它们各自的含义是：

① 湖泊航道：位于常年湖泊范围内的航道；

② 河湖两相航道：位于高水位时为湖泊、低水位时为河流的水域内的航道；

③ 滨湖航道：靠近湖泊，受湖水顶托影响的河流航道。

2.2.3.2　沿海航道

沿海航道原则上是指位于海岸线附近，具有一定边界可供海船航行的航道。

德国将沿海航道称作“海上航道”，其《联邦航道法》规定：“海上航道是指位于中高潮位时，海岸水线或内河航道或内河航道与海域的分界线，与领海外侧边界之间的水域。以导堤或防波堤一侧或两侧为界的进港航道，海岸护堤、排水设施、填海造地设施、海滨浴场、沙滩浴场，均不属于上述海上航道的范围。”

在我国，沿海航道的具体范围尚未明确界定，有时把海港进港航道也划入沿海航道的范畴。对于属于内河范畴的潮汐河口，其与海域的分界线更没有统一的界定，有的甚至不按自然属性划分，而将管辖范围与江海界线混为一谈，这是不合理的。

2.2.4　按航道形成的原因划分

大体上可分为天然航道、人工航道和渠化航道三大类。

(1) 天然航道　这是指自然形成的江、河、湖、海等水域中的航道,包括水网地区在原有较小通道上拓宽加深的那一部分航道,如广东的东平水道、小榄水道等。

(2) 人工航道　这是指在陆上人工开发的航道,包括人工开辟或开凿的运河和其他通航渠道,如平原地区开挖的运河,山区、丘陵地区开凿的沟通水系的越岭运河,可供船舶航行的排、灌渠道或其他输水渠道等。

(3) 渠化航道　这是介于天然航道和人工航道之间的半天然、半人工航道,因为渠化航道是通过修建拦河坝壅高坝上水位而形成的梯级航道,具有较天然状况更大的航道尺度,除主汛期外水流也大大减缓。坝区引航道往往由人工开凿而成,属于人工航道;坝上库区航道常年水流平缓,类似于湖泊航道;库尾与上一梯级完全衔接或基本衔接,其间的滩险已经淹没或者经过根治,航道也类似于渠道。因此,可以说渠化航道虽然是在天然航道的基础上形成的,但它已从根本上改变了天然航道的特性,其通航条件,虽仍然受到上游来水来沙的影响,但也在相当程度上受到枢纽的人为控制。

2.2.5　按航道的通航条件划分

航道的通航条件包括时间的长短、限制条件的有无和强弱,以及通航船舶的类别等。

2.2.5.1　依通航时间长短划分

(1) 常年通航航道,即可供船舶全年通航的航道,又可称为常年航道。

(2) 季节通航航道,即只能在一定季节(如非封冻季节)或水位期(如中洪水期或中枯水期)内通航的航道,又可称为季节性航道。

2.2.5.2　依通航限制条件有无和强弱划分

(1) 单行航道,即在同一时间内,只能供船舶沿一个方向行驶,不得追越或在航行中会让的航道,又可称为单线航道。

(2) 双行航道,即在同一时间内,允许船舶对驶、并行或追越的航道,又可称为双线航道或双向航道。

(3) 限制性航道,即由于水面狭窄、断面系数小等原因,对船舶航行有明显的限制作用的航道,包括运河、通航渠道、狭窄的设闸航道、水网地区的狭窄航道,以及具有上述特征的滩险航道等。

2.2.5.3　依通航船舶类别划分

(1) 内河船舶航道,是指只能供内河船舶或船队通航的内河航道。

(2) 海船进江航道,是指内河航道中可供进江海船航行的航道,其航线一般通过增设专门的标志辅以必要的"海船进江航行指南"之类的文件加以明确。

(3) 主航道,是指供多数尺度较大的标准船舶或船队航行的航道。习惯上将航道中水深大、流速大的水域称为主航道。

(4) 副航道,是指为分流部分尺度较小的船舶或船队而另行增辟的航道。

(5) 缓流航道,是指为使上行船舶能利用缓流航行而开辟的航道,这种航道一般都靠近凸岸边滩。

(6) 短捷航道,是指分汊河道上开辟的较主航道航程短的航道,这种航道一般都位于可在中洪水期通航的支汊内。

(7) 经济迂回航道,是指航程虽然较主航道长,但由于流速小,上行船仍能缩短航行时间的航道。

除上述分类方法外，航道还可按所处特殊部位分别定名，如桥区航道、港区航道、坝区航道、内河进港航道、海港进港航道等。

2.3 内河航道尺度与航道等级

航道尺度是指在一定的通航标准下，枯水期浅滩上保证通航的航道最小尺度。航道尺度是航道工程规划设计的重要技术指标，是进行航道维护工作的基本依据。航道尺度与河流的自然地理条件、船舶运输方式及货运量等因素有关。航道尺度定得是否恰当，将直接关系到水运成本和航道工程的经济效益。图 2-1 为航道尺度与成本的关系，与最低总成本相对应的尺度为最佳航道尺度。另外，航道尺度还应充分考虑国民经济发展对水运的要求后才能最终确定。

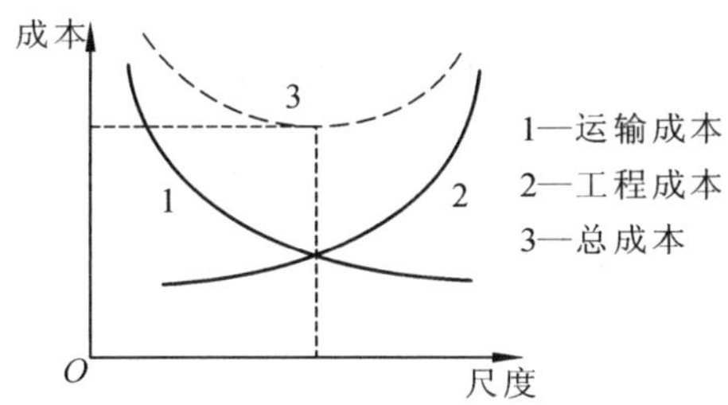

图 2-1 航道尺度与成本的关系

2.3.1 内河航道尺度

航道尺度是指一定水位下的航道深度、航道宽度、航道曲率半径和通航高度。随着季节的不同，水位有所涨落，故航道尺度也会随之而发生变化。通常，在洪水期航道尺度将显著增大，枯水期则大为减小，但通航高度则与之相反。

航道标准尺度指在全年通航期内，根据河流通航条件而确定的通行保证率下，为保证船舶安全通航，航道中所必须维护的最小航道尺度。故航道标准尺度又称航道保证尺度。

2.3.1.1 航道标准深度 h

航道标准深度是航道在枯水期内所应维护的最小水深，是航道的主要尺度。它的确定一般应从营运经济和航道条件两个方面进行分析论证。对于中小河流多偏重航道条件分析，即根据航道整治可能达到的尺度来确定航道标准深度；对于大型河流以及水量充沛，航道条件较好的河流，应从整治可能性和经济的合理性进行综合的分析论证。航道中应维护的最小水深为：

$$h = T + \Delta h \tag{2-1}$$

式中：h—— 航道标准深度(m)；

T—— 允许通航船舶的最大吃水深度(m)；

Δh—— 剩余水深(m)。

剩余水深(或称富余水深) 是指船舶航行中，船底与河底之间必须保持的距离。其作用是保证船舶航行安全。在内河，航道剩余水深通常是根据航道深度及河床底质等因素来决定的。我国颁发的通航标准规定剩余水深为：

沙质河床　0.1～0.3m；石质河床　0.2～0.5m。

在这个范围内，如何进一步选定，没有明确规定。设计时，需根据我国各河流实际航行经验，综合考虑下述因素，进行分析确定。

① 船舶航行时，因船体下沉需增加的水深。

船舶在航行中，一般均有一定下沉量，有时它可占剩余水深的2/3。影响船舶下沉的因素很多，在理论上已有不少半经验公式，其中以霍密尔公式较为简便：

$$\Delta T_{cp} = m\sqrt{\frac{T}{h}}V^2 \tag{2-2}$$

式中：ΔT_{cp}—— 平均吃水增量，即船舶动吃水量(m)；

h—— 航道水深(m)；

V—— 船舶对水速度(m/s)；

T—— 船舶吃水(m)；

m—— 与船型(L/b)有关的系数，见表2-1。

表2-1　吃水增量系数

L/b	3.5	4.0	5.0	6.0	7.0	8.0
m	0.0038	0.0029	0.0023	0.002	0.0016	0.00145

注：L— 船长(m)；b— 船宽(m)。

式(2-2)较好地反映了m、T、V的变化对ΔT_{cp}值的影响。用霍密尔公式计算而得的ΔT_{cp}值与相似船型的实测ΔT_{cp}值比较接近。

目前在理论上计算船舶动吃水量的公式虽然较多，但都有一定的局限性，只能作参考。在一般河流中，主要还是靠实船试验来确定。

② 为保证推进器的安全而需增加的水深。

③ 为保证舵效应，以达到操纵灵活、安全而应增加的水深。

④ 防止船舶因波浪或其他原因偶然触及河底需增加的水深。

一般将第②～④项共需增加的水深用Δh_1表示，其中只需某项水深能满足时，另一项也可满足，因此各项需增加的水深不需叠加。一般情况下$\Delta h_1 = 0.1$m左右；当河底为岩石时，$\Delta h_1 = 0.1 \sim 0.5$m；当河底为砂卵石时，$\Delta h_1 = 0.1$m。但有些河段为了避免卵石上吸而打坏车叶，$\Delta h_1$也应与岩石河底相同。在沙质河床，$\Delta h_1$一般小于0.1m。

⑤ 顶推船编队后的吃水增值Δh_2。

根据实船试验，山区河流大型顶推船队，编队后船舶的吃水量略有增加，一般为0.06m左右，中小河流船队较小，可不必考虑。

综上所述，船舶所需剩余水深为：

$$\Delta h = \Delta T_{cp} + \Delta h_1 + \Delta h_2 \tag{2-3}$$

交通部长江港航监督局1988年颁发的《船舶航行长江富余水深的规定(试行)》中，对长江枯水期航行船舶剩余水深作了如下规定：

长江船舶：川江剩余水深不小于0.3m；中下游剩余水深不小于0.2m；装载危险货物时另加0.1m。

进江海船：剩余水深的要求见表2-2。

表 2-2 进江海船剩余水深要求 单位:m

T	Δh	T	Δh
$T < 4, L < 80$	$\geqslant 0.3$	$5 \leqslant T < 7$	$\geqslant 0.5$
$T < 4, L < 80$	$\geqslant 0.4$	$7 \leqslant T < 9.5$	$\geqslant 0.7$
$4 \leqslant T < 5$	$\geqslant 0.4$	$T \geqslant 9.5$	$\geqslant 0.8$

注:L— 船舶总长;T— 淡水吃水。

当前,长江航道局对长江干线主要航区的航道标准深度规定为:

川江	2.9m
中游	2.9m
下游	南京以上 4.0m
	南京以下 10.5m

其他各河流对船舶剩余水深一般也都有具体规定,这里不一一赘述。必要的剩余水深与航道水深、河床底质、承运货物的品种及船舶的类型等有关。船舶航行中如果剩余水深小于允许极限,必须卸下部分货物或组织专门运输船。

2.3.1.2 航道标准宽度 B

航道标准宽度是指在设计最低通航水位时具有航道标准水深的航道宽度。也就是整个通航期内航道中应保证的最小宽度。它是由有关部门经过综合分析、计算而得出的,并以指令性的形式颁布执行。航道标准宽度的制定,必须考虑以下几个方面的因素:船舶(队)的尺度、航(队)型、船性;航道形态、水流流态、气象情况等。

船舶在直线航行时,因受各种因素的影响将产生一定的漂角 β,一般在 $3^\circ \sim 5^\circ$ 以内变化。由于漂角的存在,航迹带宽度总比船舶(队)本身的宽度大,漂角愈大,航迹带愈宽,所占航道也愈宽。

如图 2-2 所示,在内河航道中,若不考虑风流等外界因素对船舶(队)产生的偏移影响,只考虑船舶到航道边界的安全距离 d,船与船之间的安全距离 c,则有:

单线航道 $B_{单} = L\sin\beta + b\cos\beta + 2d$ (2-4)

双线航道 $B_{双} = L_1\sin\beta_1 + b_1\cos\beta_1 + L_2\sin\beta_2 + b_2\cos\beta_2 + 2d + c$ (2-5)

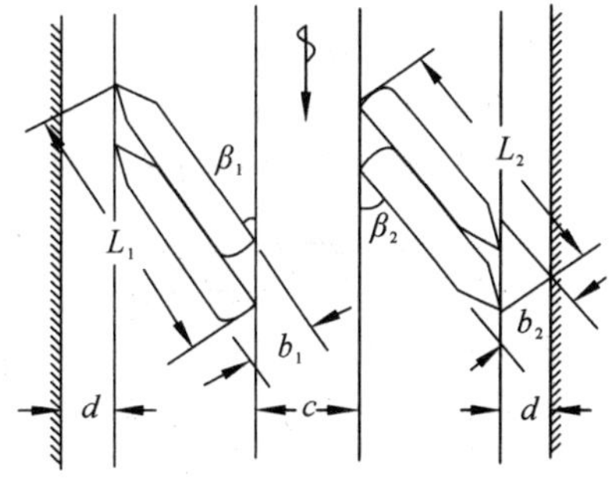

图 2-2 航道标准宽度示意图

在具体航道中,一般以该航道计划通航的最大船队尺度为计算标准。则 $L_1 = L_2 = L$;$b_1 = b_2 = b$;$\beta_1 = \beta_2 = \beta$。为更安全起见,取 $\cos\beta = 1$,一般规定 $c = \frac{1}{2}(b + L\sin\beta)$;$d = \frac{1}{4}(b + L\sin\beta)$;则上述航道标准宽度计算公式可改写为:

单线航道 $B_{单} = 1.5(b + L\sin\beta)$ (2-6)

双线航道 $B_{双} = 3(b + L\sin\beta)$ (2-7)

根据以上公式,不同国家、地区在不同的河流、航区,由于各自通航船舶(队)、航道特征、水流和气象情况各异,通过综合分析及实船试验分别得出计算航道标准宽度的不同公式。其主要差别在 c 和 d 的选取上。

对于驾驶人员来说，在编组船队和排筏时，应根据航道的实际宽度、深度及船闸的长度来决定船队尺度。

当航道宽度和深度无法兼顾维护时，可缩窄宽度以维护深度，但缩窄宽度不得小于各航区的具体规定。

2.3.1.3　航道最小弯曲半径 R

航道弯曲半径是指航道弯曲处，其轴线圆半径长度，也叫航道曲率半径或航道曲度半径。船舶通过弯曲航道时，弯曲度不能过大，以免碰岸或搁浅。弯曲半径越小航行就越困难。为此把保证最长的下行船队能安全通过弯曲河段所必须的航道弯曲半径称为航道最小弯曲半径。

我国一些河流，根据航行经验，最小弯曲半径除与船长有关外，还应考虑流速、流态、航道情况等因素的影响。对各河段或各滩险作具体分析，最好能选择几种标准船舶（船队），进行实船试验，从中确定出几组标准的最小弯曲半径。按我国通航标准规定，船舶（队）航行所需要的航道最小弯曲半径，在 Ⅰ ～ Ⅳ 级航道为 4 ～ 5 倍船舶（队）长度；在 Ⅴ ～ Ⅵ 级航道为 4 倍船舶（队）长度，如长江航道局规定川江的航道最小弯曲半径为 750m。

在实际工作中，常在航行图或航道图上量取航道的曲率半径，现将几何作图法介绍如下：

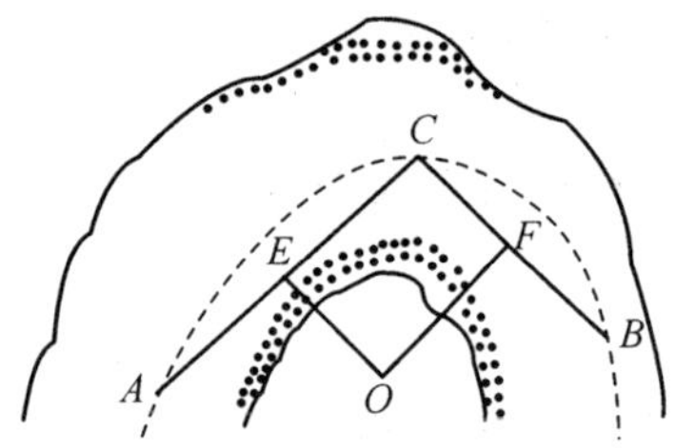

图 2-3　曲度半径

如图 2-3 所示，在航道中心线上的最弯曲部分截取一线段，从线段上取其顶点和两端点，视作圆弧线上的三点 A、B、C，连接 AC、BC 并分别作其垂直平分线，交于 O 点，OA 即为弯曲半径，实际长度可从该图的比例尺上量取。

2.3.1.4　净空高度 D

随着交通的网络化发展和河流的综合开发利用，河流上将出现越来越多的水工建筑和其他工程建筑，如船闸、桥梁、架空电缆、渡槽等。要保证船舶安全航行，必须使这些建筑物下有一定的安全航行空间，即具有足够的净空高度和净空宽度。

航道整治部门和桥梁工程部门一般把桥梁（电缆）下缘最低点到设计最高通航水位面的垂直距离称为净高。而航运部门为了便于驾驶人员计算和掌握船舶通过跨河建筑物的安全高度，常把跨河建筑物下缘最低点至当地零水位面的垂直距离称为净空高度 D。

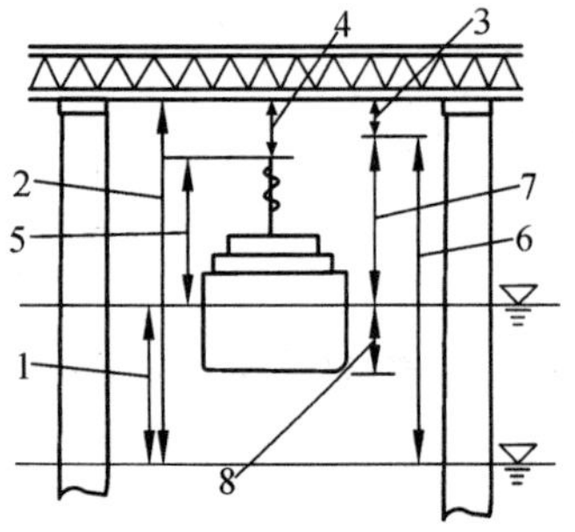

图 2-4　净空高度与船舶高度、吃水及水位等的关系

1— 水位；2— 净空高度；3— 规定剩余高度；4— 实际剩余高度；5— 船舶最大水上高度；6— 实际通航最大高度；7— 自由通航最大高度；8— 吃水

不同水位期，建筑物下的实际通航高度是不同的。在实际航行过程中，考虑到船舶的摇摆、波浪、吃水、水位等因素的影响，必须使船舶的最高点与跨河建筑物的最下缘间有一定的安全距离。这个距离就是剩余高度 ΔD。剩余高度是由航保部门制定的。如南京长江大桥的 ΔD 规定为 1.2m，武汉长江大桥的 ΔD 规定为 1.0m。此外，一些铁路桥的桥梁下缘还配有维修滑车，一般高 1.5m，对实际通航高度会产生影响。净空高度与船舶（队）高度、吃水及水位等的关系如图 2-4 所示。

对于过江电缆，其剩余高度除同桥下的剩余高度一样，必须考虑船舶的摇摆、波浪、吃水和水位的影响外，还应考虑因气温和天气（冰雪）而引起的电缆收缩或下垂、设计安装时的误差和不同等级电压电缆的不同安全距离。如 50 万伏超高压电缆的安全距离为 6m。

桥梁、电缆下的实际通航高度等于净空高度减去水位值和剩余高度。要衡量本船是否能安全通过桥梁或电缆，即看本船的水上高度（船舶的最大高度与吃水的差）是否小于或等于实际通航最大高度，也就是要比较实际剩余高度与规定剩余高度的大小。

2.3.1.5 *净空宽度 E*

净空宽度是指设计最低通航水位时，桥梁或其他跨河建筑物的两墩内缘间的水平最小直线距离，简称净宽。

为保证通航安全，航行中必须使船舶两舷侧与两墩间均有足够的剩余宽度 d_E。对于天然及渠化河流，一般按船队能安全通过来规定。

2.3.2 内河航道等级

为了水运建设及与之有关的水利、桥梁等建设的经济合理，并符合远景发展需要，使全国内河互相衔接，充分利用我国河流资源，提高综合运输能力，逐步实现内河标准化，建立内河运输网，充分发挥水运在国民经济中的作用，交通部制定并颁发了《全国内河通航标准》（以下简称《标准》）。这个《标准》适用于全国通航内河，包括天然河流，渠化河流和各类限制性航道。现就《标准》中的有关规定摘要如下：

1）内河航道应按可通航内河船舶的吨级划分为 7 级，具体等级划分应符合表 2-3 的规定。

表 2-3 航道等级划分

航道等级	Ⅰ	Ⅱ	Ⅲ	Ⅳ	Ⅴ	Ⅵ	Ⅶ
船舶吨级（t）	3000	2000	1000	500	300	100	50

注：① 船舶吨级按船舶设计载重吨确定；

② 通航 3000 吨级以上船舶的航道列入 Ⅰ 级航道。

2）天然和渠化河流航道尺度（图 2-5）应符合下列规定：

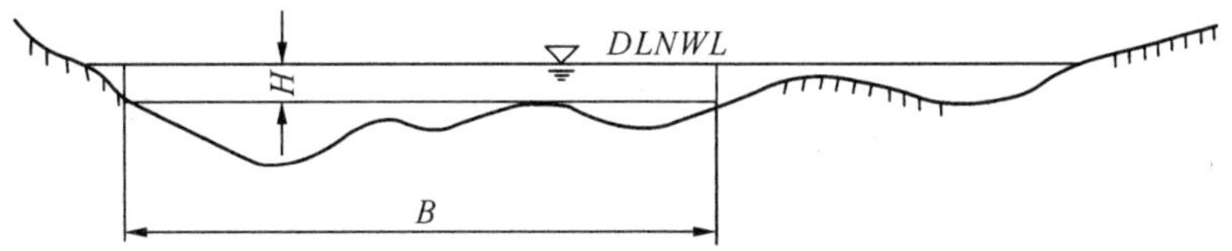

图 2-5 天然和渠化河流航道横断面图

H— 航道水深；B— 航道宽度；DLNWL— 设计最低通航水位

（1）天然和渠化河流航道尺度不得小于表 2-4 所规定的数值。

表 2-4　天然和渠化河流航道尺度

航道等级	船舶吨级(t)	船型尺度(m)(总长×宽×设计吃水)	代表船舶、船队	船舶、船队尺度(m)(长×宽×设计吃水)	航道尺度(m)			
					天然及渠化河流			弯曲半径
					水深	单线宽度	双线宽度	
Ⅰ	3000	驳船 90.0×16.2×3.5 货船 95.0×16.2×3.2	(1)	406.0×64.8×3.5	3.5～4.0	125	250	1200
			(2)	316.0×48.6×3.5		100	195	950
			(3)	223.0×32.4×3.5		70	135	670
Ⅱ	2000	驳船 75.0×16.2×2.6 货船 90.0×14.8×2.6	(1)	270.0×48.6×2.6	2.6～3.0	100	190	810
			(2)	186.0×32.4×2.6		70	130	560
			(3)	182.0×16.2×2.6		40	75	550
Ⅲ	1000	驳船 67.5×10.8×2.0 货船 85.0×10.8×2.0	(1)	238.0×21.6×2.0	2.0～2.4	55	110	720
			(2)	167.0×21.6×2.0		45	90	500
			(3)	160.0×10.8×2.0		30	60	480
Ⅳ	500	驳船 45.0×10.8×1.6 货船 67.5×10.8×1.6	(1)	167.0×21.6×1.6	1.6～1.9	45	90	500
			(2)	112.0×21.6×1.6		40	80	340
			(3)	111.0×10.8×1.6				
			(4)	67.5×10.8×1.6		30	50	330
Ⅴ	300	驳船 35.0×9.2×1.3 货船 55.0×8.6×1.3	(1)	94.0×18.4×1.3	1.3～1.6	35	70	280
			(2)	91.0×9.2×1.3		22	40	270
			(3)	55.0×8.6×1.3				
Ⅵ	100	驳船 32.0×7.0×1.0 货船 45.0×5.5×1.0	(1)	188.0×7.0×1.0	1.0～1.2	15	30	180
			(2)	45.0×5.5×1.0				
Ⅶ	50	驳船 24.0×5.5×0.7 货船 32.5×5.5×0.7	(1)	45.0×5.5×0.7	0.7～0.9	12	24	130
			(2)	32.5×5.5×0.7				

注：① 本表所列航道尺度不包含黑龙江水系和珠江三角洲至港澳线内河航道尺度；

② 当船队推轮吃水大于或等于驳船吃水时，应按推轮设计吃水确定航道水深；

③ 流速 3m/s 以上、水势汹乱的航道，直线段航道宽度应在表中所列宽度的基础上适当加大；

④ 航道最小弯曲半径应结合《标准》第 5 条的有关规定确定。

（2）黑龙江水系航道尺度不得小于表 2-5 所规定的数值。

表 2-5　黑龙江水系航道尺度

航道等级	船舶吨级（t）	船型尺度（m）（总长×宽×设计吃水）	代表船舶、船队	船舶、船队尺度（m）（长×宽×设计吃水）	航道尺度（m）			
					天然及渠化河流			弯曲半径
					水深	单线宽度	双线宽度	
Ⅱ	2000	驳船 91.0×15.0×2.0	(1)	218.0×30.0×2.0	2.0～2.3	65	125	650
			(2)	214.0×15.0×2.0		40	80	650
Ⅲ	1000	驳船 65.9×13.0×1.6	(1)	167.0×26.0×1.6	1.6～1.9	50	100	500
			(2)	165.0×13.0×1.6		35	70	500
Ⅳ	500	驳船 57.0×11.0×1.4 货船 69.0×11.0×1.4	(1)	138.0×11.0×1.4	1.4～1.6	30	55	410
Ⅴ	300	驳船 45.0×10.0×1.1 货船 52.0×9.0×1.2	(1)	114.0×10.0×1.2	1.2～1.4	25	45	340
Ⅵ	100	驳船 29.0×8.5×0.8 货船 35.0×6.0×0.9	(1)	64.0×8.5×0.9	0.9～1.1	15	30	200

注：① 通航浅吃水船舶的类似航道，经论证可参照执行；
② 航道最小弯曲半径应结合《标准》第 5 条的有关规定确定。

（3）珠江三角洲至港澳线内河航道尺度不得小于表 2-6 所规定的数值。

表 2-6　珠江三角洲至港澳线内河航道尺度

航道等级	船舶吨级（t）	船型尺度（m）（总长×宽×设计吃水）	代表船舶、船队	船舶、船队尺度（m）（长×宽×设计吃水）	航道尺度（m）		
					水深	直线段双线宽度	弯曲半径
Ⅲ	1000	货船 49.9×15.6×2.8 货船 49.9×12.8×2.6 驳船 67.5×10.8×2.0	(1)	49.9×15.6×2.8	3.5～4.0	70	480
			(2)	49.9×12.8×2.6		60	
			(3)	160.0×10.8×2.0		60	
Ⅳ	500	货船 49.9×10.6×2.5 驳船 45.0×10.8×1.6	(1)	49.9×10.6×2.5	3.0～3.4	55	330
			(2)	111.0×10.8×1.6			
Ⅴ	300	货船 49.2×8.4×2.2 驳船 35.0×9.2×1.3	(1)	49.2×8.4×2.2	2.5～2.8	45	270
			(2)	91.0×9.2×1.3			

注：① 仅通航货船的河段，航道最小弯曲半径可按其船型尺度研究确定；
② 航道最小弯曲半径应结合《标准》第 5 条的有关规定确定。

3）限制性航道尺度（图 2-6）不得小于表 2-7 所规定的数值。

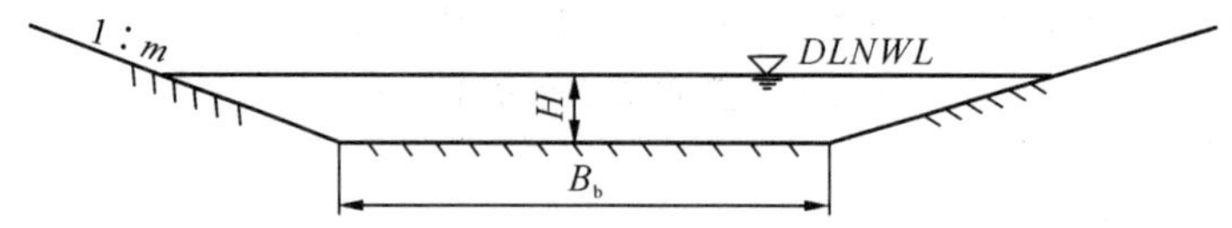

图 2-6 限制性航道横断面图

H— 航道水深；B_b— 航道底宽；m— 边坡系数；$DLNWL$— 设计最低通航水位

表 2-7 限制性航道尺度

航道等级	船舶吨级(t)	船型尺度(m)(总长×宽×设计吃水)	代表船舶、船队	船舶、船队尺度(m)(长×宽×设计吃水)	航道尺度(m)		
					水深	直线段双线宽度	弯曲半径
Ⅱ	2000	驳船 75.0×14.0×2.6 货船 90.0×15.4×2.6	(1)	180.0×14.0×2.6	4.0	60	540
Ⅲ	1000	驳船 67.5×10.8×2.0 货船 80.0×10.8×2.0	(1)	160.0×10.8×2.0	3.2	45	480
Ⅳ	500	驳船 42.0×9.2×1.8 货船 47.0×8.8×1.9	(1)	108.0×9.2×1.9	2.5	40	320
			(2)	47.0×8.8×1.9			
Ⅴ	300	驳船 30.0×8.0×1.8 货船 36.7×7.3×1.9	(1)	210.0×8.0×1.9	2.5	35	250
			(2)	82.0×8.0×1.9			
			(3)	36.7×7.3×1.9			
Ⅵ	100	驳船 25.0×5.5×1.5 货船 26.0×5.0×1.5	(1)	298.0×5.5×1.5	2.0	20	110
			(2)	26.0×5.0×1.5			
Ⅶ	50	驳船 19.0×4.5×1.2 货船 25.0×5.5×1.2	(1)	230.0×4.7×1.2	1.5	16	100
			(2)	25.0×5.5×1.2			

注：航道最小弯曲半径应结合《标准》第 5 条的有关规定确定。

4）湖泊和水库航道尺度可采用表 2-4 所列数值。受风浪影响的航道，应适当加大航道尺度。

5）内河航道尺度的确定，应满足下列要求：

(1) 天然和渠化河流航道水深应根据航道条件和运输要求通过技术经济论证确定。对枯水期较长或运输繁忙的航道，应采用表 2-4 ～ 表 2-6 所列航道水深幅度的上限；对整治比较困难的航道，应采用表 2-4 ～ 表 2-7 所列航道水深幅度的下限，但在水位接近设计最低通航水位时船舶应减载航行。当航道底部为石质河床时，水深值应增加 0.1 ～ 0.2m。

(2) 内河航道的线数应根据运输要求、航道条件和投资效益分析确定。除整治特别困难的局部河段可采用单线航道外，均应采用双线航道。当双线航道不能满足要求时，应采用三线或三线以上航道，其宽度应根据船舶通航要求研究确定。

(3) 内河航道弯曲段的宽度应在直线段航道宽度的基础上加宽，其加宽值应通过分析计算或经试验研究确定。

(4) 内河航道的最小弯曲半径，应采用顶推船队长度的3倍、货船长度的4倍、拖带船队最大单船长度的4倍中的最大值。在条件受限河段，航道最小弯曲半径不能达到上述要求时，航道宽度应加大，加大值应经专题研究确定。流速3m/s以上、水势汹乱的山区性河流航道，其最小弯曲半径应采用顶推船队长度的5倍或货船长度的5倍中的大值。

(5) 限制性航道的断面系数不应小于6，流速较大的航道其断面系数不应小于7。

6) 内河中通航海轮或3000吨级以上内河船舶的河段，其航道尺度应根据通航船型、通航船舶密度、航道自然条件和通航安全要求等因素论证确定。

7) 当天然和渠化河流航道经论证需采用特殊的设计船舶或船队时，其航道尺度应按《标准》第5条的有关规定分析计算确定。

8) 内河航道中的流速、流态和比降等水流条件应满足设计船舶或船队安全航行的要求。

根据水文和气象条件、船舶的结构、强度和抗风浪能力的大小，可将内河航道分为A、B、C三个航区（船舶的可航区域），其中在某些水域，依据水流湍急情况，又划分了急流航段，即J级航段，并按滩地流速大小划分为J_1、J_2、J_3三档。

J_1级航段：航区内滩地流速为5.5～6.5m/s的航段。

J_2级航段：航区内滩地流速为4.5～5.5m/s的航段。

J_3级航段：航区内滩地流速为3.5～4.5m/s的航段。

航区等级按A级、B级、C级高低顺序排列，如表2-8所示。不同的J级航段分别从属于所在水域的航区等级。

表2-8　航区等级　　单位：m

航道等级	计算波高×计算波长	波高范围
A	2.5×30.0	1.5～2.5
B	1.5×15.0	0.5～1.5
C	0.5×5.0	0.5以下

低等级航区的船舶不得在高等级航区内航行。各级航区的船舶，如不满足急流航段的特殊要求，不得航经该急流航段。当船舶需要航行于较原定航区高的航区时，应符合有关规范的规定。表2-8中所列波高未考虑局部地区出现的特殊暴风、台风及潮汐的影响，船长应注意航区水文和气象的变化，谨慎驾驶。

长江干流、珠江、黑龙江、黄河等水系主要通航河流航区等级的划分。

长江干流：宜昌以上为C级航区，其中自宜宾至兰家沱为J_3级航段，自铜锣峡至奉节为J_2级航段，自奉节至南津关为J_1级航段；自宜昌至江阴为B级航区；自江阴至吴淞口，包括横沙岛以内水域，为A级航区。

珠江水系：自虎门（沙角）至淇澳岛大王角灯标与孖洲岛灯标连线以内水域以及香港、澳门距岸不超过5km的水域为A级航区；西江（自梧州至各口门）为B级航区；北江为C级航区；东江在石龙江以上为C级航区，自石龙江至东江口为B级航区。

黑龙江水系：黑龙江黑河以上为C级航区，黑河至国境为B级航区；乌苏里江、嫩江、松花江和第二松花江为C级航区。

黄河水系:喇嘛湾以上为C级航区;自喇嘛湾至河口为B级航区;其中斜辛庄至河口为J_3级航段。

2.4 港内水域及海港航道

港内水域又可分为航行水域和作业水域。航行水域包括港内航道和供船舶转头及改换航向而专设的回旋水域,作业水域包括港内锚地、制动水域、回旋水域、港池、码头前沿水域。

海港航道是指位于海岸线附近,具有一定边界可供海船航行的航道,是船舶进出港口码头的必经之道。在海港中,常采用乘潮水位作为航道的通航水位。乘潮水位的选取应根据需要乘潮的船舶航行密度、港口所在地区的潮汐特征、疏浚工程量等因素,经过技术经济论证方能确定,一般常取乘潮累积频率为90% ~ 95% 的水位作为设计最低通航水位。

2.4.1 制动水域

船舶制动水域是指船舶降速靠码头前所航经的水域,在该水域船舶一般需停车淌航。为保证船舶制动的安全,制动水域宜设在进港方向航道的直线上,宽度宜逐步扩大。布置有困难时,可设在半径不小于3 ~ 4倍设计船长的曲线上。船舶制动距离压载状态可取3 ~ 4倍设计船长,距离满载状态可取4 ~ 5倍设计船长。对于超大型散货船以及航行条件复杂的港口,具备条件时其制动距离可适当加大,必要时可通过船舶操纵试验确定。

2.4.2 回旋水域

船舶回旋水域是指船舶靠离码头过程中回旋掉头的操作水域。其位置应设置在方便船舶进出港和靠离码头的水域,一字形连续布置泊位时,回旋水域宜连片设置,其尺度应考虑当地风、浪、流等条件,船舶自身性能和港作拖轮配备等因素,船舶回旋水域尺度可按表2-9确定。液化天然气码头的船舶回旋水域尺度不宜小于2.5倍的设计船长。回旋水域的设计水深可取航道设计水深。对货物流向单一的专业码头,经论证后,部分回旋水域可按船舶压载吃水计算。

表2-9 船舶回旋水域尺度

适用范围	回旋圆直径(m)
掩护条件较好、水流不大、有港作拖轮协助	$(1.5 \sim 2.0)L$
掩护条件较差的码头	$2.5L$
允许借码头或砖头墩协助转头的水域	$1.5L$
受水流影响较大的港口,应适当加长转头水域沿水流方向的长度,宜通过操船试验确定加长尺度;缺乏试验依据时,沿水流方向的长度可取$(2.5 \sim 3.0)L$	

注:① 回旋水域可占用航行水域,当船舶进出频繁时,经论证可单独设置;

② 在没有侧推及无拖轮协助的情况下,船舶回旋圆直径可取$(2.0 \sim 3.0)L$,掩护条件差时,可适当增大;

③L为设计船长(m)。

2.4.3　码头前沿停泊水域

码头前沿停泊水域宜取码头前 2 倍设计船宽 B 的水域范围(图 2-7)。对淤积严重的港口,根据维护挖泥的需要,此宽度可适当增加。

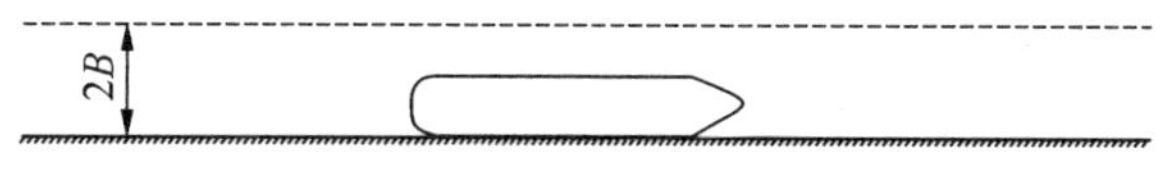

图 2-7　码头前沿停泊水域宽度

B— 设计船宽

码头前沿停泊水域长度宜与泊位长度一致,有移泊作业时,停泊水域长度应根据需要确定。对于大型开敞式码头,停泊水域长度不宜小于 1.2 倍设计船长。

码头前沿停泊水域水深是指在设计低水位时保证设计船型在满载吃水情况下安全停靠的水深。可按下式计算:

$$D = T + Z_1 + Z_2 + Z_3 + Z_4 \tag{2-8}$$

$$Z_2 = K_1 H_{4\%} - Z_1 \tag{2-9}$$

$$Z_2 = K_1 H_{4\%} \tag{2-10}$$

式中　D—— 码头前沿设计水深(m)。

T—— 设计船型满载吃水(m),对杂货船,根据具体情况论证,可考虑实载率对吃水的影响,对河口港可考虑咸淡水比重差对设计船型吃水的影响。

Z_1—— 龙骨下最小富余深度(m),由表 2-10 确定。

Z_2—— 波浪富余深度(m),宜按实测或模拟结果确定;也可采用估算方法确定,对于良好掩护的情况,可采用式(2-9) 计算,且当计算结果为负值时,取 $Z_2 = 0$;对于开敞的情况,可采用式(2-10) 估算,对于部分掩护的情况,可根据经验对式(2-10) 的结果适当折减后采用,但不应小于式(2-9) 的值。

Z_3—— 船舶因配载不均匀而增加的船尾吃水值(m),杂货船可不计,干散货船和液体散货船取 0.15m。

Z_4—— 备淤富余深度(m),根据回淤强度、维护挖泥间隔期的淤积量计算确定,对于不淤港口,可不计备淤深度,有淤积的港口,备淤深度不宜小于 0.40m。

K_1—— 系数,顺浪取 0.3,横浪取 0.5 ~ 0.7。

$H_{4\%}$—— 码头前允许停泊的浪高(m),波列累积频率为 4% 的波高,根据当地波浪及港口条件确定。

表 2-10　龙骨下最小富余深度 Z_1

海底底质	Z_1(m)
淤泥土	0.20
含淤泥的砂、含黏土的砂和松砂土	0.30
含砂或含黏土的块状土	0.40
岩石土	0.60

注:对重力式码头,Z_1 应按岩石土考虑。

在可行性研究阶段，当自然条件资料不足时，码头前沿设计水深可按下式估算：

$$D = K_2 \cdot T \tag{2-11}$$

式中 D—— 码头前沿设计水深(m)；

K_2—— 系数，良好掩护的码头取 1.10 ～ 1.15，半开敞式码头和开敞式码头取1.15 ～ 1.20；

T—— 设计船型满载吃水(m)。

2.4.4 进港航道

2.4.4.1 进港航道设计水深

海港航道设计水深是指船舶夏季在静止的海水中满载吃水深度加富余水深。进港航道设计水深分为通航水深 D_0 和设计水深 D(图 2-8)，应分别按以下两式计算：

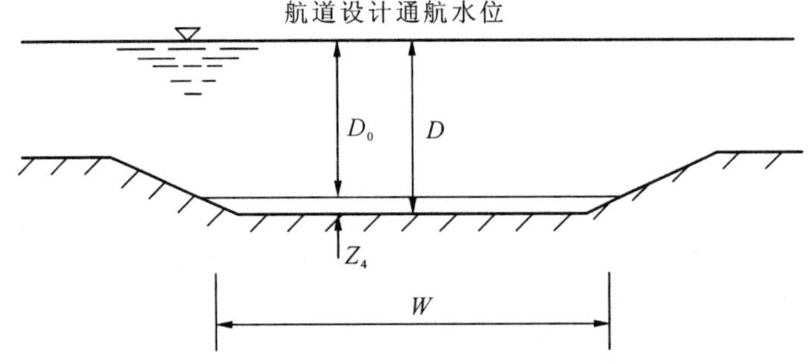

图 2-8 航道通航水深和设计水深图

$$D_0 - T + Z_0 + Z_1 + Z_2 + Z_3 \tag{2-12}$$

$$D = D_0 + Z_4 \tag{2-13}$$

式中 D_0—— 航道通航水深(m)；

T—— 设计船型满载吃水(m)，对杂货船可按实际情况考虑实载率对设计船型吃水的影响；

Z_0—— 船舶航行时船体下沉值(m)，对非限制性航道按图 2-9 确定；

Z_1—— 航行时龙骨下最小富余深度(m)，采用表 2-11 中的数值；

Z_2—— 波浪富余深度(m)，采用表 2-12 中的数值；

Z_3—— 船舶装载纵倾富余深度(m)，杂货船和集装箱船可不计，散货船和油船取 0.15m；

D—— 航道设计水深(m)，即疏浚底面对于设计通航水位的水深；

Z_4—— 备淤深度(m)，应根据两次挖泥间隔期的淤积量确定，对于不淤港口，可不计备淤深度；对于淤积港口，备淤深度不宜小于 0.40m。

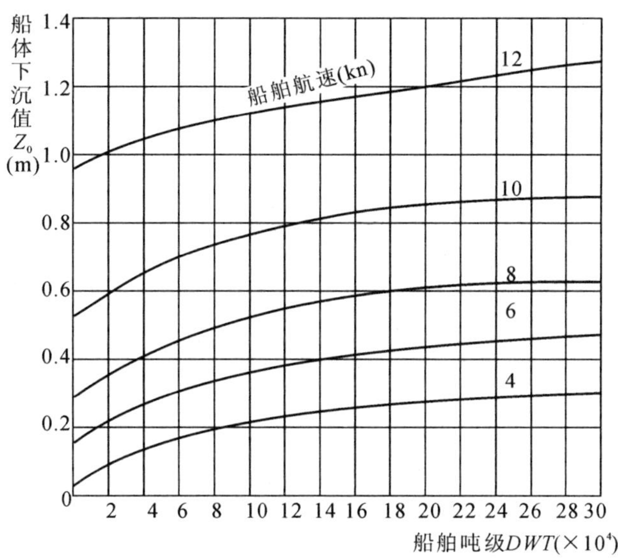

图 2-9 船舶航行时船体下沉值曲线图

表 2-11 航行时龙骨下最小富余深度 Z_1 单位:m

船舶吨级(t) / 土质特征	$DWT<5000$	$5000 \leqslant DWT < 10000$	$10000 \leqslant DWT < 50000$	$50000 \leqslant DWT < 100000$	$100000 \leqslant DWT < 300000$
淤泥土、软塑、可塑性土、松散沙土	0.20	0.20	0.30	0.40	0.50
硬塑黏性土、中密砂土	0.30	0.30	0.40	0.50	0.60
坚硬黏性土、密实砂土、强风化岩	0.40	0.40	0.50	0.60	0.70
风化岩、岩石	0.50	0.60	0.60	0.80	0.80

表 2-12 船、浪夹角 Ψ 与 $Z_2/H_{4\%}$ 的变化系数值表

Ψ(°)	0(180)	10(170)	20(160)	30(150)	40(140)	50(130)	60(120)	70(110)	80(100)	90(90)
$Z_2/H_{4\%}$ ($\overline{T} \leqslant 8s$)	0.24	0.32	0.38	0.42	0.44	0.46	0.48	0.49	0.50	0.52
$Z_2/H_{4\%}$ ($\overline{T} = 10s$)	0.55	0.65	0.75	0.83	0.90	0.97	1.02	1.08	1.10	1.15

注:① 当 $DWT<10000t$ 时,表 2-12 中的数值应增加 25%;

② 当波浪平均周期 $8s<\overline{T}<10s$ 时,可内插确定 $Z_2/H_{4\%}$ 的取值;

③ 当波浪平均周期$\overline{T}>10s$ 时,应对 Z_2 值进行专门论证。

2.4.4.2　进港航道的有效宽度

进港航道的有效宽度由航迹带宽度、船舶间富余宽度和船舶与航道底边间的富余宽度组成，如图 2-10 所示。当航道较长、自然条件较复杂或船舶定位较困难时，可适当加宽；在自然条件和通航条件较有利时，经论证可适当缩窄。单向及双向航道宽度可分别按下列公式进行计算：

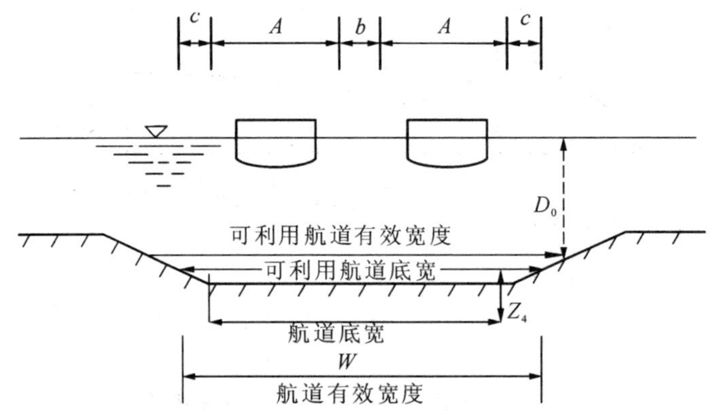

图 2-10　航道有效宽度图

D_0— 通航水深；Z_4— 备淤富余深度(m)

单向航道：

$$W = A + 2c \tag{2-14}$$

双向航道：

$$W = 2A + b + 2c \tag{2-15}$$

$$A = n(L\sin\gamma + B) \tag{2-16}$$

式中：W—— 航道有效宽度(m)；

A—— 航迹带宽度(m)；

B—— 设计船宽(m)；

n—— 船舶漂移倍数，采用表 2-13 中的数值；

L—— 设计船长(m)；

γ—— 风、流压偏角(°)，采用表 2-13 中的数值；

b—— 船舶间富余宽度(m)，取设计船宽 B，当船舶交会密度较大时，船舶间富余宽度可适当增加；

c—— 船舶与航道底边间的富余宽度(m)，采用表 2-14 中的数值。

表 2-13　船舶漂移倍数 n 和风、流压偏角 γ 值表

风力	横风 $\leqslant$ 7 级				
横流 V(m/s)	$V \leqslant 0.10$	$0.10 < V \leqslant 0.25$	$0.25 < V \leqslant 0.50$	$0.50 < V \leqslant 0.75$	$0.75 < V \leqslant 1.00$
n	1.81	1.75	1.69	1.59	1.45
γ(°)	3	5	7	10	14

注：① 当斜向风、流作用时，可近似取其横向投影值；

② 考虑避开横风或横流较大时段航行时，经论证，航迹带宽度可进一步缩小。

表 2-14 船舶与航道底边间的富余宽度 c

项目	杂货船或集装箱船		散货船		油船或其他危险品船	
航速(kn)	$\leqslant 6$	> 6	$\leqslant 6$	> 6	$\leqslant 6$	> 6
c(m)	$0.50B$	$0.75B$	$0.75B$	B	B	$1.50B$

注:对于坚硬黏性土、密实砂土及岩石底质等硬质底质和边坡坡度大于 1∶2 的情况下的航道,船舶与航道底边间富余宽度 c 应适当增大。

2.4.4.3 海港航道转弯半径

海港航道转弯段转弯半径 R 和加宽方式应根据转向角 φ 和设计船长 L 确定,复杂情况宜通过船舶操纵模拟试验确定。

① 当 $10^\circ < \varphi \leqslant 30^\circ$ 时,取 $R=(3\sim5)L$,加宽方式宜采用切角法(图 2-11);水域狭窄、切角困难时,经论证可采用折线切割法(图 2-12)。

② 当 $30^\circ < \varphi \leqslant 60^\circ$ 时,取 $R=(5\sim10)L$,加宽方式可采用折线切割法。

③ 当 $\varphi > 60^\circ$ 时,$R > 10L$,必要时,航道转弯半径和转弯段加宽方案可采用船舶操纵模拟试验验证。

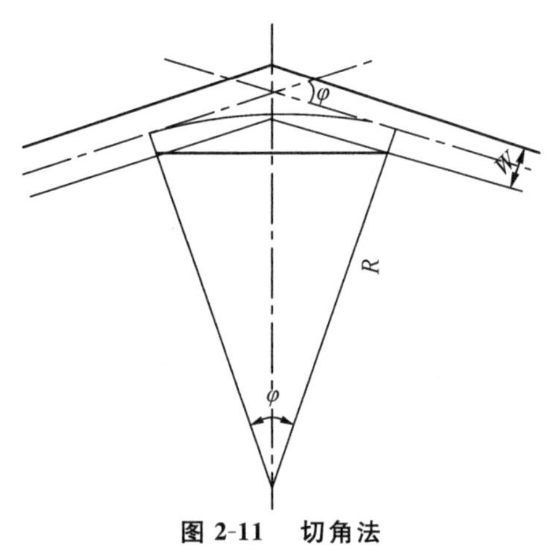

图 2-11 切角法

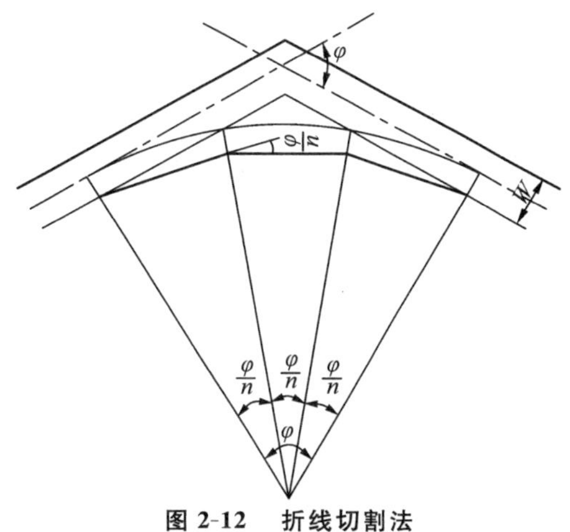

图 2-12 折线切割法

n— 航道转弯处采用折线切割法加宽的等分线段数

2.5 航道维护

2008 年 12 月 27 日国务院颁布的《中华人民共和国航道管理条例》第 13 条指出:“航道和航道设施受国家保护,任何单位和个人均不得侵占或者破坏。交通部门应当加强对航道的养护,保证航道畅通。”遵循这一法规,航道部门的管理职责是:一方面应加强对航道的维护监测,妥善处理由于泥沙淤积或航道变迁对航运的影响;另一方面是加强对航道的营运管理,健全法律法规,防止对航道的人为破坏。

如前所述,航道疏浚可分为维护性疏浚和基建性疏浚两大类。本节主要介绍与航道维护有关的问题。维护性疏浚是一项长期的重复性工作,其主要任务是挖除航道或港池内回淤的泥沙,以保证航道的正常运行。在多沙河流或河床演变复杂的河段上进行疏浚工程设计时,应认真进行河床演变分析,研究河床演变的历史、现状及其演变趋势,在此基础上正确挖槽,合理选择挖槽角度及断面形式，使设计出的挖槽回淤量最小，尽可能减少维护疏浚工程量。与一般基建性疏浚不同的是，维护性疏浚一般是在不停航的条件下实施的，应根据当时当地的具体情况妥善处理好可能出现的各种矛盾，确保施工和交通安全。

2.5.1 回淤泥沙的来源及其特性

回淤泥沙的运动形式不外乎悬移质和推移质两种，但不同水域回淤泥沙的来源和特性则错综复杂。在维护疏浚期间，应结合实际情况，认真组织调研，探明回淤泥沙的来源和特性，才能更有效地实施维护疏浚。回淤物来源大致有以下几个方面：

① 内河航槽的泥沙回淤，主要是上游来沙量超过挖槽内水流挟沙力造成的，或由于当地水流条件的变化，导致挖槽河段局部河床演变而引起的。

② 海港航道的泥沙回淤，主要是临近海域河流中的泥沙，在海流输移作用下进入海港航道，或在某种动力因素作用下海岸泥沙被侵蚀的结果。

③ 潮汐河口的泥沙回淤，因受径流和潮流的双重作用，加之受风浪的影响，泥沙的冲淤变化远比单向河流要复杂得多。随径流而下移的泥沙，在河口水域开阔处，可能发生泥沙沉积；河口内外浅滩上的泥沙，在风浪和潮流的作用下也会被输移到航槽内；特别是在滩槽变迁、河汊动荡频繁的河口水域，泥沙极易在运移过程中沉积在航槽内。此外，疏浚弃土若处理不善，也会有部分重新回淤到航槽内。

维护性疏浚的土质，在内河航道中以沙为主，在河口区视不同部位可能是沙、淤泥或泥沙混合物，在海港航道则以淤泥为主。有些海港航槽或河口挖槽还存在浮泥，浮泥层容重为 $10.3 \sim 10.5\text{kN/m}^3$。沙和淤泥的运动机理完全不同，沙是非黏性体，主要以底沙推移、跃移或滚动形式运动，运动速度较泥慢，但沉积速率则比泥快得多。沙的回淤由三种不同方式造成，即漂沙输移（波浪作用）、底沙输移（波浪或水流作用）和悬移质输移（波浪或波浪与水流共同作用）。淤泥则主要以悬移质形式输移，靠近河床或海底处浓度最大。淤泥最易在涡流水域的垂直轴部位聚集。掌握了回淤泥沙的来源和特性之后，有助于选择适当的挖泥船舶和施工方法进行维护性疏浚施工。无论江河沿海，维护性疏浚通常选用自航耙吸式挖泥船施工。除选好船型外，还必须把握住疏浚时机，合理安排施工程序，把主要疏浚力量部署在回淤最严重的区段，从而带动全航段通航水深的恢复。

2.5.2 维护性疏浚的优化

维护性疏浚是在同一水域内重复进行的工程，在经历多次疏浚实践的基础上，人们对施工对象及各种影响因素、施工的质和量会不断加深认识和理解，从而促进维护性疏浚的优化。近几年来，荷兰在鹿特丹港区的维护性疏浚、比利时在泽布勒赫港的维护性疏浚在降低维护费用等方面，都先后出台了最优维护疏浚方案，取得了显著的经济效益。它们采取的优化疏浚措施可概括为以下 4 条：

(1) 加强床底地形测量，深入研究泥沙运动及淤积物发展规律

荷兰鹿特丹港及比利时泽布勒赫港都建立了航道与港区定期水深测报制度，要求每周提供一幅全港区水深分布图，据此计算平均水深的变化，绘成图表作为维护性疏浚的依据。随着资料的积累，可以准确地掌握淤积发展过程及其与水流、周界条件、气象等因素的关系。

在鹿特丹港通过含沙量监测球长期监测港区周围水域内含沙量的变化，监测球每隔

2min 记录一次数据，存储在监测球内，经 1.5 年左右取出存入计算机。用示踪球跟踪记录泥沙输移路线，用化学分析法测定泥沙成分。长期观测研究表明，鹿特丹港的回淤物主要是泥沙沉积，泥沙主要来源于北海和比利时沿岸的佛来芒岸滩。北海原为鹿特丹港疏浚施工抛泥区，后重新限定了抛泥范围，大大减小了泥沙回淤量。

(2) 布设防沙、沉沙设施，将泥沙拦截在航道及港区之外

这类措施有两层含义：一是布设拦泥帘或气泡幕(我国称为“气门帘”)，将泥沙阻挡在航道或港区之外，拦截的泥沙无须进行处理；二是在港口或进港航道的适当部位预先挖好集沙槽(国内称“沉沙池”)，集中沉积透过拦泥帘进入港区的泥沙，然后利用集沙槽内的附属疏浚设备，集中处理这部分泥沙，以免泥沙在港区航道普遍落淤而造成维护疏浚困难。图 2-13 为荷兰鹿特丹港波特列克港区同时布设的拦泥帘和集沙槽，保证了港区的正常营运。图 2-14 为荷兰鹿特丹港第二石油码头港池前气泡幕位置，可将 20% 以上的泥沙拦截在港区之外，大大减少了维护疏浚工程量。

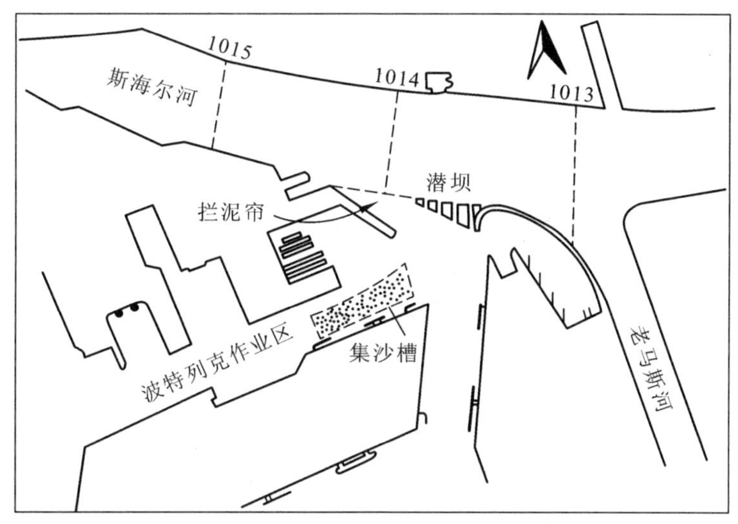

图 2-13 拦泥帘、集沙槽位置

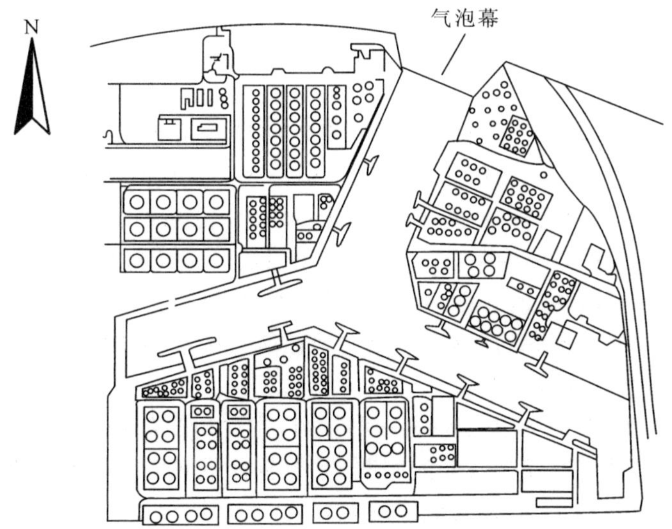

图 2-14 气泡幕位置示意图

气泡幕是通过横放在港池入口处底部的多孔管道释放出的低压空气而形成的，用以阻止泥沙落淤或入侵。在荷兰和英国还将气泡幕用于防止盐水入侵淡水区。气泡上升所形成的气泡幕引起向上的水流运动，使底部水流（泥沙高度集中）直接向上形成表面水流，将泥沙重新带回河道之中。气泡幕的另一效果是可以产生扰动，在气泡幕上、下游约 5m 范围内保持紊动状态，这种紊动足以冲蚀床底沉积物并使其在一定程度上再次悬浮。由于气泡呈水柱状上升，悬沙可被带到一定高度。落潮时，气泡幕停止工作，被扬起的泥沙便从港池流入河道。气泡幕营运费用昂贵，鹿特丹港口的气泡幕设计供气量为 $160m^3/min$（潮汐历时 5h 以内），总计每年耗资 5.6 万美元，若该项费用超过疏浚挖泥费用，此法便不宜采用。

（3）采用"适航水深"，利用浮泥层通航

"适航水深"的定义是："船舶在悬浮物中某一密度值的层面以上可以安全航行的深度"。荷兰疏浚专家在船模水槽中进行了大量模型试验，并利用 24 万 t 超级油轮 Lepton 号在欧罗波特进港航道中进行了实船试验。当时船舶实际上是在富余水深为负值的情况下，在淤泥中航行的。试验发现密度低于 $1.20t/m^3$ 的浮泥层除航行阻力略有增大外，船舶操纵性能有所改善，而且吃水深度减小，从而产生了"适航水深"的新定义。图 2-15 为"适航水深"示意图。

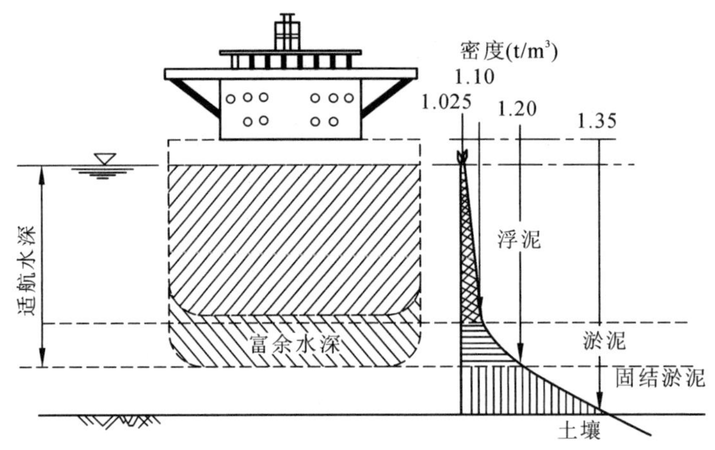

图 2-15 "适航水深"示意图

荷兰由于建立了"适航水深"的新概念，使鹿特丹港每年节省维护疏浚费用数千万美元。比利时、法国等也对"适航水深"进行过研究，由于不同海区海底泥质成分不同，所得结论亦不甚一致。比利时采用反散仪（Backscatter Gauge）点测浮泥区的底质密度，据此将"适航水深"增加了 0.3m。我国早期就在天津新港使用按一定比重制作的三爪铊，测量确定浮泥层中的"适航水深"，后来在连云港、珠海九州港等地先后均采用双频道测深仪结合 γ 射线测沙仪进行过航道浮泥层水深的测量，并成功地在航行中应用类似于"适航水深"的概念。

（4）运筹学在维护疏浚中的应用

"运筹学"是 20 世纪 40 年代形成的一门学科，主要研究经济活动与军事活动中能用数量表达的有关运用、筹划、管理等方面的问题。它根据问题的性质，通过数学分析与运算，作出综合性的合理安排，以最经济有效地使用人力物力。运用运筹学的理论和方法优化维护性疏浚，称为疏浚运筹学。下面是运筹学在维护疏浚策划与管理中应用的实例。

① 优化超挖深度

维护性疏浚是经常性和重复性的工作，为了延长维护疏浚的间隔时间，有时可采用超深挖泥法。根据维护性疏浚的实测资料，可绘制航道挖深与淤浅历时关系曲线，但如何从运筹学的角度考虑超深疏浚与年度平均维护费用的关系却是个值得注意的问题。龙德(I. R. Lund) 于 1989 年设计了一套计算最低年度维护费用的超深疏浚标准程序，找到在有规律或随机变化的河段优化超深开挖的具体方法，并率先编制了单一河段优化疏浚软件，进而研制出了系列河段优化疏浚软件。

② 优化挖泥船队的部署

维护性疏浚常常在若干个工区同时施工，并拥有几个驻在不同地区的挖泥船队。由于各工区疏浚工程量大小不同，工地分布和挖泥船驻地不同，如何优化调遣挖泥船才能达到最经济合理的目的是个值得认真研究的课题。K. Cunning ham&L. Schrage 1987 年提出维诺线性优化程序(Vino Linear Optimased Programe)，具体做法如下：

设某用户有 5 个疏浚工地各需一艘挖泥船进行疏浚施工，现有 6 艘挖泥船可供选择。先分别计算每艘挖泥船的不变费用(包括折旧费、备品费和维修费等) 和可变费用(包括调遣费、燃料费和劳务费等)，结果见表 2-15。然后按下式计算最低疏浚费用：

表 2-15 挖泥船费用计算表

挖泥船编号	固定费用(千元)	工程项目可变费用(千元)				
		(1)	(2)	(3)	(4)	(5)
1#	50	100	200	300	400	600
2#	20	150	150	150	300	500
3#	30	200	230	240	280	440
4#	20	150	220	200	320	470
5#	25	160	250	180	410	450
6#	30	170	180	180	450	500

$$Z = \min\left[\sum_{i=1}^{6}\sum_{j=1}^{5}(FC_{ij} + VC_{ij})x_{ij}\right] \tag{2-17}$$

式中 FC,VC—— 固定费用和可变费用；

x—— 系数；

i,j—— 挖泥船及工地编号。

计算结果是：1# 挖泥船适用于(1) 号工地，2# 挖泥船适用于(2) 号工地，3# 挖泥船适用于(4) 号工地，4# 挖泥船闲置，5# 挖泥船适用于(5) 号工地，6# 挖泥船适用于(3) 号工地，这种方案是所有调度部署方案中费用最低的，总费用仅为 13.15 万元。

③ 判别疏浚设备改造的技术方向

用于维护疏浚工程的挖泥船都是长期在类似工况下施工的，应从经济学的角度出发考虑其设备改造的技术方向。Denes 1991 年提出了下述计算方法：

$$\text{总费用} = A_0 + A_1 \times \text{基建费用} + A_2 \times \text{燃料费用} + A_3 \times \text{劳务费用}$$

式中，A_0、A_1、A_2、A_3 等系数可按回归法从成本分析中得出，式中变数是其他因素的函数，即：

$$基建费用 = B_0 + B_1 \times 利率$$

$$燃料费用 = C_0 + C_1 \times 存储量 + C_2 \times 需用量 + C_3 \times 油价$$

$$劳务费用 = D_0 + D_1 \times 可用人工数 + D_2 \times 开工率$$

式中的 B_0、B_1、$C_0 \sim C_3$、$D_0 \sim D_2$ 都是系数，可用最小二乘式将各式合并。合并后单方成本费用可按下式计算：

$$单方成本费用 = 1.5 \times 5 \times 10^{-6}(基建费) + 3 \times 10^{-6}(燃料费) + 8 \times 10^{-6}(劳务费)$$

在基建投资、燃料费和劳务费都增加 1 万元的前提下，单方成本费将相应增加 0.05 元、0.03 元和 0.08 元。结果表明单方费用对劳务费反应最敏感，所以当务之急应该是设法提高挖泥船的自动化程度以降低劳务费用。若燃料费用的系数最高，就应设法降低油耗；若基建费用系数最高，则降低造船成本就成为今后的技术改造方向。

2.5.3 航道的日常维护

航道是河道中能够通航的带状水域。除采取必要的航道工程措施（如疏浚、爆破、整治）外，还必须对航道进行经常性的检测，探明航道最小水深及浅点位置，及时调整航标，保证船舶安全、经济地运行，提高航道维护质量。

航道检测分简测、探测和扫床三类。

简测是在枯水期或退水后的适当时期，为了解浅滩河段的航道情况进行的定期或临时性测量。简测时间一般在水位退落后，最小水深接近维护水深时。若航道变化剧烈，则应临时增加测次，特别要注意淤沙期航道的检测。简测工作结束后，应绘制航道等深线图，视航道变化情况采取相应的工程措施。

航道探测是使用最多的一种检测手段，其目的是随时掌握航道的变化及通报水深情况。探测常利用测杆、测锤及测深仪，将航道最浅、最窄处的水深及方位测算出来。在枯水期，凡设置了浅滩浮标的航段每天都应进行探测，对变化急剧的浅滩槽口，每日探测数次，对布设了航标灯的航段，夜间也要探测，并将探测的航道最小尺度及时上报。中洪水期的涨水期，可只进行航道边线的探测，退水期对浅滩航道要进行详细探测，并视水位的下降幅度，增加探测次数。对一般性航道的过河航段，沿岸航段的凸岸边滩也应进行定期探测。

扫床的目的是检查航道内是否有碍航障碍物，弄清障碍物的部位、水深，为布标、清障工作提供依据。扫床工具有软式扫床（扫绳加沉锤）和硬式扫床（扫杆与标尺）两种。在进行覆盖性（常规性）扫床和探索性（应变性）扫床时，扫床深度应分别满足下列要求（图 2-16、图 2-17）。

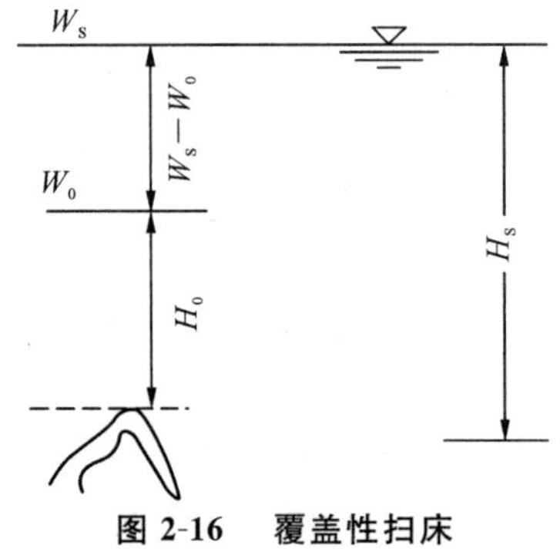

图 2-16 覆盖性扫床

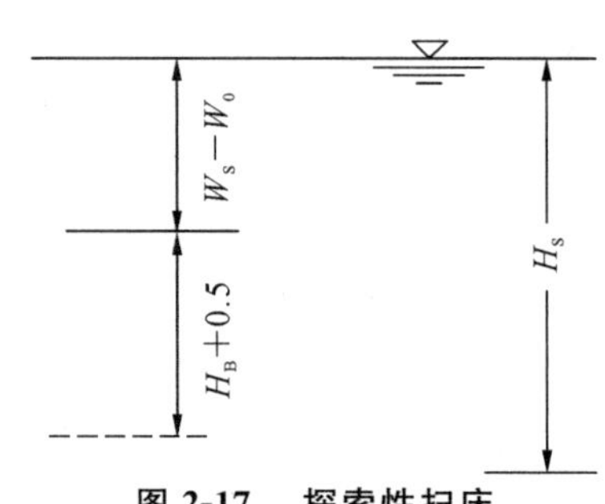

图 2-17 探索性扫床

$$H_S \geqslant (W_S - W_0) + H_0 \quad \text{(覆盖性扫床)} \tag{2-18}$$

$$H_S \geqslant (W_S - W_0) + (H_B + 0.5) \quad \text{(探索性扫床)} \tag{2-19}$$

式中 H_S, H_0, H_B—— 扫床深度、障碍物零水位深度和扫床当月设标水深(m)；

W_S, W_0—— 扫床时水尺零水位(m)。

长江航道的标准维护水深及宽度见表 2-16。

表 2-16 长江航道的标准维护水深及宽度 单位:m

河段	上游	中游	下游
	兰家沱 ～ 宜昌	宜昌 ～ 汉口	汉口 ～ 河口
H_{min}	依水位变化而变化	3.2	4.5
B_{min}	50 ～ 60	80	100 ～ 200

2.6 航道管理与服务

2.6.1 航道的管理机构及职责

2.6.1.1 航道管理机构

《中华人民共和国航道管理条例》规定:中华人民共和国交通部主管全国航道事业。国家航道及其航道设施按海区和内河水系,由交通部或者交通部授权的省、自治区、直辖市交通主管部门管理。

(1) 国家航道

国家航道是指:① 构成国家航道网、可以通航 500 吨级以上船舶的内河干线航道;② 跨省、自治区、直辖市,可以常年通航 300 吨级以上船舶的内河干线航道;③ 沿海干线航道和主要海港航道;④ 国家指定的重要航道。

国家航道及其航道设施,由交通部按海区和内河水系设置的航道管理机构或者交通部委托的省、自治区、直辖市交通主管部门设置的航道管理机构负责管理。现时的管理机构为:

海区:我国沿海航道工作重点是航标管理。海区航标由交通部海事局直辖的沿海各海事局和沿海各省海事局管理。沿海各港进港航道水深采用委托或招标方式由施工企业承担维护任务。

内河:交通部直辖的长江干线航道以浏河口为界,以下直至海口,由上海航道局管理,以上直至宜宾,由长江航道局管理(其中长江三峡通航管理局管辖宜昌中水门至庙河 59km 航道,长江航道局负责业务指导)。其他内河干线航道由交通部授权的有关省、自治区、直辖市交通厅(局)管理。

(2) 地方航道

地方航道是指国家航道和专用航道以外的航道。地方航道包括可以常年通航 300 吨级以下(含不跨省可通航 300 吨级)船舶的内河航道;可通航 3000 吨级以下的沿海航道及地方沿海中小港口间的短程航道;非对外开放的海港航道;其他属于地方航道主管部门管理的航道。

地方航道及其航道设施,由省、自治区、直辖市交通主管部门设置的航道管理机构管理。

一般分省和地、市两级管理，也可由省级统一管理。水运发达地区，可增加县一级管理。管理机构及权限的确定，由省、自治区、直辖市交通主管部门根据本省情况报省、自治区、直辖市人民政府审批。

(3) 专用航道

专用航道是指由军事、水利、电力、林业、水产等部门以及其他企业事业单位自行建设、使用的航道。

专用航道及其航道设施由专门部门管理。除军事专用航道外，其他专用航道应接受当地航道管理机构的业务监督和指导。

2.6.1.2 各级航道管理机构的职责

① 根据《条例》和本《细则》以及国家其他有关规定和技术标准，对所辖航道及航道设施实施管理、养护和建设；

② 审批与通航有关的拦河、跨河、临河建筑物的通航标准和技术要求；

③ 参加编制航道发展规划，拟定航道技术等级，组织航道建设计划的实施；

④ 配合有关部门开展与通航有关的河流的综合开发与治理，负责处理水资源综合利用中与航道有关的事宜；

⑤ 组织开展航道科学研究、先进技术交流和对航道职工进行技术业务培训；

⑥ 负责对航道养护费、船舶过闸费等规费的征收和使用管理；

⑦ 负责发布内河航道通告；

⑧ 负责航道及航道设施的保护，制止偷盗、破坏航道设施、侵占和损坏航道的行为；

⑨ 接受交通主管部门委托，对违反《条例》和本《细则》的行为进行处罚。

2.6.2 航道的规划和建设

航道发展规划应当依据统筹兼顾、综合利用的原则，结合水利水电、城市建设以及铁路、公路、水运发展规划和国家批准的水资源综合规划制定。

国家航道发展规划由交通部编制，报国务院审查批准后实施。地方航道发展规划由省、自治区、直辖市交通主管部门编制，报省、自治区、直辖市人民政府审查批准后实施，并抄报交通部备案。跨省、自治区、直辖市的地方航道的发展规划，由有关省、自治区、直辖市交通主管部门共同编制，报有关省、自治区、直辖市人民政府联合审查批准后实施，并抄报交通部备案；必要时报交通部审查批准后实施。

专用航道发展规划由专用航道管理部门会同同级交通主管部门编制，报同级人民政府批准后实施。

各级水利、电力主管部门编制河流流域规划和与航运有关的水利、水电工程规划以及进行上述工程设计时，必须有同级交通主管部门参加。

各级交通主管部门编制渠化河流和人工运河航道发展规划和进行与水利水电有关的工程设计时，必须有同级水利电力主管部门参加。各级水利电力主管部门、交通主管部门编制上述规划，涉及运送木材的河流和重要的渔业水域时，必须有同级林业、渔业主管部门参加。

航道应当划分技术等级。航道技术等级的划分，由省、自治区、直辖市交通主管部门或交通部派驻水系的管理机构根据通航标准提出方案。Ⅰ～Ⅳ级航道由交通部会同水利电力部门及其他有关部门研究批准，报国务院备案；Ⅳ级以上的航道，由省、自治区、直辖市人民政府批准，报交通部备案。

建设航道必须遵守国家基本建设程序的规定。工程竣工经验收合格后，方能交付使用。建设航道及其设施，不得危及水利水电工程、跨河建筑物和其他设施的安全。因建设航道及其设施损坏水利水电工程、跨河建筑物和其他设施的，建设单位应当给予赔偿或者修复。在行洪河道上建设航道，必须符合行洪安全的要求。

2.6.3 航道信息与发布

2.6.3.1 航道尺度的测报与对外发布

(1) 航道尺度的测报

航道尺度包括水深、宽度和弯曲半径。其中水深与宽度由航道管理基层班组按规定进行测报，航道弯曲半径可以从航标配布图或最近的航道测图上量得，不包括在常规的测报内容之中。

在天然河流上，浅滩航道水深与宽度的测报时限，根据《内河航道维护技术规范》(JTJ 287—2005) 的要求，应按表 2-17 的规定执行。对中水期或洪水期出浅的航道，应在出浅期增加测报次数，其他时期测报次数可以减少。

表 2-17 浅滩航道尺度测报时限

航道维护类别	洪水期	中水期	枯水期
一类	10 ～ 30d 1 次，其中通航海船河段 10d 1 次	5 ～ 15d 1 次，其中通航海船河段 5 天 1 次	1 ～ 3d 1 次，当水深及宽度接近规定维护标准时，每日 1 次
二类	30 ～ 60d 1 次	10 ～ 30d 1 次	3 ～ 10d 1 次，当水深及宽度接近规定维护标准时，每日 1 次
三类	主要浅滩每年测报 1 ～ 2 次		

对于浅滩航道所测报尺度一般应为浅窄区航道内的最小水深(往往是航道边线上的水深) 和最窄航宽，并注明浅区的具体位置和测时邻近站的水位。对于特殊重要的河段，有时还可要求重点浅滩的基层班组同时测报航道的分心水深，以掌握航道的冲淤变化。

对于可同时通航海船的河段，中洪水期可按海船的可航范围，进行左、中、右三线探测，上报其各自的最小水深。

(2) 航道尺度的对外发布

① 航道主管部门应将各河区航道计划维护尺度，包括主航道、经济航道和进江海轮航道向有关单位和船舶公布。

② 在运输繁忙的天然河流上，如长江干流，为充分利用自然水深，可在已定航道维护标准尺度的基础上，适当提高中洪水期的维护水深与航宽，并以分月设标水深的形式向有关单位公布。这种分月维护水深不做维护指标考核。

③ 每当枯水期或航道较为紧张的季节，对于浅滩航道的实际维护尺度可用航道通告或航道通电的方式对外发布。对外发布航道通告及航道通电时，只需公布航道最小水深和宽度。

2.6.3.2 航标信息的搜集与发布

(1) 航标信息的搜集

① 航标信息包括标志的设置、移位、撤销,灯质的改变,航标失常或灯光熄灭,桥梁河段通航桥孔的改变和航标的调整,浅滩航道的调标改槽,经济航道与海轮航道的开放与封闭,封冻河流的封江与开江等航标动态。

② 航标管理基层单位(航道站或不设站的航道段)应及时将航标异动情况计入航道站记事簿。同时用电话或电报报告主管航道处或航道分局。

③ 航标设置或移位后,具有以仪器测定标位条件的航道站或航标工作船,应以仪器测定准确的标位,以方位、距离法报告标位。不具备此条件的,则应以航标所在的航道图上的航道里程报告标位。

④ 报告标位与标志异动的标志名称应符合航标命名的规定。

⑤ 提前预报并发布航道通电的航标异动、通航桥孔的改变、大规模调标改槽以及封冻河流的开江、封江等航标信息,其提前上报的时间由各航道主管机构规定。

⑥ 航道管理机构对基层单位报告的航标异动信息应进行核查和登记,并在航道图上改正标位。

⑦ 船舶驾驶和引水人员在航行途中如碰撞浮标造成浮标离位或漂流时,应立即通知航标站或航标船艇前往恢复,并在到港后向航标管理部门报告。航标管理部门接到船舶反映的航标失常信息后,除应立即通知有关航道站予以恢复正常外,还应将航标失常事故登入"航标失常记录簿",以供考核。

(2) 航标信息的发布

① 航标管理机构应定期或不定期地发布航道通告或航道通电,及时向船舶和有关单位通报航标动态以及与航道管理有关的事项。

② 航道通电和航道通告一般应包括以下内容:

航道计划维护尺度(上月底或本月初发布);航标异动情况;航道的开放与封闭;绞滩站的开班与收班;航道实际维护尺度及航道情况;航行注意事项。

③ 凡属重要的、紧迫的航标异动情况和航道管理信息应以通电的方式及时发布,而航道通告则可根据信息的缓急程度作不定期的发布。包括已用航道通电发布的信息在内,当航标异动信息已汇集达一定数量时可再发布一期航道通告,但每月不得少于一期。对洪水和枯水期航标变动较多的航区,还应在枯水期和洪水期各发布一期航标汇总航道通告,以方便船舶和航运部门核对和改正航行图。

2.6.3.3 航道变异情况的搜集与发布

(1) 航道变异情况的搜集

航道变异情况包括航道两侧岸线的特异变化如崩崖、滑坡、大范围岸崩、自然裁弯等,以及航道内出现异常水流和沉船、沉物等。当出现这类变异情况时,往往会使航道条件恶化,影响通航与航行安全,严重时会阻碍航行。航道管理部门应高度重视航道变异情况的发生,并通过以下渠道或方式及时掌握有关具体情况。

① 航道站长年驻守航道第一线,能够发现航道上发生的种种事情,通过日常的航道探测检查,也可以了解航道的变化情况。因此,航道管理部门应从航道站得到的航道变异信息搜集第一手资料。航道站则应将航道上发生的变异情况,及时向上级部门报告,并在航道站

记事簿上做好记载。

② 航道测量队通过水道测量，可以发现河道的变迁情况，并预测其发展趋势。航道管理部门可从他们的工作或专门布置的观测站了解并掌握河道特异变化情况和具体信息。

③ 船舶驾驶人员长年在江河上航行，对航道情况十分熟悉，航道情况及航道设施发生变异时他们往往最早发现。若有不利航行的情况出现，他们会及时发出航行警告通电，航道管理部门也可从他们那里收到航道变异的信息。

④ 当航道上发生船舶搁浅、触礁、沉船等海损事故时，航道站获悉后应立即开船去现场，了解出事地点是在航道范围内还是航道外，发生事故的原因是否与航道有关。应测定沉船位置，如有碍航行安全时，应先设置浮标标示航道界限。在保证安全的前提下，探测搁浅船周围航道水深，协助施救工作。然后将情况通过无线电话报告主管航道处(段)，转报上级管理部门。

⑤ 对于水上建筑工地未清除干净的水下碍航残留物，及过往船舶失落在航道内的大件货物、物件，航道站应进行扫床，测定碍航物位置和碍航程度，做好记录，并迅速报告上级主管部门。必要时应设浮标标示。

⑥ 当有航行船舶在浅滩航道上搁浅引起航道突变而堵塞时，航道管理部门获悉后，领导干部与工程技术人员应赶赴现场，组织进行航道疏通或另辟新槽，尽快恢复通航。

(2) 航道变异情况的发布

航道管理部门在获悉辖区航道发生变异情况，影响船舶正常通航时，经过情况核实，应立即发布航道通电，通告航行中的船舶和有关单位注意。

① 在航道因切滩撇弯或泥沙大量淤积导致发生剧烈变迁，航道站决定改走新槽时，在现场的航标工作船应提前发布航道通电，通知在航的船舶注意；并在调标改槽结束后再发布通电，将新航槽的航标配布与航道尺度通告船舶及有关单位。

② 在出浅的浅滩航道进行爆破或挖泥施工时，航道管理部门除应将航行注意事项发布航道通电通告航行船舶外，还应在船舶驶近时，以无线电话进行联系，告知应采取的安全措施。

③ 当航道上出现异常水流影响航行时，航道管理部门应立即到现场调查了解造成异常水流的原因，提出规避的建议，并发布航道通电，通告过往船舶，以策安全。

④ 当通航河段突然发生崩崖、滑坡，导致航道壅塞成滩，严重妨碍船舶正常通航时，航道管理部门应及时派员赶赴现场了解情况，安排必要的观测，在与有关部门共商滞留船舶的疏导问题后，及时发出通电和通告。

3 水 文

在航道中，航行条件的好坏除以航道尺度来反映外，水文要素也是表征航行条件的主要因素。河流水文要素包括比降、流速、流向、流量、流态、水位和潮汐等。它们在某一时刻的综合反映，表征着河流的水流情况及其对船舶航行的影响。

3.1 比降和流速

3.1.1 比降

河流水面比降，分为纵比降和横比降，一般用千分比(‰)表示。

3.1.1.1 纵比降

河流中某河段两端的水面高程差(ΔH)叫水面落差。河源和河口两处之间的水面高程差，叫水面总落差。水面落差与河长之比叫水面纵比降 J。当河段纵断面上的水面线近于直线时，如图 3-1 所示，纵比降可按下式计算。

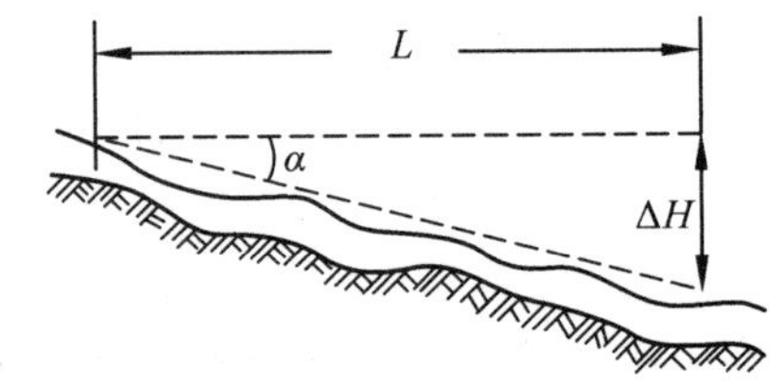

图 3-1 水面近于直线时的纵比降图

$$J = \frac{H_1 - H_0}{L} = \frac{\Delta H}{L} = \tan\alpha \tag{3-1}$$

式中 J—— 河段水面纵比降；

H_1, H_0—— 河段上、下游两端水面高程(m)；

L—— 河段的长度(m)。

当河段纵断面上水面线呈折线或曲线时，可先分成若干段，如图 3-2 所示，再按下式计算比降：

$$J = \frac{(H_0 + H_1)L_1 + (H_1 + H_2)L_2 + \cdots + (H_{n-1} + H_n)L_n - 2H_0L}{L^2} \tag{3-2}$$

式中 $H_0, H_1, \cdots, H_n$—— 自下游到上游沿流程各点的水面高程(m)；

$L_1, L_2, \cdots, L_n$—— 各点间的距离(m)；

L—— 河段全长(m)。

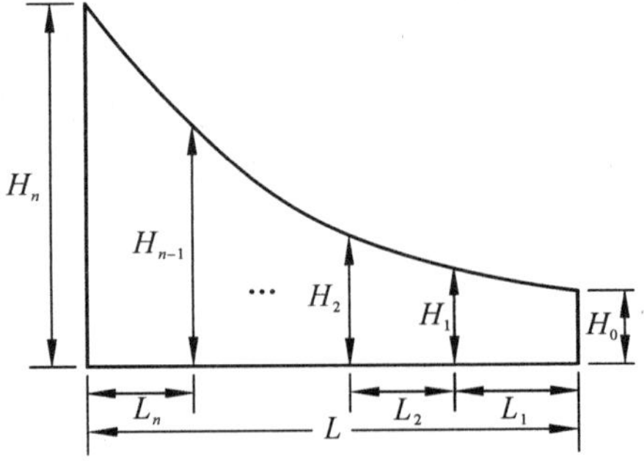

图 3-2 水面呈折线时的纵比降图

河流水面纵比降的大小是由河槽床面纵比降的大小分布决定的。在山区河流，由于床面坡度大，其水面纵比降也较大；而平原河流由于床面平缓，坡度小，则水面纵比降亦相对较小，这是一般规律。此外，还有其他因素也能引起纵比降的变化，但通常只是对局部产生影响。

① 水位的影响：枯水期流量小，水位低，浅滩阻滞水流的作用较大，故浅槽段比降大于深槽段；洪水期流量增大，水位上升，河槽平面形状的影响大于河底地形对水面的影响，因深

槽常位于弯、窄河段，易造成壅水，故深槽段比降大于浅槽段；中水期因流量适中、水位均匀，深槽与浅槽段的比降区别不大。

② 河槽断面的影响：河槽断面大，比降就小。断面小，比降则大。

③ 干支流汇合的影响：在干支流汇合处，常产生壅水现象，使干支流汇合处的上游纵比降减小，下游则增大。当干流涨水时，有时还会形成向支流倒灌（即反比降）的现象。

④ 潮汐的影响：在与海洋相通的河口段，其纵比降随潮汐的涨落而发生周期性的变化。

⑤ 风的影响：在平原河流的宽阔河段，当风向与流向一致时，纵比降会增大，反之会减小，其影响程度视风向及风力大小而定。

3.1.1.2 横比降

河流中横断面两端点的水面高差 Δh 与相应河宽 B 之比称为横比降 i，可用下式表示：

$$i = \frac{\Delta h}{B} = \tan\beta \tag{3-3}$$

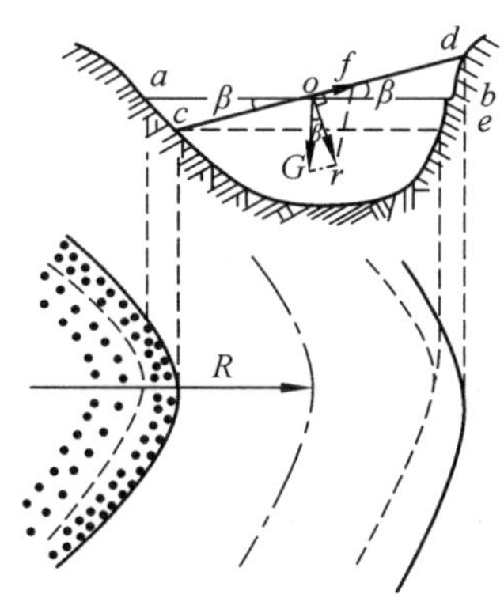

图 3-3 横比降的形成

横比降的形成，主要是因为地转偏向力、惯性离心力（特别在急弯处）、水位急涨急落等的作用。此外，当风向与流向成一定交角时，也会产生横比降，其影响程度视交角及风力大小而定。

在顺直河段上，作用在水质点上的重力 G 等于水质点的质量 m 和重力加速度 g 的乘积（$g = 9.81\text{m/s}^2$），即：$G = mg$。如果不计其他因素的影响，横断面的水表面处于水平状态 ab，如图 3-3 所示。

在弯曲的河道，作用于水质点上的力除重力外，还有惯性离心力 f，可用下式表达：

$$f = \frac{mV^2}{R} \tag{3-4}$$

式中 m—— 水质点的质量；

V—— 流速；

R—— 河槽弯曲半径。

假定水流没有内摩擦力，并且水流底部的摩擦阻力忽略不计，则图 3-3 中 r 为 f 和 G 的合力。在离心力的作用下，部分水质点向凹岸推移，由此产生横比降，水面处于 cd 位置，与合力 r 方向垂直。横比降的大小可以由下式求得：

$$i = \tan\beta = \frac{f}{G} = \frac{V^2}{Rg} \tag{3-5}$$

由图可见，$\triangle dob$ 和 $\triangle dce$ 相似，且 ce 边等于河床宽度 B。根据三角形相似原理，可以得出 i 的另一个表达式：

$$i = \tan\beta = \frac{db}{ob} = \frac{de}{ce} = \frac{\Delta h}{B} \tag{3-6}$$

由上述两式可得凹岸水位的提高量为：

$$\Delta h = i \cdot B = \frac{V^2}{Rg}B \tag{3-7}$$

水位的急涨急落同样会产生横比降，陡涨水时河床中间部分凸出，这是因为中间阻力比岸边小。急落水时，河床中间部分流速大、阻力小，河心表面呈下凹状。

因地球自转，在地球表面的水质点会受到自转偏向力的作用而产生横比降。这是因为，当地球自转时，在北半球的河流中，水质点所受到的自转偏向力总是自左指向右的（南半球相反，自右指向左），造成右岸边水位升高，左岸边水位下降。由此可推出如下结论：与河流的地理位置走向无关，北半球的河流的水面横比降由右岸指向左岸；南半球则相反。

3.1.2 流速

水流质点在单位时间内流经的距离称为流速，一般以米 / 秒(m/s) 为单位。在天然河道内，水流的流动一般呈紊流状态，水中任一质点的速度和方向都是不断变化着的。平时所称的流速，实际上是某段时间内的平均流速。流速的大小与河流的纵比降、河床的粗糙度、水力半径、风向、风速、冰情及河流水深等有密切关系。流速可用谢才公式表示：

$$V = C\sqrt{RJ} \tag{3-8}$$

式中　C—— 谢才系数；

R—— 水力半径(m)，$R = \frac{\omega}{X}$，其中 ω 为过水断面面积(m^2)，X 为湿周(m)；

J—— 水面纵比降。

一般情况下，河宽远大于水深。在宽浅型河道，湿周可用平均河宽 B 来代替($X \approx B$)，则 R 近似等于平均水深 h。

由式(3-8) 可知，流速随比降的增加而增大；当流量增加时，断面积增大，而 $R \approx h$，由此类推随水深的增加，流速增大。

谢才系数是一个具有量纲的系数，它反映了河床壁面粗糙度对水流的影响，可用满宁公式计算：

$$C = \frac{1}{n}R^{1/6} \tag{3-9}$$

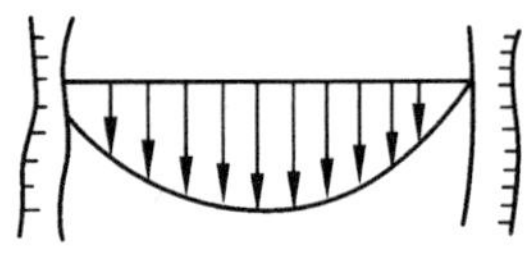
图 3-4　流速平面分布

式中　n—— 粗糙率或粗糙系数，可由实测和查表来确定。

3.1.2.1　流速的平面分布(图 3-4)

① 在河底两岸附近，流速最小。

② 水面流速从两岸最小水深处向最大水深处递增。

③ 陡岸边流速大，坦岸边流速小。

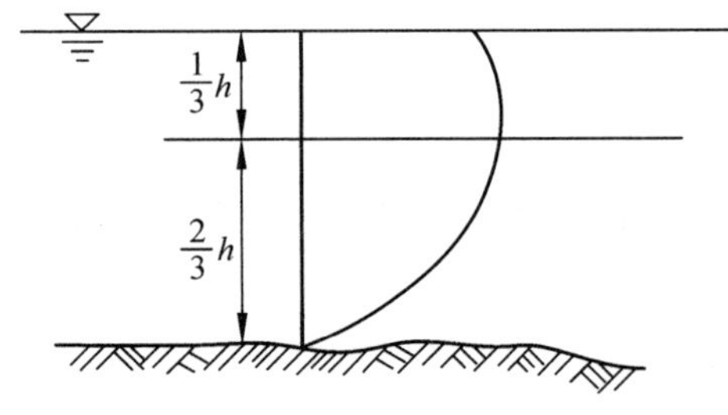

图 3-5　流速垂直分布

3.1.2.2　流速的垂直分布

经实际观测发现，最大垂线流速在水面下约 1/3 水深处，最小流速则在河底(图 3-5)。

当河底有障碍物时，流速垂直分布曲线在障碍物顶部附近向下开始急剧收缩，在障碍物顶部附近向上则急剧增大，河底的流速可能等于零，而最大流速位置则较一般河段偏深一些。

在深槽中和浅滩上，深槽比浅滩的深度愈深，则深槽中的流速分布曲线愈向下愈弯曲，最大流速接近水面；而浅滩上的最大流速则距水面距离较远。

3.1.2.3 水流动力轴线

河流中各过水断面上最大流速点的连线，称水流动力轴线。由于河床形态、河底地形的不同，各过水断面的最大流速点与河岸及水面之间的相对距离也不一样，所以水流动力轴线无论在平面上或沿垂线方向都是弯曲的，在河槽内的位置沿程变化，时而靠近此岸，时而靠近彼岸，时而潜入水下，时而升到水面，如图3-6 所示。

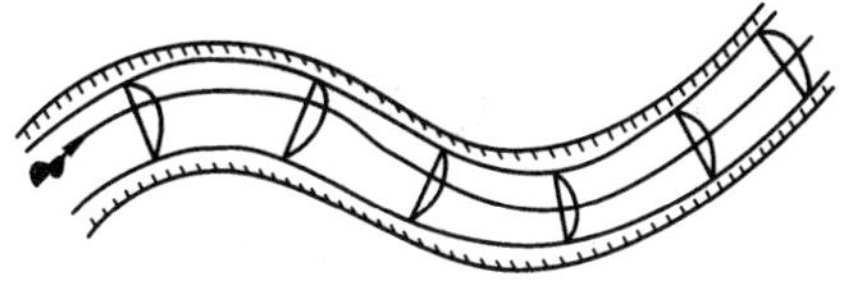

图 3-6 水流动力轴线

3.1.3 流向

河槽中的水流方向是随河槽的平面形状、河底地形及水位的不同而发生变化的，它直接影响船舶的安全。为此，如何观测流向是驾引人员不可缺少的知识。下面介绍几种目测流向的方法：

① 根据漂浮物运动的方向，判定该处的表层流向。

② 根据水流流过浮标的水迹线方向，判明该处的表层流向。

③ 根据抛单锚船舶的首尾方向来判定流向。

④ 根据河岸外形判断：顺直河段，流向基本与岸线平行；弯曲河段，水流方向从凸岸流向凹岸。

⑤ 根据河岸水生植物被水流冲击的方向来判定流向。

3.1.4 流量

3.1.4.1 流量及其计算

流量是单位时间内流过河流某一过水断面的水量。通常以立方米 / 秒(m^3/s) 为单位，简称秒立米。如果知道了某一河流的过水断面面积和平均流速，就可知道它的流量，可用下式表示：

$$Q = V\omega = VBh \tag{3-10}$$

式中 Q—— 流量(m^3/s)；

ω—— 过水断面面积(m^2)；

V—— 某断面的平均流速(m/s)；

B—— 平均河宽(m)；

h—— 平均水深(m)。

河流中流量的大小，往往决定着水位的高低，也决定着航道水深的大小，所以它是影响航道尺度很重要的一个因素。

3.1.4.2 流量与水位的关系

河流水位的变化主要是由于流量的增减。流量是本质，水位是流量变化的反映，在同一断面上同一时刻通过的流量愈大，则水位愈高；反之愈低。我国河流一般在冬季流量小，水位低；在夏季流量大，水位高。山区河流由于洪枯流量悬殊，所以水位变幅也很大；而平原河流则平缓得多。

3.2　水位

3.2.1　水位与水深

河流中某处水面至基准面的垂直距离称水位。测量任何高度，都要有一定的零点作为起算的标准。水位是以基准面为零值。高于基准面者为正(+)值；低于基准面者为负(—)值。

水位基准面亦称水位零点。有基本零点与当地零点之分。

基本零点又称绝对基准面。它是以某一河口附近海域的某一较低的海平面作为零点。例如我国习惯上常用的吴淞零点、珠江零点、大沽零点、废黄河零点等。当需要了解全流域全河段各测站的水位高度，并比较、分析它们时，才使用绝对基准面，见图 3-7。从图中可以看出，基本零点与各个当地零点有个差数，即为各当地零点的高程，我们只要了解这个差数，就能在实际中加以运用。

我国自 1957 年起，全国已统一采用"黄海平均海平面"作为陆地标高的起算面。航行图中的"高程"都是指在"黄海平均海平面"以上的高度，亦称"黄海高程"。所以，这个基准面就是起算全国"高程"的基本零点。

当地零点又称测站零点或各港零点，主要是为了船舶通航的要求和航运部门应用上的方便而设立的一种基准面。在有些河流，它既是水位基准面，也是水深基准面。各地水位及航行图上所注的水深均由该基准面起算。

由于河底起伏不平，河槽经常变迁，水位涨落不定，所以各地点的实际水深也经常改变着。因此，就像测量水位一样，水深也必须以某一基准面为标准起算。自基准面至河底的深度，称为图示水深或图注水深。它以基准面为零值，凡在基准面以上的取负值，一般称干出高度；在基准面以下的取正值，称深度。

为便于计算，我国有些内河的水位和水深基准面已经统一。这样只要知道某日的水位和图示水深，即可求出实际水深，如图 3-8 所示。其关系式是：

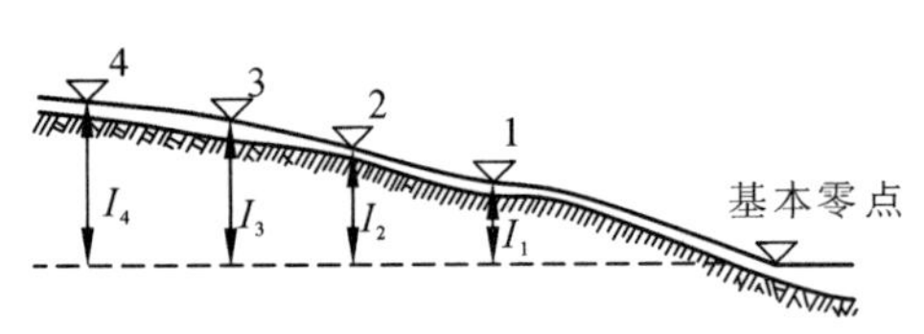

图 3-7　基本零点与当地零点示意图

1,2,3,4— 当地零点；

I_1,I_2,I_3,I_4— 各当地零点高度

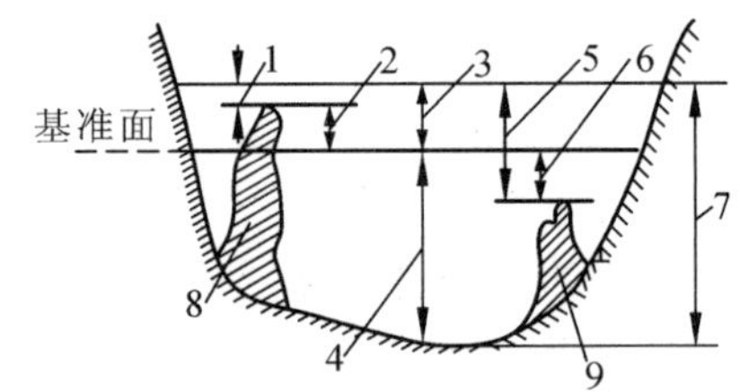

图 3-8　水位与水深的关系

1— 礁石实际水深；2— 干出高度；3— 水位数；4— 图注水深；5— 暗礁上实际水深；6— 图注水深；7— 实际水深；8— 明礁；9— 暗礁

$$\text{当时当地实际水深} = \text{当时当地水位数} + \text{图示水深} \tag{3-11}$$

当某些河流的水位(或潮高)基准面与水深基准面不一致时，其实际水深就不等于图注水深加当时当地水位或潮高，而应再加一个改正数。

从当地零点起算的水位叫当地水位；从基本零点起算的水位叫绝对水位。由图 3-7 可知：

$$\text{当地水位} + \text{高程差} = \text{绝对水位} \tag{3-12}$$

航运上以当地零点应用最广。长江航道局通过中央人民广播电台每天播送的水位公报以及由船舶单位每天直接向各船舶电台发出的水位通电，除湘江长沙和汉江汉川两地的水位数值用的是基本零点外，其余各站，上自重庆下至镇江的水位数值，用的全是当地零点。

尽管国家规定基本零点应采用黄海零点，但由于种种原因，我国各大河流所采用的基本零点不尽相同。例如，长江过去一直使用长江口的吴淞零点，至今仍在沿用；黄河则以大沽零点为主。至于当地零点，则由各河流根据当地具体情况规定其具体名称和零点高程。例如，长江上采用的当地零点有水尺基准面(或叫航行水尺零点)、航行基准面、理论深度基准面等。长江干线各主要水位站零点高程见表3-1。

表3-1　长江干线各主要水位站零点高程

编号	水位站名称	零点高程(m)
1	重　庆	160.173
2	万　县	99.63
3	宜　昌	39.35
4	枝　城	37.43
5	沙　市	32.58
6	监　利	22.52
7	城陵矶	17.44
8	汉　口	12.00
9	黄　石	9.062
10	九　江	7.088
11	安　庆	4.188
12	芜　湖	2.518
13	南　京	1.966
14	镇　江	1.648
15	江　阴	1.171

注：以上数据为吴淞基准高程。

航行水尺零点是以当地多年平均最枯枯水面作为零点起算的。长江上游(川江)重庆—宜昌即采用此基准面。

航行基准面是以当地历年来大略最枯枯水面作为零点起算的。长江中下游宜昌—江阴即采用此基准面。

理论深度基准面是以理论上潮汐可能达到的最低低潮面作为零点起算的。长江下游江阴—吴淞口因受潮汐影响较大，所以采用此基准面。

在某一河段的航行图或航道图上所表示的图示水深，以及沉船、礁石等障碍物的深(高)度，都是以该河段所采用的当地零点作为起算面的，低者为正值，高者为负值。图示水深加上当时水位(潮高)即为当时实际水深(河底无变化时)。但有几个问题必须注意：一是河槽特别是泥沙质河槽，是经常处于变化状态的；二是当有些障碍物在河槽中残存时间过久时，其上往往淤有厚厚的一层泥沙，从而改变了原有的高度。驾驶员了解或估计到这种情况，在过船时就应更加注意安全。

每条较长的河流，从上游至下游各地高程差异很大，常分成若干管辖段，每段用一个水位表示，这样就能较为正确地反映各段的实际水面位置和推算各段航道内的实际水深，这个水位就叫作该段的关系水位，如长江就是这样划分水位管辖段的。

以长江而言，实际水深的计算有两种类型，一种是川江的，另一种是中下游的。川江由于比降大，各河段水面比降的变化亦不是均匀一致的，故只有采用数量众多的（即设站密度较大）水尺来标示，才能正确地反映出川江各地的水位情况。长期以来，川江以重庆、万县、宜昌水位站作为基站，辅以各地航行水尺，形成了川江的航行水尺系列。这些航行水尺直接清楚而醒目地标划在沿江两边的岸坡、岸壁或悬崖上。驾引人员可以清楚地从水尺上直接读出当地的水位，从而迅速而准确地心算出该水尺所辖地段内的航道水深及障碍物的深（高）度。由于川江设尺密度大（重庆至宜昌段建库前设站、设尺共 46 处），每一水尺所管辖的范围或距离较小，故从水尺揭示的水位算出的航道水深及碍航物深（高）度，是比较准确的。长江中下游则不同，由于各河段水面比降小且比较均匀一致，故设站密度小，全段只设水位站，而不设航行水尺。宜昌 — 汉口全段设水位站仅 6 处；汉口 — 吴淞口全段设站 7 处。故长江中下游各水位站所管辖的范围或距离是很大的。若仍按原划分的段落使用水位站（港口）水位，则其精度较差。为了提高精度，各船换算实际水深时应采用插入法。现就用插入法求某地实际水深，举例如下：

某地图示水深为 3.4m，求某月某日实际水深。推算前，先应查出某地上下港埠当天水位。如在汉口与黄石之间，该日汉口水位为 8.99m，黄石水位为 8.78m。汉口至黄石间距为 133km。某地至黄石间距为 35km，某地至汉口间距为 98km。汉口与黄石水位落差为 0.21m。

某地与黄石水位差为：$\frac{0.21}{133} \times 35 = 0.06\text{m}$

某地与汉口水位差为：$\frac{0.21}{133} \times 98 = 0.15\text{m}$

用上港埠汉口求某地实际水深：$8.99 - 0.15 + 3.4 = 12.24\text{m}$

用下港埠黄石求某地实际水深：$8.78 + 0.06 + 3.4 = 12.24\text{m}$

其他各河流的水位与水深关系，则应根据其具体情况进行推算和运用。

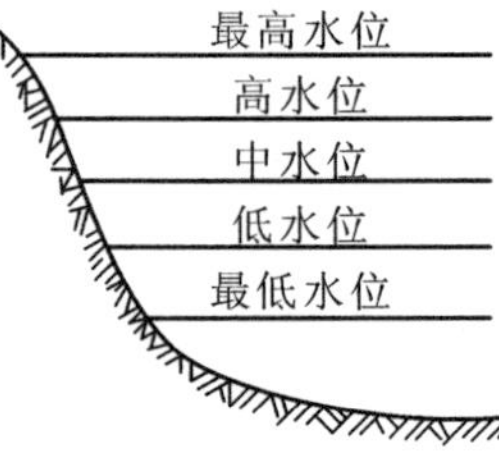

图 3-9 典型水位名称

3.2.2 水位期的划分

由于水位受季节、流量大小变化的影响，故水位在一个水文年内呈现有规律的周期性变化，从而引起航行条件的改变，故航道部门及有关单位将一年中的水位变化过程划分为若干具有代表性的水位期，如图 3-9 所示。

① 低水位：多年最低水位的平均值，又称枯水位。

② 高水位：多年最高水位的平均值，又称洪水位。

③ 中水位：多年一切水位的平均值。

④ 最高水位：多年观测中所得的实际最高水位。

⑤ 最低水位：多年观测中所得的实际最低水位。

每条河流及各河段都有各自的自然特征，因而对水位期的划分也各不相同。如按月份划分，一般12月至来年3月为枯水期，其中以1～2月水位最枯；4～6月和10～11月为中水期；6～9月为洪水期，其中高洪水期多出现在8月份。如按水位数划分，则不同河流在不同的河段上，根据各自的航道水文情况，以某些特定的水位数来划分各水位期。

水位变幅一般在山区河流较大，可达10～40m，有些河段在一昼夜时间，水位涨落可达10m以上。在平原河流，如长江、黑龙江等中下游水位变幅一般不超过10m。

3.2.3 影响水位变化的因素

除了河水补给情况的变化是水位变化的主要原因外，下列因素也能引起水位的变化。

① 风的影响：当风与流的作用方向相反或一致时，将使水位抬高或下降。在河口段，这一影响较为显著。湖泊、水库的水位，一般情况是在下风地区水位上升，上风地区水位下降。

② 潮汐的影响：在感潮河段水位会随着潮汐而发生周期性的涨落。

③ 冰的影响：它主要发生在我国北方河流的流冰期，如松花江、黄河等。特别是南北流向的河流，流冰期还可以形成冰坝，造成水位的巨大变化。

④ 河槽的宽窄、深浅的影响：当两地过水断面不同，若增减同等流量，则河水流过宽深的河槽时，其水位的变化比浅窄河槽要小。

⑤ 支流水位变化的影响：当支流涨水时，会使交汇口附近干流水位提高。支流的水位低于干流时，就会引起向支流倒流的现象，而使交汇口附近的干流水位下降，不过由这种情况所引起的水位变化，一般都不大显著。

3.3 流态

水流运动的形态称为流态。从宏观角度来看，有两种流态。其一是主流，它是河水沿河槽总方向上的流动，是在重力作用下产生的。其二是副流，它是河水内部产生的一种大规模的水流旋转运动，它可能是因重力作用而产生的，也可能是受水体内力或外力作用而产生的。副流的流线在横断面上的投影呈封闭曲线。它有时出现在主流两侧，有时与主流叠加在一起，呈螺旋式地前进运动。

从微观角度来看，河槽中的水流有两种形式的运动状态，即层流和紊流。层流中水体平行前进，互不干扰，水质点的速度和方向一定。流速自壁边的零值，均匀地变化为自由液面的最大值，它仅在速度很小时才有可能出现。

高速运动的水流都为紊流。紊流状态中的水质点速度，其大小和方向都随时变化，有时产生旋涡。流经不光滑河槽的水流和高速度的水流，其紊动强度大。

根据实际观测，天然河流中水流流动的迹线呈各种复杂的曲线形状，当投影在河槽的横断面上时，就形成一个或数个闭合的环流圈，故称为环流。

在弯曲河段，由于离心力的作用，会产生面流由凸岸指向凹岸，底流由凹岸指向凸岸的单向环流。在北半球的河流中，因地球自转偏向力的作用，还会产生面流指向右岸，底流指向左岸的单向环流。当这两种环流方向一致时，河段上的环流强度会增大，不一致时，则环流强度就会减小。

在顺直河段，涨水时河流中会产生面流指向岸边，底流流向中央，即水面背流、水底对流的双向环流。在其作用下河槽两岸常被冲刷，在河槽中央发生淤积。退水时河流中则会产生面流由两岸向中央聚集，底流由中央向两岸分散，即与涨水时方向相反、水面对流、水底背流的双向环流。受其影响河槽中央常被冲刷，在两岸边发生淤积。

此外，在双河槽或弯道过渡段里，由以上几种环流混合，还会出现一种不规则的混合环流。

河流中的水流具有极为复杂的流态。从船舶驾驶的角度出发，河水的流态有以下几种形式：

(1) 主流

河槽中表层流速较大并决定主要流向的一股水流称主流。它在河槽中的位置常与河槽的最大水深线(称深泓线)相对应。主流的位置和走向与河槽形状有密切关系，而河槽形状又与当时的水位有密切关系。主流在河槽中总是沿程左右偏摆变化的，其位置可根据下列情况判断。

① 岸形陡缓：陡岸水深，主流靠近陡岸。对比两岸陡缓程度，可估计主流是分支中心，有四六分、三七分等情况。

② 河道顺直、弯曲：顺直河段，主流一般在航道中间或略偏深水岸；弯曲河段，主流一般都扫弯而下。

③ 水面色泽、波纹：在晨昏微光斜射水面的情况下，涨水时主流水面光滑如镜；退水时水色发暗。在流速较大的河段，主流两侧波纹对称相似，从两岸向河心细心观察对比，也可找出主流所在。

(2) 缓流

主流两侧流速较缓的水流称为缓流。由于主流常偏近一岸，故两侧缓流区的宽度不等。陡岸一侧缓流区较窄，坦岸一侧缓流区较宽。通常上水船应利用缓流以提高航速，但过分贪入缓流区，则有使船吸浅、擦浅的危险。

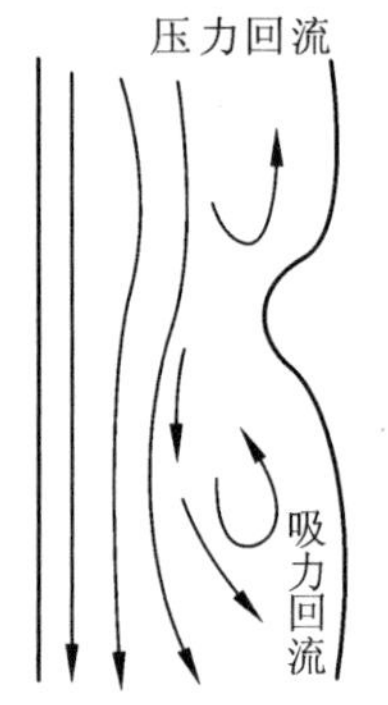

图 3-10 压力回流与吸力回流示意图

(3) 回流

与主流方向相反而向上游倒流的水流称为回流，在川江又称西流，在渠江则称罗盘水。回流有压力回流与吸力回流之分，见图 3-10。

回流的成因可解释如下：设有一岸嘴伸入河中，则流向岸嘴的部分水流受阻，流速降低，动能转换为压能，使岸嘴上方的局部水域内流压升高，引起靠岸的水向上倒流，这种回流称压力回流。同时，岸嘴缩小了过水断面，水流经过岸嘴，流速增大，流压降低，形成顺岸嘴斜向河心的高速水流。而紧接岸嘴下方靠近岸侧的水域，与外侧的高速水流相比，流压较高，因此水被不断地带走。过了岸嘴，至一定距离，流速、流压恢复常态。这样，岸嘴后方局部水域的流压，与其下方水域相比，则又较低，引起靠岸侧的水流向上倒流，这种回流称吸力回流。回流的强弱，视流速大小、岸嘴或其他凸出物向河槽凸出的程度及其淹水程度而定。

回流通常出现在下列地点：岸嘴、矶头或其他凸出物的上下方、岸形凹进的沱内、支流口下方、河中礁石及江心洲等的尾部。

回流对船舶航行的影响，视其大小、强弱，船舶性能、马力大小而定。一般地说，弱回流对行船影响不大，上水船可借势上行以提高航速，但强回流可使行船失去控制能力而导致触礁、撞岸等事故。

(4) 夹堰水

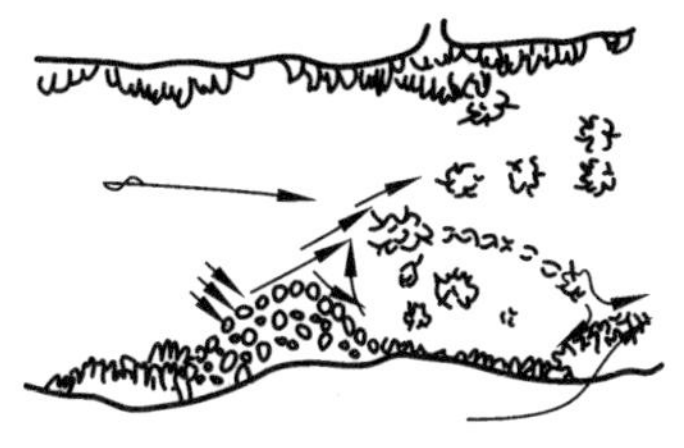

图 3-11 夹堰水

在两股不同流向的水流的交界面上，水流互相扰动，水面形成一股明显的流态紊乱的水流，称为夹堰水，如图 3-11 所示。夹堰水在珠江称生熟水。如凸嘴斜流与回流交界处的夹堰、干支流交界处的夹堰等。

夹堰水对航行的影响，有以下几种情况：

① 夹堰水水纹明显，标示着主流与缓流的界线。因此，日间航行，它是个可靠的自然标志，驾引人员常利用它抓点取向。夹堰水处的流速较主流为缓，故对强度不大的夹堰水，单船或顶推船队可靠近它上驶，以提高航速。

② 夹堰水是河中流速、流向及流压等水力因素剧烈变化的区域，船舶在夹堰水内航行将产生航向偏摆、船身颠簸等现象。对山区河流强度较大的夹堰水，船队驶入时将发生剧烈的摇晃和偏摆，甚至歪船轧驳，严重者还会断缆散队，故需谨慎操舵，以免发生事故。

③ 船舶驶经较强的夹堰水，会激起经久不息的翻花大浪，危及岸边和随后驶来的干舷较低的小型船只或船队，造成浪损或浪沉。

(5) 横流(斜流)

流向与航道轴线成较大夹角的水流，统称横流，又叫斜流，如图 3-12 所示。

图 3-12 几种不正常水流

1— 斜流；2— 披头水；3— 背脑水；4— 滑梁水；5— 内拖水

横流按成因可分为三类：

① 推压流：水流向江心洲、边滩、碛坝、凸嘴、矶头等脑部推压而形成的横流，俗称背脑水，见图 3-12。

② 挑流：障碍物阻水，迫使水流改向，沿障碍物一侧或两侧斜向流去而形成的横流。如岸嘴、碛翅(碛坝外伸较远的部分)、礁石、洲头等处的斜流，见图 3-12。

③ 吸入流：主流侧边，局部地势低陷，产生横比降，河水向低处分流而形成的横流。如岔口的分流，堤决口的吸入流，石梁、石盘淹没不深时的滑梁水、滑盘水，边滩、碛坝尾部伸入河中甚远的沙嘴被淹，水漫入其内侧水凼的内拖水等，见图 3-12。

横流对航行的影响：使船舶发生偏转或推压船舶偏离正常航线，甚至越出航道界线外，发生触礁、搁浅事故。

(6) 扫弯水

在弯曲河段，水流在重力和惯性离心力作用下，产生单向环流，其表层水流指向凹岸，扫弯而下的水流称为扫弯水。如航行中操作不当，在扫弯水的作用下，易造成船舶偏转和偏移，而出现落弯或掉钩、打抢等事故。

(7) 泡水

由水底向水面翻涌，中心隆起，四散奔流，状如沸水的水流称为泡水。它是因高速底流受水下障碍物或岸壁的阻挡，或受另一股不同流速、流向的水流所阻，或由于过水断面急骤变化等原因而急剧降速增压，形成高压水流，冲向水面而造成的。它的强弱随流速的大小、降速的缓急而定。流速大、降速急则泡水的强度也大，故强大的泡水多出现在山区河流，尤以急流滩和洪水期的峡谷段更甚。

泡水能使船舶偏离正常航线发生侧倾等而导致事故。特别是河心有连串泡喷夹峙的情况，其中相邻泡水间的低凹处，俗称卧槽。船队驶入卧槽，可能发生歪船、轧驳、断缆事故。

泡水在河槽中因位置、强度、形状的不同，对船舶航行的影响也不同，故川江船员对它又有枕头泡、困挡泡、外泡、内泡、分界泡、出泡、拦马泡、卧槽、连珠泡、冷泡等之分，见图 3-11。

(8) 漩水

中心凹陷，由外向内辐合而做圆周运动的水流称漩水。漩水产生的原因，是两股流速较高的水流以不同流向汇流时，在分界面处互相扰动，造成局部水体做直轴旋转，这个高速旋转的水体，成为旋涡核心，带动其周围的水体做圆周运动而发展成为漩水。周围被带动做圆周运动的水，愈至核心边缘，流速愈大，流压愈低；而在核心中的水，愈至核心边缘，获得的能量愈多，故流速亦大，流压亦低，如图 3-13 所示。河流中会形成漩水的地方有急流滩槽、发水时的支流口、洪水期的峡谷河段等。漩水的旋转方向，有一定规律，在主流左侧的漩水，多做反时针方向旋转；在主流右侧的漩水多做顺时针方向旋转。

尺度较大的漩水，尤其是山区河流走沙时发生的沙漩，对行船有相当大的威胁。

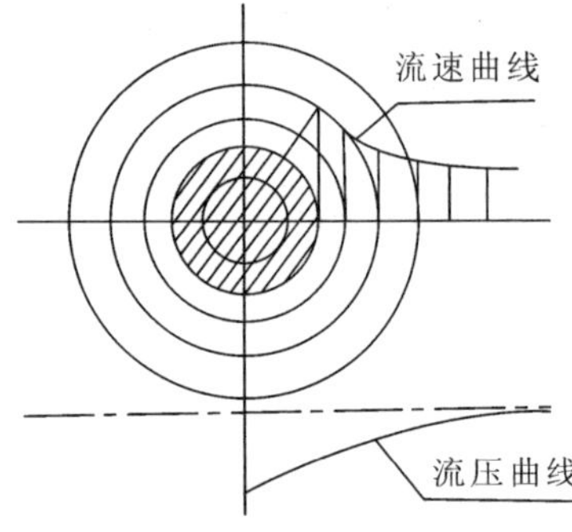

图 3-13　漩水的水力结构

(9) 花水

花水指河流水面所出现的紊乱或呈鳞片状的水文现象。一般有以下三种概念：水面呈现紊乱状如密集的泡水，但强度较弱，翻出的范围也较小，常发生在水深不大的水下障碍物的下方；有深水翻花(大花)与浅水翻花(小花)之别，深水处流速大，出现大花，有的伴有响声，浅水处流速小，出现小花。水面呈现鳞状的细波纹，常发生在水深不大的卵石滩地。平原河流中的一些紊流乱水，也统称为花水。上述前两种花水可作为判断水深的参考，后一种对船队的操纵稳定性有一定影响。

(10) 旺水

水流被江中礁石、碛坝等障碍物所阻，分由两侧绕过，在紧临障碍物的下方出现回流，其下是泡水和伴有微弱泡漩、夹堰的慢流水，这个局部水域，称为旺水区，旺水区内的缓流或回流统称旺水，或简称旺。有的地区称石谷水或倒困水。由于旺水区内慢流水的存在，为上行船提高航速提供了有利条件，上行船可循旺区内的慢流水行驶，即"接旺"。但应注意利用适当，切忌过贪，如为图快而深入到旺水里去，就会受回流强力推送，出现"贪旺"、"抢旺"的险情，极易发生海损事故。当船头或船队首驳到达旺内回流下首的泡水时，仍不向外出舵而进入回流，就叫作贪旺。船舶或船队重心已进入回流，致使操纵失灵，水受回流强力推送造成触礁等严重险情，叫抢旺。贪旺是抢旺的先兆，即使贪得不多，在出旺时也有打张之患。

(11) 走沙水

秋后(后中水期)每遇江水急退,某些河段在水流归槽过程中,对洪水期在河槽中淤积的大量泥沙进行强烈的冲刷。这时的水流流速高,冲刷力强,含沙量大,水色浑浊,翻起来的泡水或翻花水呈棕黑色,这就是走沙水。洪枯水河槽轴线位置有变动的河段秋后急退水时往往出现走沙水。待淤积的泥沙冲尽,主流归槽后,走沙水即不复存在。走沙水含沙量高,密度大,增加了船舶行驶阻力,且流态较乱,舵效降低,故船在走沙水中航行,所用舵角常比正常情况下所用的舵角要大些,且无论上下行航行,为了提高舵效和克服行驶阻力,常需要加大车速。在走沙水河段,有时会出现沙漩和沙泡,其力量甚大,行船应尽量远避,以免受其影响而发生事故。

(12) 背脑水

向碛坝、礁石、江心洲、边滩或岸嘴脑上冲压的水流,均称为背脑水,见图 3-12。漫过江心洲或低平边滩的水流称漫滩水,它在滩脑附近的那一部分,也称背脑水。背脑水对行船安全有直接影响,如不注意可能在它的横推作用下造成搁浅或背脑落弯及挖岸等事故。背脑水对上行船又称披头水。

(13) 内拖水

航道中,部分向岸边低陷处流泻的水流称内拖水,也称内困水或困荡水,如图 3-12 所示。它的特点是向岸边推压。当它在码头附近出现时,又称困挡水,易使船舶在靠码头时碰撞囤船。内拖水对行船有一定影响。强大的内拖水,常使船身向岸边滑泻或船尾难于直顺摆出。

(14) 光幅水

水流不甚湍急而水势又较平稳的河段,晴天黎明前,水面呈现深黑色者为深水,水面呈现浅白色者为浅水。晴天黄昏时,也有这种现象,但不如黎明时明显易见。表现出这种水文现象的河水称为光幅水。这是由于曙光对水面的入射角小,不同的水深和不同的水面波纹对曙光的反射程度不同而显示的微小差别造成的。驾引人员可借以识别水的深浅位置,利用它抓点取向,引导船舶航行。

(15) 漫滩水

漫过江心洲、低平边滩的水流称为漫滩水,易使船舶发生擦浅或搁浅的现象。

(16) 吊口水

在干、支流交汇水域,当干流水位急退或支流水位暴涨时,支流口比降增大,出现急流,影响船舶航行。长江中游称它为吊口水。

(17) 两来水

在两江汇合处,常形成乱流花水,属夹堰水之一,洪水期水势尤凶。此两水之汇流称两来水。船行至此,常易发生摇晃和偏摆现象,航向不易稳定,对吊施船队影响尤大。

(18) 护岸水

流速较高的水流斜冲岸壁后因受反击而形成向外排挤的水流称护岸水,又称出水。它在山区河流尤为显著。护岸水区流速较低,有时上水船可借以提高航速。

(19) 剪刀水

急流滩滩舌处因两岸对峙的岸嘴挑流而形成相对的两道水梗,状如剪刀,故称剪刀水。仅在山区河流的急流滩才有。它不仅流速高,而且流向与主流斜交,故对过滩船舶的操纵有着直接影响,剪刀水在川江又称为剪刀夹。

(20) 滑梁水

石梁淹没,但水深又不足以安全过船时,水流向梁面冲泻,这种水流称为滑梁水,见图 3-12,它是对行船极为危险的一种不正常水流。在滑梁水的横推作用下,稍一不慎,船舶即有被推离正常航路而发生事故的危险。

(21) 卧槽

两泡相夹,中间低陷处,称卧槽,该处有时还可能出现漩水。船队驶入卧槽,可能发生歪船、轧驳、断缆等事故。

(22) 两荡水

河槽内同一地点的水流流向作间歇性变换,时而顺流,时而回流,称为两荡水。当码头附近有两荡水时,它对船舶的靠离作业有较大的影响。

3.4 潮汐

海水有时上升,有时下降,而且它的涨落变化是有规律的。在我国大部分地区,海水在白天上涨一次,接着下落,晚上又上涨一次,接着又下落。人们称白天海水上涨为"潮",晚上海水上涨为"汐"。潮汐便是海水的一种周期性涨落运动。

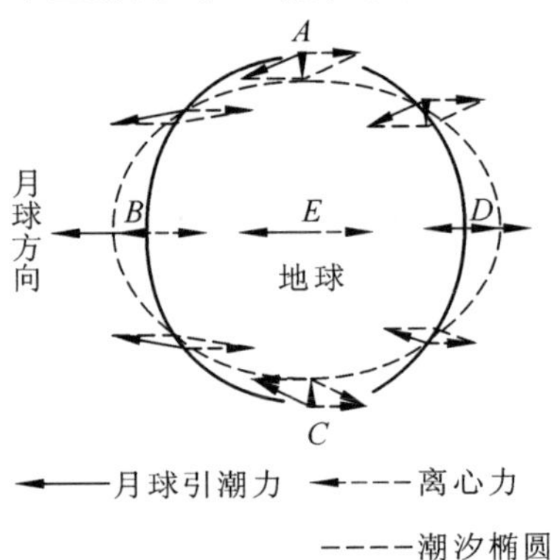

图 3-14　潮汐椭圆

3.4.1 潮汐成因

地球上的潮汐现象,主要是由于月球、太阳对于地球的吸引力作用于地球表面的海水所形成的。

以月球为例,说明天体对地球的引力。在地球上的不同地方,月球的引力是方向不同、大小不等的。如图 3-14 所示,引力的方向指向月球中心,它们的大小因地球上的各地距月球中心的距离不等而不同。月球的直射点 B 距月球中心最近,引力最大,E 点(地心)次之,A 点和 C 点再次,B 点的对距点 D 点最小。

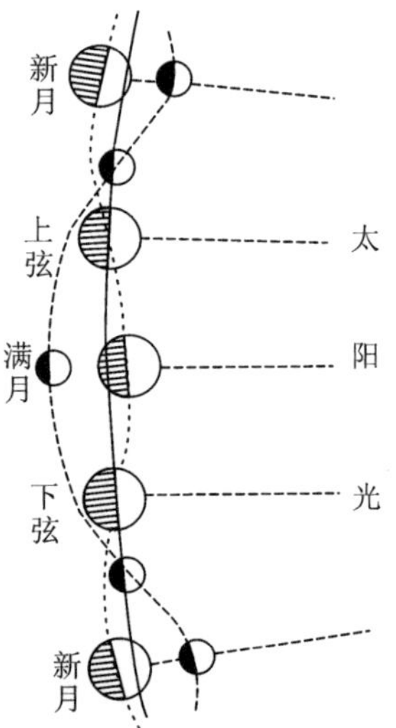

图 3-15　月地运行图

月球对地球有引力,同样,地球对月球也有引力。这样,月地之间就构成一个互相吸引的引力系统,并有一个公共的质心,称"月地系中心"(位于距地心 0.73 倍地球半径的地方)。地球一刻也不停地进行着自转和绕日公转,同时它还要绕月地系中心做圆周平动,产生惯性离心力(图 3-14、图 3-15)。

在地心(E 点)月球引力和离心力方向相反,大小相等,两者抵消。但是在地球上的其他地方,引力和离心力两者结合产生合力。在这种合力作用下,海洋中的海水就要发生运动,形成潮汐现象。这种合力就称为月球的"引潮力"。在直射点 B,引力大于离心力,两者合成指向月球的引潮力,使海水向上运动,造成海水上涨现象;在对距点 D,离心力大于引力,两者合成背向月球的引潮力,也使海水向上运动,造成 D 点的海水上涨现象。在 A 点和 C 点,引力和离心力两者合成向地心的引潮力,使海水向下运动,造成海水下降现象。地表上的海水从 A、C 两点向 B、D 两点运动,如图 3-16 所示。假设地球表面全被海水覆盖，在引潮力的作用下，海水将形成一个椭球体，对于通过 A、B、C、D 四点的一个剖面来说，就是一个椭圆，称为“潮汐椭圆”。地球表面任何一点，在地球自转过程中，都有经过类似于 A、B、C、D 四个位置的机会，因此，这就是为什么在一个太阴日(24 时 50 分)内，常见到潮汐有两涨两落现象。

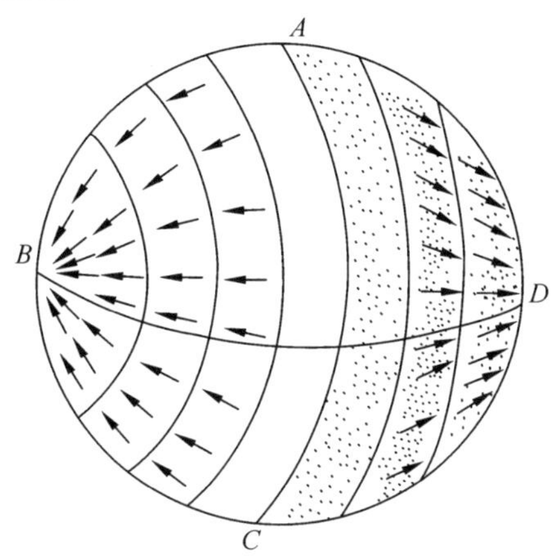

图 3-16 引潮力对地表海水的作用示意图

太阳对于地球表面海水的作用情况与月球一样，由于它们各自引潮力的影响，形成不同的潮汐现象。虽然太阳的质量比月球大得多，但是太阳到地球的距离约为月球到地球距离的 389 倍，而引潮力的大小与天体质量成正比，与天体距离的平方成反比。因此，太阳的引潮力仅约为月球的 0.46 倍。其他天体虽同样对地球有引潮力，但是引力更小，影响甚微，通常可不加考虑。

3.4.2 大潮和小潮

如上所述，潮汐现象是月球和太阳引潮力共同作用的结果，由于太阳、月球和地球三者的相对位置随时间的不同而变化，因而产生潮汐的一月不等现象。每逢农历朔(初一)、望(十五)时，太阳、月球和地球三者差不多成一直线，如图 3-17 所示。这时月球的引潮力和太阳的引潮力几乎作用于同一方向，使太阳和月球引起的两个高潮和两个低潮恰好叠加在一起，太阳潮最大限度地加强了太阴潮，从而形成了一月中两次特大的太阳、太阴合成潮，这时海水涨得最高，落得最低，这种潮汐现象叫作大潮，又叫朔望潮。

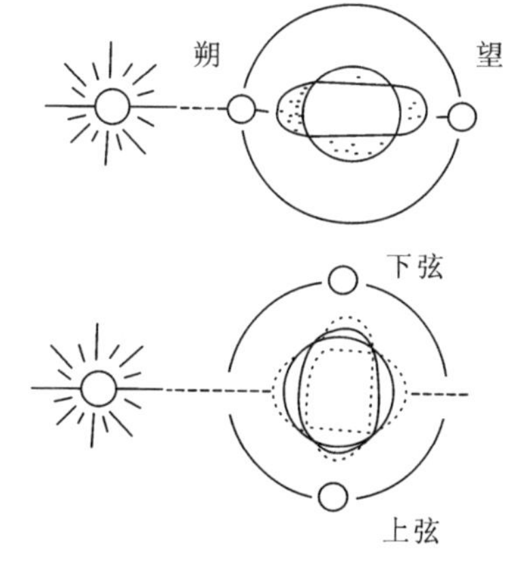

图 3-17 大潮和小潮

朔望以后，月球和太阳的位置日益变化，太阳潮和太阴潮的关系由互相加强而逐渐转化成互相抵消，使高潮日益变低，低潮日益增高，潮差日益变小。如图 3-17 所示，当月球至上弦(初七、八)和下弦(廿二、廿三)时，它和太阳、地球三者的位置形成直角，此时月球高潮与太阳低潮相遇，太阳潮最大程度地削弱了太阴潮，从而形成了一月中两次最小的太阳、太阴合成潮。这时海水涨落最小，叫作小潮。

因为大潮和小潮是由于月球和太阳相对位置的改变而引起的，其周期是从朔(望)到望(朔)的半个朔望期。海水涨落变化也从大潮经过小潮再到大潮，约15天后，海水涨落变化又重复以前的情况，这就是潮汐的半月周期变化。

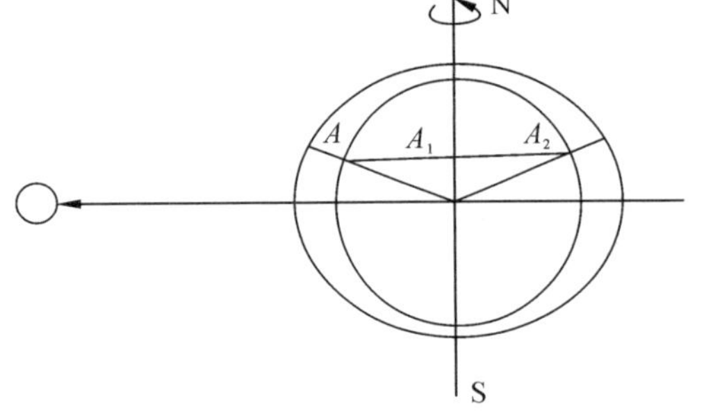

图 3-18　月球赤纬等于零时的潮汐椭圆

3.4.3　天体赤纬不同对潮汐的影响

当月球在地球赤道面上，即月球赤纬为零时，如图3-18所示，月球在A点上中天，A点发生第一次高潮，当A点由于地球自转到A_1点时，出现第一次低潮，转到A_2点时，出现第二次高潮，当A点再转四分之一圈时，出现第二次低潮。从图中可以看出，A点在一个太阴日内发生两次潮水涨落现象，涨落的高度及高、低潮之间的时间间隔也大致相等，这是典型的半日潮。因此，在全球同纬度各地也都将出现两次高潮和两次低潮，且潮差相等。两次高潮的时间间隔平均为12h25min，涨落潮时间各为6h12.5min。潮汐高度自赤道向两极递减并与赤道对称，这时的潮汐称为赤道潮。

因为月球位于地球赤道面上的时间并不多，绝大部分时间是位于地球赤道面两侧各为28°36′的范围内。如图3-19所示，当月球位于A点上中天和A_1点下中天时，在A点和A_1点同时发生高潮，但高度不等，A点的高潮比A_1点的高潮要高些，A点为高高潮，A_1点为低高潮。当地球相对于月球自转半圈多一些以后，月球在A_1点上中天时，A点和A_1点发生第二次高潮，但A点为低高潮，A_1点为高高潮。由此可见，$A(A_1)$点在一个太阴日内出现的两次高潮高度不等。

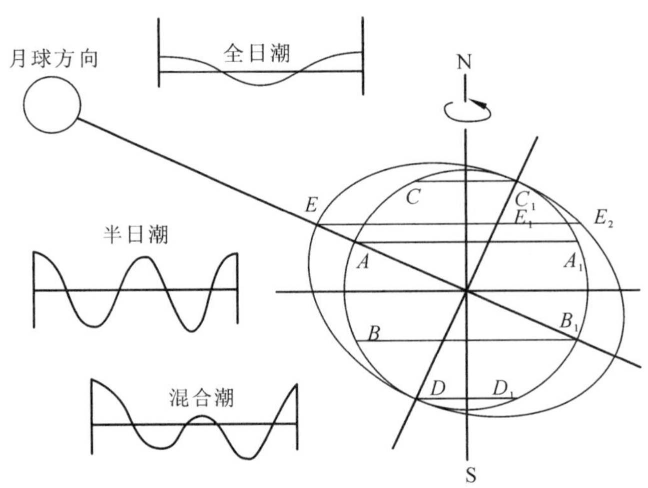

图 3-19　月球赤纬不等于零时的潮汐椭圆

同理，在一个太阴日内，两次低潮的潮高也不相等，较低的一次称为低低潮，较高的一次称高低潮。一天中不仅潮高不等，潮时也是不等的。由图3-19可见，由于地球在自转时，地球上各点都以固定不变的速度转动着，因此通过较长的弧EE_1，比通过较短的弧E_1E_2要多费时间，即第一次高潮到第一次低潮的时间要大于第一次低潮到第二次高潮的时间。当月赤纬增大到回归线附近时，一日内潮高、潮时不等现象最为显著，此时的潮汐叫回归潮。

根据天体赤纬不同，地球上各地潮汐归纳起来有三种类型：

① 半日潮：一个太阴日内出现两次高潮和两次低潮，且两次潮高几乎相等，涨潮时间和落潮时间也差不多相同(6h12.5min)。

② 全日潮：在一个太阴日内，仅出现一次高潮和一次低潮，高潮和低潮之间约相隔 12h25min。

③ 混合潮：界于半日潮与全日潮之间，它有时接近于半日潮类型，有时又具有全日潮特征。

3.4.4 潮汐名词解释

高潮 —— 海面涨到最高位置，称为高潮。

低潮 —— 海面落到最低位置，称为低潮。

高潮潮时 —— 高潮发生的时刻，简称高潮时。

低潮潮时 —— 低潮发生的时刻，简称低潮时。

涨潮 —— 海面由低潮上升到高潮的过程，称为涨潮。

落潮 —— 海面由高潮下降到低潮的过程，称为落潮。

涨潮历时 —— 低潮时到高潮时的时间间隔。

落潮历时 —— 高潮时到低潮时的时间间隔。

平潮 —— 涨潮到最高时，有一短暂时间不涨不落，称为平潮。

停潮 —— 落潮到最低时，有一短暂时间不涨不落，称为停潮。

高高潮 —— 在一个太阴日内发生的两次高潮中较高的高潮。

低高潮 —— 在一个太阴日内发生的两次高潮中较低的高潮。

高低潮 —— 在一个太阴日内发生的两次低潮中较高的低潮。

低低潮 —— 在一个太阴日内发生的两次低潮中较低的低潮。

早潮 —— 从 0 点至 12 点之间发生的高潮(或低潮)，称为早潮。

晚潮 —— 从 12 点至 24 点之间发生的高潮(或低潮)，称为晚潮。

回归潮 —— 当月球赤纬最大时(此时月球在北回归线或南回归线附近) 的潮汐称为回归潮。此时，日潮不等现象最显著。

潮高基准面 —— 潮高的起算面称为潮高基准面。

海图深度基准面 —— 是起算海图水深的基准面，通常与潮高基准面一致。这个基准面一般是在当地最低低潮面附近。

高潮潮高 —— 从潮高基准面至高潮面的高度。

低潮潮高 —— 从潮高基准面至低潮面的高度。

大潮高 —— 从潮高基准面至平均大潮高潮面的高度。

小潮高 —— 从潮高基准面至平均小潮高潮面的高度。

潮差 —— 相邻高潮潮高与低潮潮高之差。

平均高(低) 潮间隙 —— 每月中天时刻至高(低) 潮时的时间间隙，叫高(低) 潮间隙，长期平均值称为平均高(低) 潮间隙。

潮龄 —— 由朔望到实际大潮发生的时间间隙为潮龄。潮龄一般为 1 ～ 3d。

平均高(低)潮间隙——每天月球中天时刻至高(低)潮时的时间间隙,叫高(低)潮间隙。长期平均值称为平均高(低)潮间隙。

3.4.5 河口潮汐及推算

3.4.5.1 河口潮汐的特点

我国一些与海洋相通的主要河流,受潮汐影响比较显著。当潮汐沿河道溯流向上时,由于河口缩狭和深度变浅,潮波速度变慢,加上摩擦作用与径流的影响,使潮波逐渐发生变形。因此,越向上游,涨潮历时越短,落潮历时越长,发生高潮的时刻越落后,潮差也越来越小,这是一般河口潮汐的显著特点。

潮波向上推展不是无止境的。它到了一定阶段,当涨潮流速度恰好与径流下泻的流速相抵,潮水即停止倒灌,此处就称"潮流界",见图 3-20。在潮流界以上,潮水虽然停止倒灌,但径流被阻而仍有壅高现象。潮波继续上溯,因各种摩擦力作用,能量不断消耗,潮波高度急剧降低,当传播到某一地点时,潮波幅度等于零,潮波消失,即水位不再受潮汐的影响,此处就称为潮区界。潮流界和潮区界之间一般都有一定的距离。由于自潮区界至河口均受潮汐的影响,因而此段称为感潮段。

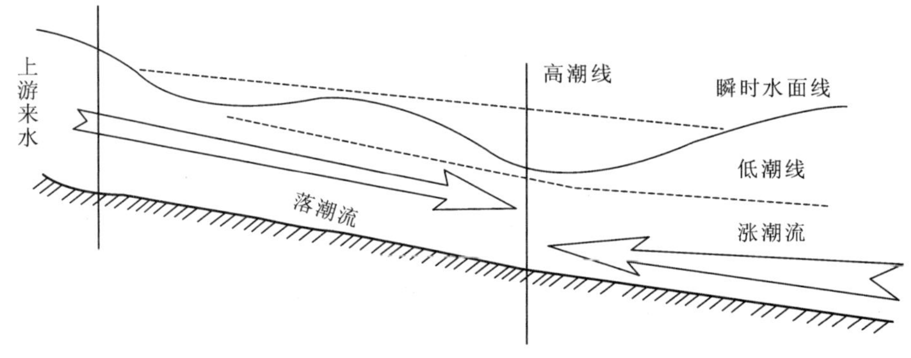

图 3-20 潮流界与潮区界

潮流界和潮区界离河口的远近,即潮波沿河道上溯传播范围的大小,各条河流是不一样的。这取决于邻近海区潮差的大小、河底纵比降的陡缓以及径流量的多少。一般邻近的海区潮差愈大,河底纵比降越缓,径流量愈小,则潮波上溯的范围就愈大。

在同一条河流,潮流界和潮区界的位置并不是固定不变的,总是在一定的范围内摆动着,这种潮流界的变动范围是感潮河段的过渡段。在洪水期,如遇小潮,风向与上溯流方向相同,径流作用强时,则潮流界和潮区界大幅度下移;在枯水期,如遇大潮,风向又与上溯流方向相反,河水的作用弱时,则潮流界和潮区界就大幅度上推。如我国长江下游因河宽水深,由东海奔腾而来的潮流,在枯水期,可上溯到距河口 555km 的安徽省大通就是一例。

3.4.5.2 潮汐的利用

航行于河口地区的船舶,受潮汐影响较大。我们应掌握潮汐规律,并充分利用其有利因素。

① 利用潮位:大型船舶可利用潮汐涨落中的水深变化,选择有利时机,通过某些浅水道。掌握得好,既能安全航行,又能有效地提高船舶载重量。

② 利用潮流:上行船可充分利用涨潮流,以提高航速,但必须注意涨潮流持续时间较短的

特点;下行船应充分利用落潮流,并掌握其流速比涨潮流快,持续时间比涨潮流长的特点,合理加以利用。对于上行或下行船舶逆流行驶时,都应尽量避开最大流速区,要慎重选择航路。

涨潮流与落潮流是随河流水位变化而变化的,高水位时,涨潮流减弱,涨潮时间退后,历时也短;落潮流相反,时间可能提前,流速会增大。当河流在低水位时,又有强进口风,则涨潮时间提前,流速增大,历时也长。另外,潮流在高潮或低潮时的转流,具有岸边比河心先转流,弯曲河段的凸岸比凹岸先转流的特点。慢速船队可利用这一点选择有利航路。如利用得好,就能缩短逆流行驶的时间,延长顺流航行的时间,从而提高航行速度。但在转流时,会伴随出现转浪潮,应加以小心注意。

潮汐对船舶操纵,既有有利的一面,也有不利的影响。如果对涨落潮流向了解不清,掌握不当,对船舶的系离、锚泊、航行避让等操作,都有直接影响,甚至造成事故。因此,驾驶人员必须充分掌握潮汐规律,并加以合理的利用,才能保证船舶的安全。

3.4.5.3 潮汐的推算

为了便于进行潮汐的推算,由航道管理部门编有潮汐表,可供驾引人员使用。我们只要从表中查知有关潮汐的资料,经过简单的运算,便可了解某地某时的潮汐情况,作为航行操作的参考。

因为港口很多,不可能每个港口都列一张潮汐表,所以要以某港为主(即主港),其他为附属港。主港详细列出潮汐的所有重要数据,附属港则列一些主要数据或主、附港的潮时比较表。例如长江下游南通以下感潮河段,一般习惯上以吴淞为主港。

目前,我国各主要通海河流的有关部门,都编制有潮汐表预告潮汐。下面简单介绍上海航道局编制的潮汐表。

潮高潮时表:预告长江口、杭州湾及黄浦江各主要站的正点潮、高低潮的预测潮时和潮高,见表 3-2。

表 3-2 某年潮汐表:吴淞(北纬:31°23′5″;东经:121°30′5″)

		日期	1	2	3	4	5	6	…	23	24	25	26	27	28	29	30
		农历	7/29	30	8/1	2	3	4	…	21	22	23	24	25	26	27	28
		月相			●				…		☾						
九月	正点	时															
		0	383	401	403	387	350	286	…	160	161	170	192	222	265	306	347
		1	354	387	408	416	410	383	…	198	180	174	179	199	232	269	308
		2	308	343	374	396	408	408	…	256	209	187	178	180	197	227	260
		3	256	288	319	348	370	383	…	297	245	200	177	168	170	185	211
		4	206	233	259	285	312	334	…	304	266	221	178	156	151	154	168
		5	168	189	210	229	248	271	…	290	267	232	194	155	135	133	139
		6	142	156	175	190	201	211	…	256	253	235	206	174	140	119	118
		7	128	129	144	162	175	179	…	214	226	229	218	196	169	137	110
		8	129	113	116	129	147	160	…	181	169	214	224	223	208	185	150
		9	187	148	116	107	114	131	…	162	176	197	223	242	250	243	222

续表 3-2

	日期		1	2	3	4	5	6	…	23	24	25	26	27	28	29	30
	农历		7/29	30	8/1	2	3	4	…	21	22	23	24	25	26	27	28
	月相				●				…		☾						
九月	潮高	时															
		10	267	232	186	159	112	108	…	145	102	184	213	247	276	293	293
		11	322	313	289	241	180	137	…	139	151	173	202	238	278	313	337
		12	344	360	359	342	299	234	…	157	156	168	189	222	260	303	341
		13	331	361	380	386	279	346	…	199	184	176	180	202	235	272	314
		14	293	330	360	380	392	393	…	258	221	200	185	184	203	234	269
		15	246	279	314	344	365	381	…	314	263	221	196	178	176	192	220
		16	197	226	255	288	317	361	…	337	198	249	204	177	161	159	175
		17	159	180	205	227	256	286	…	333	310	275	227	180	163	140	143
		18	136	148	168	187	203	225	…	305	306	286	252	206	158	131	123
		19	124	126	141	161	176	186	…	264	283	288	272	240	195	146	114
		20	135	114	116	132	154	168	…	224	252	276	286	275	246	202	148
		21	201	147	115	110	124	140	…	199	224	257	286	302	298	273	230
		22	294	243	180	132	114	120	…	179	204	235	273	309	331	334	315
		23	370	343	297	229	167	134	…	162	183	214	251	293	332	359	370
	高潮	潮时		0009	0035	0100	0127	0153	…	0349	0435	0556	0818	0947	1032	1110	1136
		潮高		402	412	416	415	409	…	305	268	235	225	248	280	334	344
		潮时	1204	1231	1255	1321	1344	1410	…	1619	1715	1838	2034	2149	2234	2308	2336
		潮高	345	365	380	389	393	394	…	338	311	289	288	309	335	360	379
	低潮	潮时	0722	0759	0833	0903	0934	1003	…	1053	1120	0017	0330	0433	0519	0605	0647
		潮高	117	113	109	107	106	108	…	139	150	169	175	153	133	118	109
		潮时	1918	1959	2036	2111	2144	2216	…	2333		1200	1310	1623	1723	1809	1854
		潮高	122	114	110	109	112	118	…	158		160	180	177	152	130	114

最高高潮 17 日 00 时 09 分 429cm

最低低潮 17 日 08 时 20 分 081cm （单位:cm）

潮流预告表:分潮流表一(表 3-3) 与潮流表二(表 3-4),预告每日的正点流速、最高流速及涨落潮的起始时间。

表上潮时用北京标准时间,潮高单位为厘米(cm)。如潮高在潮高基准面之下时,数字前注以“—” 号。涨潮流数字前加“—” 号。落潮流延续 12h25min 或以上时称全落潮,以“※”

表示。

该潮汐预告，在正常情况下，一般与实际符合，潮高误差为±15cm，潮时误差约20min，但遇特殊天气变化，如台风、寒潮影响时，误差较大，使用时应注意。

表 3-3　某年潮汐表：新开河（潮流表一）

	日期		1	2	3	4	5	6	…	23	24	25	26	27	28	29	30
	农历		7/29	30	8/1	2	3	4	…	21	22	23	24	25	26	27	28
九月	正点潮高	时															
		0	－121	－125	－114	－081	－020	040	…	092	080	056	022	012	－047	－080	－105
		1	－106	－125	－137	－138	－119	－066	…	070	076	086	045	012	－021	－052	－082
		2	－073	－097	－115	－131	－142	－137	…	023	049	061	058	039	011	019	－45
		3	－034	－058	－079	－095	－111	－126	…	－030	017	043	056	057	044	020	－005
		4	010	－013	－035	－056	－071	－085	…	－056	－01	028	052	063	066	057	039
		5	054	034	014	－006	－028	－044	…	－047	－025	011	049	069	078	080	073
		6	082	071	057	042	025	033	…	－028	－018	054	034	068	086	092	092
		7	098	091	082	074	066	056	…	003	－003	004	022	046	077	098	102
		8	109	107	099	089	084	083	…	039	021	011	023	043	073	101	
		9	090	111	174	107	096	090	…	067	046	023	006	－001	004	020	053
		10	025	066	101	116	114	102	…	077	060	036	009	－015	－031	－033	－021
		11	－043	－022	024	074	013	110	…	085	066	043	016	－016	－064	－068	－077
		12	－083	－086	－017	－029	029	071	…	082	071	049	023	－007	－041	－073	－098
		13	－085	－104	－113	－110	079	－023	…	056	060	053	034	006	－023	－056	－086
		14	－064	－087	－106	－120	129	－114	…	008	028	041	041	026	000	－028	－058
		15	－031	－058	－078	－093	－110	－127	…	－044	－010	015	034	041	030	007	－019
		16	009	－017	－042	－061	－074	－072	…	－084	－043	－006	021	044	053	046	025
		17	054	030	006	－019	－039	－055	…	－086	－067	－028	012	040	062	070	065
		18	082	070	052	033	010	－014	…	－071	－067	－047	－008	034	062	080	085
		19	092	089	080	069	057	038	…	－044	－057	－052	－031	008	052	081	093
		20	094	098	092	084	079	074	…	－007	－035	－050	－046	－026	012	068	093
		21	075	099	104	096	087	083	…	028	－006	－037	－055	－055	－136	001	054
		22	005	060	095	106	101	091	…	049	019	－017	－050	－072	－076	－062	－029
		23	－077	034	026	095	075	102	…	067	036	003	－034	－008	－092	－103	－097

注："－"为涨潮流（cm/s）。

表 3-4　某年 9 月:新开河(潮流表二,北纬:31°14′0″,东经:121°29′4″)

日期		月相	涨潮流			退潮流		
			涨始	涨急		退始	退急	
公历	农历		时分	时分	流速	时分	时分	流速
1	Ⅶ 廿九		10:20	12:30	0.88	15:47	19:52	0.94
2	三十		10:45	12:55	1.04	16:22	20:37	1.01
3	Ⅷ 初一	● 朔	11:14	13:16	1.15	16:53	21:17	1.05
4	初二		11:54	13:41	1.23	17:21	21:56	1.06
5	初三		12:15	14:07	1.29	17:48	22:30	1.05
6	初四		12:47	14:37	1.32	18:16	23:04	1.92
7	初五		13:18	15:16	1.30	18:48	23:36	0.98
8	初六		13:51	16:00	1.22	19:28		
9	初七		14:29	16:49	1.08	20:19	0:08	0.92
10	初八	☽上弦	15:18	17:52	0.91	21:31	0:49	0.85
11	初九		16:34	19:26	0.78	23:07	1:45	0.75
12	初十		18:15	21:16	0.85		3:08	0.75
13	十一		19:40	22:23	1.04	0:43	5:26	0.87
14	十二	近地点	20:45	23:13	1.22	1:57	6:41	1.07
15	十三		21:39	23:45	1.34	2:54	7:34	1.23
16	十四		22:26			3:41	8:25	1.33
17	十五	○ 望	23:07	0:13	1.39	4:19	9:08	1.37
18	十六		23:45	1:06	1.39	4:53	9:45	1.35
19	十七			1:40	1.33	5:22	10:17	1.28
20	十八		0:23	2:13	1.23	5:48	10:44	1.17
21	十九		1:00	2:50	1.07	6:14	11:00	1.06
22	二十		1:40	3:25	0.85	6:36	11:07	0.96
23	廿一		2:26	4:04	0.57	6:55	11:24	0.86
24	廿二	☾下弦	3:30	4:52	0.25	7:09	11:57	0.71
25	廿三		※	※	※	※	12:49	0.54
26	廿四	远地点	※	※	※	※	14:01	0.41
27	廿五		8:58	10:36	0.18	12:33	15:49	0.44
28	廿六		9:06	11:15	0.46	14:00	17:37	0.62
29	廿七		9:21	11:37	0.79	14:49	18:46	0.81
30	廿八		9:43	12:02	0.98	15:28	19:34	0.95

续表 3-4

日期		月相	涨潮流			退潮流		
公历	农历		涨始	涨急		退始	退急	
			时分	时分	流速	时分	时分	流速
1	Ⅶ 廿九		22:03	0:00	1.21	3:46	8:08	1.10
2	三十		22:40	0:29	1.31	4:16	8:44	1.13
3	Ⅷ 初一	● 朔	23:15	0:55	1.37	4:43	9:18	1.16
4	初二		23:49	1:19	1.41	5:07	9:47	1.17
5	初三			1:46	1.43	5:32	10:19	1.11
6	初四		0:24	2:19	1.41	5:57	10:49	1.11
7	初五		1:00	2:53	1.30	6:19	11:14	1.04
8	初六		1:41	3:34	1.11	6:41	11:34	0.95
9	初七		2:29	4:22	0.83	7:06	11:08	0.90
10	初八	☽上弦	3:32	5:16	0.51	7:37	12:07	0.80
11	初九		5:13	6:30	0.22	8:24	13:16	0.70
12	初十		7:12	8:43	0.13	10:09	14:38	0.65
13	十一		8:23	10:09	0.35	12:21	16:16	0.71
14	十二	近地点	9:06	11:04	0.64	13:56	18:36	0.88
15	十三		9:45	11:43	0.91	15:01	19:45	1.05
16	十四		10:22	12:22	1.11	15:52	20:39	1.19
17	十五	○ 望	10:58	12:55	1.24	16:34	21:21	1.25
18	十六		11:33	13:29	1.30	17:12	22:00	1.23
19	十七		12:08	14:02	1.30	17:45	22:33	1.17
20	十八		12:41	14:36	1.26	18:17	23:00	1.09
21	十九		13:12	15:11	1.18	18:50	23:22	1.02
22	二十		13:41	15:48	1.06	19:27	23:45	0.93
23	廿一		14:10	16:32	0.89	20:12		
24	廿二	☾下弦	14:44	17:23	0.69	21:14	0:19	0.82
25	廿三		15:39	19:22	0.52	22:50	1:05	0.68
26	廿四	远地点	17:41	21:07	0.55		2:17	0.58
27	廿五		19:14	22:17	0.73	0:32	5:30	0.71
28	廿六		20:15	23:01	0.92	1:42	6:16	0.87
29	廿七		21:00	23:34	0.09	2:30	5:56	0.98
30	廿八		21:40			3:07	7:34	0.05

潮汐推算如下：

(1) 利用潮汐表推算潮时

查表推算附港潮时，一般以主港潮时加上附港潮时差即得。

如欲求长江下游感潮河段各港之潮，应查用潮流表二(表 3-4)。先将上海黄浦江内新开河站的潮时换算成吴淞潮时(因吴淞潮时比新开河提前约 1h)，然后加上潮时差即为所求港的潮时。

例如：求南通某年 9 月 20 日的涨潮开始的时间。从表中查知，该日新开河有两次涨潮：00:23 和 12:41。先将其提前 1h，即 19 日 23:23 及 20 日 11:41，换算成吴淞的潮时，然后再从航行图的说明部分查知南通的潮时迟于吴淞 3.5h，即该港第一次涨潮开始为 23:23(19 日) + 03:30 = 02:63(20 日)，第二次涨潮开始为：11:41 + 03:30 = 15:11(20 日)。

以上即为南通港 9 月 20 日两次涨始时间。

(2) 经验方法推算潮时

在没有潮汐表的情况下，可利用经验方法推算主港及附港潮时，其方法如下(以长江为例)：

① 根据历年资料知道，吴淞每月农历初一的第一个涨始时间平均是上午 09:24。

② 由于潮汐主要是受月球的影响，因此，在推算时应用农历日期。同时，潮汐周期平均是半月重复一次，故农历初一与十六，初二与十七，涨落潮时间相同，依此类推。即计算初一涨始时间，就是十六的涨始时间。

③ 根据月、地运行相对关系，在某地因月中天时间逐日推迟 0.8h，潮时也逐日推迟，以此推算隔日潮时。

④ 一般为半日潮类型，即在一个太阴日内一个涨落潮周期为 12h25min。

⑤ 求出吴淞潮时，再推算各附港潮时。

例如：求南通港某年 5 月 13 日涨始时间(5 月 13 日为农历初三)。

所求港涨始时间 = 09:24 + (农历日期 − 1) × 0.8 + 潮时差

南通港涨始时间 = 09:24 + (3 − 1) × 0.8 + 03:30

= 09:24 + 01:36 + 03:30

= 14:30

以上为第二次涨始，第一次涨始应为：

14:30 − 12:25 = 02:05

以上两种推算方法求出的潮时，仅为参考数字，与具体情况有一定出入，推算时必须考虑当时的季节、水位及气象影响。另外，若为农历下半月时，应减去 15 后再代入上式计算。

(3) 利用潮汐表推算潮高

例如：某轮吃水 4.6m，欲通过吴淞附近某浅水道，已知该处最浅水深为基准面下 2.8m，求某年 9 月 30 日何时可以通过？

根据规定通过泥沙底航道应留剩余水深 0.2m，因该轮吃水 4.6m，水深必须有 4.8m 才能通过，实际尚差水深：

$$4.8 - 2.8 = 2.0\text{m}$$

查表得知：

吴淞 9 月 30 日　　潮时　　潮高(m)

第一次高潮	11:36	3.44
第二次高潮	23:36	3.79
第一次低潮	06:47	1.09
第二次低潮	18:54	1.14

第一次涨潮潮高上升为:3.44－1.09＝2.35(m)

涨潮历时为:11:36－06:47＝04:49

涨潮率为:2.35/04:49＝0.49(m/h)

在第一次涨潮中,由第一次低潮潮面到可通航潮面尚差潮高为:

$$2.00-1.09=0.91\text{m}$$

已知涨潮率为0.49m/h,2h为0.98m,故该轮于该日08:47后即可通过。

4 气　　象

4.1 气象要素

气象要素(Meteorological Elements)是构成和反映大气状态和大气现象的基本因素。它们主要有:气压、气温、湿度、风、云、能见度、降水、蒸发、辐射、日照以及各种天气现象等。气象要素随时间和空间而变化,其观测记录是天气预报、气候分析和有关科学研究的基础资料。

4.1.1 气压

4.1.1.1 气压的定义与单位

气压(Atmospheric Pressure)指大气的压强,即单位面积上所承受的大气压力。它是空气的分子运动与地球重力场综合作用的结果。若以 p 代表气压,F 代表面积 A 上所承受的力,则 $p = F/A$。若 M 为任何面积 A 上的大气质量,在地球重力场中,g 为重力加速度,则面积 A 上大气柱的重量为 $F = Mg$。在静止大气中,面积 A 上大气柱的重量就是该面上所承受的力,即静止大气中任意高度上的气压值等于其单位面积上所承受的大气柱的重量。

压强单位是帕斯卡(Pa),$1\text{Pa} = 1\text{N/m}^2$(牛顿 / 平方米)。气压单位常用为百帕(hPa),$1\text{hPa} = 100\text{Pa}$,也曾用过毫巴(mb)和毫米水银柱高(mmHg)($1\text{hPa} = 1\text{mb}$;$1\text{hPa} = 3/4\text{mmHg}$)。国际上规定,在标准状态下一个大气压为 1013.2hPa(或 760mmHg)。

4.1.1.2 气压的变化

某地的气压是随其上空气柱质量的变化而变化的,空气柱质量减小,气压降低;空气柱质量增大,气压升高。在同一时刻,有些地方的气压在降低,有些地方的气压则在升高。大气的总质量是一定的,大气又是连续的流体,某些地区的气柱质量减小了,另一些地区的气柱质量必然增大,反之亦然。地球上各地的气压值随时间和空间而变化,变化的根本原因是空气运动引起的空气质量在地球上的重新分配。

(1) 气压随时间的变化

① 气压的周期性变化

气压的周期性变化是指气压随时间变化的曲线呈现出有规律的周期性波动,这种波动主要有日周期性和年周期性。

地面气压的日变化有单峰、双峰和三峰等形式,其中最常见的是双峰型,其特点是一天中有一个最高值、一个次高值和一个最低值、一个次低值。一般是清晨气压上升,9 ～ 10 时出现最高值;之后气压下降,到 15 ～ 16 时出现最低值;此后又逐渐升高,到 21 ～ 22 时出现次高值;以后再度下降,到次日 3 ～ 4 时出现次低值。最高、最低值出现的时间和变化幅度随纬度变化而有差异。一般地,气压日较差随纬度的升高逐渐减小,热带地区气压日较差可达 3 ～ 5hPa,纬度 50° 的地区日较差则不到 1hPa。

气压日变化的原因比较复杂，一般认为气压的日变化同气温日变化和大气潮汐密切相关，单峰型的气压日变化同气温的日变化关系很大。当白天气温最高时，低层空气受热膨胀上升，升到高空向四周辐散，引起地面减压；清晨气温最低时，空气冷却收缩，气压相应升到最高值。但由于气温对气压的影响作用需要经历一段过程，所以气压极值的出现相对落后于气温。同时，气压日变化的振幅同气温一样随海陆、季节和地形而有所区别，表现出陆地大于海洋、夏季大于冬季、山谷大于平原。另外，双峰型的气压日变化可能与一日间升温和降温的交替所产生的整个大气半日振动周期，以及由日月引力引起的大气潮汐相关。三峰型的气压日变化则是气温日变化和局部地形条件等综合作用形成的。

气压年变化是以一年为周期的波动，受气温的年变化影响很大。最常见的气压年变化可概括为以下三类：(a) 大陆型，一年中气压最高值出现在冬季，最低值出现在夏季，年较差较大，并由低纬向高纬逐渐增大；(b) 海洋型，一年中气压最高值出现在夏季，最低值出现在冬季，年较差小于同纬度的陆地；(c) 高山型，一年中气压最高值出现在夏季，最低值出现在冬季。这种类型看来与海洋型相似，但形成原因完全不同。在夏季由于大气受热，整个大陆上的气柱膨胀，使高山地区地面以上气柱质量增大，所以气压较高；在冬季因大气冷却下沉，使高山地区空气柱质量减小，所以气压较低。我国青藏高原地区，其气压年变化就属于此类型。

② 气压的非周期性变化

气压的非周期性变化是指气压变化不存在固定周期的波动，它是气压系统移动和演变的结果。通常在中高纬度地区气压系统活动频繁，气团属性差异大，气压非周期性变化远较低纬度明显。如高纬度地区气压的非周期性变化在 24h 内，可达 10hPa；而低纬度地区 24h 内，气压的非周期性变化一般只有 1hPa。

某地区的气压变化是周期性变化和非周期变化的综合表现。一般中高纬度地区气压的非周期性变化比周期性变化明显得多，因而气压变化多带有非周期性特征；低纬度地区气压的非周期性变化比周期性变化弱小得多，因而气压变化的周期性比较显著。

(2) 气压随空间的变化

① 气压的垂直变化

大气层的厚度随高度增高而变薄，空气密度也随高度升高而迅速减小，所以气压随高度的增高而迅速降低。据实测，近地层大气中，高度每上升 100m，气压平均降低 12.7hPa，在高层则小于此数值。确定空气密度大小与气压随高度变化的定量关系，一般用静力学方程和压高方程。

大气处于静力平衡时，垂直方向上气压随高度变化的定量关系可由大气静力学方程表示：

$$\mathrm{d}P = -\rho g \,\mathrm{d}z \tag{4-1}$$

随高度升高，气压降低。方程说明，气压随高度递减的快慢取决于空气密度 ρ 和重力加速度 g 的变化。重力加速度 g 随高度变化一般很小，因而气压随高度递减的快慢主要取决于空气密度的大小。

如果研究的气层高度变化范围很大，气柱中上下层温度、密度变化显著时，式(4-1) 难以直接运用，就需要采用适合于较大范围的气压随高度变化的关系式，这种气压与高度的对应关系常用拉普拉斯压高方程来描述：

$$z_2 - z_1 = 18400(1 + at)\lg(P_1/P_2) \tag{4-2}$$

由拉普拉斯压高方程可知，只要知道某一点的海拔高度 z_1 及其气压值 p_1 和另一点的气压值 p_2，以及两点间的平均温度 t 和膨胀系数 $a = 1/273$，就可计算出另一点的高度 z_2。

② 气压的水平分布

各地温度不同，空气密度分布也就有差异，因而气压的水平分布不均匀。在同一海拔高度上，有的地方高，有的地方低。如果地表性质均匀，在热力和动力因子的共同作用下，气压的水平分布会呈现规则的纬向气压带，而且高低气压带是交互排列的。实际上地表性质很不均匀，海洋与陆地交错分布，海陆间的热力差异使纬向气压带发生断裂，甚至出现相反的气压系统。此外，地形地貌、下垫面状况、洋流等都对低空气压分布有着不同程度的影响，因此地面的气压分布变得非常复杂，北半球更是如此。

4.1.1.3 气压场

(1) 气压场的表示方法

气压的水平分布形势通常用等压线或等压面来表示。等压线是同一水平面上各气压相等点的连线。等压线按一定气压间隔(如 2.5hPa 或 5hPa) 绘出，构成一张气压水平分布图。若绘制的是海平面的等压线，就是一张海平面气压分布图。若绘制的是 5000m 高空的等压线，就成为一张 5000m 高空的气压水平分布图(等高面图)。等压线的形状和疏密程度反映着水平方向上气压的分布形势。

等压面是空间气压相等点组成的面，如 700hPa 等压面上各点的气压值都等于 700hPa。由于气压随高度递减，因而在某一等压面以上各处的气压值都小于该等压面上的气压值，等压面以下各处则反之。用一系列等压面的排列和分布可以表示空间气压的分布状况。

实际大气中由于下垫面性质的差异、水平方向上温度分布和动力条件的不均匀，以致同一高度上各地的气压不可能是一样的。因而等压面并不是一个水平面，而像地表形态一样，是一个高低起伏的曲面。等压面起伏形势同它附近水平面上的气压高低分布有对应关系。等压面下凹部位对应着水平面上的低压区域，等压面愈下凹，水平面上气压低得愈多。等压面向上凸起的部位对应着水平面上的高压区域，等压面愈上凸，水平面上高压愈高。根据这种对应关系，可求出同一时间等压面上各点的位势高度值，并用类似绘制地形等高线的方法，将某一等压面上相对于海平面的各位势高度点投影到海平面上，就得到一张等位势高度线(等高线) 图，此图能表示该等压面的形势，故这种图称为等压面图。见图 4-1，图中 P 为等压面，H_1、H_2、H_3、… 为高度间隔相等的若干等高面，它们分别与等压面 P 相截(截线以虚线表示)，每条截线都在等压面 P 上，所以截线上各点的气压值均相等，将这些截线投影到水平面上，便得出 P 等压面上距海平面高度分别为 H_1、H_2、H_3、… 的许多等高线。由图可见，和等压面凸起部位相对应的是由一组闭合等高线构成的高值区域，高度值由中心向外递减；同理，和等压面下凹部位相对应的是由一组闭合等高线构成的低值区域，高度值由中心向外递增。因此，平面图中等高线的高、低中心即代表气压的高低中心，而且等高线的疏密同等压面的缓陡相对应。等压面陡的地方，如图中 A、B 处，对应于 A'、B' 处的密集等高线；等压面平缓的地方如图中 C、D 处，对应于 C'、D' 处的稀疏等高线。

气象上等高线的高度不是以米为单位的几何高度，而是位势高度。所谓位势高度是指单位质量的物体从海平面(位势取为零) 抬升到 Z 高度时，克服重力所做的功，又称重力位势，单位是位势米。在 SI 制中，1 位势米定义为 1kg 空气上升 1m 时，克服重力做了 9.8J 的功，也就是获得 9.8J/kg 的位势能，即：1 位势米 = 9.8J/kg。

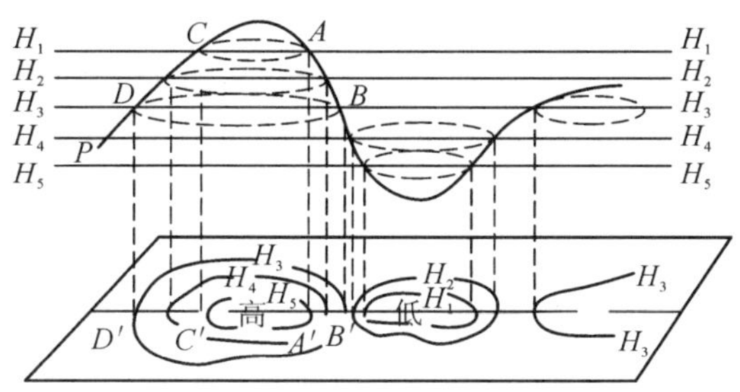

图 4-1 等压面和等高线的关系

位势高度与几何高度的换算关系为 $H=\dfrac{g_{\varphi}Z}{9.8}$

式中 H—— 位势高度(位势米);

Z—— 几何高度(m);

g_{φ}—— 纬度 φ 处的重力加速度(m/s^2)。

当 g 取 $9.8m/s^2$ 时,位势高度 H 和几何高度 Z 在数值上相同,但两者物理意义完全不同,位势米是表示能量的单位,几何米是表示几何高度的单位。由于大气是在地球重力场中运动的,时刻受到重力的作用,因此,用位势米表示不同高度气块所具有的位能,显然比用几何高度要好。

气象台日常工作所分析的等压面图有 850hPa、700hPa、500hPa 以及 300hPa、200hPa、100hPa 等,它们分别代表 1500m、3000m、5500m 和 9000m、12000m、16000m 高度附近的水平气压场。海平面气压场一般用等高面图(零高度面)来分析,必要时也用1000hPa等压面图来代替。

(2) 气压场的基本形式

① 低气压(简称低压),其等压线闭合,中心气压低,向外逐渐增高。空间等压面向下凹,形如盆地。

② 高气压(简称高压),其等压线闭合,中心气压高,向外逐渐降低。空间等压面向上凸,形似山丘。

③ 低压槽(简称槽)是低压向外伸出的狭长部分,或一组未闭合的等压线向气压较高的一方突出的部分。在槽中,各等压线弯曲最大处的连线叫槽线。气压沿槽线最低,向两边递增。槽的尖端可以指向各个方向,但在北半球中纬度地区大多指向南方。尖端指向北的称为倒槽,指向东、西的称为横槽,槽附近的空间等压面类似山谷。

④ 高压脊(简称脊)是高压向外伸出的狭长部分,或一组未闭合的等压线向气压较低的一方突出的部分。在脊中,各等压线弯曲最大处的连线叫脊线。气压沿脊线最高,向两边递减。脊附近的空间等压面,类似山脊。

⑤ 鞍形气压(简称鞍部)是两个低压与两个高压交错组成的中间区域,其附近空间等压面形如马鞍。

上述几种气压场的基本形式,统称为地面气压系统。在不同的气压系统中,天气情况是不同的。例如,在低气压区,由于气流的辐合上升,容易造成云和降水;在高压区内,由于空气下沉辐散,一般天气晴好。所以,预报这些气压系统的移动与演变,是天气预报的重要内容。

4.1.1.4 气压与天气

气压跟天气有密切的关系。一般地说，地面上高气压的地区往往是晴天，地面上低气压的地区往往是阴雨天。这里所说的高气压和低气压是相对的，不是指大气压的绝对值。某地区的气压比周围地区的气压高，就叫作高气压地区；某地区的气压比周围地区的气压低，就叫作低气压地区。

在同一水平面上，如果气压分布不均匀，空气就要从高气压地区向低气压地区流动。因此某地区的气压高，该地区的空气就在水平方向上向周围地区流出。高气压地区上方的空气就要下降。由于大气压随高度的减小而增大，所以高处空气下降时，它所受到的压强增大，它的体积减小、温度升高，空气中的凝结物就蒸发消散。所以，高气压中心地区不利于云雨的形成，常常是晴天。如果某地区的气压低，周围地区的空气就在水平方向上向该地区流入，结果使该地区的空气上升，上升的空气因所受的压强减小而膨胀，温度降低，空气中的水汽凝结，所以，低气压中心地区常常是阴雨天。

由于气压跟天气有密切的关系，所以各气象观测站每天都按统一规定的时刻观测当地的大气压，报告给气象中心，作为天气预报的依据之一。

4.1.2 气温

4.1.2.1 气温的概念

大气的温度简称气温，气温是地面气象观测规定高度(即 1.25 ～ 2.00m，国内为 1.5m)上的空气温度。

一般来说，温度表示物体冷热的程度，这只是从现象上说。从科学意义上讲，温度实际上是表示物体分子运动的速度，它反映物体内能的大小。当物体获得热量时内能增加，温度就升高；当物体失去热量时，内能减少，温度就降低。所以，物体温度的升降取决于外来热量的多少。物体的温度条件，还取决于该物体的比热大小。以同样多的热量给予比热大的物体，它的温度升高幅度小；而给予比热小的物体，它的温度升高幅度就大。

用来表示温度的单位是度。经常使用的有三种温标。一是摄氏温标，它把在标准压力下纯水溶解和纯水沸腾的温度作为基点，把两个基点之间的距离分成 100 等份，纯水溶解的温度定为 0℃，而纯水沸腾的温度定为 100℃，它们之间每一等份称 1℃。水的溶解点相当于 32°F，而沸腾点相当于 212°F，所以华氏温标基点间的距离分成为 180 等份。开氏温标又称为绝对温标，在这个温标上，把干空气体积变成零的温度取为 0K，它相当于 −273℃，水的溶解点相当于 273K，而沸腾点相当于 373K。

在气象学和人们的生活中，常用摄氏温标。但是在英语语系国家，如英国、美国、加拿大、澳大利亚和印度等国，多采用华氏温标。而在科学研究中，最好使用开氏温标。

三种温标之间的关系是：

$$℃ = \frac{5}{9}(°\mathrm{F} - 32) \tag{4-3}$$

$$\mathrm{K} = ℃ + 273 \tag{4-4}$$

4.1.2.2 大气的热量输送

气温的高低变化，实质上是内能大小的变化，当空气获得热量时，内能增加，温度升高；当空气失去热量时，内能减少，温度降低。引起空气内能发生变化的原因有两种：一种是由于空气与外界进行热量交换引起的，称为非绝热变化；另一种是空气与外界没有热量交换，而是由外界压力的变化对空气做功，使空气膨胀或压缩引起的，称为绝热变化。

(1) 空气温度的非绝热变化

空气与外界的热量交换是通过下列方式进行的，包括：分子传导、辐射、对流、湍流、平流、蒸发和凝结（包括升华和凝华）。

① 分子传导(Conduction)

分子传导是依靠分子的热运动将能量从一个分子传递给另一个分子，而达到热量平衡的传热方式。自然界物质间只要有温度差异存在，就会以传导方式进行热量交换。由于地面和大气都是热的不良导体，所以通过这种方式交换的热量很少，其作用仅在贴地气层中较为明显。

② 辐射(Radiation)

辐射是物体之间根据各自温度的高低通过辐射方式交换热量的传热方式。大气主要依靠吸收地面的长波辐射而增热，同时，地面也吸收大气逆辐射，这样它们之间就通过长波辐射的方式不停地交换热量。空气团之间，也可以通过长波辐射交换热量。

③ 对流(Convection)

当暖而轻的空气上升时，周围冷而重的空气便下来补充，这种升降运动，称为对流。通过空气的对流运动，空气上下层互相混合，热量也就随之得到交换，使低层空气的热量传递到较高的层次。这是对流层中热量交换的重要方式。

④ 湍流(Turbulence)

空气的不规则运动称为湍流，也叫乱流。湍流是在空气层相互之间发生摩擦或空气沿粗糙不平的下垫面运动时产生的。当有湍流时，相临空气之间在各个方向发生混合，热量也随着发生了交换。湍流是摩擦层中热量交换的重要方式。

⑤ 平流(Advection)

大规模空气的水平运动称为平流。空气经常发生大规模的水平流动，当冷空气流经暖的区域时，可使流经区域温度下降；反之，当暖空气流经冷的区域时，可使该区域的温度升高。空气的平流运动对缓和地区之间和纬度之间的温度差异有很大作用，是水平方向上传递热量的主要方式。

⑥ 蒸发和凝结(Evaporation and condensation)

当水在蒸发（或冰在升华）时要吸收热量；相反地，水汽在凝结（或凝华）时，要放出潜热。如果蒸发（升华）的水汽，不在原处发生凝结（凝华），那么热量将发生传递。例如，从地面蒸发的水汽，在空中发生凝结时，就把地面的热量传给了空气。所以，通过蒸发（升华）和凝结（凝华），也能使地面和大气之间、空气团和空气团之间发生潜热交换。由于大气中的水汽主要集中在5km以下的大气层中，所以潜热交换主要在对流层下半层起作用。

上面分别讨论了空气与外界热量交换的方式，但实际上，在同一时间对同一团空气而言，温度的变化常常是几种传热方式共同作用引起的，哪个主要，哪个次要看具体情况。地面与空气之间的热量交换，辐射是主要的。但在气层（气团）之间，以对流和湍流为主，其次通过蒸发、凝结过程的潜热出入，进行热量交换。在不同纬度和地区之间，空气的热量交换主要依靠平流。

(2) 空气温度的绝热变化

对于任一空气团与外界之间无热量交换时的状态变化过程，叫绝热过程。在大气中做垂直运动的空气团，其状态变化通常接近于绝热过程。

空气团在绝热上升过程中，由于外界压力不断减小，空气团体积膨胀对外做功，因空气团与外界无热量交换，所以做功所需能量只能由其本身的内能承担，空气团因消耗内能而降温，这种现象称为绝热冷却。同理，空气团在绝热下沉过程中，因为外界压力的不断增大，空气团被压缩，体积缩小，外界对气团做功，在绝热条件下，所做的功只能用于增加气团的内能，因而气团温度升高，这种现象称为绝热增温。

4.1.2.3 气温的变化

(1) 气温的周期性变化

一天中，气温有一个最高值和最低值。日出后，随着太阳辐射增强，温度升高。由于地面热量传递给空气需要一定时间，所以气温的最高值出现在午后两点钟左右，随后气温逐渐下降，一直下降到清晨，在日出之前达到最低温度。最高温度与最低温度的差值，称为日较差，日较差也随纬度和季节有很大变化。这主要与正午太阳高度有关。在低纬度正午太阳高度大，太阳辐射日变化大，所以气温日较差也大，平均在12℃左右；而在高纬度只有3～4℃，夏季正午太阳高度比冬季大，所以夏季气温日较差也大于冬季。例如，长沙7月日较差为9.0℃，冬季1月只有5.7℃。地表性质对温度日变化影响很大，在热带，海洋上的气温日较差为1～2℃，而在内陆常可达15℃以上，沙漠上常可达25～30℃，山谷的气温日较差大于山峰，凹地的日较差大于高山，干燥地区大于潮湿地区。雨天和阴天气温日较差明显小于晴天，而且很不规则。

从一年来说，气温的年变化也有最高值和最低值，但出现时间并不与太阳高度最高和最低值的时间(夏至日与冬至日)对应，而是要落后1～2个月。陆地落后较少，海洋落后较多。在内陆地区，7月最热，1月最冷；在海洋上或沿海地区，最热月是8月，最冷月是2月。最热月与最冷月的差值称为年较差。气温年较差是随纬度而增大的。海洋上冬暖夏凉，年较差比内陆小。沿海的天津年较差为30℃，而内陆的呼和浩特年较差为35℃。

(2) 气温的非周期性变化

气温除了由于太阳辐射的作用引起的周期性日、年变化外，在大气水平运动的影响下还会发生非周期性的变化，例如，春季正是春暖花开气温回升的季节，若有北方冷空气南下，会使气温大幅度下降，发生倒春寒现象。秋季，正是秋高气爽气温下降的时候，若有南方暖空气北上，则会出现气温突升的现象，称为“秋老虎”现象。

气温非周期性变化，能够加强或减弱甚至还可以改变气温的周期性变化。事实上，一个地方气温的变化是由周期性变化和非周性变化共同作用的结果，如果周期性变化的作用大，则表现为周期性变化；相反，就表现为非周性变化。但是，从总的趋势和大多数情况来看，气温日、年周期性变化还是主要的。

(3) 气温的垂直分布

在对流层中，气温的垂直分布特点一般是随高度的增加而降低，其原因主要有两个方面：一方面，地面是大气升温的主要和直接热源，对流层主要依靠吸收地面长波辐射升温，因而距离地面越远，获得的地面长波辐射的热能也越少，气温越低；另一方面，距离地面越近，大气中能够强烈吸收地面长波辐射的水汽和气溶胶粒子也就越多，气温也就越高，越远离地面，水汽和气溶胶粒子越少，则气温越低。

4.1.3 湿度

4.1.3.1 湿度的概念

空气湿度是表示大气中水汽含量多少或潮湿程度的物理量。因应用的目的不同，表示空气湿度的物理量也不同。常用的有水汽压、比湿、相对湿度、露点温度和饱和差等。

(1) 水汽压 e

水汽压是水汽在大气总压力中的分压力。它表示了空气中水汽的绝对含量的大小，以 mbar 为单位。空气吸收水汽有一定限量，达到了限量就不再吸收，这个限量叫“饱和点”。空气中水汽达到饱和点时的水汽压，称为饱和水汽压(或称最大水汽张力，用 E 表示)。饱和水汽压是温度的函数，随温度升高而增大。在同一温度下，纯冰面上的饱和水汽压要小于纯水面上的饱和水汽压。

饱和水汽压除受温度影响外，还与物态、蒸发面的形状和液体浓度等因素有关。一般来说，同温度下，冰面的饱和水汽压比水面的小；凹面的饱和水汽压比平面的小；平面的又比凸面的小；纯水的饱和水汽压比溶液的大，随浓度增大，饱和水汽压减小。

(2) 比湿 q

单位质量湿空气中的水汽质量与湿空气质量之比，称为比湿。用 g/g 或 g/kg 表示其单位。表达式为：

$$q = \frac{m_a}{m_d + m_a} \tag{4-5}$$

式中 m_a，m_d—— 水汽质量、干空气质量。

比湿与水汽压特性不同。在湿空气上升膨胀或下降收缩的过程中，空气体积发生变化，水汽压相应也改变。但比湿不同，只要没有凝结现象发生，比湿就不变，具有保守性。这一特性，在气象学上常用来判断气团的干湿性质，和计算有关温度。

(3) 相对湿度(r)

空气中实际水汽压与同温度下饱和水汽压的百分比，称为相对湿度。通常用下式表示：

$$r = \frac{e}{E} \times 100\% \tag{4-6}$$

相对湿度的大小，表示在当时温度下空气中水汽含量达到饱和的相对比值。相对湿度与气温和水汽含量有关，当气温不变时，水汽愈多，相对湿度愈大。反之，水汽愈少，相对湿度愈小。当空气中水汽含量不变时，相对湿度随气温降低而增大，随气温升高而减小。

一个地方空气的潮湿程度，取决于当地水汽含量和气温高低。一般而言，气温变化比水汽压的变化更加迅速、频繁。因此气温起主导作用。夜间多露、霜，天气转冷易产生云雾等都是由于温度降低，相对湿度增大的原因。

(4) 露点湿度(t_d)

含有水汽的湿空气，在不改变气压和水汽含量的情况下，降低温度使空气达到饱和状态时的温度，称为露点温度，简称露点，单位为 ℃。从单位的形式上看，是冷热程度的特征量，实质上是表示空气湿度的物理量。在定压和水汽无相变的情况下，水汽含量愈多，露点温度愈高；反之则露点温度愈低。

(5) 饱和差(d)

同温度下的饱和水汽压与实际水汽压之差，称为饱和差。单位为百帕(hPa) 或毫米水银柱高(mmHg)。表达式为：

$$d = E - e \tag{4-7}$$

饱和差表示在一定的温度下空气中水汽含量距离饱和时的差值。饱和差的大小，取决于温度和水汽含量，而温度为主导因子。当空气中水汽含量不变时，饱和差随温度升高而增大；反之则减小。饱和差在研究水分蒸发或植物蒸腾时被广泛应用。

4.1.3.2 湿度的变化

1) 湿度的时间变化

水汽压、比湿和露点的量值变化，主要取决于水汽含量的多少。而相对湿度、饱和差的大小除与水汽含量有关外，最主要是受温度的影响。下面仅介绍水汽压和相对湿度的变化。

(1) 水汽压的日变化和年变化

① 水汽压的日变化

a. 单波型(海洋型)：在乱流或对流不强，或水分蒸发供应充足的地区，水汽压与气温日变化相一致，最大值在 14 点左右，最小值出现在日出前，如图 4-2 中 a 所示。海岸边、沿海地区和大陆上寒冷季节都属于这一类型。

b. 双波型(大陆型)：在乱流或对流较强的暖季大陆上，经常出现这种类型。一日中出现两个高值和两个低值，如图 4-2 中 b 所示。两个高值分别出现在 9 ～ 10 时和 21 ～ 22 时，两个低值出现在日出之前和 14 ～ 15 时。

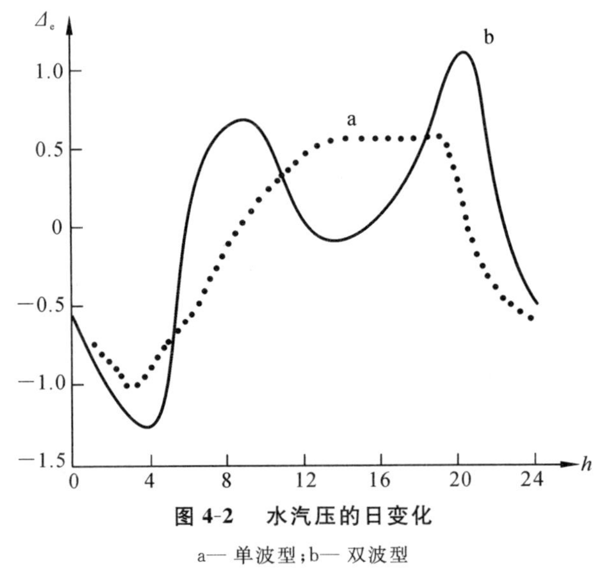

图 4-2 水汽压的日变化

a— 单波型；b— 双波型

② 水汽压的年变化

水汽压年变化与气温年变化相似，最大值出现在 7 月，最小值出现在 1 月。

(2) 相对湿度的日变化和年变化

① 相对湿度日变化。在大陆地区，其日变化与气温日变化相反(图 4-3)，最大值出现在凌晨，最小值出现在 14 ～ 15 时。在近海或湖畔地区，因受水陆影响，白天吹海风，夜间吹陆风，日变化与气温相一致。

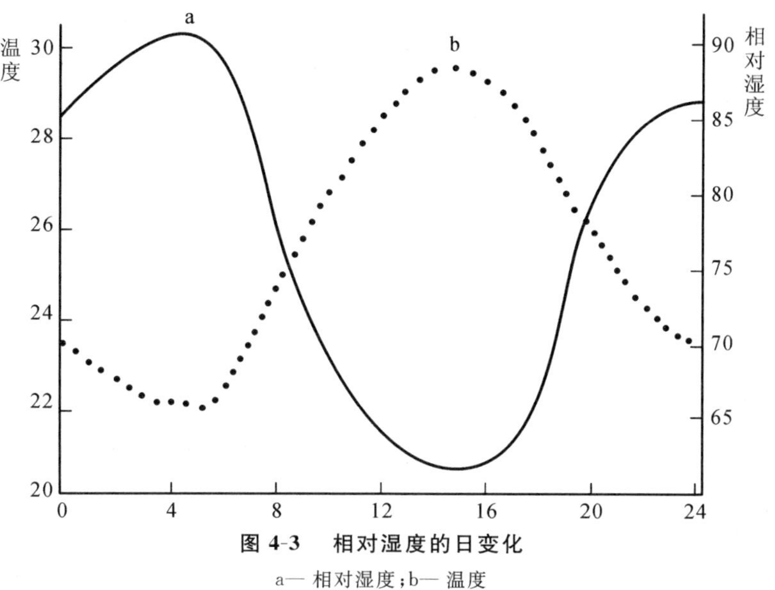

图 4-3 相对湿度的日变化

a— 相对湿度；b— 温度

② 相对湿度的年变化。一般来说与气温年变化相反，冬季最大，夏季最小。但由于局地气候影响，这种变化常遭受破坏。如在季风区，夏季盛行来自海洋的气流，冬季盛行来自内陆的气流，使得相对湿度年变化与温度年变化相一致。

2）湿度的空间变化

（1）水汽压的变化

大气中水汽来源于下垫面的蒸发，因此，距湖泊地愈远，水汽愈少；蒸发面（水面）温度愈高，蒸发愈强，空气中水汽含量也愈多。就一般性规律来说，地面水汽压由赤道向两极减小，如赤道附近约为 26hPa，北纬 35° 约为 13hPa，北纬 65° 约为 4hPa，极地附近仅为 1 ～ 2hPa。这种水汽压由低纬向高纬减小的现象，冬季比夏季更明显。

水汽压随高度减小远比气压随高度减小得快。可用如下经验公式表示：

$$e_z = e_0 \times 10^{-\beta z} \tag{4-8}$$

式中 e_z—— 高度 z 处的水汽压。

e_0—— 地表面的水汽压。

β—— 常数，自由大气中 $\beta = 1/5000\text{m}^{-1}$，$z = 1500\text{m}$ 时，$e_z = 1/2e_0$，$z = 5000\text{m}$ 时，$e_z = 0.1e_0$，$z = 10000\text{m}$ 时，$e_z = 0.01e_0$。

（2）相对湿度的变化

相对湿度随纬度和高度的变化比较复杂。在北半球，大致由赤道向副热带地区减小，然后又由副热带向高纬度增大。这是因为副热带地区分布着广大的干燥和沙漠地区。

相对湿度随高度变化受温度、水汽含量和大气升降运动的发展状况所制约，所以随高度升高，相对湿度可能递增，也可能递减。一般晴朗天气条件下，相对湿度随高度升高而减小。但在有云层的情况下，愈接近云层相对湿度愈大，远离云层又随之减小。

4.1.3.3 空气中水汽凝结过程

水由气态变为液态的过程称为凝结。水汽直接变为固态的过程称为凝华。大气中水汽凝结和凝华的一般条件是，大气中的水汽要达到饱和或者过饱和状态，并有凝结核。当大气中所含的水汽达到饱和状态时，才会有多余的水汽转变为液态或者固态水。要产生这种情况，可以通过两种途径：一种是在一定的温度下使水不断蒸发，以增加大气中的水汽含量；另一种是使含有一定量水汽的大气温度降低到露点。

4.1.4 风

4.1.4.1 风的基本概念

(1) 风的定义

风即空气相对于地面的运动，气象上常指空气的水平运动。风既有大小又有方向。因此，风的观测中包括风速和风向两项。

(2) 风速和风向

风向是指风的来向，气象观测中常以10min内的平均风向作为实测风向，常以8个或16个方位表示，记录的文字和符号是：北(N)，北北东(NNE)，东北(NE)，东北东(ENE)，东(E)，东南东(ESE)，东南(SE)，南南东(SSE)，南(S)，南南西(SSW)，西南(SW)，西南西(WSW)，西(W)，西北西(WNW)，西北(NW)，北北西(NNW)。如果用角度表示，则以0°表示北，然后顺时针转，每一方位加22.5°，这样90°为东，180°为南，270°为西。

风速是单位时间内空气在水平方向上的位移，随时间的变化也很快。一般用10min(或2min)的平均风速表示，常以m/s、km/h或n mile/h表示。它们之间的换算关系是：

1m/s = 3.60km/h = 1.94n mile/h

1km/h = 0.54n mile/h = 0.28m/s

1n mile/h = 0.51m/s = 1.85km/h

(3) 风力

风速的大小也可用风力或风级表示。风级是根据风对地面(或海面)物体的影响程度而定出的等级，是英国人蒲福于1805年所拟定，故又称蒲福风级，共分为13个风级(表4-1)。常规气象观测使用的测风仪器有电接风向风速仪、达因风向风速计等。由于在摩擦层中风速随高度增大，风向随高度顺时针偏转，尤其是10m以下气层中风速随高度增大特别快。因此，常规地面气象观测中，风标、风杯等感应器安装高度都要求在距地面10～12m以上。通常也根据风对地面(或海面)物体影响的程度，确定一种风力等级。

表4-1 蒲福风力等级表

风力等级	名称	相当于开阔平坦地面10m高处风速			浪高(m)	陆上物理征象
		m/s	km/h	n mile/h		
0	静风	0～0.2	<1	<1	—	静，烟直上
1	软风	0.3～1.5	1～5	1～3	0.1	烟能表示风向，但风向标尚不能指示风向
2	轻风	1.6～3.3	6～11	4～6	0.2	人面感觉有风，树叶有微响，风向标能随风转动
3	微风	3.4～5.4	12～19	7～10	0.6	树叶与微枝摇动不息，旌旗展开

续表 4-1

风力等级	名称	相当于开阔平坦地面 10m 高处风速			浪高(m)	陆上物理征象
		m/s	km/h	n mile/h		
4	和风	5.5 ～ 7.9	20 ～ 28	11 ～ 16	1.0	灰尘和碎纸扬起，小树枝摇动
5	清劲风	8.0 ～ 10.7	29 ～ 38	17 ～ 21	2.0	有叶的小树枝摇动，内陆水面有小波浪
6	强风	10.8 ～ 13.8	39 ～ 49	22 ～ 27	3.0	大树枝摇动，电线呼呼有声，打伞困难
7	疾风	13.9 ～ 17.1	50 ～ 61	28 ～ 33	4.0	全树摇动，逆风步行感到困难
8	大风	17.2 ～ 20.7	62 ～ 74	34 ～ 40	5.5	树枝折断，逆风行进阻力甚大
9	烈风	20.8 ～ 24.4	75 ～ 88	41 ～ 47	7.0	发生轻微的建筑破坏
10	狂风	24.5 ～ 28.4	89 ～ 102	48 ～ 55	9.0	内陆少见，有些树木被拔起，建筑物破坏较重
11	暴风	28.5 ～ 32.6	103 ～ 117	56 ～ 63	11.5	极少遇到，伴随着广泛的破坏
12	飓风	32.7	118	64	14.0	

(4) 风压

由于建筑物的阻挡，使四周空气受阻，动压下降，静压升高，侧面和背面产生的局部涡流静压下降，远处受干扰的气流相比这种静压的升高和降低统称为风压。

4.1.4.2 风的成因

形成风的直接原因是气压在水平方向分布得不均匀。风受大气环流、地形、水域等不同因素的综合影响，表现形式多种多样，如季风、地方性的海陆风、山谷风、焚风等。简单地说，风是空气分子的运动。要理解风的成因，先要弄清两个关键的概念：空气和气压。空气的构成包括：氮分子（占空气总体积的 78%）、氧分子（约占 21%）、水蒸气和其他微量成分。所有的空气分子以很快的速度移动着，彼此之间迅速碰撞，并和地平线上的物体发生碰撞。

气压可以定义为：在一个给定区域内，空气分子在该区域施加的压力大小。一般而言，在某个区域空气分子存在越多，这个区域的气压就越大。相对来说，风是气压梯度力作用的结果。而气压的变化，有些是风暴引起的，有些是地表受热不均引起的，有些是在一定的水平区域上，大气分子被迫从气压相对较高的地带流向低气压地带引起的。

大部分显示在气象图上的高压带和低压带，只是形成了伴随我们的温和的微风。而产生微风所需的气压差仅占大气压力本身的 1%，许多区域范围内都会发生这种气压变化。相对而言，强风暴的形成源于更大、更集中的气压区域的变化。

4.1.4.3 风的变化

(1) 风的日变化

在边界层中，上层风速通常比下层风速大，风向比下层向右偏。风也具有明显的日变化。在靠近地面的气层中，一般是白天风速增大，风向向右偏，到午后 14 ～ 15 时左右风速达最大，夜间风速减小，风向向左偏。在边界层的上层则相反，风速白天减小，而夜间增大。风速日变化转变的高度，是随季节而不同的。

引起风速日变化的原因主要是由于白天日出后，引起大气层的不稳定性增加，湍流加强，到中午后达到最强，此后又逐渐减弱。在湍流交换作用下，上层空气的动量下传，使上层风速减小，风向左偏，下层风速增大，风向右偏。夜间大气稳定度加强，抑制了湍流输送，使上层风恢复到原来的状况；下层因得不到上层动量的下传，风速减小，风向左偏。在湍流交换的作用下造成了边界层中上下层风的日变化的反相。

风的日变化，当有强的天气系统过境时，将被扰乱和掩盖。一般情况下，风的日变化是晴天比阴天大，夏季比冬季大，陆地比海洋大。

(2) 风的季节性变化

季风是指大范围盛行的风向随季节有显著变化的风系。通常用季风指数来定量地判断季风的强弱和稳定的程度。

“季风”一词来自阿拉伯语“mawsim”，即季节的意思。早在15世纪末，阿拉伯水手们在北印度洋的贸易航线上，发现了风随季节反向的现象。中国在宋代的时候，著名文学家苏轼已在“舶风”中记述了季风现象。世界上季风明显的地区，主要有南亚、东亚、非洲中部以及澳大利亚北部，其中以印度季风和东亚季风最为著名(图4-4、图4-5)。

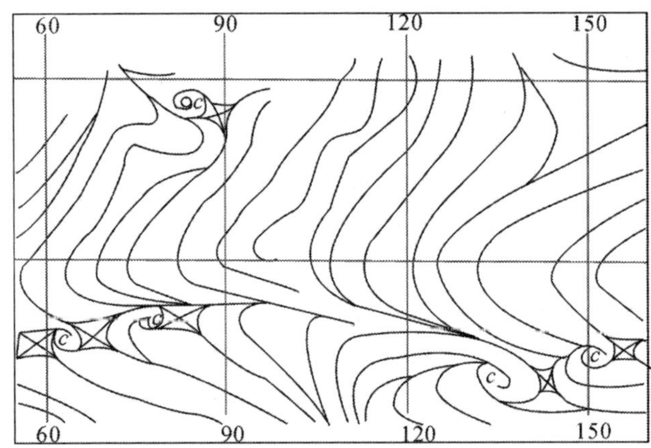

图4-4 1月地面平均流线图(c为气旋环流中心)

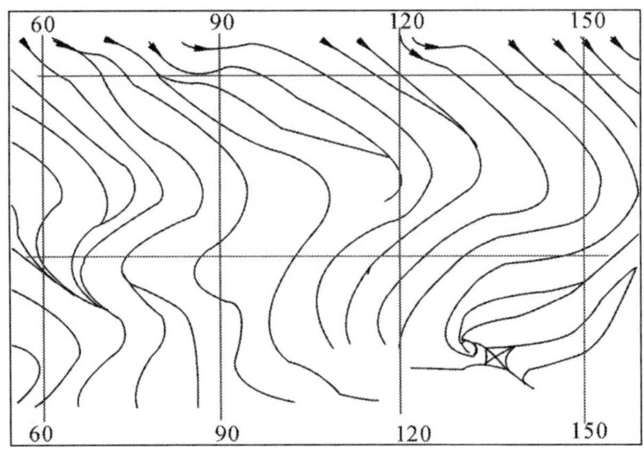

图4-5 7月地面平均流线图

最早把季风当作一个科学问题来研究的是英国学者哈雷(1686)。经典的季风成因学说认为,海陆间热效应的季节性差异,导致其地面气压差的季节变化:冬季陆地比海洋冷,大陆上为冷高压,故近地面空气自陆地吹向海洋;夏季陆地比海洋暖,大陆上为热低压,故近地面空气自海洋吹向陆地。

随着高空气象资料的增多,从20世纪50年代以来,人们对季风的概念有了不同的认识。有人认为太阳辐射加热的季节变化,既可使海陆有冬夏的热力差异,形成经典概念的季风,也可使地球上的东、西风行星风系发生季节性的南北移动,从而形成行星季风。20世纪70年代以来的研究指出,大地形也是季风形成的一个极为重要的因素。

有季风的地区,都可出现雨季和旱季等季风气候。夏季时吹向大陆的风,将湿润的海洋空气输进内陆,它往往在那里被迫上升成云致雨,形成雨季;冬季风自大陆吹向海洋,空气干燥,伴以下沉,天气晴好,形成旱季。如南亚次大陆和中印半岛,夏季属于典型的西南季风区,在那里每年5～6月为雨季,季风爆发,雨量骤然增加。到了10～11月,因为夏季环流急剧转变为冬季环流,东北季风逐渐取代西南季风,从而进入旱季。但即使在夏季,由于各年季风强度不同,持续时间不同,出现正常和反常的差别,因此各年降水也不同,有时可形成旱或涝。地处中国西南边境的西藏南部和云南省的大部分地区,夏季也属于西南季风气候区,雨季降水量约占全年总降水量的80%以上。中国东部的夏季风可以是东南风或西南风,源地有三个:西北太平洋热带洋面气流、孟加拉气流及南半球越赤道气流。由于风向随季节变化,气候随季节也有明显的变化,称为季风气候。主要表现为雨季和旱季的交替出现。通常,在夏季,由海洋吹向大陆的风,将海洋上湿润的空气吹向大陆,在大陆成云致雨,形成雨季;在冬季,风向由大陆吹向海洋,大陆上的空气干燥,伴以下沉,形成旱季。

由于季风活动影响着全球四分之一面积和全世界二分之一人口的生活,因此,从20世纪60年代以来,先后组织了规模不同的国际性季风综合观测试验。此外,季风环流的数值试验方法,已逐渐被广泛采用,这对于深入了解季风的形成和维持的机制,具有重要的理论意义。

4.1.4.4 地方性风

(1) 海陆风

在沿海岸地区,白天陆地比海洋升温迅速,陆地上空气受热膨胀,空气密度减小,单位高度气压差减小。因此到某一高度,陆地上空气压高于海洋,空气由大陆流向海洋,在地面,陆地上因上空的空气质量减小而使气压下降,海洋上空因有大陆空气流入而使地面气压升高,于是空气自海洋吹向陆地,成为海风。

在夜间,情况则相反,陆地冷却比海洋迅速,地面气压高于海洋,到上空的某一高度则海洋气压高于陆地,所以上空的空气流向陆地,而在地面则是陆地流向海洋,成为陆风。

海陆风的形成原理与季节基本相同,但是,海陆风是由海陆间气压的昼夜不同引起的,是风向的日变化现象。季风是由海陆间气压的夏冬季不同引起的,是一年中风向的季节变化现象,并伴随气团性质和天气的明显季节变化。同时,海陆风规模很小,只限于沿海岸地带,并且强度很弱,只在晴朗天气容易出现,其他天气条件下就看不到海陆风现象。而季风规模很大,可以深入到内陆很远的地方,季风是每年都产生的天气气候季节变化现象,只不过每年的强度、转变时间有差异。海陆风现象主要出现在低纬度,而季风可达到较高的纬度。

(2) 山谷风

没有强的气压系统活动时，在山区，白天地面风从谷地吹向山坡，称为谷风；夜晚风从山坡吹向谷地，称为山风。山谷风的形成原理与海陆风相似，白天山坡上升温快，而山谷中同高度上的空气温度由于离地面远而升温慢，造成水平方向的温差，产生环流，使风由谷底沿山坡向上吹，形成谷风。夜间山坡上的空气受山坡辐射冷却影响降温快，而山谷中间同一高度上的空气因离地面远而降温慢，冷空气沿山坡下沉，产生了与白天相反的环流，形成山风。

4.1.5 云

4.1.5.1 云的形成

大气中水汽凝结，就产生云雾，但是云、雾又有不同。雾是近地层大气发生冷却而产生的凝结现象，大量细小水滴或冰晶悬浮在近地层大气中，其底部贴近地面。云是由于空气上升运动而发生在高空的水汽凝结现象，云的底部是脱离地面的。可见，只要大气中有充分的水汽，并有一定力量推动空气产生上升运动，上升气流就会冷却而发生凝结现象，产生许多悬浮的小水滴和冰晶，于是形成各种各样的云。上升运动有不同情况，大气中的云也就有不同的形状。

在地表受热不均匀的情况下，某地面受热剧烈，其上面空气膨胀上升，周围冷而重的空气便下降补充，这就是对流上升运动。在高层大气强烈降温的情况下，也可以促使地面湿热而轻的低层空气上升，使水汽冷却凝结成云，地方性云多在这种情况下发生。这是一种热力上升运动。

有时候，当冷空气来到暖湿地区，或暖湿气流来到冷干地区，暖湿气流比较轻，冷干气流比较重，所以冷干气流从下层切入，暖湿气流被迫抬升。或者是暖湿气流在运动中受山脉阻挡，气流就只好沿着山坡被迫上升，这两种上升称为动力抬升运动。有时候，热力和两种动力上升运动同时存在，在山的迎风坡，热力对流和地形强迫抬升就可能相继发生，上升运动可以十分剧烈。热力对流上升运动常常导致积状云形成。积状云的云底和凝结高度一致，对流运动超过这一高度，就有凝结过程产生，开始形成淡积云，对流发展强盛，云体迅速增大，就形成浓积云，对流发展愈演愈烈，云体继续增大，上层直达对流层顶，形成积雨云。

动力作用往往使整层空气抬升，形成大范围的层状云。例如，当冷暖空气相遇时形成锋面，暖空气沿锋面滑升，这时候云底沿锋面倾斜，云顶却近于水平。这样，在锋面的不同部位，云高、云厚和云状都有很大差别，在冷空气一侧，先是卷云，依次是卷层云、高层云，靠近暖空气的一侧是雨层云。这些云是伴随着某一天气系统而出现的，是具有一定规律性的云系统。上面讲的云系属于暖锋云系，如果是冷锋到来，云系的次序基本相反。由于云系具有一定规律，因此可以用来指示冷暖空气的移动。

4.1.5.2 云的分类

云状是云的外部形状，云状与云的高度有很大关系。云高是指云底到地面的距离。1956年世界气象组织按云底高度和云的形状将云分为四族十属，可以作为识别云状的根据。

第一族是高云，是云底离地面最高的云，云底高度在6000m以上，包括卷云、卷积云和卷层云三属。

卷云由冰晶组成，常呈白色狭条状、细丝状或碎片状，具有纤维或柔丝般或头发般的光泽外形。卷积云由冰晶组成，呈白色鱼鳞状或层状，由颗粒状或波纹状等很小的单元组成。卷积云排列很有规律，很像轻风吹拂水面引起的小波纹。卷层云也是由冰晶组成，云体均匀成层，布满大部分或全部天空，具有细微结构的淡白色云幕。透过卷层云可以清楚地见到日、月轮廓，常伴有日晕或月晕现象。

第二族是中云，云底离地面 2000 ～ 6000m，包括高积云和高层云两属。

高积云由水滴组成，云块较小，呈白色或灰白色，形状有扁圆形、瓦块状、鱼鳞状、棉花状等多种形状，单体成行或成波状排列，很有规律。透过高积云看日、月，周围常伴有华出现。高层云由水滴和冰晶组成，呈浓密的灰白色或灰色的均匀成层的云体，常布满大部分或全部天空，多属系统性云，可产生连续性降水。

第三族是低云族，呈灰色或灰白色，并总带有阴暗部分的云块，或是呈波状结构有规律排列的云层。

层云由水滴组成，呈灰色，云层相对均匀，有时下毛毛雨，是稳定天气条件下的云，常由辐射雾在日出后升离地面形成。层云是一种地方性云，有明显日变化，偶尔有毛毛雨发生，雨量不大。雨层云由水滴组成，呈暗灰色，无一定形状，常伴有连续性降水，有空中水库之称，是一种系统性云。

第四族称为直展云，云底高度 100 ～ 1500m，云顶有时可伸展到很高的高度。包括积云和积雨云两属。

积云是一种对流云，在对流开始阶段形成，底部平整，可垂直发展达数千米，顶部凸出，常呈孤立云块，低纬度全年可见到，但中高纬度则以夏季常见。在发展初期称淡积云，云块较小，多呈馒头状，飘浮在天空，出现在晴天午后，对流旺盛时发展成浓积云，呈灰色或灰黑色，个体很高，由于云内气流上下翻滚，形成多重圆弧叠嶂，云顶呈花椰菜状，形如高山耸立。“春雨满四泽，夏云多奇峰。”前一句指的是雨层云降水情况，后一句指的就是浓积云。积雨云是从浓积云发展而来，云体庞大浓厚，形如高山，垂直发展旺盛，可达对流层顶，顶部呈砧状，可见丝缕状冰晶结构，如果积雨云移到观测上空，会感到漆黑一团，天空十分阴暗。积雨云常伴有雷电、大风、阵雨，也会有冰雹或龙卷风出现。

4.1.5.3 云与天气

天空状况千变万化，有时晴空万里，有时阴云密布，有时白云朵朵，有时絮状斑斑。天空状况就是指云量、云高、云状等大气状况。云是天气的表情，不同的云状常伴随着一定的天气出现，云常常成为指示未来天气变化的征兆。现在气象台就是根据卫星拍摄下来的云图做天气预报，即使在没有气象资料的海洋和青藏高原腹地，都可以准确地做出预报。

在夏天，早晨见到浓积云，说明大气状况已很不稳定，很可能在正午或午后发展成积雨云，形成降雨。相反，在傍晚出现层积云，说明积状云在消散，大气稳定，到了夜晚，层积云就会完全消散，说明将会连续出现晴天。可见利用热力对流形成的积云演变的规律，能直接判断未来天气的短期变化。

缓慢发展布满天空的层状云，是一种系统性云，说明大气中有大范围的气流缓慢上升运动。卷层云出现还经常伴随着日、月晕，卷层云出现后，将移来雨层云，并产生降水。所以，天空有卷层云并出现晕，是将要下雨的征兆。“日枷雨，月枷风”、“日晕三更雨，月晕午时风”和“大晕雨将来”都是指这种情况。

实际上，在锋面移来时，各种云将按一定顺序出现，根据云的顺序先后，就可判断锋的性质和未来天气，暖锋云系的顺序是：卷云→卷层云→高层云→雨层云。看见卷云、卷层云相继出现，就预示暖锋移来，将会有雨。“鱼鳞天，不雨也风颠”就是指这种情况。如果云的顺序是:雨层云 → 高层云 → 卷层云 → 卷云。说明有冷锋移过,晴天将来临。

另外,高积云或透光层积云的出现,表明大气状况稳定,“瓦块云,晒死人”和“天上鲤鱼斑,晒谷不用翻”就是指这种情况。日常生活中还有很多这样的例子。

4.1.6 能见度

4.1.6.1 能见度的概念

能见度是指视力正常的人能从背景(天空或地面)中识别出具有一定大小的目标物的最大距离,又称气象视程。按观测者与目标物所在高度和相对位置,大气能见度可分为水平能见度、斜视能见度和垂直能见度。气象观测中的能见度一般指水平能见度,即水平方向上的有效能见度。所谓有效能见度是指四周视野中一半以上范围都能看到的最大水平距离。航空部门也常用斜视能见度和垂直能见度。能见度取决于观测者与目标物之间的大气透明度(它随大气及其所含杂质对光的散射和吸收的强弱而变化)、目标物和它所投影的背景面上的视亮度对比以及观测者的视觉感应能力。能见度目标物要分布在各个方向的不同距离上。白天应尽可能选以天空等为背景的大小适度的目标物。把勉强可见的目标物的距离(可利用地图等测定)作为能见度。夜间,则观测一定强度的灯光的能见距离,折算出相当于白天的能见度。能见度在交通运输、航空、航海、军事活动、大气污染和大气物理研究中应用广泛。

4.1.6.2 能见度的等级

按观测者与目标物的所在高度不同分为水平能见度、斜视能见度和垂直能见度三类。大气能见度与航空、航海、陆上交通、高空摄影、天文观测以及军事行动等都有直接关系,是表征大气光学性质的常用要素,在实际观测中分为 10 个等级(表 4-2)。能见度好等级大,能见度差等级小。但在气候资料和世界各国发布的天气预报中,通常能见度不用等级,而以能见度恶劣、能见度中等和能见度极好等用语来表示。

表 4-2 能见度的划分

能见度级	能见距离	能见度鉴定	海上可能出现的天气现象
0	0 ～ 50m	能见度低劣	浓雾
1	50 ～ 200m		浓雾或雪暴
2	200 ～ 500m		大雾或大雪
3	500 ～ 1000m	能见度不良	雾或中雪
4	1 ～ 2km		轻雾或暴雨
5	2 ～ 4km	能见度中等	小雪、大雨、轻雾
6	4 ～ 10km		中雨、小雪、轻雾
7	10 ～ 20km	能见度良好	小雨、毛毛雨
8	20 ～ 50km	能见度很好	无降水
9	＞ 50km	能见度极好	空气澄明

4.1.7 雾

4.1.7.1 雾的概念

在水气充足、微风及大气层稳定的情况下，如果接近地面的空气冷却至某程度时，空气中的水汽便会凝结成细微的水滴悬浮于空中，使地面的水平能见度下降，这种天气现象称为雾。

4.1.7.2 雾的形成

雾形成的条件：一是冷却，二是加湿，三是有凝结核。雾是由辐射冷却形成的。多数出现在晴朗、微风、近地面水汽比较充沛且比较稳定或有逆温存在的夜间和清晨，气象上叫辐射雾；另一种是暖而湿的空气做水平运动，经过寒冷的地面或水面，空气中的水蒸气逐渐受冷液化而形成的雾，气象上叫作平流雾；有时兼有两种原因形成的雾叫混合雾。可以看出，具备这些条件的就是深秋初冬，尤其是深秋初冬的早晨。

我们还可以看到一种蒸发雾，即冷空气流经温暖水面，如果气温与水温相差很大，则因水面蒸发大量水汽，在水面附近的冷空气便发生水蒸气凝结成雾。这时雾层上往往有逆温层存在，否则对流会使雾消散。所以蒸发雾范围小，强度弱，一般发生在下半年的水塘周围。

城市中的烟雾是另一种原因所造成的，那就是人类的活动。早晨和晚上正是供暖锅炉的高峰期，大量排放的烟尘悬浮物和汽车尾气等污染物在低气压、风小的条件下，不易扩散，与低层空气中的水蒸气相结合，比较容易形成烟尘(雾)，而这种烟尘(雾) 持续时间往往较长。如被称为“雾都” 的伦敦的烟雾。

雾消散的原因，一是由于下垫面的升温，雾滴蒸发；二是风速增大，将雾吹散或抬升成云；三是湍流混合，水汽上传，热量下递，近地层雾滴蒸发。雾的持续时间长短，主要和当地气候干湿有关：一般来说，干旱地区多短雾，多在 1h 以内消散，潮湿地区则以长雾最多见，可持续 6h 左右。

4.1.7.3 雾的分类与特征

雾的种类主要有辐射雾、平流雾、锋面雾及蒸汽雾等。海洋上对航海影响最大、出现最多的雾是平流雾，又称为海雾。当暖湿空气流经较冷的海面时，受到冷面的影响，气温下降，当空气达到饱和状态时，其中过剩的那部分水汽就会凝结出来形成平流雾。平流雾具有浓度大和厚度大、水平范围广、持续时间长的主要特点。平流雾往往可形成大面积的雾区，雾的厚度可达几十甚至几百米以上，而且能持续几天甚至一周以上。

世界主要雾区有以下几个地方：由于黑潮暖流和亲流冷流的交汇，在夏季(6 ～ 8 月) 日本北海道东部至阿留申群岛常出现范围广而浓厚的平流雾；冬季多锋面雾。在 4 ～ 8 月纽芬兰附近海面终年有雾，雾区覆盖了整个北大西洋北部的欧美航线；冬季多锋面雾。由于北大西洋暖流与冰岛冷流的交汇，夏季雾多且频繁；冬季多锋面雾和辐射雾。位于巴西暖流、东澳暖流和厄加勒斯暖流与西风冷性的南半球漂流的汇合处的阿根廷东部海面、塔斯马尼亚岛与新西兰之间的海面和马达加斯加南部海面在夏季多雾。我国海区是太平洋的多雾区之一，由于黑潮暖流及其支流的影响，我国黄海中南部，长江口至舟山群岛和北部湾是多雾中心。成山头和石岛一带海面 4 ～ 8 月为雾季，6 ～ 7 月最强盛，年雾日超过 80 多天，有“雾窟” 之称。从鸭绿江口到济州岛的朝鲜西部沿岸海雾也较多。

4.1.8 降水

4.1.8.1 降水概念

地面从大气中获得的水汽凝结物，总称为降水，它包括两部分：一是大气中水汽直接在地面或地物表面及低空的凝结物，如霜、露、雾和雾凇，又称为水平降水；另一部分是由空中降落到地面上的水汽凝结物，如雨、雪、霰雹和雨凇等，又称为垂直降水。在我国，国家气象局地面观测规范规定，降水量仅指的是垂直降水，水平降水不作为降水量处理。

4.1.8.2 降水的成因

降水产生于云层中，但有云未必一定有降水。换言之，云层产生降水有一定的条件。通常云滴很小，下降速度很慢，空气的浮力或微弱的上升气流，便足以使云滴悬浮于空中；只有云滴增大到足以克服空气浮力的撑托和上升气流的抬升，同时在降落的过程中云滴不被蒸发耗尽，这样才能降落到地面。云滴增大主要通过两种过程，即凝结增长过程和冲并增长过程。

(1) 凝结增长过程

在云的发展过程中，如果空气继续不断地做上升绝热冷却，或有水汽不断地输入云层，使云层内水汽压大于云滴的饱和水汽压，空气中的水汽便会凝结到云滴上，使云滴增大，这个过程称为凝结增长过程。但当空气中水汽减少，云滴周围不能维持过饱和状态时，凝结增长过程便停止。一般云滴的凝结增长是有一定限度的，要使这种增长持续下去，云层内必须具有冰晶水滴共存、冷暖云滴共存或大小云滴共存中的一种，才能使云层内维持饱和水汽压差，水汽从饱和水汽压大的云滴转移到饱和水汽压小的云滴上，即所谓扩散转移过程。

凡是由低于0℃的过冷却水滴和冰晶混合而成，或由各种不同形状的冰晶组成的云体，称为冷云。反之，由高于0℃的水滴组成的云体，称为暖云。在冷云降水中，冰晶水滴共存的冰晶效应最为重要。一般在同温下，冰晶水滴的饱和水汽压差很大，最有利于云滴的增长。在暖云降水中，冷暖云滴或大小云滴共存，也可发生扩散转移的凝结过程，但是很难使云滴迅速增大到雨滴的尺度。因此，要使云滴增长成为雨滴，需要冲并过程。

(2) 冲并增长过程

云滴与云滴间碰撞合并增大的过程，称为冲并增长过程。冲并增长过程主要发生在两种情况下：一是乱流混合作用，因为在大气中，经常存在着各种大小不同尺度的涡动，增大了云滴相互碰撞的机会；二是重力冲并作用，因为云体内的云滴大小不一，下降速度不同，下降中较大云滴追捕小云滴而合并成大云滴。当有上升气流较强时，大小云滴均被抬升，小云滴上升速度快于大云滴，同样产生云滴碰撞合并。重力冲并是非常迅速的，在很短的时间内，可使半径为0.03mm的云滴增长成为几毫米的云滴。此外，云中水分子的不规则运动，云滴带有正负电荷，也可引起云滴的冲并。

云滴增长初期，以凝结为主，接着乱流冲并起着较大作用，最后重力冲并成为主要过程。事实上，凝结增长和冲并增长两种过程是同时进行的。

产生降水的主要过程有：

① 天气系统的发展，暖而湿的空气与冷空气交汇，促使暖湿空气被冷空气强迫抬升，或由暖湿空气沿锋面斜坡爬升。

② 夏日的地方性热力对流，使暖湿空气随强对流上升形成小型积雨云和雷阵雨。

③ 地形的起伏，使其迎风坡产生强迫抬升，但这是一个比较次要的因素。多数情况下，

它和前两种过程结合影响降水量的地理分布。

形成降水的条件有3个：一是要有充足的水汽；二是要使气块能够抬升并冷却凝结；三是要有较多的凝结核。影响降水的因素主要有：海陆位置、地形和大气环流。

4.1.8.3 降水强度

单位时间内的降水量，称为降水强度。通常取10min、1h或1d为时间单位。我国降水强度，内陆大于沿海；夏季最大，冬季最小。按降水强度的大小，将降水分为小雨、中雨、大雨、暴雨、大暴雨、特大暴雨；小雪、中雪、大雪。划分等级标准见表4-3。

表4-3 降水等级划分

雨量等级	24h降雨量(mm)	雪量等级	24h降雪量(mm)
小雨	≤10.0		
中雨	10.1～25.0	小雪	≤2.4
大雨	25.1～50.0	中雪	2.5～5.0
暴雨	50.1～100.0	大雪	>5.0
大暴雨	100.1～200.0		
特大暴雨	>200.0		

4.1.8.4 降水种类

根据降水性质、降水成因、降水体等可将降水分成以下种类：

(1) 按降水性质分

① 连续性降水：其特点是降水强度变化小，持续时间长，范围大。这种降水多降自雨层云和高层云。当静止锋或暖锋过境时，这种降水最典型。

② 间歇性降水：其特点是降水强度时大时小，时降时止，变化慢。这种降水多降自层积云或高层云。

③ 阵性降水：其特点是骤降骤止，天空云层剧变，降水强度大、时间短、范围小，主要降自积雨云。这种降水通常发生在热力对流旺盛或急行冷锋过境产生不稳定的天气条件下。

④ 毛毛状降水：其特点是雨滴或雪花的个体极小，降水量和降水强度都很小，持续时间可长可短。这种降水主要降自层云中。

(2) 按降水成因分

① 地形雨：因暖湿气流移动过程中受到地形阻碍被迫抬升，绝热冷却，在一定高度上水汽凝结而形成的降水，称为地形雨。高大山体的迎风坡常为多雨坡，而山的背风坡因气流下沉升温，加之水汽在迎风坡已形成降水而变得十分干燥。

② 对流雨：暖季白天，地面受热剧烈，引起近地空气产生强烈热对流，若空气湿度较大，就会形成积雨云而产生的降水，称为对流雨。因常伴有雷电现象，故又称为热雷雨。夏季午后常有发生，降水强度大、范围小、时间短。

③ 气旋雨：因气旋中心有强辐合上升气流，空气绝热冷却，水汽凝结而形成的降水，称为气旋雨。气旋雨范围广、时间较长，是我国主要降水之一，在各地降水量中占的比重都较大。

④ 锋面雨：因冷暖气团相遇，暖空气沿着交界面向上爬升发生绝热冷却，水汽凝结而形成的降水，称为锋面雨。锋面雨一般范围广、时间长，也是我国主要降水之一。

⑤ 台风雨：因台风活动而形成的降水，称为台风雨。台风是形成在热带洋面上的强大的

热带气旋。台风经过的地区，常伴随着狂风暴雨。台风活动频繁的地区，台风雨占该地年雨量比重就大，如海南省的琼山，台风雨约占年雨量的 1/3。

(3) 按降水体分

① 雨：从云层降落到地面的液态水。

② 雪：在冰晶和过冷却水滴并存的混合云中，水汽从水滴表面移向冰晶表面，在冰晶的六个棱角上凝华，形成各种雪花，降落到地面。当云下温度低于 0℃ 时，雪花离开云体后可以一直降落到地面；如果云下温度略高于 0℃，则在降落过程中部分雪花融化而可能出现雨夹雪；若云下温度较高，雪花在降落中全部融化成雨。

③ 霰：在冰晶、雪花、过冷却水滴共存的云中，水汽不断在冰晶上凝结，使冰晶均匀增大，形成白色不透明、疏松易碎、球状直径为 1 ～ 5mm 的小冰粒，即为霰。霰常见于降雪前，或伴随阵雨、阵雪同时降落到地面。

④ 雹：雹是从积雨云中降落到地面的固体水。它是由透明与不透明的冰层相间构成的，形状多为球状，体积大小不一，直径为 5 ～ 50mm，个别可达 100mm 以上，一般发生在初夏的午后。降雹时间短，很少超过半小时，范围窄，一般在 10 ～ 20km 以内，但破坏性很大，常给农业生产等造成严重的损失。

4.2 天气系统

天气系统(Motion systems) 是指在气压、风、温度、湿度等主要气象要素的空间分布上，具有一定结构特征并能产生一定天气的大气运动系统，如气团、锋、气旋、反气旋、高空槽脊、低空切变线等。天气变化是由天气系统所造成的，天气系统是各种天气现象的制造者和携带者，天气系统总是处在不断地发生、发展、移动、演变和消亡的过程中。天气的变化正是由于各种天气系统相互配合、不断变化所造成的，是大气中的各种动力过程和热力过程综合作用的结果。

4.2.1 气团

4.2.1.1 气团的概念

气团是指气象要素(主要指温度、湿度和大气静力稳定度) 在水平分布上比较均匀的大范围空气团。其水平范围从几百千米到几千千米，垂直范围可达几千米到十几千米。同一气团内的温度水平梯度一般为 1 ～ 2℃/100km，垂直稳定度及天气现象也都变化不大。

4.2.1.2 气团的变性

气团离开源地后，受到沿途下垫面性质的影响，基本属性不断改变。气团属性的变化和其改变过程统称为气团变性，这种属性改变的气团称为变性气团。气团变性的过程往往也是新气团形成的过程。气团变性的物理过程主要有四种：

(1) 辐射过程

大气和下垫面之间的辐射热的传递，是气团形成和变性的重要因子。在冰雪覆盖的下垫面上，由于雪面对太阳短波辐射的反射率大，雪面本身产生长波辐射的能力也很强，因而温度很低，通过辐射过程可使低层大气很快冷却。这种过程有利于北冰洋和极地气团的形成，特别是在极夜期间更是如此。

(2) 湍流热交换

较冷的气团移至暖和的地表之后，因贴地层受热而使低层大气不稳定，通过湍流热交换，将贴地层大气所得的热量，传递到较高层次，使气团变暖。如西伯利亚气团南移到暖洋面上后，这种过程对其变性起了很大的作用。

(3) 湍流输送水汽

气团里的水分主要由下垫面蒸发的水汽通过湍流输送而得。极地大陆气团移到热带洋面上，由于湍流传递热量和水分，逐步变为热带海洋气团。

(4) 大范围铅直运动

气团内部的大范围铅直运动，也可使气团变性。如在层结稳定的条件下，气团在绝热上升时冷却，下沉时变暖。冬季极地大陆气团向中、低纬度运动时，因气流辐散常伴有大规模下沉运动，很容易变暖。

实际的气团变性过程不是单一的，往往是几种过程同时发生并相互影响的，因此气团变性的问题很复杂。它是天气学研究中的重要问题。

中国境内的气团，多属变性气团。每逢冬季，常有伴随着冷高压的极地大陆(变性)气团侵入。为这种气团所控制的地区，天气大都干燥而寒冷。夏季时，极地大陆(变性)气团的势力较弱，只在长江以北和西北地区活动。夏季侵入长江以南的主要是湿而热的赤道气团和热带海洋气团。这两种气团的活动以及它们和极地大陆气团间锋面的强弱变化和移动，基本上决定了中国雨带的南北移动和降水分布。

4.2.1.3 气团的分类

为了分析气团的特性、分布、移动规律，常常对地球上的气团进行分类。分类的方法大多采用地理分类法和热力分类法。

(1) 地理分类法

地理分类法是根据气团源地的地理位置和下垫面性质进行分类。首先按源地的纬度位置把北(南)半球的气团分为四个基本类型，即冰洋(北极和南极)气团、极地(中纬度)气团、热带气团和赤道气团。再根据源地的海陆位置，把前三种基本类型又分为海洋型和大陆型。赤道气团源地主要是海洋，就不再区分海洋型和大陆型。这样，每个半球划分出 7 种气团(表 4-4)。地理分类法的优点是能够直接从气团源地了解气团的主要特征，但它不易区分相邻两个气团的属性，也无法表示气团离开源地后的属性变化。

表 4-4 气团的地理分类

名称	符号	主要天气特征	主要分布地区
冰洋(北极、南极)大陆气团	Ac	气温低、水汽少、气层非常稳定，冬季入侵大陆时会带来暴风雪天气	南极大陆、65°N以北冰雪覆盖的极地地区
冰洋(北极、南极)海洋气团	Am	性质与 Ac 相近，夏季从海洋获得热量和水汽	北极圈内海洋上、南极大陆周围海洋
极地(中纬度或温带)大陆气团	Pc	低温、干燥，天气晴朗，气团低层有逆温层，气层稳定，冬季多霜、雾	北半球中纬度大陆上的西伯利亚、蒙古、加拿大、阿拉斯加一带

续表 4-4

名称	符号	主要天气特征	主要分布地区
极地(中纬度或温带)海洋气团	Pm	夏季同Pc相近,冬季比Pc气温高,湿度大,可能会出现云和降水	主要在南半球中纬度海洋上,以及北太平洋、北大西洋中纬度洋面上
热带大陆气团	Tc	高温、干燥、晴朗少云,低层不稳定	北非、西南亚、澳大利亚和南美一部分的副热带沙漠区
热带海洋气团	Tm	低层温暖、潮湿,且不稳定,中层常有逆温层	副热带高压控制的海洋上
赤道气团	E	湿度不稳定,天气闷热,多雷暴	在南北纬 10° 之间的范围内

(2) 热力分类法

热力分类法是依据气团与流经地区下垫面间热力对比进行的分类。凡是气团温度高于流经地区下垫面温度的,称暖气团。相反,气团温度低于流经地区下垫面温度的,称冷气团。冷、暖气团是相对而言的,两者之间并没有绝对温度数值界限。日常天气分析中还常依据气团与相邻气团间的温度对比划分冷暖气团,温度相对高的称暖气团,温度相对低的称冷气团。

暖气团一般含有丰富的水汽,容易形成云雨天气。但是,当其移向冷区(高纬度)时,不仅会引起流经地区地面升温,而且气团低层不断失热而逐渐变冷,气团温度直减率减小,气团趋于稳定,有时甚至可能发展成逆温层,以至暖气团中热力对流不易发展,往往呈现出稳定性天气。如果暖气团中湍流作用较强,也可能形成层云、层积云,甚至毛毛雨、小雨等天气。

冷气团一般形成干冷天气。从源地移向暖区(低纬度)时,气团低层因不断吸热而增温,气团温度直减率趋向增大,层结稳定度减小,对流运动容易发展,可能发展成不稳定天气。如果冷气团来自海洋,水汽较多,可能出现积状云,产生阵性降水天气。冷暖气团的天气特征在不同季节、不同下垫面可能有所差别。例如夏季的暖气团,水汽含量丰富,被地形或外力抬升时,可以出现不稳定天气。冬季的冷气团不仅水汽含量少而且气层非常稳定,可能出现稳定性天气。同时,冷暖气团在不同纬度所产生的天气也不完全一样。

我国的大部分地区处于中纬度,冷暖气流交汇频繁,缺少气团形成的环流条件。同时,地表性质复杂,没有大范围均匀的下垫面作为气团源地。因而,活动在我国境内的气团,大多是从其他地区移来的变性气团,其中最主要的是极地大陆(变性)气团和热带海洋气团。

4.2.2 锋

4.2.2.1 锋的概念

锋是冷暖气团相交绥的地带。该地带冷暖空气异常活跃,常常形成广阔的云系和降水天气,有时还出现大风、降温和雷暴等剧烈天气现象。因此,锋是温带地区重要的天气系统。

锋由两种性质不同的气团相接触形成,由于气团占有三度空间,因而锋是三度空间的天气系统。其水平范围与气团水平尺度相当,长达几百千米到几千千米。水平宽度在近地面层一般为几十千米,窄的只有几千米,宽者也不过几百千米,但是到高空增宽,可达 200 ~ 400km,甚至更宽些。锋的宽度同气团宽度相比显得很狭窄,因而常把锋区看成是一个几何面，称为锋面。锋面与地面的交线称为锋线，锋面和锋线统称锋。锋向空间伸展的高度视气团的高度而有不同，凡伸展到对流层中上层者，称对流层锋，仅限于对流层低层（1.5km 以下）者，称近地面锋。

4.2.2.2　锋的特征

锋是冷暖气团间的过渡带，因而锋两侧的温度、湿度、稳定度以及风、云、气压等气象要素都有明显差异，故可以把锋看成是大气中气象要素的不连续面。

(1) 锋面坡度

锋在空间呈倾斜状态是锋的一个重要特征。锋面倾斜的程度，称锋面坡度。锋面坡度的形成和维持是地球偏转力作用的结果。见图 4-6，锋的一侧是冷气团，另一侧是暖气团，由于冷暖气团密度不同，在两气团间便产生了一个由冷气团指向暖气团的水平气压梯度力 G，这个力迫使冷气团呈楔形伸向暖气团下方，并力图把暖气团抬挤到它的上方，使两者分界面趋于水平。

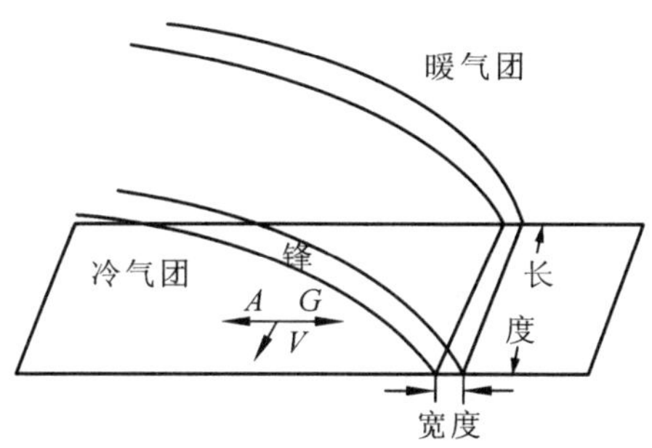

图 4-6　锋面坡度

然而，当水平气压梯度力开始作用时，地转偏向力 A 就随之起作用，并不断地改变着冷空气的运动方向，使其逐渐同锋线趋于平行。当地转偏向力和锋面气压梯度力达到平衡时，气流平行于锋面做地转运动，这时冷暖气团的分界面就不再向水平方向过渡而呈现出倾斜状态。当锋面保持稳定时，锋面与地平面的交角称锋面倾斜角 α，其简化的表达式为

$$\left.\begin{aligned}\tan\alpha &= \frac{f}{g}T_m\frac{\Delta V_g}{\Delta T}\\ \Delta T &= T_2 - T_1\\ T_m &= (T_1 + T_2)/2\\ \Delta V_g &= V_{g1} - V_{g2}\end{aligned}\right\}\tag{4-9}$$

式中　f—— 地转参数；

g—— 重力加速度；

T_2, T_1—— 暖冷气团气温；

V_{g1}, V_{g2}—— 冷暖气团平行于锋线的风速分量，表达式说明锋面坡度角的大小与 T_m 成正比。而当 $\Delta T = 0, \Delta V_g = 0, f = 0$ 时，$\alpha = 90°$ 或 $\alpha = 0°$，都不会有锋出现。

式(4-9) 中略去了摩擦力和加速度项，因而锋面两侧气流可以看作是地转的，锋面是定常的。但实际上，锋面往往是不定常的，这就说明表达式在理论上还是不完善的。但是表达式给出了锋面坡度与一些气象要素间的定量关系和锋面坡度的近似数值，仍有一定的实用

价值。

(2) 温度场

锋区的水平温度梯度比锋两侧的单一气团内的温度梯度大得多。锋附近区域内相距100km,气温差可达几度,有时达10℃左右,是气团内水平温度梯度的5～10倍,这是锋的又一重要特征。这一特征说明锋面是大气斜压性集中带,是大气位能的积蓄区。锋区温度场在天气图上表现为等温线非常密集,而且同锋面近于平行。由于锋面在空间呈倾斜状态,使得各等压面上的等温线密集区位置随高度升高不断向冷区一侧偏移。因而,高空锋区位于地面锋的冷空气一侧,锋伸展得愈高,锋区偏离地面锋线愈远,见图4-7。在锋区附近,因为锋的下部是冷气团,上部是暖气团,所以自下而上通过锋区时,出现气温随高度增加而升高的现象,称锋面逆温。如果锋面两侧冷暖气团的温差较小,锋区的温度垂直分布将表现出等温或微弱递减。图4-8所示的探空曲线,表明了三种不同的锋面逆温。逆温层的底部相当于锋面下界面,逆温层的上部相当于锋面的上界面。

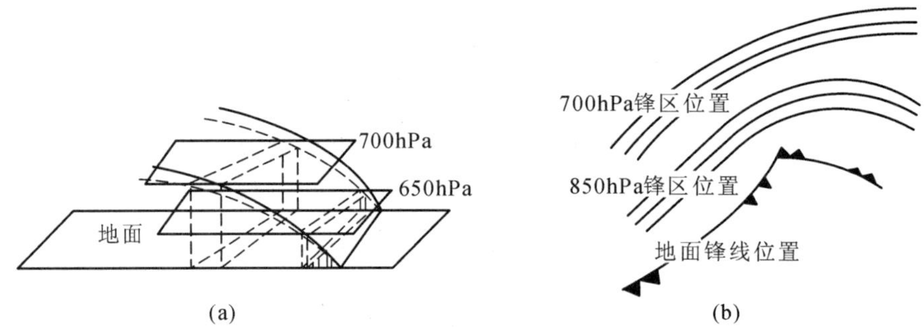

图4-7 空中等压面图上的锋区及其与地面锋线的相对位置

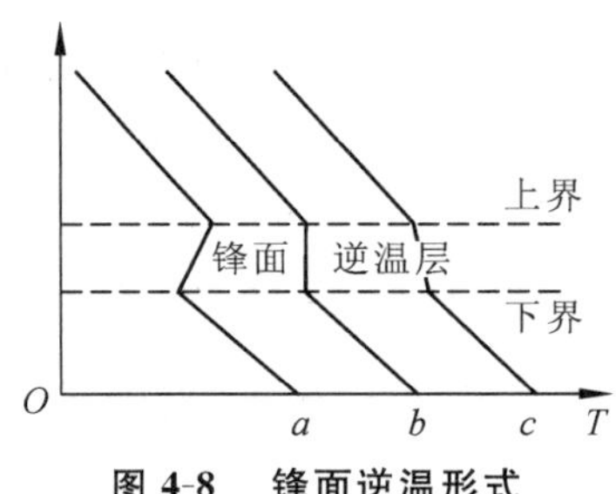

图4-8 锋面逆温形式

(3) 气压场

锋面两侧是密度不同的冷暖气团,因而锋两侧的气压倾向是不连续的,当等压线横穿锋面时便产生折角,折角尖端指向高压一方,锋落在低压槽中。图4-9中平面上的实线是无锋时暖气团内气压分布状况。其水平气压梯度为G_z,锋面形成后,由于锋面是倾斜的,锋下冷气团中的气压值沿AA'线逐点升高,a点由1000.0hPa升至1002.5hPa,b点由1000.0hPa升至1005.0hPa,c点未改变。结果造成等压线不能维持原来走向,而变成虚线所示的形状,在锋面处产生折角,折角指向高压,即锋处于低压槽中。图4-10所示是锋区常见的几种基本气压场和风场形式。上面三幅图是等压线与锋平行时的情况,锋处在低压槽中或相对低压槽(称隐槽,槽两侧水平气压梯度值不同,而方向相同)中,这时的锋呈准静止状态。下面三幅图是锋处的等压线呈V形槽时的情况,这种锋是移动型锋。

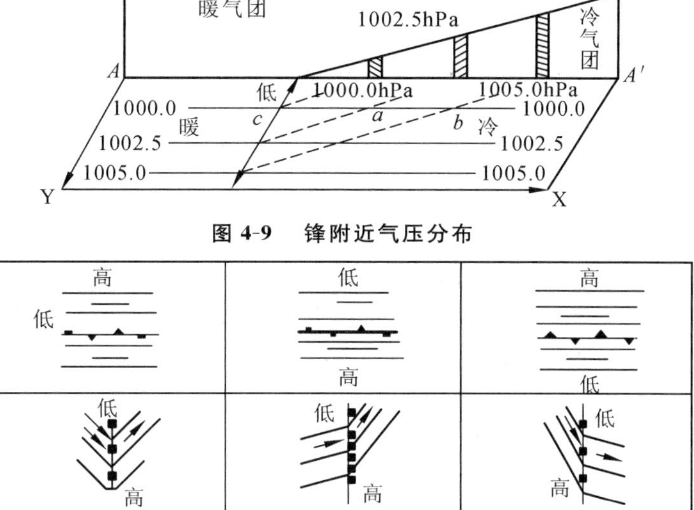

图 4-9 锋附近气压分布

图 4-10 锋附近的气压场(矢线表示地转风)

(4) 风场

锋附近的风场是同气压场相适应的。地面锋既然处于低压槽内,依据梯度风原理,锋线附近的风场应具有气旋性切变,尤其近地面层大气,由于摩擦作用,风向和风速的气旋性切变都很明显。如图 4-11 所示,当冷锋呈东北 — 西南走向时,锋前多为西南风,锋后多为西北风,表现出风向的气旋式切变。

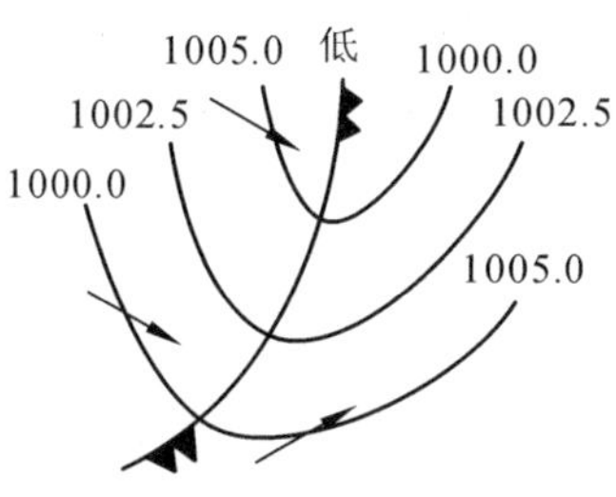

图 4-11 锋附近的风场

锋附近风随高度的变化状况视锋的性质而不同。一般而言,锋区是水平温度梯度很大的区域,通过锋面的热成风应该很大,即风的垂直切变很大。图 4-12 表明,在地面暖锋前面,锋上盛行暖平流,通过锋时,风随高度向右偏转。在地面冷锋后面,风随高度增加向左偏转。在静止锋情况下,风向少变或反转,风速显著加大。

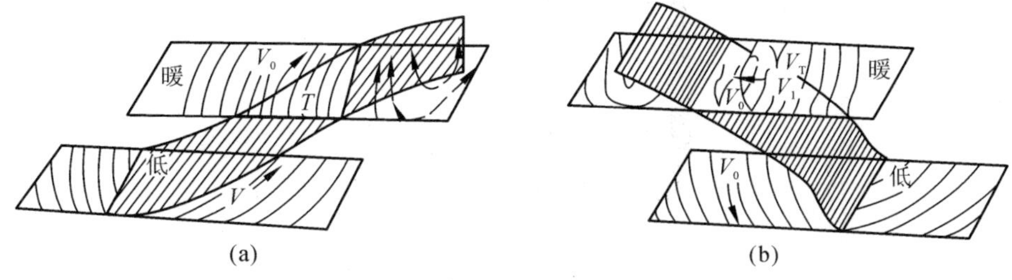

图 4-12 锋附近风随高度的变化

(a) 暖锋附近风随高度的变化;(b) 冷锋附近风随高度的变化

4.2.2.3　锋的类型和天气

(1) 锋的类型

根据锋两侧冷暖气团移动方向和结构状况，一般把锋分为冷锋、暖锋、准静止锋和锢囚锋四种类型。

冷锋是冷气团前缘的锋，是锋在移动过程中，锋后冷气团占主导地位，推动着锋面向暖气团一侧移动的锋。冷锋又因移动速度快慢不同，分为一型(慢速)冷锋和二型(快速)冷锋。暖锋是暖气团前缘的锋，是锋在移动过程中，锋后暖气团起主导作用，推动着锋面向冷气团一侧移动的锋。准静止锋是冷暖气团势力相当或有时冷气团占主导地位，有时暖气团占主导地位，锋面很少移动或处于来回摆动状态的锋。锢囚锋是当冷锋赶上暖锋，两锋间暖空气被抬离地面锢囚到高空，冷锋后的冷气团与暖锋前的冷气团相接触形成的锋。

(2) 锋面天气

锋面天气主要指锋附近的云系、降水、风、能见度等气象要素的分布和演变状况。而这些气象要素的分布和演变主要取决于锋面坡度大小、锋附近空气垂直运动状态、气团含水量和稳定度等因素。这些因素的不同组合状况构成了多种多样的锋面天气。这里介绍的各种锋面天气，都是典型模式。

① 暖锋天气

如图 4-13 所示，暖锋的坡度较小，在 1/150 左右。暖锋中暖气团在推挤冷气团过程中沿锋面缓慢向上滑行，滑行过程中绝热冷却，当升到凝结高度后在锋面上产生云系。如果暖空气滑行的高度足够，水汽又比较充足时，锋上常常出现广阔的、系统的层状云系。典型云系序列为：卷云(Ci)、卷层云(Cs)、高层云(As)、雨层云(Ns)。云层的厚度视暖空气上升的高度而异，一般可达几千米，厚者可到达对流层顶，而且距地面锋线愈近，云层愈厚。暖锋降水主要发生在雨层云内，多是连续性降水。降水宽度随锋面坡度大小而变化，降水宽度一般为 300～400km，暖锋云系有时因空气湿度和垂直速度分布不均匀而造成不连续，可能出现几千米甚至几百千米的无云空隙。

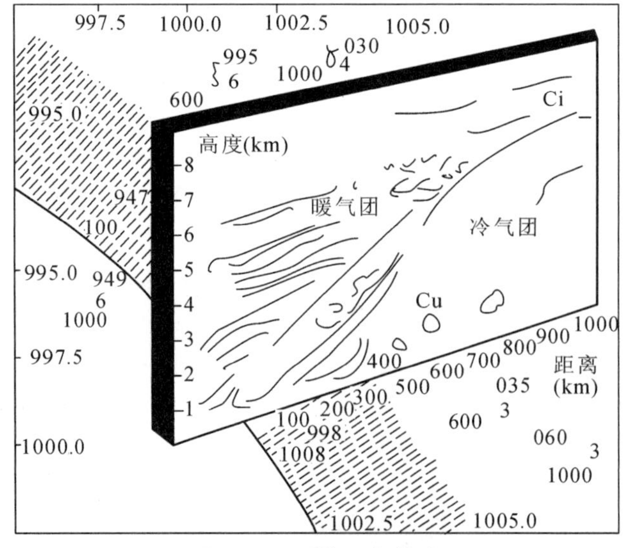

图 4-13　暖锋天气模式

暖锋下面的冷气团中，由于空气比较潮湿，在气流辐合和湍流作用下常产生层积云和积云，如果从锋上暖空气中降下的雨滴在冷气团中蒸发，使冷气团中水汽含量增多并达饱和时，经扰动会产生碎积云和碎层云。如果饱和凝结现象出现在锋线附近的地面层时，将形成锋面雾。

夏季暖空气不稳定时，可能出现积雨云、雷雨等阵性降水。春季暖气团中水汽含量较少时，可能仅仅出现一些高云，很少有降水。在我国，明显的暖锋出现得较少，大多伴随着气旋出现。春、秋季一般出现在江淮流域和东北地区，夏季多出现在黄河流域。

② 冷锋天气

冷锋根据移动速度的快慢分为两种类型，一型冷锋和二型冷锋。

一型冷锋（缓行冷锋）移动缓慢、锋面坡度较小（在 1/100 左右），其天气模式见图 4-14。当暖气团比较稳定、水汽比较充沛时，产生与暖锋相似的层状云系，只是云系的分布序列与暖锋相反，而且云系和雨区主要位于地面锋后。由于一型冷锋的锋面坡度大于暖锋的锋面坡度，因而云区和雨区都比暖锋的窄些，且多稳定性降水。但当锋前暖气团不稳定时，在地面锋线附近也常出现积雨云和雷阵雨天气。这类冷锋是影响中国天气的重要天气系统之一，一般由西北向东南移动。

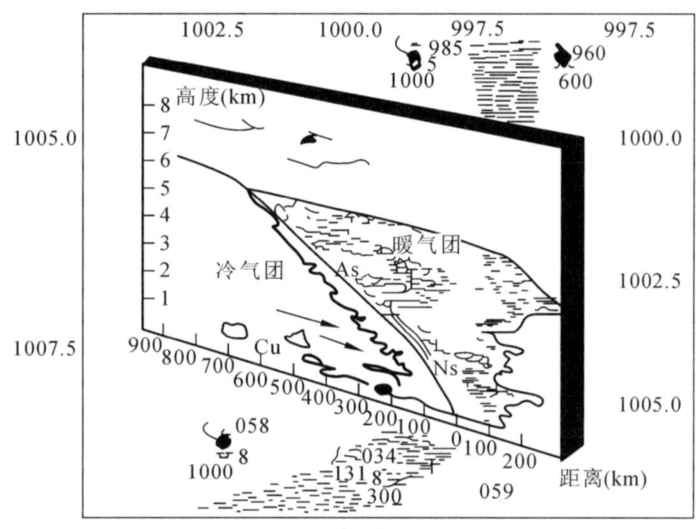

图 4-14 第一型冷锋天气模式

二型冷锋（急行冷锋）移动快、坡度大（1/80 ～ 1/40）。冷锋后的冷气团势力强、移速快，猛烈地冲击着暖空气，使暖空气急速上升，形成范围较窄、沿锋线排列很长的积状云带，产生对流性降水天气。夏季时，空气受热不均，对流旺盛，冷锋移来时常常狂风骤起、乌云满天、暴雨倾盆、雷电交加，气象要素发生剧变。但是，这种天气历时短暂，锋线过后气温急降，天气豁然开朗。在冬季，由于暖气团湿度较小、气温较低，不可能发展成强烈不稳定天气，只在锋前方出现卷云、卷层云、高层云、雨层云等云系。当水汽充足时，地面锋线附近可能有很厚、很低的云层和宽度不大的连续性降水。锋线一过，云消雨散，出现晴朗、大风、降温天气。这种冷锋在我国较少，春季见于长江流域，秋季见于黄河流域。

冷锋在我国活动范围甚广，几乎遍及全国，尤其在冬半年，北方地区更为常见，它是影响我国天气的重要天气系统。我国的冷锋大多从俄罗斯进入我国西北地区，然后南下。冬季时多二型冷锋，影响范围可达华南，但其移到长江流域和华南地区后，常常转变为一型冷锋或准静止锋。夏季时多一型冷锋，影响范围较小，一般只达黄河流域。

③ 准静止锋天气

准静止锋天气同暖锋天气类似，只是坡度比暖锋更小，沿锋面上滑的暖空气可以伸展到距锋线很远的地方，所以云区和降水区比暖锋更为宽广，降水强度比较小，但持续时间长，可能造成绵绵细雨连日不止的连阴天气。

准静止锋天气一般分为两类，一类是云系发展在锋上并有明显降水。例如我国华南准静止锋，大多由冷锋南下过程中冷气团削弱、暖气团增强演变而成，因而天气和第一型冷锋相似，只是锋面坡度更小、云雨区更宽，而且降水区不限于锋线地区，可以延伸到锋后很大范围内，降水强度较小，为连续性降水。由于准静止锋移动缓慢，并常常来回摆动，使阴雨天气持续时间长达 10 ～ 15d，甚至一个月以上，“清明时节雨纷纷”就是江南地区这种天气的写照。初夏，如果暖气团湿度增大、低层升温，气层可能呈现不稳定状态，锋上也可能形成积雨云和雷阵雨天气。另一类是主要云系发展在锋下，并无明显降水的准静止锋。例如昆明准静止锋，它是南下冷空气被山脉所阻而呈现准静止状态，锋上暖空气比较干燥而且滑升缓慢，产生不了大规模云系和降水，而锋下冷气团变性，含水汽较多，沿山坡滑升，再加上湍流、混合作用容易形成层积云或不厚的雨层云，并常伴有连续性降水。这类准静止锋主要出现在我国华南、西南和天山北侧，以冬半年为多，对这些地区及其附近天气影响很大。

④ 锢囚锋天气

锢囚锋是由两条移动着的锋合并而成的。所以它的天气仍保留着原来两条锋的天气特征，见图 4-15。如果锢囚锋是由两条具层状云系的冷暖锋合并而成，则锢囚锋的云系也呈现出层状，并近似对称地分布在锢囚点的两侧。当这种锋过境时，云层先由薄到厚，再由厚到薄。如果两锋锢囚时，一条锋是积状云，另一条是层状云，那么锋锢囚后积状云和层状云相连。锢囚锋降水不仅保留着原来锋段降水的特点，而且由于锢囚作用促使上升作用发展，暖空气被抬升到锢囚点以上，利于云层变厚、降水增强、降雨区扩大。在锢囚点以下的锋段，根据锋是暖式或冷式而出现相应的云系。由上可知，锢囚锋过境时，出现与原来锋面相联系但更加复杂的天气。

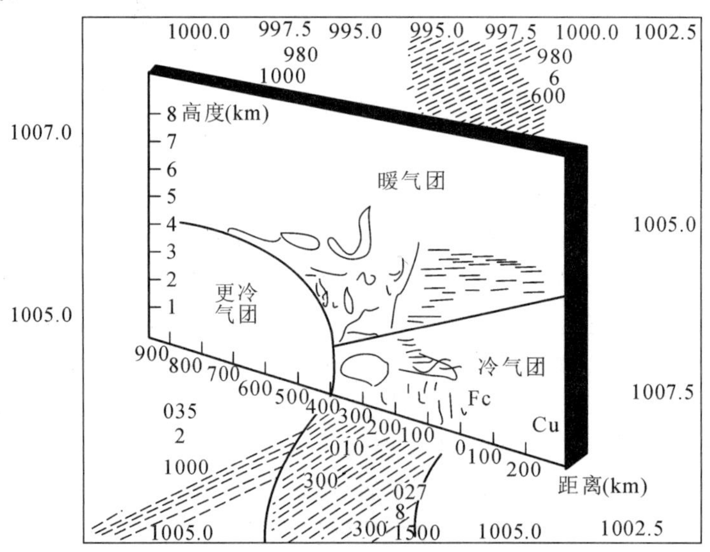

图 4-15 冷锋锢囚锋天气模式

在我国，锢囚锋主要出现在锋面活动较频繁的东北、华北地区，以春季较多。东北地区的锢囚锋大多由俄罗斯进入，多属冷式锢囚锋。华北锢囚锋多在本地生成，属暖式锢囚锋。冬半年在西北、华北、华东地区，还出现地形锢囚锋。

4.2.2.4 锋生和锋消

锋生指锋的生成或加强的过程，锋消指锋的消失或减弱的过程。当某些物理过程使空气的水平温度梯度沿着一条线附近迅速加大时，可以说这条线附近有锋生；反之，即为锋消。

按照运动学观点，水平运动、铅直运动和非绝热过程，都可造成锋生或锋消，其中尤以水平运动最为有效。有温湿特性不同的气流辐合时容易出现锋生；如果气流辐散则容易出现锋消。如图 4-16 所示的变形流场较有利于锋生，它不仅能使等温线沿流出轴密集，而且还能使等温线旋转，渐趋与流出轴平行。这种单纯的变形场，相当于气压场上十字形交叉对称排列的两个低压和两个高压之间的鞍形场。更有利于锋生的气压场，是两个低压槽都比较深的鞍形场，实际的锋生都在低压槽的槽线附近。

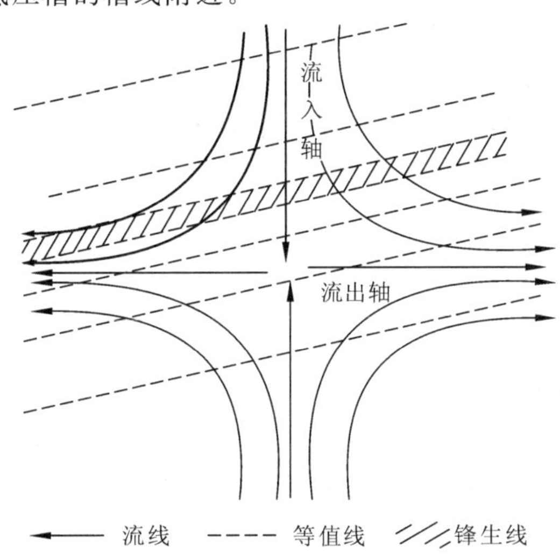

图 4-16 变形流场下的锋生过程

当水平变形场使等温线沿着流出轴密集时，水平温度梯度增大，这是由暖空气一侧升温，冷空气一侧降温造成的。在升温的地区，高层升压，低层降压；在降温的地区则相反。因此，在高层产生了附加的指向冷空气的气压梯度力，使空气由暖区流向冷区；反之，在低层则由冷区流向暖区，这使高层和低层的锋生进一步加强。同时，为了补偿，暖空气的一侧产生了上升运动，冷空气一侧则下沉，在锋面附近产生了铅直环流。这种环流使低层冷锋后部的风速加大，锋前暖湿气流的凝结过程加快，因此，锋生能使锋面附近的云雨天气加剧。在中层由于暖空气中水汽大量凝结而释放潜热，锋生也得到进一步加强。锋消的动力效应与之相反，因此锋消区云雨天气消散，天气转好。

4.2.3 气旋和反气旋

气旋和反气旋也是常见的天气系统，它的形成和移动对某一地区的天气影响很大。本节我们主要了解其基础知识及天气特征。

4.2.3.1 气旋

气旋是占有三维空间的，在同一高度上中心气压低于四周的大尺度涡旋。气旋又称低压,前者是按流场特征命名,后者是按气压场命名。气旋的范围是以地面天气图上最外围闭合等压线的直径来确定的。气旋的平均直径为1000km左右,大的可达2000 ~ 3000km,小的只有 100 ~ 200km。气旋的强度以其中心气压值表示,气压越低,其强度越大,地面气旋中心气压值一般在 970 ~ 1010hPa,发展特别强大的气旋可低于 935hPa,海洋上曾有的低到920hPa。若气旋中心气压随时间下降,称气旋"加深"或"发展";反之,称气旋"减弱"或"填塞"。

在北半球,气旋内部气流运动模式为:近地层气流围绕中心做逆时针旋转,由于摩擦作用,气流向中心辐合,中心气流由于周围气流的辐合作用而上升。因为绝热冷却,发生水汽凝结,形成云雨,所以气旋内部一般多阴雨天气。

按气旋形成地理位置的不同,可分为温带气旋和热带气旋。按其内部热力结构又可分为锋面气旋和无锋面气旋。

(1) 锋面气旋

锋面气旋是温带地区最常见的一类气旋,在我国主要发生在长江中下游及其以北区域。

锋面气旋形成的原因比较复杂,大多数情况下是在准静止锋或缓行冷锋上产生波动形成的,也有些属于冷锋进入热低压后暖锋锋生而成(如江淮气旋主要是以这种方式形成的)。当在地面锋带上出现第一根闭合等压线时,锋面气旋即告形成,锋面气旋从其开始形成到最后消亡大致可分为四个阶段:

① 初生阶段:从发生波动到绘出第一根闭合等压线为止称为初生阶段。此时,原锋面(准静止锋或入侵冷锋)上产生波动,冷空气南侵,暖空气向北扩展,形成冷暖锋结构,一般东部为暖锋,西部为冷锋,并出现相应的锋面天气。

② 发展阶段:冷暖锋进一步发展,气旋进一步加深,南侧暖区变窄,天气表现为云层变厚,雨区扩大,降水强度增强。

③ 锢囚阶段:冷锋赶上暖锋,形成锢囚,暖锋进一步变窄,暖空气被抬升,此时气旋达到全盛阶段,地面为锢囚锋天气。

④ 消亡阶段:暖区消失,暖空气被抬离地面,地面形成冷性涡旋,此时降水区域变宽,降水强度由强转弱并逐渐停止,随着冷空气的入侵以及气旋和地表的摩擦等热量交换,冷性涡旋逐渐填塞、减弱,最后消失。

由于锋面气旋处在盛行西风带内,所以它是有规律地自西向东移动的。当锋面气旋的前部(东部)经过时,常出现气压下降,温度升高,天气回暖,有阵雨或暴雨,多刮较大的偏南风;它的后部(西部)经过时,气压上升,温度下降,刮西北风或北风,多云、阴天或下雨、下雪。

以上是一个典型锋面气旋的发展过程,实际上,锋面气旋在发展过程中由于周围大气状态的差异,表现也不尽相同,有的气旋产生后很快消失,而有的锢囚后,在合适的条件下,仍可加强发展,特别是当其东移出海后,有了海洋上暖湿空气的补充而得到加强。

锋面气旋的产生往往并不是单一的,而是在一条锋面上先后产生数个气旋,称为气旋族,这些气旋互相影响,或消亡或合并,使锋面气旋变得更为复杂。

锋面气旋一般随着大气环流向东移动,一般移向阿留申群岛。气旋的移动速度与当时大气环流状况有关,为 15 ~ 100km/h,平均为 30 ~ 40km/h,春季移动较快,冬季较慢。我国的锋面气旋多产生在高原以东地区,自北向南出现的锋面气旋有:东北气旋、蒙古气旋、黄河气旋、江淮气旋和东海气旋。

(2) 无锋面气旋

有些气旋并不是在锋面上形成的，内部没有冷暖锋面，这类气旋属无锋面气旋，如热带气旋、地方性气旋等。

① 热带气旋

热带气旋是形成于热带海洋上，具有暖心结构、强烈的气旋性涡旋。它的来临往往带来狂风、暴雨和惊涛骇浪，具有极大的破坏力，严重威胁着人民的生命、财产安全，是一种灾害性天气。同时热带气旋也带来了充沛的雨水，有利于缓和或解除盛夏旱象，是热带地区最重要的天气系统。

热带气旋的强度有很大差异，按国际规定，热带气旋的名称和等级标准可分为：台风(飓风)、热带风暴、热带低气压。我国从 1989 年起开始采用国际规定。

② 地方性气旋

地方性气旋即局部地区由于下垫面性质的差异，导致其上的空气受热不均而形成的低压系统，多出现于夏季，冬季较少。当地表受到强烈的太阳辐射后，有些地方升温较快，其上的空气由于和下垫面的热量交换，温度比周围空气温度高，体积膨胀，空气密度减小，气压垂直梯度较小，因此地面气压降低，形成由四周向中心的气压梯度力，空气产生向心运动，在地转偏向力、离心力和地表摩擦力等的共同作用下，空气围绕中心做逆时针辐合，由此形成地面辐合、高空辐散、中心气流上升的热低压气旋。

地方性气旋一般尺度较小，内部上升气流较弱，当空气较潮湿时，会出现云雨天气，甚至可能出现雷暴。

4.2.3.2 反气旋

反气旋是占有三维空间的，在同一高度上中心气压高于四周气压的大尺度涡旋，从气压场角度看，就是高压系统。在北半球，反气旋内近地层空气沿顺时针方向由中心向外辐散，中心气流下沉，高空气流辐合。反气旋的尺度是以其地面最外围闭合等压线的直径表示的，一般反气旋尺度较大，发展强盛的反气旋可以覆盖直径几千千米的区域。也有一些反气旋尺度较小，但对大气环流形势影响巨大，如阻塞高压等。反气旋的强度一般用其中心气压值表示，中心气压值越高，其强度越大，一般在 1030 ～ 1040hPa，强时可达 1080hPa 以上。当反气旋中心气压随时间逐渐升高时，称为反气旋“发展”或“加强”，反之称为反气旋“减弱”或“填塞”。

反气旋内部，由于其中心气流下沉升温，因此一般为晴好天气，气温的日较差较大，冬季在冷性反气旋控制下，可出现霜冻，有时可形成辐射雾。

1) 副热带高压

由于大气环流，在南北半球的副热带地区，经常维持着沿纬圈分布的高压带，称为副热带高压带，简称副高。副高呈椭圆形，长轴大致同纬圈平行，是暖性动力系统。北半球的副高被大范围的陆地分隔，形成多个活动中心。它们主要分布在：北太平洋西部、北太平洋东部、北大西洋中部、北大西洋西部墨西哥湾、北非等地。由于副高占据广大空间，稳定少动，成为副热带地区最重要的天气系统。它的维持和活动对低纬度与中纬度地区间水汽、热量、能量、动量的输送和平衡起着重要作用，对低纬度环流和天气变化具有重大影响。这些副热带高压常年存在，只是强度和范围随季节的变化而变化。

影响我国的副热带高压主要是北太平洋高压的西部，即西太平洋高压脊。冬季，西太平洋副热带高压脊的强度减弱，范围缩小，退居海上，对我国影响不大；夏季，它北进西伸，与印度大陆的低压配合构成偏南气流，是我国中部和南部地区的主要水汽来源。高压脊的西部和西北部边缘与西风带锋区相邻，多气旋和锋面活动，一般水汽丰沛，上升运动强烈，故多阴雨天气。脊线附近有很强的辐散下沉气流，多晴朗少云、炎热的天气；脊线南侧为东风气流，常有台风、热带低压、东风波、热带辐合带等热带系统活动，常出现大雨甚至暴雨、大风、雷暴等强对流性天气。

气旋和反气旋是经常出现的对大气和环流影响巨大的天气系统，以上我们仅讨论了其一般特征和活动规律以及常见的类型。气旋或反气旋是大气环流的一部分，它的生成、移动、强弱的变化都是与整个大气环流密切相关的，是地表及大气层对太阳辐射的反映，因此，应综合分析、判断，才能正确预测其对未来天气的影响。

气旋是同一高度中心气压低于四周的、占有三度空间的大尺度涡旋。在北半球，气旋范围内的空气做逆时针旋转，在南半球其旋转方向为顺时针。从气压场的角度看，气旋又是低气压，因而又称为“低压”。反之，同一高度上中心气压高于四周的大尺度涡旋叫反气旋。

气旋、反气旋的强度一般用其中心气压值来表示。气旋中心气压值越低，气旋越强，反之越弱；反气旋中心气压值越高，反气旋越强。

地面气旋的中心气压值一般在 970 ～ 1010hPa 之间。地面反气旋的中心气压值一般在 1020 ～ 1030hPa 之间。就平均情况而言，温带气旋与反气旋的强度随季节有所变化，一般冬季比夏季强。海上温带气旋比陆地强，陆地的气旋则比海上强，这与海陆的热力作用不同有关。

2）气旋、反气旋的分类

（1）气旋的分类

根据气旋形成和活动的主要地理区域，它可分为温带气旋和热带气旋两大类；按其热力结构可分为锋面气旋和无锋面气旋。气旋中有锋面的气旋叫锋面气旋，锋面气旋的温压场是不对称的，移动性大，而且是带来云和降水的主要天气系统，是本节讨论的重点所在。无锋面气旋又可分为两类：

① 热带气旋：发生在热带海洋上的强烈的气旋性涡旋，当其风力达到一定程度时，称为台风或飓风；

② 地方性气旋：由于地形作用或下垫面加热作用而产生的地形低压或热低压，这类气旋基本上不移动，一般不会带来云雨天气。

（2）反气旋的分类

根据其形成和活动的主要地理区域分为极地反气旋、温带反气旋和副热带反气旋；按其热力结构可分为冷性反气旋和暖性反气旋。

活动于中高纬度大陆近地面层的反气旋多属冷性反气旋，习惯上又称冷高压。冬半年强大的冷高压南下，可造成 24h 内降温超过 10℃ 的寒潮天气。

出现在副热带地区的副热带高压多属暖性反气旋。副热带高压较少移动，但有季节性的南北位移和中短期的东西进退。

3）温带气旋的源地

温带气旋的源地并不是均匀地分布在温带地区。如果以在一定面积中气旋生成的频数来统计，可以发现气旋发生频数在水平空间上有明显的极大值与极小值分布，图 4-17 给出了 1 月和 7 月北半球地面气旋发生频率的分布及主要路径。

从图 4-17 中可以看出在北半球气旋源地大致有如下几个特点：

①1 月和 7 月北太平洋和北大西洋有两个气旋最大频率中心，这就是半永久的阿留申低压和冰岛低压所在地。亚洲、北美大陆北部及沿海的气旋分别向这两个频率中心移动。比较图中 1 月与 7 月的情况可以看到冬季气旋发生频率明显高于夏季，同时东亚气旋路径夏季比冬季偏北。

② 气旋的源地分布基本上与纬圈平行，在洋面上，特别在太平洋上，纬圈向的气旋源地尤其明显。

③ 巨大山地的背风坡一侧及其以东地区易发生气旋。北美的落基山、阿巴拉契亚山，北欧的斯堪的纳维亚山脉，亚洲青藏高原的东面，都是气旋主要的发生地。

④ 海湾以及内陆湖泊，在冬季温度较高，很容易有气旋生成。地中海中的意大利半岛的两侧，黑海、里海、北美的五大湖区等都是著名的气旋源地。

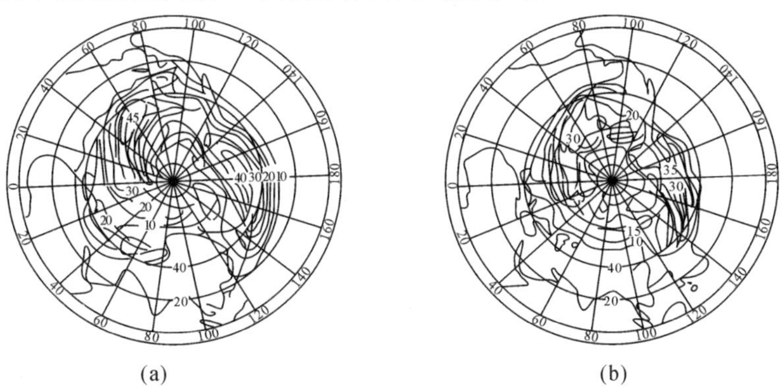

(a) (b)

图 4-17 北半球地面气旋发生频率的分布及主要路径

(a)1 月；(b)7 月

对东亚气旋发生情况的统计表明，无论冬夏，东亚气旋在 30°～35°N 和 45°～50°N 两个地带中生成的频数最多，而这两个地带中前者与长江淮河流域的纬度相当，称南方气旋。后者则相当于我国的北部边疆，称为北方气旋。夏半年北方气旋发生的频数比冬半年多；而南方气旋则是冬半年发生的频数多于夏半年。冬半年这两个地带中气旋发生的百分比接近，而夏半年北方气旋发生的百分比明显比南方气旋大得多。这种南北、冬夏气旋发生频数的不同与行锋区由冬季到夏季，从南到北的移动有着密切的关系。

另外，在太行山背风侧的华北平原，日本海和巴尔喀什湖附近是气旋发生频数较多的地区。而 110°E 以西、40°N 以南，由于青藏高原的存在，大部分地区并无气旋发生。这是因为当对流层中下层西风经过青藏高原时，分为两支，北支在 40°N 以北甘肃一带形成高压或贝加尔湖高压脊。南支西风经高原南侧形成孟加拉湾低槽，槽前西南气流向北侵袭我国。两支气流在 110°E 以东汇合，四川盆地成为高原东侧的“死水区”，故这一带没有地面气旋生成。但在南支气流的北侧，我国的西南地区，低层常形成一个个低涡，即西南涡，西南涡东移到 110°E 以东时，成为诱导地面气旋生成的一个重要原因。对流层低层、高原北边缘有时接连出现由西往东偏南方向移动的闭合小高压，其直径约为几百到一千千米。通常把这种高压称为兰州高压。这些高压是形成江淮切变线的天气系统之一。江淮切变线经常伴有地面静止锋，在条件合适时亦可能有地面气旋波生成。

4）温带气旋的经典模型

如图 4-18 所示是 J. Bjerknes 提出并经他和 Solberg 稍加修改过的气旋基本模式，其突出特点是温带气旋形成于一条锋面上，在这里相邻两气团之间绝大部分温度对比集中，形成一条狭窄的过渡层，按天气图尺度来看，实际上相当于一条温度或密度的不连续线。

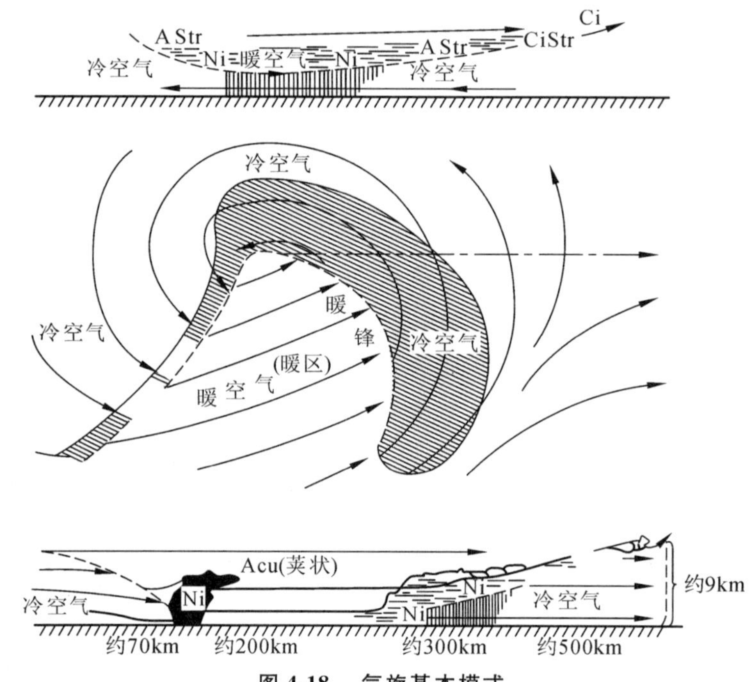

图 4-18 气旋基本模式

如图 4-18 所示的气旋模式中，气旋表现为波状，“暖区”介于暖锋和冷锋之间，根据对云和降水的观测，J. Bjerknes 和 Solberg 发现，暖锋云系与倾斜的锋面有密切的关系，两者相结合的方式见图 4-16 中的剖面图。在暖锋上面，暖湿空气沿着倾斜的锋面爬升，并形成大片云层。在冷锋上空，高层冷空气比低层锋面移动快，从剖面图上看，空气有沿锋面向下运动的分量，结果锋面过境后不久，天空转晴。但地面冷锋处或地面冷锋前不远处，由于锋面对低层湿空气的抬升，而形成一条狭窄的降水带。

图 4-18 仅仅描述了温带气旋在其发展中期某个时刻的结构，实际大气中气旋的发生发展要有一个从生成到消亡的生命史过程，挪威学派的经典概念模式认为在气旋发生阶段，可以把它看成是具有气旋性切变的准静止锋上的一个小扰动，见图 4-19(a) 和图 4-19(b)。

初始小扰动一旦发生，暖空气稍稍上升到冷空气上面，波峰附近的气压就开始下降。在初始扰动发生以后，气压分布有利于在波峰附近形成一个气旋环流。这种环流的一个重要特点[图 4-19(c)]是在波峰后面有一个从冷空气吹向暖空气的分量，而在波峰前面有一个从暖空气吹向冷空气的分量。冷锋向前行进和暖锋向后撤退，使整个锋面波大致沿着摩擦层以上的暖区气流方向前进。随着初始扰动的振幅逐渐增大及气旋中心的气压不断降低，周围的环流增强，而且可以看到冷锋一般比暖锋移动得更快。最后冷锋追上暖锋，暖空气完全从地面抬升到高空。这个过程称为“锢囚”，所形成的锋称为锢囚锋[图 4-19(d)]。在锢囚锋的两边，冷气团性质有所不同。气旋发展到下一个阶段时[图 4-19(e)]，冷锋追上暖锋的地方(即锢囚锋）离气旋中心越来越远，锢囚的范围扩大，气旋的范围也变大，并转变成对流层下部的一个大冷涡，但暖空气仍然在其上空。最后，气旋大体上成为一个正压涡旋，这时它丧失了锋的特性，并且由于摩擦作用，气旋逐渐消散，整个过程完结。

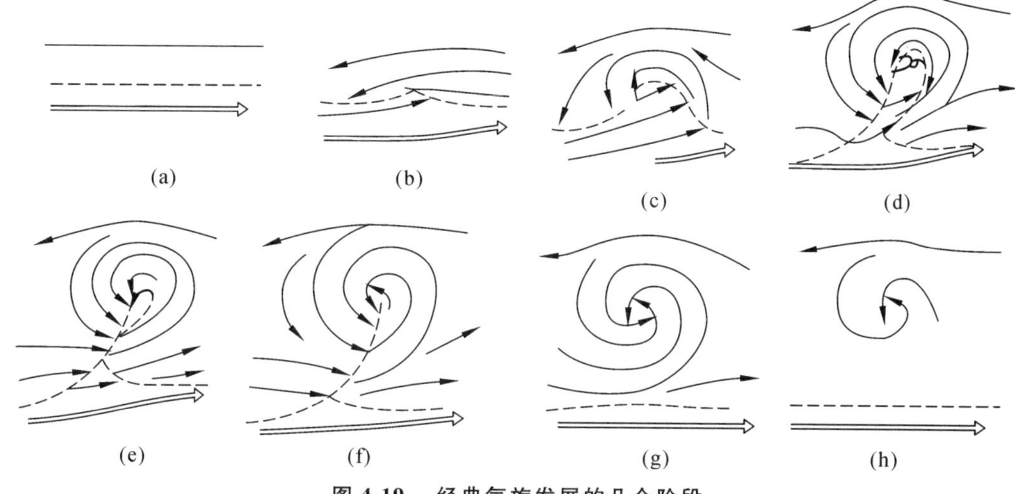

图 4-19 经典气旋发展的几个阶段

(a)，(b) 初生阶段；(c)，(d) 快速发展阶段；(e)，(f) 乘数阶段；(g)，(h) 衰亡阶段

这个概念模型的一个基本特点，在于它说明了在气旋发生发展过程中能量的转换问题。在锢囚过程期间，最初范围很大的暖空气区域逐渐减小，并被入侵的冷空气所替代。在气旋中心附近，整个大气的中心降低了，所以位能减小，但同时气旋系统的动能却增加了。J. Bjerknes 和 Solberg 认为这种能量转换作用适合于气旋发生的过程。他们说，只有存在一定气团温度对比（锋面）的条件下，气旋的动能才能增加，在气旋达到完全锢囚的最后阶段，气旋便不再发展，这是由于气旋中心附近气团温度对比已经减弱，没有了有效位能的缘故。在这个阶段所有的暖空气都已经被抬升上去了，冷空气下沉并在低层扩展到气旋所占的整个区域。由于我们不能把气旋完全看作一个动力学和热力学的闭合系统，所以气旋在实际发展中的能量过程要复杂得多。

5）锋面气旋天气

锋面气旋天气可以看成是以气旋的空气运动特征为背景的气团天气与锋面天气的综合。

锋面气旋在对流层的中下层主要是辐合上升气流占优势，因此对应着云雨天气。但由于上升气流的强度和锋面结构的不同，以及组成气旋的冷暖空气随季节和地区的差异，锋面气旋在不同的发展阶段会有很大的差异。要给出锋面气旋在各种情况下的具体天气特征，确实是很难做到的。流型基本相同的天气系统可能有差异很大的天气分布。

在实际工作中，人们往往通过概念模型把云、降水分布与各种环流系统联系起来，为预报提供一个大致轮廓，在此基础上再结合具体因素，如考虑地形的影响、下垫面的特征、季节的变化、气团的稳定性、水汽的多少等，加以修正。下面是锋面气旋在不同发展阶段的天气特点（图 4-20）：

① 初生阶段

在锋面气旋的初生阶段，其强度一般较弱，上升运动不强，云和降水等天气区域不大。在暖锋前会形成云雨和连续性降水，能见度低。云层厚的地方在气旋波峰附近。当大气层结不稳定时，暖锋上还可以出现阵性降水。在冷锋后，云和降水带通常比暖锋要窄一些。

② 发展阶段

在锋面气旋发展阶段，气旋区域内的风速普遍增大，气旋前部有暖锋天气特征，云系向前伸展很远，靠近气旋中心处云区最宽；离中心越远，云区越窄。气旋后部具有冷锋后冷气团的天气特征。但夏季冷气团中常有对流云发生。靠近气旋中心的一段冷锋移动较快，锋前及地面锋线附近为对流云及阵性降水。远离气旋中心的一段冷锋一般处于高空槽后，移动缓慢，锋后云雨区较宽。在气旋的暖区部分，其天气特点主要取决于暖区气团的性质：如果是热带大陆气团控制，由于空气干燥，一般无降水，最多只有一些薄的云层；如果是热带海洋气团控制，水汽充沛，则在层结稳定时出现层云或雾，层结不稳定时易有对流性天气发展。在发展强的气旋中，暖区可出现偏南大风，冷锋后的冷区则可能出现西北大风，在干燥季节，伴随大风会出现风沙，能见度变低。

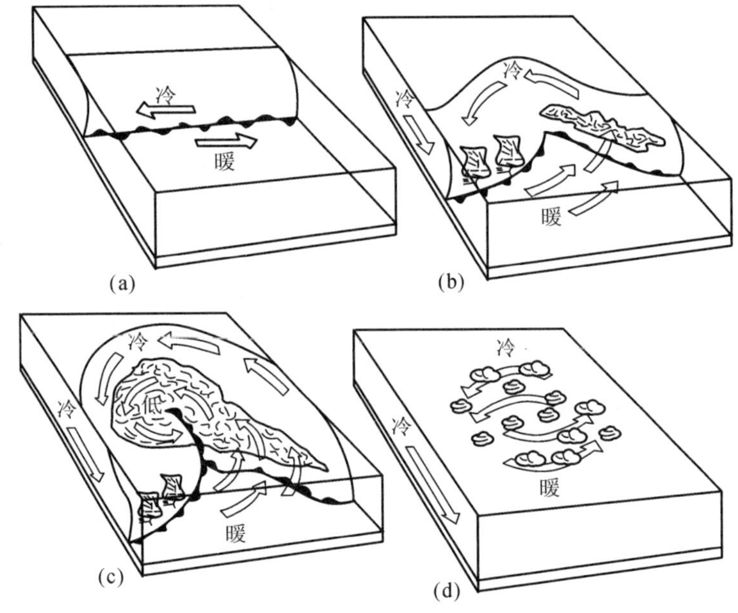

图 4-20 气旋在不同发展阶段的天气特点

(a) 产生气旋的静止锋；(b) 发展阶段；(c) 锢囚阶段；(d) 消亡阶段

③ 锢囚阶段

当锋面气旋发展到锢囚阶段时，地面风速很大，辐合上升气流加强，在水汽充沛时，云和降水范围扩大，降水强度加强，云系比较对称地分布在锢囚锋两侧。

④ 衰亡阶段

当气旋进入衰亡阶段后，云和降水开始减弱，云底抬高。而后，随着气旋趋于减弱、消失，云和降水也随着逐渐消失。

以上讨论的仅是气旋天气的大尺度特征。20 世纪 60 年代以来，随着雷达、卫星观测的增多，人们发现气旋天气远不是那么简单，其中最明显的特征是云和降水具有中尺度结构，降水呈多带分布。Hobbs等根据处于气旋不同部位的特征,把雨带分为六类:暖锋雨带;暖区雨带;宽冷锋雨带;窄冷锋雨带;锋前冷雨带;锋后雨带。

4.3 对船舶航行产生影响的主要气象要素

4.3.1 风对船舶航行的影响

风是影响水上航行最重要的因素之一。在海上运输中首先要确定最佳航线,利用航行过程中的海洋水文气象条件,选择航时最短的航线,最大限度地减少避风、抛锚的时间,以及航行中抗风、抗浪的机耗等,实现安全航行,提高经济效益。风力和风向对内河航运都有影响,当风力增大到 6 ～ 7 级时,容易出现沉船事故,如遇突发性的雷雨大风,更易发生恶性事故。在航线方向上,当风向侧吹,风力大于或等于 5 级时就会使船舱进水,容易导致翻船。

船舶进入大风浪区域航行时,将出现较剧烈的摇摆、降速,航向不稳定,以及由此引发的其他操纵方面的困难,甚至出现难以预料的危险。

大风带来的涌浪会增加船舶的航行阻力,降低航速,使船舶产生剧烈摇摆。顶浪航行时,由于缩短了涌浪与船舶的撞击周期,涌浪的碰撞次数增多,撞击程度加剧,增大了对船体的危害。船长小于涌浪波长时,剧烈的纵摇会使螺旋桨露出水面空转,使船舶尾部受到强烈震动,有时会造成桨叶脱落、尾轴断裂,甚至尾壳破裂进水;船长与涌浪波长相近时,船舶有可能同时受到一个或两个波峰的作用,发生中拱或中垂现象,使船体结构变形,受到严重损伤,甚至船体断裂。顺浪航行时,如果船速低于波速而船舶又位于波谷中,则涌浪会冲击、淹没船尾,螺旋桨和尾轴会受到损害;如果船速与波速相近而船舶又位于涌浪前部斜面或波谷中,船舶易发生偏转,使船体横对风浪,而造成船体倾斜,甲板大量上浪,对航行安全极为不利。

垂直于涌浪传播方向航行时,将产生横摇,在船舶尚未恢复正常状态时袭来的巨浪会加剧船体的倾斜,会使救生艇、救生筏、救生圈、锚及其他甲板易动物发生绑扎松动、脱开的情况,严重时会掉落海中;货舱内货物移动,将加重船舶倾斜。自由液面影响加大会使其稳性(GM) 值下降,严重时有导致船舶倾覆的危险。

由于波涛的阻力使船舶的主机工作超负荷而降速,机电设备负荷大,航海仪器、通信设备及其他设备有可能受到损坏和出现不正常状况。船舶在大风浪中航行时,左右摇晃常达单舷二十多度甚至三十多度,前后颠簸剧烈,机电设备负荷大,特别在压载航行时,船舶吃水浅,容易飞车,易发生故障。这不仅给船舶操纵带来困难,严重时船舶还会发生主机失控状况,导致船舶发生碰撞、搁浅、触礁。

甲板上浪严重,加上长期浪击的剧烈震荡,甲板机械,如锚机、绞缆机、起货机等受甲板上浪的冲击力易受损;甲板上未加固好的设备会被浪冲走,有些水密道门盖被打坏,船舶局部进水。在寒冷的海区,甲板上裸露的油水管系易冻裂,压载水管系、压载水舱易结冰,排放水困难;甲板上浪、结冰、积雪,增加船舶的载重,对重载船的稳定性产生不利影响。

4.3.2 降水对船舶航行的影响

对水上交通而言,降雨能使能见度明显下降,在低能见度中航行的船舶容易发生碰撞。内河航运中,雨季货物装卸困难,缩短了船舶利用周期;雨天甲板湿滑,容易出现落水事故;

有些货物受潮后损船，如散装黄豆、玉米等粮食膨胀后挤破船舱沉入水中。强降水使河水突涨，改变水流速度和方向，致使船舶操作失灵，引发事故或使船舶航行困难，甚至造成断航及船只走锚。2007 年 6 月 23 日 18 时 40 分左右，上海遭遇入梅以来的首场暴风雨，一艘"上海纺"客轮在黄浦江不慎与一艘疑为逆向行驶的货船发生碰撞事故，导致至少包括 11 名外籍游客在内的 23 人受伤，事故不能排除能见度下降的原因。2007 年 7 月 15 日，湖北省麻城市举水河上游突降暴雨，河水暴涨，河内一挖沙船走锚漂向下游，撞上宋铁大桥后和桥"咬"在了一起。

降雪和冰冻也会直接造成航行视程障碍，结冰使甲板打滑，增加了船员发生落水事故的风险。江河以及冰面的封冻、解冻和冰层的厚度也与船舶的安全航行有着密切的关系。河流结冰，产生流动冰块，不仅使船体遭受损坏，而且冰流产生比水流更大的力量，使船舶航行或锚固产生困难。严重的结冰或浮冰甚至会使船舶被浮水所困，难以动弹。每到年底、年初隆冬季节，海河河面都会冻结成厚薄不一的冰层，船舶在其中航行艰难，严重时港口全部封冻，给港口城市的经济造成了负面影响。20 世纪 50 年代，英国船舶研究协会(BSPA) 就结冰现象对拖网渔船稳性进行了船模试验，试验表明渔船在寒冷季节作业时，结冰对渔船稳性的影响不容忽视。

4.3.3　能见度对船舶航行的影响

能见度不良是指由于受雾瘴、下雪、暴雨、风沙等影响而使视距受到限制或因光照度差使夜间航行程度降低。由于视线较差，航行条件恶化，易使航行船舶迷航而造成事故。故航行船舶应做到以下要点：

4.3.3.1　能见度不良时航行前的准备

① 船舶应及时抄收天气预报、气象传真、航海警告和雾航警报。雾航前，船长和驾驶员应充分掌握雾情资料、航区特点、潮流情况、通航密度和选用合适的定位方法等。

② 雾航前，船长应督促驾驶人员对各种航行仪器、雾号和航行灯号进行检查，以确保雾航中正常使用，督促有关人员检查排水和水密设备，使之处于良好状态。

③ 为确保船舶雾航安全，当出现视线恶劣、渔船密集、避让困难、航道复杂及其他特殊情况导致船长对航行安全无把握时，在条件许可的情况下，船长有权择地锚泊或滞航，切勿盲目航行。

④ 一般认为能见度在 5n mile 左右时，即认为能见度不良，应处于雾航的戒备状态，并做好一切雾航准备，驾驶员应立即报告船长并通知机舱，开启雷达，按规定鸣放雾号，注意收听 VHF CH16/70 频道和加强瞭望等。

⑤ 当能见度小于 3n mile 时，即认为能见度严重不良，值班驾驶员应立即叫船长上驾驶台，不得以任何理由迟叫或不叫。通知机舱备车，将雷达调整到最佳工作状态，并正确使用，进行雷达标绘、系统观测。不论白天、夜间必须开启航行灯。

4.3.3.2　能见度不良时航行中的注意事项

① 利用一切有效的手段保持正规瞭望，及时判断碰撞危险，要做到防患于未然，对新的碰撞态势能及时做出识别和预测；不仅要用视觉、听觉、望远镜、雷达、VHF、船舶自动识别系统(AIS) 获取周围船舶碰撞危险信息，还要利用一切可定位手段时刻掌握本船船位、船速，以便时刻掌握在当时的通航环境下，本船为避免碰撞危险所采取措施的回旋余地及核查

本船是否保持安全航速。

② 雾中航行在有会遇船舶的海域(如沿海、峡水道、港区等)时一定要派人员瞭头。配备一名专职的雷达观察员(通常由值班驾驶员担任)保持连续的系统观测,并尽可能缩短进入海图室作业时间。用避碰雷达(ARPA)认真观察最小会遇距离(DCPA)和最小会遇时间(TCPA),根据距离和时间概念,及时、准确地把握时机采取避让行动。

③ 正确地使用各种助航仪器。要掌握各种仪器的局限性、使用特点。用雷达和ARPA,应正确变换量程,必须远近距离挡交替使用,如阴影扇区或盲区较大应两部雷达交替使用,并调整增益,以便发现微弱目标及正确识别真假回波。雾中使用VHF联系和AIS发送避让信息一定要早,避免由于慌乱造成沟通失误或耽误避让时机(使用AIS时要注意有他船关闭或未使用的情况)。保持与港口VTS的联系,必要时得到VTS的及时支持。

④ 雾中航行必须连续收听VHF CH16/70频道,并使用VHF CH16/70频道在通话空隙中发布本船雾航警报。雾航警报用中、英文交替发出,力求简明。内容包括:船名、时间、船位、航向、航速和意向,应提醒过往船舶注意,并充分利用AIS相关功能获取来船的行动要素,以便协调避让。

⑤ 能见度严重不良时,船长应坚持在驾驶台值守。值班驾驶员应将船位、四周环境和已采取的措施及时报告船长。船长应研究核实雾航安全措施的实施情况。督促值班驾驶员认真瞭望,勤测船位。

⑥ 雾中航行,严禁使用自动舵。雾航应备车航行,机舱接到备车航行通知时,值班轮机员应立即报告轮机长,轮机长应下机舱检查核实机舱操纵的一切准备,并严格执行驾驶台的备车、用车命令。

⑦ 每一船舶在任何时候均应使用安全航速行驶,以便能采取适当而有效的避碰行动,并能在适合当时环境和情况的距离内把船停住。雾中两船相遇,有碰撞危险时,无直航船、让路船之分,两船均应及早采取避免碰撞的行动。

⑧ 正确断定碰撞危险。在能见度不良时,要求船舶仅凭雷达测到他船时应能断定是否正在形成紧迫局面和(或)存在着碰撞危险。驾驶人员要对雷达设备予以正确使用,以便获得碰撞危险的早期警报,并要求进行雷达标绘或与其相当的系统观察。不应当根据不充分的资料做出推断。

⑨ 在能见度不良时,通常认为大海上紧迫局面开始适用时的两船间距离,在正横以前的任何方向上至少2n mile。因为2n mile距离是大型船舶的号笛在宁静空气条件下典型的可听距离。在断定是否正在形成紧迫局面时,有时建议最近距离为3n mile,因为在用雷达观测时还应当允许有误差存在,特别是在远距离挡。

⑩《1972年国际海上避碰规则》要求在任何能见度条件下,避让行动都应及早采取。在能见度不良时,通常需要更早采取行动,以避免形成紧迫局面。但船舶对局面还没有做充分估计之前,不应当盲目采取行动。采取避让行动,要遵循早、大、宽、清的原则,避免形成紧迫局面。同时要注意本船采取避让行动以后是否与他船形成另一紧迫局面,驾驶员应提前做出判断和预测。

⑪ 坚持早、大、宽、清的避让原则,在环境条件允许的情况下,一定要做到不论当时船舶的态势如何,要尽可能做到及早发现来船,为观察和分析局面、采取避让行动留有充分的时间和余地,以便从容处理各种不确定因素引起的突发情况。驾驶员要掌握船舶操纵特性,弄

清船舶运动规律，对船舶的冲程、旋回圈、变速时间、转向响应快慢等特性和规律进行合理运用，应急处置时注意运用良好的船艺。

⑫ 在遵照《1972年国际海上避碰规则》第十九条时应及早采取避让行动，这种行动如包括转向，则应尽可能避免。除对被越船外，对正横前的船舶采取向左转向；对正横或正横后的船舶采取朝着它转向。除已断定不存在碰撞危险外，每一船舶当听到他船的雾号在本船正横以前，或者与正横以前的他船不能避免紧迫局面时，应将航速减到能维持其航向的最小速度。必要时，应把船完全停住，而且，无论如何，应极其谨慎地驾驶，直到碰撞危险过去为止。

4.4 对船舶航行产生影响的主要天气现象

4.4.1 雷暴对船舶航行的影响

雷暴是由积雨云产生的一种极具危险性的天气现象，一般伴有阵雨，所以常与雷雨通称。雷暴是小尺度天气系统，通常把只有阵雨的雷暴称为普通雷暴，将伴有暴雨、阵性大风、冰雹、龙卷风等强对流天气的雷暴称为强雷暴或强风暴。据统计，全世界每秒钟就有 100 次雷电产生，在海洋上空，特别是热带海域的积雨云厚度可达 2 万米以上。云层中蕴藏的巨大的雷击能量，一旦释放，瞬间电流高达 10 万安、电压高达 100 万伏，可导致船舶设备损坏、船体破裂、人员蒙难。尽管现代科学技术已经创造了相当成熟的避雷装置和雷击防护措施，但全球每年仍然发生大量由雷击引起的事故，在这些事故中，常见航行于雷暴天气里的船舶遭到雷电袭击。因此，进一步认识雷击事故对船舶造成的危害并做好预防工作是非常重要的。

雷电的主要形式有直击雷和感应雷。带电的云层与大地上某一点之间发生猛烈的放电现象称为直击雷。感应雷是指当雷云来临时地面上的物体，尤其是导体，由于静电感应，聚集起大量的与雷电极性相反的束缚电荷，在雷云对地或对另一雷云闪击放电后，云中的电荷就变成了自由电荷，从而产生感应电压。

船舶常年航行于世界各水域，遇到雷暴天气较多，相对于平坦的海平面而言，航行在水面上的船舶无疑成为海面上唯一的突出物，构成了诱导带电积雨云放电的理想条件，因此，船舶遭到雷击的机会较多。雷击使船上设备、人员、货物受损严重，甚至导致火灾等严重事故。随着电子技术的飞速发展，电子信息设备和精密仪器设备大量应用于船舶通信、导航、电气控制等自控系统中，其耐压、过流能力脆弱，这些设备因雷击而造成的系统瘫痪、设备损坏等事故屡有发生，对船舶安全航行造成极大隐患。如 1986 年 6 月 7 日，A 轮航行在雷雨中，随着一道强烈的闪电，发报天线的交换器上产生了一个明亮的火球，过后检查发现其交换器的连接部分已被烧毁；B 轮航行于雷暴区域时，遭到雷电袭击，致使通信设备损坏而中断通信。

在国际防雷标准(IEC 1024-1) 中首句即提到“到目前为止还没有一种装置(或方法) 能阻止雷电的产生，也没有能阻止雷击到建筑物上的器具和方法。” 船舶防雷必须坚持“预防为主、安全第一” 的原则，应根据航区环境、雷电活动规律、设备所在的雷电防护区、相关系统对雷电电磁脉冲的抗扰度、雷击事故受损程度以及设备系统的重要性等因素综合考虑，采取相应的防护措施。有关专家认为防雷如同防洪，其原理是为雷电脉冲电流提供一条低阻抗的通道，同时防止雷电脉冲电流通过磁场和电场对设备的干扰。基于此，船舶防雷可采取外部防雷和内部防雷相结合的综合防护措施。

外部防雷就是应用外部防雷装置(接闪器、引下线、接地装置或兼而有之的法拉第笼)引导雷电并畅通无阻地将雷电流引入地中安全泄放。由于相对海平面而言,船上高耸的桅杆更易吸引积雨云放电形成直击雷,而且现代船舶的通信设施大都安装在桅杆或船尾上层建筑高处,因此船舶通信设施极易受到直击雷的打击而被破坏。船舶的外部防雷通常就是指船舶通信设施防御直击雷的打击。船舶外部防雷装置一般由通信设施的天线系统及其所附带的避雷器、避雷针及接地装置组成。

内部防雷就是防止雷电脉冲电流通过磁场和电场所产生的电磁效应(浪涌)对设备进行的干扰。随着科学技术的进步,各式各样的电子设备和自动化控制系统,如通信系统、导航系统、机舱控制系统、电气监控系统等应用于船舶上,船舶设备系统遭受过电压、特别是雷电过电压损坏的概率也大大增加;而且由于数据信号来源路径增多,在感应雷击的干扰下浪涌电压会通过电源线或信号线进入电子设备、自动化控制系统中,使传输数据产生误码,影响数据的传输准确性和传输速度,造成如主机停车、异常报警等严重后果。

内部防雷措施有等电位连接、屏蔽、保护隔离、合理布线等,这些措施可以将电子产品遭受浪涌损害的可能性大大减小,为电子产品提供一个相对安全的使用环境。浪涌冲击主要通过交直流电源和与室外连接的信号控制线以传导方式进入电子设备内部,对电子设备形成危害。要有效地防止浪涌冲击对电子设备的危害,就必须在电子设备的交直流电源端口和信号控制端口安装浪涌抑制器件,对浪涌冲击加以吸收,阻止其进入电子设备内部对电路造成危害。

4.4.2 雾、霾对船舶航行的影响

在浓雾条件下,船舶只能借助雷达航行于宽阔的大海上,若在进港或狭水道引航时突遇浓雾,能就地抛锚当然是最佳选择,问题是大多数船舶,尤其是大型船舶因为吃水、水域环境等原因需要择地抛锚。为了选择合适的水域,航行时势必又面临船舶密集的问题和航道狭窄等困难。此时,驾引人员只有依靠雷达引领船舶到合适的水域抛锚,才能保证船舶的安全。

在浓雾中一般的处理原则:一是要将船舶的速度慢下来,以对付雾中观测、判断之慢,从而为避免碰撞留有更多时间,便于采取各种操纵措施。船速慢,不仅船位变化慢,而且具备了操纵能力,需要改向时,则可短时间快进车以助舵效,实现在较小的进距上转过较大的角度;当需要制动时,则惯性冲程小,旋回惯性小,便于航向控制。二是要用好雷达,包括选用S波段雷达,使用窄脉冲、合适的量程,北向上(NORTH-UP)或航向向上(COURSE-UP)的显示模式,自动调谐、相应的雨雪干扰抑制和海浪干扰抑制,还有真尾迹功能、偏心功能的运用,合适的矢量线长度等都有助于引航安全。三是要充分利用AIS、VHF等助航仪器,获取他船的早期信息并视情况发布本船雾航警报,以提醒过往船舶注意。对可能有碍航行的船舶应及早协调避让,避免造成行动上的误会。四是要服从当地VTS的管理,遇到疑难问题可以请求VTS的帮助或指导。

作为船舶驾驶人员,不仅要了解海雾的基本知识,还要做好雾航的应对措施。雾中航行的首要特点就是能见度不良,视线受限制,对于交汇船只不能及时发现和辨明其动态,易造成紧迫局面或紧迫危险。雾中航行时,船舶驾驶人员应遵守《国际海上避碰规则》和《交通部:海上雾中航行规则》。

进入雾区之前应采取的措施:测定准确船位,通知船长上驾驶台和机舱备车;根据规则

采用安全航速同时施放雾号，关闭水密门窗，采用人工操舵和加强瞭望；开启雷达、VHF 等必要助航仪器；保持肃静，注意他船的雾号及号灯。

雾中航行应注意以下几点：① 及时调整航线的离岸距离。雾区航行应谨慎驾驶，熟练地运用雷达来导航和避让。② 在雾中航行不能单凭雾号的声音大小或有无来判断船舶航行安全情况。当听到正横前有雾号，但不能判定碰撞危险是否存在时，应立即停车，必要时倒车把船停住，直到碰撞危险完全过去。③ 雾中视线受限制，不能较好地进行陆标定位，主要运用雷达和 GPS 定位，应充分掌握雷达和 ARPA 的性能，并能较好地运用。准确判断有无碰撞危险。④ 在接近海岸时利用测深辨位，对航行安全有较大的利用价值。⑤ 如果海区等深线较明显，还可利用等深线避险、判定离岸距离和缩小船舶概率航迹区等。

其他注意事项和建议：

① 船舶在任何时候均应使用安全航速行驶，恶劣气象条件下更是如此，以便能采取适当而有效的避碰行动，并能在适合当时环境和情况的距离内把船停住。

② 引航员要加强与船长的交流，特别是对船舶性能的了解、对水域环境的分析和操纵意图的交流。恶劣气象条件下，引航员更应主动听取船长对引航方案的意见，取得船长和船员的更多配合，针对可能引起事故的因素采取积极的应对措施，共同对付突然遭遇的恶劣气象。

③ 在遭遇大风、浓雾和暴雨等恶劣天气时用甚高频（VHF）协助避碰是非常有效的，但应注意正确使用，尤其在通航密度大的水域，应避免张冠李戴。

④ 在狭水道或港内水域的追越本来已有风险，在大风、浓雾和暴雨等恶劣天气时风险更大。此时的风险因素主要有对被追越船舶的尺度、船速、船首向等不能清楚了解，因此要避免追越。

⑤ 船舶密度越高，发生事故的概率越大。可用雷达、AIS 等助航设备观察或向 VTS 咨询，及早发现并远离船舶密集区。

⑥ 船舶在恶劣天气且水域受限的情况下航行时，除应考虑自身的安全合理操纵外，还应考虑到对方的处境、采取行动的困难与局限性，在协调配合的前提下，做出"礼让三先"的行动，这是恶劣天气中船舶间合理避让的要求之一，也是驾引人员良好船艺的具体表现。

4.4.3　热带气旋对船舶航行的影响

当船舶受到热带气旋环流影响时，可根据船上测算的真风判断其中心方位。背风而立，以正前方为 0°，在北半球，热带气旋在左前方 45° ～ 90° 的方位；在南半球，热带气旋在右前方 45° ～ 90° 的方位。当风力为 6 级或以下时在 45° 左右，风力为 8 级时在 67.5° 左右，风力为 10 级或以上时在 90° 的方向上。

本船测得的海平面气压经日变化订正后与当地当月平均气压之差，称为气压距平值。当距平值为 6hPa 或以下时，在北半球，背风而立，热带气旋中心在左前方 45° 左右；距平值为 10hPa 时，在左前方 67.5° 左右；距平值为 20hPa 或以上时，在左方 90°。在南半球则相反。表 4-5 为气压日变化订正表。

顺着热带气旋的移动方向往前看，把热带气旋分成两个半圆，分别为右半圆和左半圆。在北半球，右半圆又称为危险半圆(Dangerous Semicircle)，左半圆称为可航半圆(Navigable Semicircle)；在南半球则相反。在北半球右前象限又称为危险象限(Dangerous Quadrant)，在南半球左前象限称为危险象限。

表 4-5 气压日变化订正表

单位:hPa

时间 纬度	观测值经订正后加以下数值						观测值经订正后减以下数值					
	01 13	02 14	03 15	04 16	05 17	06 18	07 19	08 20	09 21	10 22	11 23	12 24
5°	0.0	0.8	1.3	1.4	1.3	0.8	0.0	0.8	1.3	1.4	1.3	0.8
20°	0.0	0.8	1.3	1.3	1.3	0.8	0.0	0.8	1.3	1.3	1.3	0.8
25°	0.0	0.8	1.1	1.2	1.1	0.8	0.0	0.8	1.1	1.2	1.1	0.8
30°	0.0	0.5	0.9	1.1	0.9	0.5	0.0	0.5	0.9	1.1	0.9	0.5
35°	0.0	0.5	0.7	0.9	0.7	0.5	0.0	0.5	0.7	0.9	0.7	0.5
40°	0.0	0.4	0.7	0.8	0.7	0.4	0.0	0.4	0.7	0.8	0.7	0.4

在北半球热带气旋的右半圆被称为危险半圆有以下理由:

① 北半球热带气旋中,风绕中心逆时针方向吹,右半圆各处的风向与热带气旋整体的移向接近一致,风速与热带气旋移动速度两者矢量叠加,互相加强而使风加大。特别是右半圆后部附近,由于风时和风程较长,波高最大。据统计,热带气旋最大波高出现在右后象限距中心 20 ~ 50n mile 的地方;在左半圆,风向和热带风旋移向基本相反,矢量叠加的结果是风力被抵消一部分,故风力相对较小。

② 在船舶处于右半圆(尤其是右前象限)时,容易被吹进热带风旋中心的移动路线上,一旦被吹进中心,就不容易驶离。此外,北半球大多数热带风旋向右转走抛物线路径,一旦转向时,处于危险半圆的船舶被卷入热带风旋中心的危险性较大。

③ 北半球热带气旋的右半圆一般与副高相邻,两个气压系统互相靠近,水平气压梯度($-\frac{\Delta p}{\Delta n}$)加大,这也使右半圆的风力大于左半圆。

同理可知,在南半球左半圆为危险半圆,而右半圆为可航半圆。这里必须指出,所谓的危险半圆和可航半圆只是相对而言。实际上,在可航半圆航行也同样是很危险的。

船舶一旦进入热带气旋区,必须首先正确判断船舶在热带气旋中的部位,然后再采取适当的航法尽快驶离。在缺乏气象台发布的热带气旋中心位置和移动方向等情报的特殊情况下,可以利用本船现场观测的真风和气压判断船舶所处的热带气旋位置。

处于滞航状态下的船舶每隔一段时间(例如 1 ~ 3h)进行几次连续观测。不论南、北半球,当真风向随时间顺时针方向变化时,表明船舶处在右半圆;当真风向逆时针方向变化时,表明船舶处在左半圆。若真风向基本不变,则表明船舶处在热带气旋的进路上。

接近热带气旋中心时,风力越大,气压越低。当风速随时间增大(或气压随时间降低)时,表明船舶处在前半圆。当风速随时间减小(或气压随时间上升)时,则表明船舶处于后半圆。

注意,当热带气旋转向时可能停滞不前,或原地打转,船舶测得的风和气压都不会有显著变化,上述方法是无效的。

当船舶离热带气旋中心非常近时,即使有气象台报告的热带气旋位置,由于定位总是有一定误差的，这时也需要船舶利用现场观测资料自行判断船舶所处的实际部位。

在北半球，若船舶误入危险半圆，应使右舷船首顶风全速脱离，保持风从右舷（南半球为左舷）10° ～ 45° 吹来，直到离开危险区域为止；若船舶位于可航半圆，则应以右舷（南半球为左舷）船尾受风脱离，保持受风角为 30° ～ 40°；若因风浪过猛或其他原因无法向前航行，应采取滞航的办法来操纵船舶。这样，随着热带气旋的移动就会逐渐脱离其控制。

5　船舶助导航系统

5.1　内河助航标志

5.1.1　概述

内河助航标志(以下简称“内河航标”)是反映航道尺度,确定航道方向,标志航道界限,引导船舶安全航行的标志,驾引人员必须熟悉航道及航标,正确利用航标来判定和核对船位,引导船舶安全航行。

本章主要介绍我国《内河助航标志》中所规定的内河航标的种类、功能、形状、颜色、灯质、图例及配布原则等内容。

5.1.2　总则

5.1.2.1　*适用范围*

本标准适用于中华人民共和国江河、湖泊、水库通航水域所配布的内河航标。个别特殊水域经批准后,可根据具体情况另行规定。

5.1.2.2　*主要功能*

内河航标是船舶在内河安全航行的重要助航设施。其主要功能是标示内河航道的方向、界限与碍航物,揭示有关航道信息,为船舶航行指出安全、经济的航道。

5.1.2.3　*决定河流左、右岸的原则*

按水流方向确定河流的上下游,面向河流下游,左手一侧为左岸,右手一侧为右岸。

对水流流向不明显或各河段流向不同的河流,按下列顺序确定上下游:

① 通往海口的一端为下游;

② 通往主要干流的一端为下游;

③ 河流偏东的一端为下游;

④ 以航线两端主要港埠间的主要水流方向确定上下游。

5.1.2.4　*左右岸航标的颜色和光色规定*

航标的颜色:左岸为白色(黑色),右岸为红色;航标的灯色:左岸为绿光(白色),右岸为红光。不必区分左右岸的内河航标按背景的明暗确定,其颜色是:背景明亮处为红色(黑色),背景深暗处为白色。

5.1.2.5　*内河航标灯质规定*

(1) 内河航标灯质种类

① 莫尔斯灯光

该灯光是物理学家莫尔斯于1844年发明的。以明暗节奏、不变光色的灯光清楚地显示以短明(表明“点”)、长明(表明“划”)混合组成的代表莫尔斯信号特征的闪光组。明暗之间暗的持续时间同“点”相等，“划”的持续时间为“点”的3倍。以莫尔斯信号“A”为例，即一点一划(· —)，在中版海图上缩写为“莫(A)”，在英版海图上缩写为“M(A)”，如内河的过河标灯光为左岸，白色，“莫(A)”(· —)；右岸，白色，“莫(N)”(— ·)。

② 定光

定光是指工作时间内颜色和亮度不变的长明不断的灯光。如内河航标中的泛滥标，左岸为白色定光，右岸为红色定光。

③ 闪光

闪光是指灯光颜色不变，每隔一定时间亮一次，亮的时间比暗的时间短的灯光。如内河航标中的侧面标，左岸为白色单闪光，右岸为红色单闪光。内河航标中除单闪光外，还有双闪、三闪、六闪、快闪等。

④ 顿光(又称明暗光)

顿光是指灯光颜色不变，每隔一定时间熄灭一次，其熄灭的时间比发光的时间短的灯光。如内河航标的首尾导标中的前标，左岸为白色的顿光，右岸为红色的顿光。

(2) 内河航标灯质规定

确定航标灯质必须要知道灯光的颜色、发光方式和发光周期三要素，《内河助航标志》对灯质做了如下规定：

① 内河航标对闪光周期不作统一规定，需要区分同一功能的相邻航标时，可以采用不同的闪光周期。

② 选用单闪、双闪、顿光等灯质时，其闪光周期不得超过6s；选用其他灯质时，其闪光周期一般不超过10s。

③ 在确定各种灯质时，其闪光的持续时间不得小于0.4s。选用莫尔斯信号闪光时，其长闪光时间应为短闪光时间的3倍，每两次闪光间的间隔时间与短闪光时间相等，每组闪光后的间隔时间不小于长闪光时间。

④ 并列或垂直悬挂两盏灯时，其间距为1.0～1.8m。

⑤ 快闪光的明暗时间相等，其明暗次数每分钟为60次。

⑥ 除采用规定灯质外，可根据具体条件选用《内河助航标志》中所列的代用灯质，但同一河区的不同种类的航标，其灯质必须明确区分，相邻河区间应注意协调，避免相互混淆或被误认。

5.1.2.6 内河航标作用距离

内河航标作用距离是指船舶航行时必须离开航标的最小安全横距。其起算方法为：岸标的作用距离是从标位(或前标标位)处的水沫线起算；浮标的作用距离是从标位处起算。《内河助航标志》明确了各河区航标主管部门可根据具体情况规定标志的不同作用距离，如长江中游过河岸标的作用距离为30m。

5.1.2.7 内河航标分类

内河航标按功能可分为航行标志、信号标志、专用标志。

5.1.3 航行标志

航行标志即指标示航道方向、界限与碍航物的标志，包括过河标、沿岸标、导标、过渡导标、首尾导标、侧面标、左右通航标、示位标、泛滥标及桥涵标等十种。

5.1.3.1 过河标

① 功能：标示过河航道的起点或终点。指示由对岸驶来的船舶在接近标志时沿着本岸航行；或指示沿本岸驶来的船舶在接近标志时转向驶向对岸。也可设在上下方过河航道在本岸的交点处，指示由对岸驶来的船舶在接近标志时再驶往对岸。

② 形状：标杆上端正方形顶标两块，分别面向上下方航道。如过河航道过长以致标志不够明显时，可在标杆前加装梯形牌，梯形牌面向所标示的航道方向。过河标也可安装在具有浮力的底座上，作为浮标设置。

③ 颜色：左岸，顶标和梯形牌为白色（黑色），标杆为白、黑色相间横纹；右岸，顶标和梯形牌为红色，标杆为红、白色相间横纹。梯形牌的颜色也可按背景的明暗来确定，背景明亮处的左岸为黑色，背景深暗处的右岸为白色。

④ 灯质：左岸，白色，莫尔斯信号为“A”闪光（• —）；右岸，白色，莫尔斯信号为“N”闪光（— •）。或者左岸，白色，莫尔斯信号为“M”闪光（— —）；右岸，白色，莫尔斯信号为“D”闪光（— ••）。

5.1.3.2 沿岸标

① 功能：标示沿岸航道所在的岸别，指示船舶继续沿着本岸航行。

② 形状：标杆上端装球形顶标一个。

③ 颜色：左岸，顶标为白色（黑色），标杆为白、黑相间横纹；右岸，顶标为红色，标杆为红、白相间横纹。

④ 灯质：左岸，绿色（白色）单闪光；右岸，红色单闪光。

5.1.3.3 导标

① 功能：由前后两座标志所构成的导线标示航道方向，指示船舶沿该导线标示的航道航行。

② 形状：前后两座标志的标杆上端各装正方形顶标一块，顶标均面向航道方向。如导线标示的航道过长以致标志不够明显时，可在标杆前加装梯形牌，梯形牌面向所标示的航道方向。

在导线标示的航道内应使船舶在白天看到前标比后标略低，夜间保持后标灯光不被前标遮蔽，前后两标的高差及间距应与导线标示的航道长度相适应，以保持导标的灵敏度。

如设标地点坡度较陡，前后两座标志相差过大时，可在两标连线之间加设一座形状相同的标志。

③ 颜色：按背景的明暗确定顶标、标杆和梯形牌的颜色，背景明亮处为红色（黑色），背景深暗处宜为白色。红色（黑色）梯形牌中央一道竖条为白色，白色梯形牌中央一道竖条为黑色（红色）。

④ 灯质：前后标均为白色单面定光，如背景灯光复杂、用白光容易混淆时，可用红色单面定光。

5.1.3.4 过渡导标

① 功能：由前后两座标志组成，标示一方为导线标示的导线航道，另一方为沿岸航道或过河航道，指示沿导线标志的航道驶来的船舶在接近标志时驶入沿岸航道或过河航道，同样也指示由沿岸航道或过河航道驶来的船舶接近标示时驶入导线标示的航道。

② 形状：前标与过河标相同，后标与导标相同，前标的一块顶标与后标的顶标组成导

线，前标的另一块顶标面向另一条航道方向。如导线标示的航道过长以致标志不够明显时，可以在标杆前加装梯形牌，梯形牌面向所指示的航道方向。

③ 颜色：前标的标杆和梯形牌的颜色与过河标相同，面向导线标示的航道的顶标与后标顶标的颜色相同，另一块顶标的颜色与过河标的颜色相同；后标的颜色与导标相同。

④ 灯质：前标左岸为白色（绿色）双闪光（顿光，又称明暗光），右岸为红色（白色）双闪光（顿光），后标左岸为白色（绿色）定光，右岸为红色（白色）定光。前、后标的光色须一致。特殊需要时，前标也可用定光。

5.1.3.5　首尾导标

① 功能：由前后鼎立的三座标志组成两条导线分别标示上、下方导线标示的航道方向，指示沿导线标示的航道驶来的船舶在接近标志时转向另一条导线标示的航道。

② 形状：三座标志中，一座为共用标，与过河标相同，另两座与导标相同。共用标的两块顶标与另两座标志的顶标分别组成两条导线，面向上、下方导线所标示的航道方向。根据航道条件与河岸地形，共用标可位于另两座标志的前方、后方、左侧或右侧。如导线标示的航道过长以致标志不够明显时，可以在标杆前加装梯形牌，梯形牌面向导线所标示的航道方向。

③ 颜色：共用标的标杆和梯形牌的颜色与过河标相同，顶标颜色与导标相同，另两座标志的颜色也与导标相同。

④ 灯质：共用标的灯质与过渡导标的前标灯质相同，另两座标的灯质与过渡导标的后标灯质相同，但同一导线的前、后标的光色须一致。特殊需要时，各标都可用定光。

5.1.3.6　侧面标

① 功能：设在浅滩、礁石、沉船或其他碍航物靠近航道一侧，标示航道的侧面界限；设在水网地区优良航道两岸时，标示岸形、突嘴或不通航的汊港，指示船舶在航道内航行。

② 形状：浮标可采用柱形、锥形、罐形、杆形或桅顶装有球形顶标的灯船。需要同时以标志形状特征区分左、右岸两侧时，左岸一侧浮标为锥形或加装锥形顶标，右岸一侧浮标为罐形或加装罐形顶标；也可在左岸一侧浮标加装球形顶标。固定设置在岸上或水中的侧面标（灯桩）可采用杆形或柱形。杆形灯桩需要增加视距时，左岸一侧可加装锥形顶标，右岸一侧可加装罐形顶标。

③ 颜色：左岸一侧，白色（黑色），杆形灯桩的标杆为白、黑相间横纹，浮标加装的锥形或球形顶标为黑色（白色）；右岸一侧，红色，杆形灯桩的标杆为红、白相间横纹，浮标加装的罐形顶标为红色，灯船的球形顶标均为黑色。

④ 灯质：左岸一侧为绿色（白色），单闪光或双闪光；右岸一侧为红色，单闪光或双闪光。

5.1.3.7　左右通航标

① 功能：设在航道中个别河心碍航物或航道分汊处，标示该标两侧都是通航航道。

② 形状：浮标可采用柱形、锥形或灯船，灯桩可采用柱形。

③ 颜色：标体每面的中线两侧分别为红色和白色。

④ 灯质：白色（绿色），三闪光。

5.1.3.8　示位标

① 功能：设在湖泊、水库、水网地区或其他宽阔水域，标示岛屿、浅滩、礁石及通航河口等特定位置，借助船舶定位或确定航向。

② 形状：各种形状的塔形体。

③ 颜色：可根据背景设白、黑、红色或白、黑(红)色相间非垂直条纹。设在通航河口处，须与“左白右红”原则一致。

④ 灯质：白色、绿色或红色莫尔斯信号闪光，但不得同其他种类标志的灯质相混淆。标示通航河口的示位标优先选用：左岸白色(绿色)，莫尔斯信号为“H”(……)闪光；右岸红色莫尔斯信号为“H”(……)闪光。

5.1.3.9　泛滥标

① 功能：设在被洪水淹没的河岸或岛屿靠近航道一侧，标示岸线或岛屿的轮廓。

② 形状：标杆上端装载锥体顶标一个，也可以安装在具有浮力的底座上作为浮标设置。

③ 颜色：左岸为白色(黑色)；右岸为红色。

④ 灯质：左岸为绿色(白色)，定光；右岸为红色，定光。弯曲河段朝岸上一面的灯光应予遮蔽。

5.1.3.10　桥涵标

① 功能：设在通航桥孔迎航一面的桥梁中央，标示船舶通航桥孔的位置。

② 形状：正方形标牌表示通航桥孔。多孔通航的桥梁，正方形标牌表示大轮通航的桥孔，圆形标牌表示小轮(包括非机动船、人工流放排筏)通航的桥孔，大、小轮的具体划分由各地区确定。

③ 颜色：正方形标牌为红色，圆形标牌为白色。

④ 灯质：通航桥孔(或大船通航桥孔)为红色单面定光；小船(包括非机动船、人工流放排筏)通航桥孔为绿色单面定光。在通航桥孔迎船一面两侧桥柱上，还可各垂直设置绿色单面定光桥柱灯 2 ～ 4 盏(按桥柱高度确定)，标示桥柱位置。

5.1.4　信号标志

为航行船舶揭示有关航道信息的标志称为信号标志，包括通行信号标、鸣笛标、界限标、水深信号标、横流标及节制闸标等六种。

5.1.4.1　通行信号标

① 功能：设在上、下行船相互不能通视，同向并驶或对驶有危险的狭窄、急弯航段或单孔通航的桥梁、通航建筑物及施工禁航等需要通航控制的河段，利用信号控制上行或下行的船舶单向顺序通航或禁止通航。

② 形状：由带横桁的标杆和信号组成，横桁与岸线垂直。悬挂于横桁一端的箭形通航信号，箭头朝下表示允许下行船通航，箭头朝上表示允许上行船通航，禁止通航信号为垂直悬挂两个锥尖朝上的三角锥体。

③ 颜色：标杆与横桁为白、黑色相间的斜纹，箭头或三角锥体为红色，箭杆为黑色(白色)。

④ 灯质：由垂直悬挂于横桁一端的红色、绿色定光灯组成信号。绿灯在上、红灯在下，表示允许下行船通航；红灯在上、绿灯在下，表示允许上行船通航；上、下两盏红灯表示禁止船舶通航。对控制船舶进、出通航建筑物的通行信号标，也可在通航建筑物上、下两端各设置红、绿单面定光灯一组，灯光面向来船方向，红灯表示禁止船舶通航，绿灯表示允许船舶通航。白天也可用红、绿旗代替红、绿灯。

5.1.4.2 鸣笛标

① 功能:设在通航控制河段或上下行船舶不能互相通视的急弯航道的上下游两端河岸上,指示船舶鸣笛。

② 形状:标杆上端装圆形标牌一块,标牌面向来船方向,标牌正中写“鸣”字。

③ 颜色:标杆为白、黑色相间的斜纹,标牌为白色、黑边、黑字。

④ 灯质:绿色、快闪光。

5.1.4.3 界限标

① 功能:设在通航控制河段的上下游,标示通航控制河段的上下界限。设在船闸闸室有效长度的两端时,标示闸室内允许船舶安全停靠的界限。

② 形状:标示上端装菱形标牌一块,标牌面向来船方向(也可以镶绘在船闸闸墙上)。

③ 颜色:标杆为白、黑色相间斜纹,标牌为白底、黑边,中间有黑色横条一道。

④ 灯质:红色,快闪光。

5.1.4.4 水深信号标

① 功能:设在浅滩上下游靠近航道一侧的河岸上,揭示浅滩航道的最小水深。

② 形状:由带横桁的标杆和号型组成,横桁与岸线平行,号型形状与含义是:符号“—”分别代表数字1、4、6。将上述号型组合悬挂在横桁的两边,从船上看,左边所挂的号型表示水深的“米”数,右边所挂号型表示水深的“分米”数。

③ 颜色:标杆与横桁为红、白相间的斜纹,号型为黑色(白色)。

④ 灯质:每盏白色光代表数字“1”;每盏红色定光灯代表数字“4”;每盏绿色定光灯代表数字“6”。在河面较窄的河段,也可以用数字牌和水深数字灯显示。

5.1.4.5 横流标

① 功能:标示航道内的横流,警告船舶注意。

② 形状:菱形体安装在具有浮力的底座上,也可在标杆上安装菱形顶标并设在岸上。

③ 颜色:左岸一侧,顶标为白色(或黑色),标杆为白、黑色相间斜纹;右岸一侧,顶标为红色,标杆为红、白色相间斜纹。

④ 灯质:左岸一侧为绿色,顿光;右岸一侧为红色,顿光。

5.1.4.6 节制闸标

① 功能:设在靠近节制闸上游或上下游一侧的岸上,也可将灯悬挂于节制闸的上游或上下游水面上空的架空线上,标示前方是节制闸,防止船舶误入发生危险。

② 形状:标杆上端装圆形标牌一块,标牌面向上游或上下游来船方向,标牌上绘有船形图案及禁令标志。

③ 颜色:标杆为红、白色相间斜纹,标牌为白底、红边、黑色船形图案加红色斜杠。

④ 灯质:并列红色定光灯两盏。

5.1.5 专用标志

为标示沿岸、跨河航道的各种建筑物,或为标示特定水域所设置的标志,其主要功能不是为了助航的,统称为专用标志。专用标志包括管线标及专用标两种。

5.1.5.1 管线标

① 功能:设在需要标示跨河管线(即管道、电缆、电线等)的两端或一端设在岸上或设在

跨河管线上下游适当距离的两岸或一岸，禁止船舶在敷设水管的水域抛锚、拖锚航行或垂放重物，警告船舶驶至架空管线区域时注意采取必要措施。

② 形状：两根立柱上端装等边三角形空心标牌一块，设在跨河管线的两端岸上的标牌与河岸平行，设在跨河管线上、下游的标牌与河岸垂直。标示水底管线的三角形标牌尖端朝上，标牌下部写"禁止抛锚"；标示架空管线的三角形标牌尖端朝下，标牌上部写"架空管线"。

③ 颜色：立柱为红、白色相间斜纹，标牌为白色、黑边、黑字。

④ 灯质：标牌的三个顶端各设置白色(或红色) 定光灯一盏。

5.1.5.2　专用标

① 功能：标示锚地、渔场、娱乐区、游泳场、水文测量、水下钻探、疏浚作业等特定水域；或标示取水口、排水口、泵房，以及其他航道界限外的水工构成物。

② 形状：任选。

③ 颜色：黄色。

④ 灯质：黄色，单闪光或双闪光。

5.1.6　内河航标配布

5.1.6.1　内河航标配布类别

内河航标配布类别应根据航道条件与运输需要，以河区为单位，通过技术经济论证确定。内河航标配布类别有：

① 一类航标配布：配布的航标夜间全部发光。白天，船舶能从一座标志看到次一座标志；夜间船舶能从一盏标灯看到次一盏标灯。

② 二类航标配布：发光航标和不发光航标分段配布。在昼夜通航的河段上配布航标，其标志配布与一类航标配布相同；夜间不通航的河段上与不发光的航标，其标志配布密度与三类航标配布相同。

③ 三类航标配布：航标配布的密度比较小，不要求从一座标志看到次一座标志，对优良河段的沿岸航道可沿岸形航行不再配布沿岸标，但每一座标志所表示的功能与次一座标志的功能应相连贯，指引船舶在白天安全航行。

④ 重点航标配布：只在航行困难的河段和个别地点配布航标。优良河段一般仅标示出碍航物。根据需要与条件配布发光航标或不发光航标。船舶需借助于驾驶人员的经验利用航标和其他物标航行。

5.1.6.2　内河航标的配布原则

航标配布应当根据江、河、湖泊、水库的具体航行条件，简单明了地指出安全、经济而又便于船舶航行的航道。

(1) 岸标与浮标的设置

配布航标应注意岸标与浮标之间的有效结合，使每一座标志发挥最大的作用。由于岸标的作用可靠，受自然界影响导致失常的因素较浮标少，因此应注意发挥岸标的作用。

设置岸标时，可根据河区的具体情况规定岸标的作用距离。

设置侧面浮标时，应保证处在航道同一侧相邻的两座浮标或同一侧相邻的浮标与岸标规定的作用距离的相连直线内，不得有小于维护水深或揭示水深的碍航物存在。在特定的条件下，也可规定某些浮标和水中灯桩的作用距离。

侧面浮标设置地点的水深，可根据各个水位时期的不同维护水深而统一变更。在水位上升时期，侧面浮标的设置，应在保证维护水深的前提下，适当将航道放宽。在水位下降时期，可逐步缩窄航道宽度，保持维护水深。

(2) 深槽河段沿岸航道的航标配布

深槽河段沿岸航道的可航范围，一般为航道标准宽度的两倍，如果沿岸航道的宽度小于两倍航道标准宽度时，必须在碍航物近航道一侧设置侧面浮标，标示航道界限。在水面宽阔的河流上，沿岸航道的可航范围可以适当放宽，但最大不超过枯水河面平均宽度的 1/3。

(3) 枯、洪水期的航标配布

枯水期的航标配布应准确标示航道方向，注意标示浅滩航道的轮廓和揭示浅滩航道的最小水深。当水位陡涨陡落时，应及时调整标位，注意岸标不得距水沫过远、过高或被水淹没。洪水期，河面增宽，水深、流速增大，因此，必须注意标示出淹没的河岸、岛屿和其他碍航物，并及时开辟经济航道。

(4) 潮汐河段的航标配布

在潮汐河段，航标的配布应当保证所标示的航道在所规定的基准面下有足够水深，并应注意潮汐变向时浮标的回转范围。

(5) 湖泊、水库及其他宽阔水域的航标配布

在湖泊、水库及其他宽阔水域，应在岛屿、浅滩、礁石、通航河口适当配布示位标，供船舶定位或确定航向。

(6) 水网地区的航标配布

水网地区应着重标示河口、湖口、突出的岸嘴和弯曲的岸形，并在支河汊港处指示航行方向。

5.1.6.3 内河河段航标配布方法

根据天然河流的航道和航行特点，航标配布基本上有两种方法：一种是按船舶下水航线为主的配布方法；另一种是按船舶上水航线为主的配布方法。

(1) 按船舶下水航线为主的配布方法特点

一般为平原河流所采用。因为平原河流与山区河流比较，流速平缓、流态良好，水流条件对船舶航行所造成的威胁不如山区河流大。山区河流主流所在之处，一般流态较紊乱，水势有高低之分，下水船舶一般挂在主流高水势一侧航行，不会跟主流航行；而平原河流一般来说下水船舶都是走主流，因主流带水流平缓。

另一方面，平原河流在流速分布上都有明显的急流和缓流相区别的特征，且缓流航线的连续一般都较长，具有被上水船舶、船队利用以取得较快航速，减少航次时间的实际意义。因此，平原河流以船舶下水航线为主的航标配布包含以下两个内容：

① 设置主航道标志，标示深水航道所在，引导下水船舶、船队从流速较大的深水航道下驶，并供吃水较大的船舶上水航行。主航道标志贯穿整个设标里程。

② 选择水流缓慢、航程短捷的航线供上水船舶航行。标志不要求锁链。

(2) 按船舶上水航线为主的配布方法特点

在靠近上行船舶航线的一岸，一标接一标地配布标志，贯穿整个设标里程；另一岸根据航道条件，结合航行情况重点配布标志，标示礁石等障碍物或供下水船舶抓点定向用，不要求锁链。

5.1.6.4　航标的维护管理

航标是指供船舶定位、导航或者用于其他专用目的的助航设施。为了保障船舶航行安全，必须加强对航标的维护管理。根据《内河航标管理办法》的规定，航标的设置和维护管理由航标管理机关(航道管理机构)负责，任何单位和个人都有保护航标的义务。如果船舶驾驶人员缺乏航标保护意识，既不利于本船航行安全，也不利于他船安全，甚至可能造成航标损坏事故，而要承担相应的法律责任。

(1) 航标失常的概念

航道上的每座航标，应随时处于良好的导航效能和技术状态，标位正确，灯光正常。如果航标处于技术性能与规定的不相符合而失去助航作用的状态，如航标发生损坏、移位、漂失、灯光熄灭或灯质错误等现象，则称为航标失常。航标失常将对船舶航行安全带来严重影响。

航标失常的原因很多，通常分为维护性失常和非维护性失常。凡由于航道管理机构维护管理上的原因而导致的航标失常，属于维护性失常；由于不可抗拒的自然因素或其他人为等外界原因，如风暴、洪水、滑坡、岸崩、溃堤、走沙、碰损、盗窃、破坏等而造成的航标失常，属于非维护性失常。

(2) 船舶驾驶人员维护航标的注意事项

除了航标管理机关对航标的维护负有直接的工作责任外，船舶驾驶人员也有维护航标正常的义务，尽可能避免发生触碰航标的事故。

① 航行中要加强瞭望，摆正船位，正确引导船舶与浮标保持适当距离行驶，避免触碰航标。

② 如因操作不慎而触碰航标，造成标志倒塌损坏、移位流失等后果，必须及时并如实地向有关部门报告。否则，要承担相应的法律责任。

③ 若发现航标失常，有责任和义务通知附近航标站(艇)及时恢复正常，并通知他船引起其注意。

④ 当航道内发生沉船、沉物时，航标管理机构为保证船舶航行安全而采取设标或其他措施所发生的费用，由责任单位或责任人承担。

5.2　中国海区水上助航标志

我国海区助航标志的设计采用根据国际航标协会(IALA)《海上浮标制度》中A区域的设计原则，目前使用的是国家质量技术监督局于1999年5月31日批准，2000年4月1日实施的《中国海区水上助航标志》(GB 4696—1999)标准。该标准规定了中国海区水上浮标和水中固定标志的形状、颜色、灯质、标记符号及其设置与使用要求。它适用于交通、渔业、科研、石油勘察、海洋开发及军事等部门在中国海区及其港口、通海河口设置的水上浮标和水中固定标志，而不适用于灯塔、扇形光灯标、导标、灯船和大型助航浮标。

该标准采用下列定义：

(1) 航道走向

航道走向是船舶在沿海、河口的航道航行时用以确定航道左右侧的根据，即浮标系统习惯走向。其规定如下：

① 从海上驶近或进入港口、河口、港湾或其他水道的方向；

② 在外海、海峡或岛屿之间的水道，原则上指围绕大陆顺时针航行的方向；

③ 在复杂环境中，航道走向由航标管理机关规定，并在海图上用➡标示。

(2) 航道左侧、右侧

船舶顺航道走向航行时，其左舷一侧为航道左侧，右舷一侧为航道右侧。

(3) 水中固定标志

水中固定标志即设在水中的立标和灯桩等助航标志。其设标点的高程在当地平均大潮高潮面以下，标志的基础或标身的一部分被平均大潮高潮面淹没，而且作用与浮标相同者，则其颜色、顶标和灯质均须与相应的浮标或灯浮标一致。

(4) 浮标形状

浮标形状即在水上从任何水平方向观测浮标标体水线以上部分时所呈现的外形特征。

(5) 顶标

顶标即在水上助航标志顶部的一个或两个具有一定尺寸和特定形状及颜色的标志。

(6) 新危险物

新危险物即新发现而未在航海资料中指明的障碍物，如浅滩、礁石、沉船等。

5.2.1 侧面标志

侧面标志是依航道走向配布的，用以标示航道两侧界限或标示推荐航道，也可以标示特定航道。侧面标志包括航道左侧标、右侧标和推荐航道左侧标、右侧标。

5.2.1.1 航道左侧标、右侧标

航道左侧标和右侧标分别设在航道的左侧和右侧，标示航道左侧和右侧界线。顺航道走向行驶的船舶应将航道左侧标和右侧标置于该船的左舷和右舷通过，如图 5-1 所示。航道左侧标和右侧标的特征如表 5-1 所示。

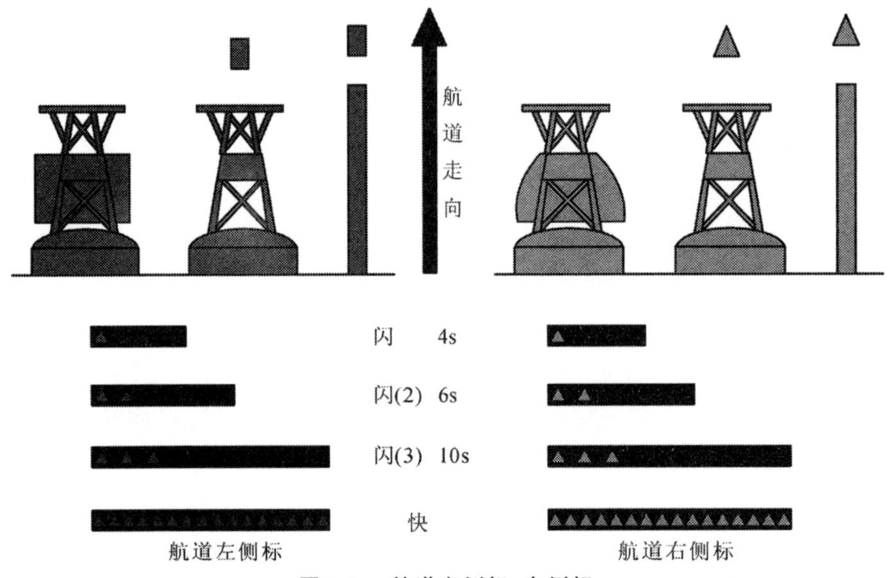

图 5-1 航道左侧标、右侧标

表 5-1　航道左侧标和右侧标的特征

特　征	航道左侧标	航道右侧标
颜　色	红色	绿色
形　状	罐形，装有顶标的柱形或杆形	锥形，装有顶标的柱形或杆形
顶　标	单个红色罐形	单个绿色锥形，锥顶朝上
灯　质	红光，单闪，周期 4s	绿光，单闪，周期 4s
	红光，连闪 2 次，周期 6s	绿光，连闪 2 次，周期 6s
	红光，连闪 3 次，周期 10s	绿光，连闪 3 次，周期 10s
	红光，连续快闪	绿光，连续快闪

5.2.1.2　推荐航道左侧标、右侧标

推荐航道左侧标和右侧标设立在航道分岔处，也可设置在特定航道，船舶沿航道航行时，推荐航道左侧标标示推荐航道或特定航道在其右侧；推荐航道右侧标标示推荐航道或特定航道在其左侧，如图 5-2 所示。推荐航道左侧标和右侧标的特征如表 5-2 所示。

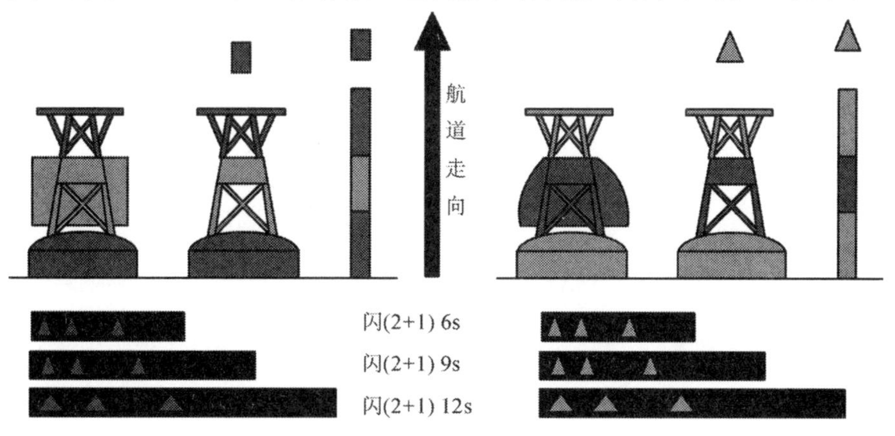

图 5-2　推荐航道左侧标、右侧标

表 5-2　推荐航道左侧标和右侧标的特征

特　征	推荐航道左侧标	推荐航道右侧标
颜　色	红色，中间一条绿色宽横带	绿色，中间一条红色宽横带
形　状	罐形，装有顶标的柱形或杆形	锥形，装有顶标的柱形或杆形
顶　标	单个红色罐形	单个绿色锥形，锥顶向上
灯　质	红光，混合连闪 2 次加 1 次，周期 6s	绿光，混合连闪 2 次加 1 次，周期 6s
	红光，混合连闪 2 次加 1 次，周期 9s	绿光，混合连闪 2 次加 1 次，周期 9s
	红光，混合连闪 2 次加 1 次，周期 12s	绿光，混合连闪 2 次加 1 次，周期 12s

5.2.2　方位标志

方位标志设在以危险物或危险区为中心的北、东、南、西四个象限内，即真方位西北 ～

东北，东北～东南，东南～西南，西南～西北，并对应所在象限命名为北方位标、东方位标、南方位标、西方位标，分别标示在该标的同名一侧为可航行水域。方位标也可设在航道的转弯、分支汇合处或浅滩的终端。

北方位标设在危险物或危险区的北方，船舶应在本标的北方通过；东方位标设在危险物或危险区的东方，船舶应在本标的东方通过；南方位标设在危险物或危险区的南方，船舶应在本标的南方通过；西方位标设在危险物或危险区的西方，船舶应在本标的西方通过。方位标志如图 5-3 所示。方位标志的特征如表 5-3 所示。

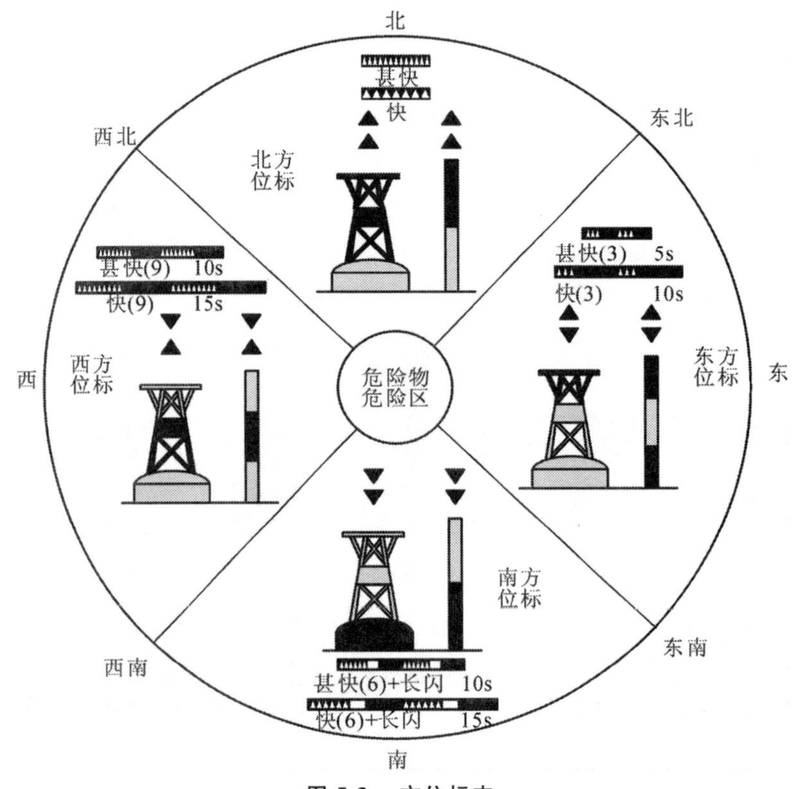

图 5-3 方位标志

表 5-3 方位标志的特征

特征	北方位标	东方位标	南方位标	西方位标
颜色	上黑下黄	黑色，中间一条黄色宽横带	上黄下黑	黄色，中间一条黑色宽横带
形状	装有顶标的柱形或杆形			
顶标	上下垂直设置的两个锥体			
	锥顶均向上	锥底相对	锥顶均向下	锥顶相对
灯质	白光，连续甚快闪	白光，连甚快闪 3 次，周期 5s	白光，连甚快闪 6 次加一长闪，周期 10s	白光，连甚快闪 9 次，周期 10s
	白光，连续快闪	白光，连甚快闪 3 次，周期 10s	白光，连甚快闪 6 次加一长闪，周期 15s	白光，连甚快闪 9 次，周期 15s

5.2.3 孤立危险物标志

孤立危险物标设置或系泊在孤立危险物之上，或尽量靠近危险物的地方，标示孤立危险物所在。船舶应参照航海资料，避开本标航行。孤立危险物标如图 5-4 所示。孤立危险物标的特征如表 5-4 所示。

图 5-4 孤立危险物标

表 5-4 孤立危险物标的特征

特征	孤立危险物标
颜色	黑色，中间有一条或数条红色宽横带
形状	装有顶标的柱形或杆形
顶标	上下垂直的两个黑色球形
灯质	白光，连闪 2 次，周期 5s

5.2.4 安全水域标志

安全水域标设在航道中央或航道的中线上，标示其周围均为可航行水域；也可代替方位标或侧面标指示接近陆地。安全水域标如图 5-5 所示。安全水域标的特征如表 5-5 所示。

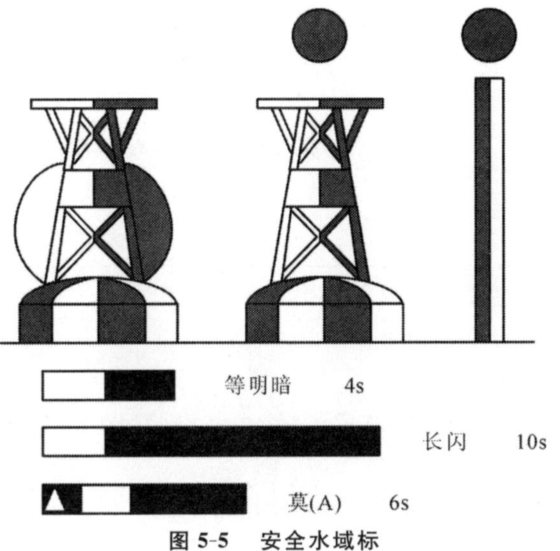

图 5-5 安全水域标

表 5-5　安全水域标的特征

特征	安全水域标
颜色	红白相间竖条
形状	球形，或装有顶标的柱形或杆形
顶标	单个红色球形
灯质	白光，等明暗，周期 4s
	白光，长闪，周期 10s
	白光，莫尔斯信号“A”，周期 6s

5.2.5　专用标志

专用标是用于标示特定水域或水域特征的标志。专用标如图 5-6 所示。专用标的特征如表 5-6 所示。

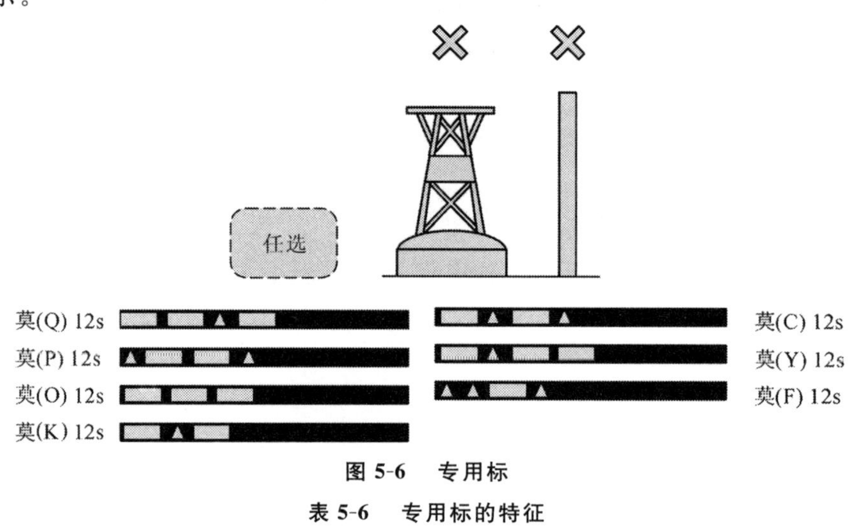

图 5-6　专用标

表 5-6　专用标的特征

特征	专用标
颜色	黄色
形状	不与浮标和水中固定标志相抵触的任何形状
顶标	黄色，单个“×”形
灯质	符合表 5-7 规定

专用标按用途划分，主要包括以下 7 类：

① 锚地：船舶停泊及检疫锚地等；

② 禁航区：军事演习区等；

③ 海上作业区：海洋资料探测、航道测量、水文测验、潜水、打捞、海洋开发、抛泥区、测速场、罗盘校正场等；

④ 分道通航：分道通航区、分隔带等，当使用常规助航标志标示分道通航可能造成混淆时可使用；

⑤ 水中构筑物：电缆、管道、进水口、出水口等；

⑥ 娱乐区：体育训练区、海上娱乐场等；

⑦ 水产作业区：水产定置网作业区和养殖场等。

专用标应在标体明显处设置标示其用途的标记，并应在水上从任何水平方向观测时都能看到。具体规定见表 5-7。

表 5-7 专用标具体规定

用途种类	标记		灯质		
	颜色	图形标志	光色	闪光节奏	周期(s)*
锚地	黑		黄	莫尔斯信号“Q” — — • —	12
禁航区	黑			莫尔斯信号“P” • — — •	
海上作业区	红/白			莫尔斯信号“O” — — —	
分道通航	黑			莫尔斯信号“K” — • —	
水中构筑物	黑			莫尔斯信号“C” — • — •	
娱乐区	红、白			莫尔斯信号“Y” — • — —	
水产作业区	黑			莫尔斯信号“F” •• — •	

注：* —— 可以以 15s 为备用周期。

在特殊情况下，超出该标准所列专用标志的 7 种用途时，经航标管理机关批准，可另行确定灯质和标记。

5.2.6 新危险物的标示

5.2.6.1 新危险物的标示方法

① 当航标管理机关认为某一新危险物严重危及船舶航行安全时，应尽快设置标示它的标志。这些标志可以是方位标志或侧面标志，灯光节奏均采用甚快闪或快闪。同时，在这些标志中至少应有一个重复标志，其全部特征要和与它配对的标志相同。

② 新危险物可用雷达应答器来标示，在雷达荧光屏上显示出一个相当于 1n mile 长度的图像，其编码为莫尔斯信号“D”(— ••)。

5.2.6.2 新危险物重复标志的撤除

在确认新危险物的信息已被充分通告后，其重复标志方可撤除，并恢复正常航标设置。

5.3 智能航标

5.3.1 虚拟航标

虚拟航标是指物理上不存在，由经授权的助航服务提供部门发布的、能在导航系统中显示的数字信息物标（IALA 定义）。它是继视觉航标、音响航标、无线电航标之后国际航标协会认可的，旨在提升和增强航标管理机关的航标助航服务能力的现代化技术手段。国际航标协会（IALA）于 2010 年 3 月颁布了虚拟航标实施指南（IALA Guideline No. 1081）。通过对 IALA 虚拟航标技术的分析，旨在正确理解虚拟航标技术特性，为建设基于长江电子航道图的长江虚拟航标提供重要的理论和实践依据。

5.3.1.1 虚拟航标的作用

① 可用于告知航海人员航行危险物；

② 可用于告知临时性气象；

③ 可用于告知临时性谨慎驾驶水域（能见度不良水域、被保护的物种出没水域等）和规避水域（例如勘测水域、疏浚水域、捕鱼水域以及快艇竞赛水域等）；

④ 可用于极地航行；

⑤ 可用于视觉航标的校对；

⑥ 可用于冰区航行；

⑦ 可用于应急事件响应（例如环境事件、海难搜索与救助）；

⑧ 可用于临时性的港口管理（例如航路指南临时性调整）；

⑨ 可用于保护海洋环境测量；

⑩ 可用于安保。

5.3.1.2 虚拟航标的优势

虚拟航标的一些潜在优势包括：

① 及时告知；

② 容易、精确的显示；

③ 方便、快捷的设置方法；

④ 直接传输给船舶导航系统；

⑤ 信息直观；

⑥ 使用标准符号和 IMO 标准术语避免误解；

⑦ 修改简单；

⑧ 安装、维护成本低。

5.3.1.3 虚拟航标设置方法

(1) 近期

从近期看，虚拟航标是基于船舶自动识别系统（AIS 技术）而设立的。主管机关通过岸基 AIS 网络借助岸基 VTS、交通管理机制、船舶报告制以及其他岸基安全服务系统提供虚拟航标服务。

虚拟 AIS 航标是指由 AIS 台站播发的物理上不存在的航标。

IALA A-126 明确建议了虚拟 AIS 航标的报文格式以及配置方法。

虚拟 AIS航标的目的在于通过下述措施提升助航服务，加强航行安全和提高航运效率：

① 提供一种在 AIS 和船用雷达显示器（与 AIS 连接）上辨识航标的可靠与全天候的方法；

② 补充航标现有信号；

③ 发射浮标准确位置；

④ 指示浮标位移；

⑤ 为船用雷达提供基准点；

⑥ 为雷达提供补充服务；

⑦ 作为仿真 AIS 航标；

⑧ 作为虚拟 AIS 航标；

⑨ 为航迹、航路、区域和警戒区做标记或勾画界限（如禁区或通航分割制 TSS）；

⑩ 标注近海建筑物（如钻井平台）；

⑪ 提供气象、潮汐与海况数据；

⑫ 监视航标状态，跟踪移位航标，检查、辨识碰撞航标的船舶，收集航标实时健康状况，遥控改变航标参数等。

IALA 建议 A-126（关于在海区航标服务中使用 AIS的建议）和指南 1062（关于建立 AIS 航标的指南）明确说明，在未来，除 AIS 之外，其他实现虚拟航标的方式也会出现。

（2）远期

从长期来讲，主管部门希望能够通过其他方式提供这种信息服务。虚拟航标通过其他方式播发得以实现，不局限于 AIS 系统，例如：卫星通信 / 互联网、无线城域网、罗兰、差分全球定位系统 -IALA 海上信标系统；GPRS/3G 等手机数据传输协议。

同时，虚拟航标作为航标助航体系中数字助航物标的一部分，目前并没有纳入现行的数字航道测量数据传输体系。从长期来看，主管部门希望加强虚拟航标在电子海图（航道图）应用平台标准化标识的同时应当推进虚拟航标在数字航道测量数据传输体系中定义的标准化和规范化。

不管采用何种方法，设置虚拟航标时，主管当局应做出安排以便所有相关方可获取该标志的详细信息，并应采用各种方式确保航海人员能够获取包括虚拟航标设置时间、目的和有效期的必要信息。这些方式包括 NAVTEX、INMARSAT、EGC、VHF/HF/MF 无线电播发海上安全信息。主管当局应明确告知航道测量部门包含这些信息的航海通告。与其他航标一样，航海人员也有义务向主管当局报告失常虚拟航标。

5.3.2　雷达应答器

5.3.2.1　海上搜救雷达应答器的应用背景

20 世纪 80 年代以来，全球海洋运输事业蓬勃发展，各国之间的海上贸易也变得越来越频繁，但随之而来的海上遇难事故的船只数量也在不断增加，海上交通安全问题的重要性开始越来越受重视。一旦船只在海上发生灾难事故，能否及时向搜救人员报告自己的位置，很大程度上决定了遇难人员获救的概率，这对于遇险人员的生命安全以及运输货物的安全都起着关键作用。因此在 1988 年，国际海事组织（International Marine Organization，IMO）决定在1992年2月1日建立全球海上遇险与安全系统(Global Marine Distress and Safety System,GMDSS),此系统是国际海事组织与各搜救协调组织共同建立的用于保障海上运输安全,遇险救助的综合系统。

搜救雷达应答器(Search and Rescue Radar Transponder,SART)就是在全球海上安全系统(GMDSS)中,用来指示遇难船舶、救生艇以及幸存者位置的关键装置。在这个系统中,当有船只遇险时,遇难船舶会通过各种通信设备进行报警和呼救。但是海上环境复杂多变,要在如此恶劣的环境下精确定位遇难船舶,十分不容易。受海流、风向的影响,通过卫星定位等方式确定的船舶信息精度不高,误差比较大,给救生带来很大困难,所以采用搜救雷达应答器(SART)对遇难船只进行定位是一种行之有效的发现目标位置的手段,对海上航行安全来说十分必要。在海上人命安全SOLAS公约修正案第4章中规定,凡是在公约规定海区航行的船舶,所有客船和300总吨及其以上的货船,都必须配备SART。具体规定为1992年2月1日之后建造的船舶,建造时必须配备,对于1992年2月1日以前建造的船舶,在1995年2月1日前必须完成SART的配备,公约船都按要求配备搜救雷达应答器解决了现场搜救不易发现失事地点或幸存者的问题,使得遇险船舶、救生艇或幸存者可能被迅速发现和获救。国际海事组织(IMO)要求船长与船舶驾驶员,一旦发现SART的应答信号,必须像对待SOS遇险信号一样敏感,并立即采取救援行动。因此,在保障海上航行安全方面,搜救雷达应答器有着不可替代的作用。

搜救雷达应答器是依靠电磁波的传播来完成搜救应答的功能的,是轮船的寻呼机,它通过特定的方式来回复搜救雷达的询问。通常搜救雷达应答器功能示意图如图5-7所示。

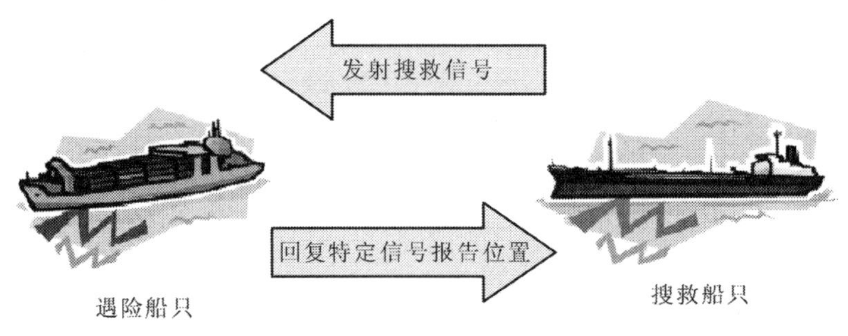

图5-7　搜救雷达应达器功能示意图

搜救过程要求搜救船进入搜救范围之后要准确定位遇难船只的位置,因此利用雷达电磁波信号的定位远比其他传统方式更为行之有效。目前SART经验证主要有以下两个优点:

一是寻位效果好,不受黑夜、浓雾等因素影响,在低能见度情况下仍然能准确定位;二是投资费用少,搜救船或者直升机上的导航雷达不需要特别的改造,也不需要添加其他附件,就可以与SART相互配合,实现搜救功能。

5.3.2.2　海上搜救雷达应答器的意义

海洋自古以来是人类文明发展的窗口,从哥伦布发现新大陆,到近代工业革命资本主义国家的领土扩张,航海事业始终是一个国家综合国力的体现。而海运事业发展的基石,就是保障航海安全,减少海上事故的发生,最大限度地减少生命和财产损失。为了达到这个目标,各国都在不断寻求发展与合作，也在不停开发研究新技术、新设备，制定新规则。全球海上遇险与安全系统就是在这样的环境下建立并发展起来的。然而良好的规则需要有良好的执行力来保证，良好的执行力又离不开可靠的设备和先进的技术，搜救雷达应答器的研究就是其中重要的一环。

在国外，搜救雷达应答器的开发工作从 20 世纪 70 年代就已经开始了，经过十几年的探索，同时伴随着微波技术的发展，直到 20 世纪 80 年代后期国外的探索才逐渐取得了效果。1986 年国际无线电通信咨询委员会提出了明确的搜救雷达应答器产品化方向发展。1992 年 7 月国际电工技术委员会正式颁布了搜救雷达应答器的国际标准，即 IEC 1097-1 标准（在国内为 GB 15216—1994），其后国外迅速推出了多种型号的搜救雷达应答器设备，例如英国 McMurdo 公司的 S4 型 SART、美国 ACR 公司的 MK3 型 SART 等产品。

自改革开放以来，我国的船舶制造业迅速发展，为顺应改革开放的政策，我国的进出口贸易规模越来越大，货物来往也越来越频繁。因此，海上安全系统的发展必须要能跟上船舶制造业的发展速度，才能保证我国海运事业的健康可持续发展。但目前我国船舶上配备的电子设备国产化比例较低，进口产品成了市场主流。根据相关报道，我国常规船舶国产设备的实际配套率只有 30% 左右，高新技术船舶国产设备的实际配套率仅 20% 左右。而一些其他发达国家的船舶配套产品其国产比例达到了 90% 以上，这些配套设备研发上的不足，让发展态势迅猛的船舶工业遇到了一些阻碍，因此建立符合最新标准的海上安全系统，并且加大对配套设备的研发和生产力度，是很有价值和意义的。目前，SART 的主要市场份额被美国、德国、英国等欧美国家以及日本、韩国等国家的厂商占有，反观国内只有极少数厂商有能力生产 SART，技术不完善，市场竞争力低等因素成为阻碍发展的瓶颈，国内 SART 的生产有待提高。为了满足我国航海船只对搜救雷达应答器的装备需求，航空工业总公司 615 所和无锡航海器材厂联合开发了一种 YDJ-1 型搜救雷达应答器，其性能样机于 1993 年 6 月通过了技术鉴定，达到了《全球海上遇险安全系统（GMDSS）搜救雷达应答器（SART）性能要求》（GB 15216—1994）的要求。另外，天奥等少数厂家也生产搜救雷达应答器。但是总体来说，国内产品在技术以及竞争力上与国外还有很大差距。

5.3.3　航标遥测遥控

航标作为保障船舶安全经济便利航行的重要设施，对发展水上交通运输、海洋资源开发、渔业捕捞、国防建设和维护国家主权均起着重要作用。组建一套具有中国特色的航标遥测遥控系统，并在此基础上，实现航标遥测遥控系统与 AIS、VTS 系统的信息整合，是实现我国航标管理现代化，提高航标助航效能，提升 AIS、VTS 系统监管和服务能力，促进海洋经济快速健康发展的必然需求。

随着雷达、计算机、无线通信和卫星定位等现代科学技术的不断发展，美英法日等航运大国，充分利用现代电子和通信技术，不仅建立起了国家级航标遥测遥控系统，为其航标管理当局降低航标运行管理费用，提高管理效能提供服务，而且新一代无线电导航及计算机监管服务等高技术产品与系统不断涌现，迅速提高了海事管理当局的服务和监管水平。如 20 世纪 80 年代中期，船舶交通服务（VTS）系统投入使用；90 年代中期，全球导航卫星系统（GNSS）投入使用；90 年代末期，船舶通用自动识别系统（AIS）投入运行。进入 21 世纪后，德国、美国等航运大国，为加强航运信息服务和管理能力，满足港口船舶安全管理要求，正在大力提升 VTS、AIS 系统信息融合和应用能力，其主要表现为：

(1)AIS 信息服务

建立国家区域性 AIS 网络中心，为海事管理当局、港口管理当局、航运代理人、货物管理人、海关和移民等机构，提供 AIS 源收集的航运信息。

(2) 航行信息服务

由 AIS 站向周围船舶提供航标和实时潮高、潮流、本地气象条件等船舶航行所需的信息和数据。

(3)VTS、AIS 信息融合

AIS 系统提供的船舶航行实时数据，有助于提高雷达在各种气象条件下及雷达遮蔽区和盲区内的探测性能，改善 VTS 系统自动识别和标记能力，避免跟踪交换，并能在 VTS 系统增加提供实时航向和航速数据显示，而 VTS 系统的海上雷达信息，则有助于验证 AIS 信息的真伪。

为满足我国海洋事业快速发展对现代导航监管设施的需求，20 世纪 90 年代中后期，我国现代导航技术和监管系统建设进入了蓬勃发展期。1996 年，我国成功引入 DGPS 差分台站技术，并迅速覆盖我国沿海海域，全球导航卫星系统(GNSS) 全面启用。2000 年，船舶交通服务(VTS) 系统投入使用。2004 年，船舶通用自动识别系统(AIS) 投入试运行，并迎来系统建设高速发展期。交通部海事局在大力引进全球导航卫星系统(GNSS)、船舶交通服务(VTS)系统、船舶通用自动识别(AIS) 系统的同时，十分重视航标遥测遥控系统建设。1999 年，中国海事局提出并制定了全国沿海航标遥测遥控系统建设指导原则；2002 年，北方、东海和南海海区开始进行第一期航标遥测遥控系统建设；2005 年，中国海事局在总结第一期系统建设经验的基础上，提出并制定了海区航标遥测遥控系统技术规范，进一步明确了航标遥测遥控系统所应达到的基本技术要求，航标遥测遥控系统与 AIS 系统信息融合和应用技术的研究，也已处于起步阶段。综上所述，我国海事管理部门正不断借助和跟踪国外现代电子通信卫星导航计算机辅助管理等高科技手段，大力提升我国船舶助航服务。

5.3.4 AIS 航标

5.3.4.1 AIS 航标定义

航标是指供船舶定位、导航或者用于其他专用目的的助航设施。它主要用于船舶往来频繁、水文地理复杂的水域及港口，为船舶指示航线、转向点、浅滩、暗礁、沉船和禁航区等，是保障船舶安全航行的重要设施。航标可分为固定航标和水上标志。固定航标包括灯塔、灯桩、导标和立标等；水上标志包括灯船和浮标。

传统意义上的航标是通过外形、颜色、灯光、雷达应答器等手段实现对航海者的帮助。航海者通过目视、眺望航标来获取相关的助航信息。这样的助航方式虽然简单直观，但也存在严重的不足：

① 传统航标的维护需要投入大量的人力和船只进行现场巡检，且只能是定时维护，难以实现实时维护。

② 传统的航标系统主要依靠灯光、声音为船舶提供助导航，不能向船舶提供精确的位置数据，对于浮标还存在移位问题。

③ 传统灯光航标的视觉效果会受到天气和环境的影响。

④ 传统航标无法满足日益增多的海上应用需求。

为了弥补以上的不足，响应 IMO 近年来大力提倡的 E- 航海战略，国内外航标管理部门投入了大量的人力、物力来研制新型的数字化航标，将信息技术与传统航标结合在一起以寻求航标应用及管理的信息化。这些投入已经取得了良好的效果，各种数字化航标系统不断涌现，为航标的发展起到了巨大的推动作用。

数字化航标系统是以无线航标终端的实现为核心的，因而采用何种无线传输网络成为关键问题。目前，较为热门的有 GSM/GPRS 网络、无线传感器网络以及海上专用的 AIS 网络等，其中 GSM/GPRS 网络为公用网络，对海上航标应用环境存在信号覆盖率低、中继站架设费用昂贵、对运营商的依赖以及定时付费等问题，成为其在数字航标上应用的限制因素；而无线传感器网络虽然价格低廉，组网容易，但其信号传输距离太短，在海上航标这种疏节点网络上的应用无法充分发挥其长处。AIS 网络作为海上专用通信网络，具有传输距离远、受海上环境影响小等特点，成为数字航标建设的首选。

5.3.4.2 AIS 的应用及发展

随着海上运输业务不断发展，船舶数量不断增加，船舶航行速度也在不断提升，港口和航道的交通管制日趋紧张。通过雷达、ARPA 和 VHF 频道语音通信对话这些传统手段已经无法满足船舶的安全航行需求，船舶碰撞事故呈增长趋势。船舶自动识别系统（AIS）正是在这一形势下，由 IMO、IALA 等国际组织以及各个成员国经过不断研发、试验最终产生的新系统。AIS 是工作在 VHF 频段的自主、连续广播系统，采用时分多址（TDMA）技术在移动站 - 移动站以及移动站 - 固定站之间交换船舶识别码、船位、航向及航速等信息。相比雷达，AIS 具有信息量大、抗干扰能力强和越障碍传输等优点，可与雷达起到互补作用；相比 VHF 语音通信，AIS 的电文通信功能具有通用性好、效率高、易于处理和应用面广等优点，为船舶之间、船岸之间的信息交换，确保航行安全开辟了新的方式。AIS 以其巨大的优势不断扩充其应用范围，近年 AIS 的发展已延伸至包括 AIS 航标设备、AIS 搜救飞机台站和 AIS 搜救发射机（AISSART）、卫星 AIS 等。

随着 AIS 的应用发展，人们清楚地认识到，AIS 在支持海洋管理和交通监管活动以及保障海上安全等领域，还具有巨大的应用潜力。IMO 指出，AIS 很可能是实现 E- 航海核心目标的主要技术，它可实现以下功能：

① 播发水文气象、航海信息及各种危险因素，提高船舶安全航行性能；

② 便于岸基 / 海岸设施对船舶交通进行监管；

③ 便于船 - 船、船 - 岸、岸 - 船和岸 - 岸及其他用户的通信及数据交换；

④ 提高航运与物流工作效率；

⑤ 支持意外事故和对应搜救服务的有效操作；

⑥ 验证重要安全系统的精度、完善性和连续性指标；

⑦ 在船上和岸上，通过人机接口综合并提供信息，极大地提高航行安全，使误解的风险最小；

⑧ 在船上和岸上，综合并提供信息，减轻用户工作负荷，并提升用户的工作热情，支持决策。

作为一门新兴的技术，AIS 在提高航行安全，增强海事管理与服务方面有着突出的作用。国际航标协会 IALA 预见了 AIS 技术在航标应用上的广阔前景，在 IALA 的建议之下，国际电信联盟(ITU)通过了AIS航标应用的有关条款,ITU已经规定将AIS的21号电文专用于航标,并且其他信息也可以用于航标。IALA近几年来对AIS在海上航标中的应用做了许多工作,其中包括AIS在航标应用中的建议(A-126)。同时,我国交通部也明确指出要把信息化放在优先地位,加强现代信息基础设施建设,全面推进公路、水路交通信息化。航标作为水路交通的重要组成部分更是决定了其信息化的必要性。

5.4 卫星导航系统

目前,卫星导航系统主要有GPS、GLONASS、Galileo系统和北斗系统。自GPS试验卫星发射以来,卫星导航系统在定位与导航方面的研究、开发和实验工作发展迅速,其在港口航道工程、船舶定位与导航、船舶交通管理等方面应用广泛。卫星导航系统是一种空基无线电导航系统,涉及卫星通信、卫星测距、坐标系转换、信号调制、位置估算等技术。

5.4.1 卫星导航系统的基本组成

卫星导航系统的组成如图5-8所示,卫星导航系统(卫星导航定位系统)主要包括导航卫星星座、地面测控网和用户导航定位设备(简称用户机)三大部分。以导航卫星为基准点,用户通过接收卫星导航信号,测算出用户到导航卫星之间的距离,根据导航卫星每一时刻的速度和位置,可以确定用户当前的速度和位置。

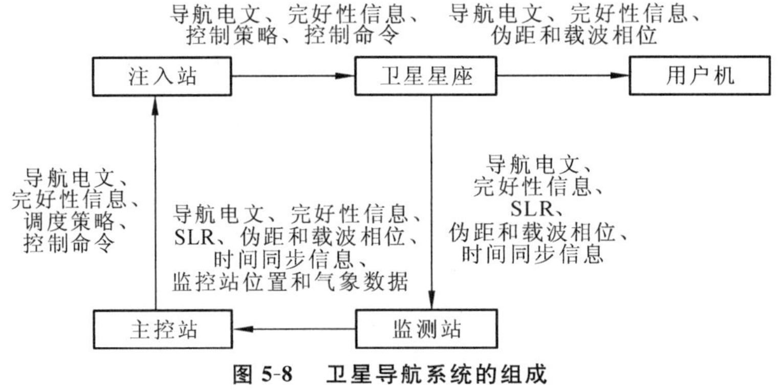

图5-8 卫星导航系统的组成

5.4.1.1 导航卫星星座

导航卫星星座是指由多颗导航卫星组成的空间导航图。卫星分布在近圆的轨道平面上,按照轨道高度可以划分成GEO(地球同步轨道)、LEO(低地球轨道)和MEO(中高地球轨道),其中分布在GEO、MEO的卫星居多。

导航卫星可以通过接收和转发地面测控网发送的跟踪电波信号测定卫星的运行轨道;能够接收主控站的调度信息,完成运行姿态的调整;可以接收和存储来自地面的导航信息并向用户发送导航电文。每颗卫星上都装有高精度原子钟,可以通过原子钟产生基准信号和提供时间标准。

5.4.1.2 地面测控网

地面测控网主要由主控站、监测站和注入站三部分组成,其中主控站包括计算与控制中心和时统中心。地面测控网能够跟踪、测量、计算和预报卫星轨道;能够监控和管理卫星上的设备的工作状况。

5.4.1.3　导航定位设备

用户导航定位设备是由接收机和数据处理机等组成的。主要功能包括：① 接收导航信号，测定伪距和多普勒频率观测值；② 提取导航电文中的导航星历及相关参数；③ 从接收的导航信号、导航电文中解算出用户当前位置、速度和其他参数。

5.4.2　卫星导航定位的基本原理

进行卫星导航定位至少需要同时观测到 4 颗卫星。用户通过导航电文中的星历表，选择可以提供最佳几何图形的 4 颗卫星；再根据导航信号的传播时间计算出用户到导航卫星的距离；通过查询星历表的相关参数计算出 4 颗卫星的位置。如果用户携带与全球定位系统时间同步的精确时钟，只需要 3 颗卫星就可以完成导航任务，此时用户处于 3 个以卫星为球心的圆球的交点之上。如果同时能够测得 4 颗卫星的距离，用户就不必携带精确时钟，可以利用第 4 颗卫星来估算出时钟误差。

伪距是指用户通过不精确时钟测得的用户到卫星的距离，每一次进行距离估算时，都会存在由于时钟误差引起的固定量级的偏差，伪距测量示意图如图 5-9 所示。

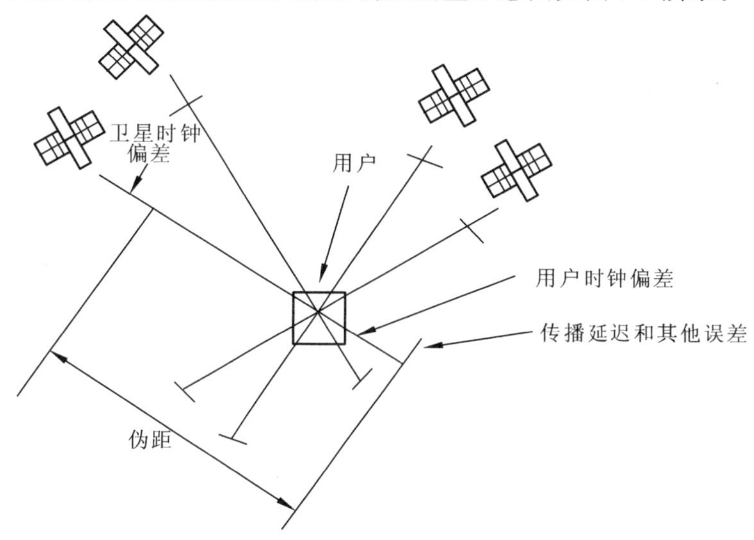

图 5-9　伪距测量示意图

$$p_i^j(t_i) = R_i^j(t_i) + c\Delta_i^j + c(\delta t_i - \delta t^j) \tag{5-1}$$

式中　$p_i^j(t_i)$——t_i 时刻用户到卫星 j 的伪距；

$R_i^j(t_i)$——t_i 时刻用户到卫星 j 的真实距离；

c—— 光速；

δt^j—— 卫星 j 的时钟相对于全球定位系统时间的偏差；

δt_i—— 用户时钟相对于全球定位系统时间的偏差；

Δ_i^j—— 传播延迟和其他误差。

如图 5-10 所示，在二维情况下，可以使用 3 颗卫星测定用户位置，虽然以 3 颗卫星的伪距半径作弧不能相交在同一点上，但可以找到一个固定距离值 $c\delta t_i$。当三个伪距都减去 $c\delta t_i$

后，以其值为半径的圆将会相交于一点，该交点即是近似的用户位置，该位置与真实用户位置之差是独立的距离误差函数。当存在 4 颗导航卫星时，应用该原理可以完成三维定位。

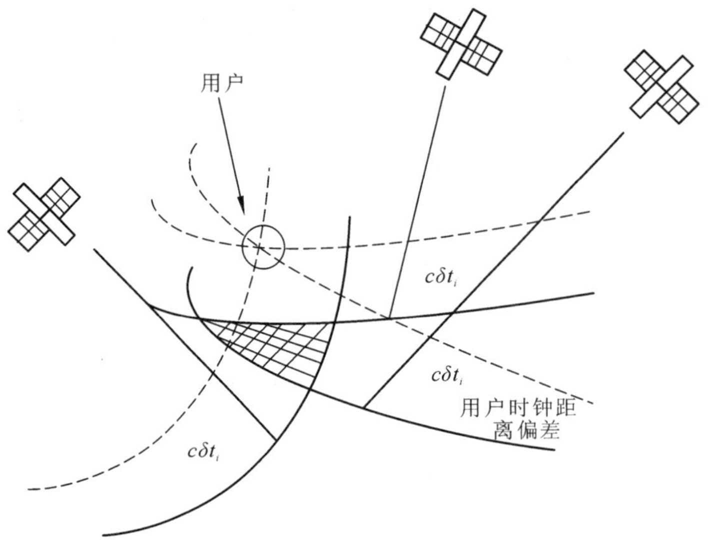

图 5-10　用户位置测定示意图

5.4.3　GPS 导航系统

GPS 是英文 Global Positioning System（全球定位系统）的简称。GPS 起始于 1958 年美国军方的一个项目，1964 年投入使用。20 世纪 70 年代，美国陆海空三军联合研制了新一代卫星定位系统 GPS。主要目的是为陆海空三大领域提供实时、全天候和全球性的导航服务，并用于情报搜集、核爆监测和应急通信等一些军事目的，经过 20 余年的研究实验，耗资 300 亿美元，到 1994 年，全球覆盖率高达 98% 的 24 颗 GPS 卫星星座已布设完成。

随着冷战结束和全球经济的蓬勃发展，美国政府宣布 2000—2006 年期间，在保证美国国家安全不受威胁的前提下，取消 SA 政策，GPS 民用信号精度在全球范围内得到改善，利用 C/A 码进行单点定位的精度由 100m 提高到 20m，这将进一步推动 GPS 技术的应用，提高生产力、作业效率、科学水平以及人们的生活质量，刺激 GPS 市场的增长。据有关专家预测，在美国，单单是汽车 GPS 导航系统，2000 年后的市场达到 30 亿美元，而在中国，汽车导航的市场也将达到 50 亿元人民币。可见，GPS 技术市场的应用前景非常可观。

由于 GPS 技术所具有的全天候、高精度和自动测量的特点，作为先进的测量手段和新的生产力，已经融入到国民经济建设、国防建设和社会发展的各个应用领域。

5.4.3.1　GPS 系统概述

GPS 系统由空间部分、地面测控部分和用户设备三部分组成。

① 空间部分由空间 GPS 卫星星座组成。

② 地面测控部分包括地球上所有监测与控制卫星的设施。

③ 用户设备部分包括 GPS 接收机和用户团体。

GPS 可以为用户提供精密定位服务（PPS）和标准定位服务（SPS）。

PPS 授权的精密定位系统用户需要密码设备和特殊的接收机，包括美国军队、某些政府机构以及批准的民用用户；SPS 的用户对象为普通民用用户。美国政府对于定位精度实施控制，仅提供SPS服务。SPS服务可供全世界用户免费、无限制地使用。GPS接收机的价格差异很大，一般取决于接收机的功能。小型民用SPS接收机的价格不足200美元。

GPS的前身是美国军方研制的一种子午仪卫星定位系统(Transit)，它于1958年研制，1964年正式投入使用。该系统用5～6颗卫星组成的星网工作，每天最多绕过地球13次，并且无法给出高度信息，在定位精度方面也不尽如人意。然而，子午仪系统使得研发部门对卫星定位取得了初步的经验，并验证了由卫星系统进行定位的可行性，为GPS的研制做铺垫。由于卫星定位在导航方面显示出巨大的优越性，且子午仪系统存在对潜艇和舰船导航方面的巨大缺陷，美国海陆空三军及民用部门都感到迫切需要一种新的卫星导航系统。

为此，美国海军研究实验室(NRL)提出了名为Tinmation的用12～18颗卫星组成10000km高度的全球定位网计划，并于1967年、1969年和1974年各发射了一颗试验卫星，在这些卫星上初步试验了原子钟计时系统，这是GPS精确定位的基础。而美国空军则提出了621-B的以每星群4～5颗卫星组成3～4个星群的计划，这些卫星中除1颗采用同步轨道外其余的都使用周期为24h的倾斜轨道，该计划以伪随机码(PRN)为基础传播卫星测距信号，当信号密度低于环境噪声的1%时也能将其检测出来。伪随机码的成功运用是GPS得以取得成功的一个重要基础。海军的计划主要用于为舰船提供低动态的二维定位，空军的计划是能够提供高动态服务，然而系统过于复杂。由于同时研制两个系统会造成巨大的费用，而且这里两个计划都是为了提供全球定位而设计的，所以1973年美国国防部将两者合二为一，并由国防部牵头的卫星导航定位联合计划局(JPO)领导，将办事机构设立在洛杉矶的空军航天处。该机构成员众多，包括美国陆军、海军、海军陆战队、交通部、国防制图局以及北约和澳大利亚的代表。

最初的GPS计划在美国联合计划局的领导下诞生了，该方案将24颗卫星放置在互成120°的三个轨道上。每个轨道上有8颗卫星，地球上任何一点均能观测到6～9颗卫星。这样，粗码精度可达100m，精码精度为10m。由于预算压缩，GPS计划不得不减少卫星发射数量，改为将18颗卫星分布在互成60°的6个轨道上，然而这一方案使得卫星可靠性得不到保障。1988年又进行了最后一次修改：21颗工作星和3颗备用星工作在互成60°的6条轨道上。这也是GPS卫星所使用的工作方式。

GPS导航系统是以全球24颗定位人造卫星为基础，向全球各地全天候地提供三维位置、三维速度等信息的一种无线电导航定位系统。它由三部分构成：一是地面控制部分，由主控站、地面天线、监测站及通信辅助系统组成；二是空间部分，由24颗卫星组成，分布在6个轨道平面上；三是用户装置部分，由GPS接收机和卫星天线组成。民用卫星的定位精度可达10m内。

5.4.3.2 GPS工作原理

GPS导航系统的基本原理是测量出已知位置的卫星到用户接收机之间的距离，然后综合多颗卫星的数据就可知道接收机的具体位置。要达到这一目的，卫星的位置可以根据星载时钟所记录的时间在卫星星历中查出。而用户到卫星的距离则通过记录卫星信号传播到用户所经历的时间，再将其乘以光速得到。由于大气层电离层的干扰，这一距离并不是用户与卫星之间的真实距离，而是伪距(PR)。当GPS卫星正常工作时，会不断地用1和0二进制码元组成的伪随机码(简称伪码)发射导航电文。GPS系统使用的伪码一共有两种，分别是民用的C/A码和军用的P(Y)码。C/A码频率如1.023MHz，重复周期如1ms，码间距如1μs，相当于300m；P码频率如10.23MHz，重复周期如266.4d，码间距如0.1μs，相当于30m。而

Y 码是在 P 码的基础上形成的，保密性能更佳。导航电文包括卫星星历、工作状况、时钟改正、电离层时延修正、大气折射修正等信息。它是从卫星信号中解调出来，以 50b/s 调制在载频上发射的。导航电文每个主帧中包含 5 个子帧，每帧长 6s。前三帧各 10 个字码，每 30s 重复 1 次，每小时更新 1 次；后两帧共 15000b。导航电文中的内容主要有遥测码，转换码，第 1、2、3 数据块，其中最重要的则为星历数据。当用户接收到导航电文时，提取出卫星时间并将其与自己的时钟做对比便可得知卫星与用户的距离，再利用导航电文中的卫星星历数据推算出卫星发射电文时所处位置，用户在 WGS-84 大地坐标系中的位置速度等信息便可得知。

可见 GPS 导航系统卫星部分的作用就是不断地发射导航电文。然而，由于用户接收机使用的时钟与卫星星载时钟不可能总是同步，所以除了用户的三维坐标 x、y、z 外，还要引进一个 Δt，即卫星与接收机之间的时间差作为未知数，然后用 4 个方程将这 4 个未知数解出来。所以如果想知道接收机所处的位置，至少要能接收到 4 个卫星的信号。

GPS 接收机对码的量测就可得到卫星到接收机的距离，由于含有接收机卫星钟的误差及大气传播误差，故称为伪距。对 C/A 码测得的伪距称为 C/A 码伪距，精度约为 20m，对 P 码测得的伪距称为 P 码伪距，精度约为 2m。

GPS 接收机对收到的卫星信号进行解码，或采用其他技术将调制在载波上的信息去掉后，就可以恢复载波。严格而言，载波相位应被称为载波拍频相位，它是收到的受多普勒频移影响的卫星信号载波相位与接收机本机振荡产生的信号相位之差。一般在接收机中确定的历元时刻量测，保持对卫星信号的跟踪，就可记录下相位的变化值，但开始观测时的接收机和卫星振荡器的相位初值是不知道的，起始历元的相位整数也是不知道的，即整周模糊度，只能在数据处理中作为参数解算。相位观测值的精度高至毫米，但前提是解出整周模糊度，因此，只有在相对定位，并有一段连续观测值时才能使用相位观测值，而要达到优于米级的定位精度也只能采用相位观测值。

按定位方式，GPS 定位分为单点定位和相对定位(差分定位)。单点定位就是根据一台接收机的观测数据来确定接收机位置的方式，它只能采用伪距观测量，可用于车船等的概略导航定位。相对定位(差分定位)是根据两台以上接收机的观测数据来确定观测点之间的相对位置的方法，它既可采用伪距观测量也可采用相位观测量，大地测量或工程测量均应采用相位观测值进行相对定位。

GPS 观测量包含了卫星和接收机的钟差、大气传播延迟、多路径效应等误差，在定位计算时还要受到卫星广播星历误差的影响，在进行相对定位时大部分公共误差被抵消或削弱，因此定位精度将大大提高。双频接收机可以根据两个频率的观测量抵消大气中电离层误差的主要部分，在精度要求高、接收机间距离较远时(大气有明显差别)，应选用双频接收机。

5.4.3.3 GPS 定位原理

GPS 定位的基本原理是根据高速运动的卫星瞬间位置作为已知的起算数据，采用空间距离后方交会的方法，确定待测点的位置。如图 5-11 所示，假设 t 时刻在地面待测点上安置 GPS 接收机，可以测定 GPS 信号到达接收机的时间 Δt，再加上接收机所接收到的卫星星历等其他数据可以确定以下四个方程式：

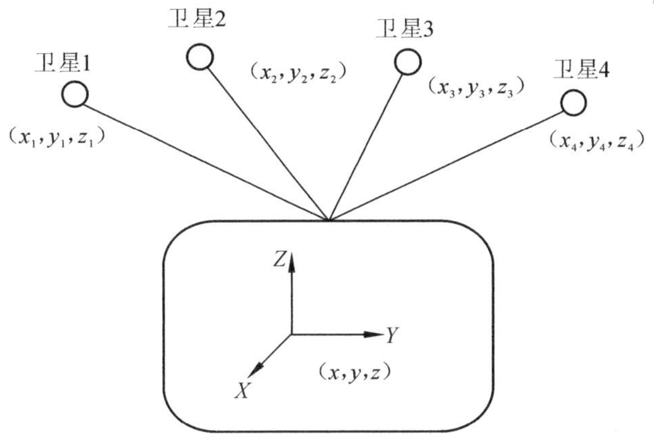

图 5-11 GPS **定位**

$$[(x_1 - x)^2 + (y_1 - y)^2 + (z_1 - z)^2]^{1/2} + c(v_{t1} - v_{t0}) = d_1$$
$$[(x_2 - x)^2 + (y_2 - y)^2 + (z_2 - z)^2]^{1/2} + c(v_{t2} - v_{t0}) = d_2$$
$$[(x_3 - x)^2 + (y_3 - y)^2 + (z_3 - z)^2]^{1/2} + c(v_{t3} - v_{t0}) = d_3$$
$$[(x_4 - x)^2 + (y_4 - y)^2 + (z_4 - z)^2]^{1/2} + c(v_{t4} - v_{t0}) = d_4$$

5.4.3.4 定位精度

28 颗卫星(其中 4 颗备用) 早已升空,分布在 6 条互成 60°的轨道面上,距离地面约 20000km。已经实现单机导航精度约为 10m,综合定位精度可达厘米级和毫米级。但民用领域开放的精度约为 10m。

(1)GPS 的设置

一台新的 GPS 启用前,需进行设置,如坐标系、地图基准、参考方位、公制/英制、数据接口格式等。

坐标系:常用的是 LAT/LON 和 UTM。LAT/LON 就是经纬度表示,UTM 在这里就不用管了。

地图基准:一般用 WGS84。

参考方位:实际有磁北和真北(简称 CB 和 ZBY) 之分。指南针指的北就是磁北,北斗星指的北就是真北。两者在不同地区相差的角度是不一样的,地图上的北是真北。

公制/英制:自选。

数据接口格式:GPS 可以输出实时定位数据供其他的设备使用,这就牵扯到了数据交换协议。几乎所有的 GPS 接收机都遵循美国国家海洋电子协会(National Marine Electronics Association) 所指定的标准规格,这一标准制定了所有航海电子仪器间的通信标准,其中包含传输资料的格式以及传输资料的通信协议。NMEA 协议有 0180、0182 和 0183 三种,0183 可以认为是前两种的超集,现在正广泛地使用经纬度来表示。

5.4.4 GLONASS 系统

格洛纳斯 (GLONASS) 是俄语中全球卫星导航系统 GLOBAL NAVIGATION SATELLITE SYSTEM 的缩写。作用类似于美国的 GPS、欧洲的伽利略卫星定位系统、中国的北斗卫星导航系统。最早开发于前苏联时期,后由俄罗斯继续该计划。俄罗斯 1993 年开始独自建立本国的全球卫星导航系统。按计划，该系统于 2007 年开始运营，当时只开放俄罗斯境内卫星定位及导航服务。到 2009 年，其服务范围拓展到全球。该系统主要服务内容包括确定陆地、海上及空中目标的坐标及运动速度信息等。

卫星数量：30 颗。

精度：10m 左右。

用途：军民两用。

进展：莫斯科时间 2011 年 11 月 4 日 16 时 51 分（北京时间 20 时 51 分），俄罗斯航天部门使用一枚质子-M 重型运载火箭，将 3 颗格洛纳斯-M 全球导航卫星成功地送入太空。俄航天署署长波波夫金说，该系统在轨卫星群已有 28 颗卫星，达到了设计水平。

5.4.4.1 GLONASS 导航电文的内容

GLONASS 导航电文主要由星历、星钟和 UTC 的时差、时间标记、GLONASS 历书等组成。

全球导航卫星系统（GLONASS）是由前苏联（现由俄罗斯）国防部独立研制和控制的第二代军用卫星导航系统，与美国的 GPS 相似，该系统也开设民用窗口。GLONASS 技术，可为全球海陆空以及近地空间的各种军、民用户全天候、连续地提供高精度的三维位置、三维速度和时间信息。GLONASS 在定位、测速及定时精度上则优于施加选择可用性（SA）之后的 GPS。由于俄罗斯向国际民航和海事组织承诺将向全球用户提供民用导航服务，并于 1990 年 5 月和 1991 年 4 月两次公布 GLONASS 的 ICD，为 GLONASS 的广泛应用提供了方便。GLONASS 的公开化，打破了美国对卫星导航独家经营的局面，既可为民间用户提供独立的导航服务，又可与 GPS 结合，提供更好的精度几何因子（GDOP），同时也降低了美国政府利用 GPS 施以主权威慑给用户带来的后顾之忧，因此，引起了国际社会的广泛关注。

格洛纳斯系统标准配置为 24 颗卫星，而 18 颗卫星就能保证该系统为俄罗斯境内用户提供全部服务。该系统卫星分为格洛纳斯和格洛纳斯-M 两种类型，后者使用寿命更长，可达 7 年。研制中的格洛纳斯-K 卫星的在轨工作时间可长达 10 ～ 12 年。

5.4.4.2 GLONASS 系统组成

GLONASS 系统由卫星星座、地面监测控制站和用户设备三部分组成。

GLONASS 星座由 27 颗工作星和 3 颗备份星组成，所以 GLONASS 星座共由 30 颗卫星组成。27 颗卫星均匀地分布在 3 个近圆形的轨道平面上，这三个轨道平面两两相隔 120°，每个轨道面有 8 颗卫星，同平面内的卫星之间相隔 45°，轨道高度 2.36 万 km，运行周期 11h15min，轨道倾角 56°。

5.4.4.3 GLONASS 地面支持系统

地面支持系统由系统控制中心、中央同步器、遥测遥控站（含激光跟踪站）和外场导航控制设备组成。地面支持系统的功能由前苏联境内的许多场地来完成。随着苏联的解体，GLONASS 系统由俄罗斯航天局管理，地面支持段已经减少到只有俄罗斯境内的场地了，系统控制中心和中央同步处理器位于莫斯科，遥测遥控站位于圣彼得堡、捷尔诺波尔、埃尼谢斯克和共青城。

5.4.4.4 GLONASS 用户设备

GLONASS 用户设备（即接收机）能接收卫星发射的导航信号，并测量其伪距和伪距变化率，同时从卫星信号中提取并处理导航电文。接收机处理器对上述数据进行处理并计算出用户所在的位置、速度和时间信息。GLONASS 系统提供军用和民用两种服务。GLONASS 系统绝对定位精度：水平方向为 16m，垂直方向为 25m。目前，GLONASS 系统的主要用途是导航定位，当然与 GPS 系统一样，也可以广泛应用于各种等级和种类的定位、导航和时频领域等。

与美国的 GPS 系统不同的是，GLONASS 系统采用频分多址（FDMA）方式，根据载波频率来区分不同卫星[GPS 是码分多址（CDMA），根据调制码来区分卫星]。每颗 GLONASS 卫星发播的两种载波的频率分别为 $L_1 = 1.602 + 0.5625K$(MHz) 和 $L_2 = 1.246 + 0.4375K$(MHz)，其中 $K = (1 \sim 24)$/ 颗。

所有 GPS 卫星的载波的频率是相同的，均为 $L_1 = 1575.42$MHz 和 $L_2 = 1227.6$MHz。

GLONASS 卫星的载波上也调制了两种伪随机噪声码：S 码和 P 码。俄罗斯对 GLONASS 系统采用了军民合用、不加密的开放政策。

GLONASS 系统单点定位精度：水平方向为 16m，垂直方向为 25m。

GLONASS 卫星由质子号运载火箭一箭三星发射入轨，卫星采用三轴稳定体制，整备质量 1400kg，设计轨道寿命 5 年。所有 GLONASS 卫星均使用精密铯钟作为其频率基准。第一颗 GLONASS 卫星于 1982 年 10 月 12 日发射升空。到目前为止，共发射了 80 余颗 GLONASS 卫星，最近一次是于 2000 年 10 月 13 日发射了三颗卫星。截至 2001 年 1 月 10 日共有 10 颗 GLONASS 卫星正在运行。

为进一步提高 GLONASS 系统的定位能力，开拓广大的民用市场，俄政府计划用 4 年时间将其更新为 GLONASS-M 系统。内容有：改进一些地面测控站设施；延长卫星的在轨寿命到 8 年；实现高的系统定位精度：位置精度提高到 10 ～ 15m，定时精度提高到 20 ～ 30ns，速度精度达到 0.01m/s。

另外，俄计划将系统发播频率改为 GPS 的频率，并得到罗克韦尔公司的技术支援。

GLONASS 系统的主要用途是导航定位，当然与 GPS 系统一样，也可以广泛应用于各种等级和种类的测量应用、GIS 应用和时频应用等。

5.4.4.5　GLONASS 系统特点

①GLONASS 系统概述　1982 年，俄罗斯卫星导航系统 GLONASS 的第一颗卫星升空，从此开始应用于测量与导航领域。

②GLONASS 定位技术　GLONASS 的定位技术与 GPS 相同，即以精确的定时和卫星量程计算为基准来进行。

③GPS 与 GLONASS 系统比较　GPS 和 GLONASS 系统有很多相似之处，但很明显 GLONASS 努力采用较少的卫星数量。

5.4.5　Galileo 系统

Galileo（伽利略）系统即伽利略计划。

欧洲伽利略系统是欧洲计划建设的新一代民用全球卫星导航系统，按照规划伽利略计划将耗资约 27 亿美元，系统由 30 颗卫星组成，其中 27 颗卫星为工作卫星，3 颗为候补卫星，卫星高度为 24126km，位于 3 个倾角为 56° 的轨道平面内，该系统除了 30 颗中高度圆轨道卫星外，还有 2 个地面控制中心。

在 20 世纪 90 年代的局部战争中，美国的 GPS 出尽风头。利用 GPS 系统提供定位的导弹或战斗机可以对地面目标进行精确打击，这给欧洲国家留下了深刻印象。欧洲国家为了减少对美国 GPS 系统的依赖，同时也为了在未来的卫星导航定位市场上分一杯羹，决定发展自己的全球卫星定位系统。经过长达 3 年的论证，2002 年 3 月，欧盟 15 国交通部长会议一致决定，启动伽利略导航卫星计划。

伽利略计划的总投资预计为 36 亿欧元，由分布在 3 个轨道上的 30 颗卫星组成。该系统与 GPS 类似，可以向全球任何地点提供精确定位信号。由于伽利略系统主要针对民用市场，因此在设计之初，设计人员就把为民用领域的客户提供高精度的定位放在了首要位置。与美国的 GPS 相比，伽利略系统可以为民用客户提供更为精确的定位，其定位精度可以达到 1m，而 GPS 只能达到 10m。

第一颗用于测试的卫星在哈萨克斯坦的拜科努尔基地发射升空，2006 年伽利略系统正式部署，2008 年整个系统完工，正式为客户提供商业服务。

5.4.5.1　Galileo 系统应用范围

伽利略系统主要用于民用领域，而且面对的是 GPS 这个运行超过 20 年的市场垄断者，其市场开发的难度之大可想而知。因此，伽利略计划采用开放合作的模式，通过吸收合作伙伴来扩大市场份额。中国经济近年来快速发展，中国庞大的潜在用户群对于确保伽利略系统的成功具有重要意义，中国从一开始就进入了欧洲的视线。

2000 年，伽利略计划提出不久，欧盟委员会副主席德帕拉西奥在与当时的中国国务院总理朱镕基会晤时就表示希望中国参与伽利略计划，得到了中国的积极回应。随后，中国同欧盟签署协议，在北京成立了中欧卫星导航技术培训合作中心，加强国内技术人员的培训和双边交流。而为了落实中方的责任与义务，中国成立了由多家公司参股的伽利略卫星导航有限公司，该公司作为国内的总承包商负责协调国内的相关单位和公司，完成中国在伽利略计划中所承担的任务。

5.4.5.2　伽利略计划的意义

伽利略卫星导航有限公司作为国内的总承包商负责协调国内的相关单位和公司，完成中国在伽利略计划中所承担的任务。中国加入伽利略计划，对双方都是好事。从欧洲方面看，欧洲希望成为未来世界独立的一极，在世界事务中发挥积极的作用。通过与中国在空间技术上的合作，可以对美国的单边主义形成一定的牵制，所以在伽利略计划的合作中欧洲表现得更主动。而中国通过合作可以获得可观的经济收益，中国将向伽利略计划投资 2 亿欧元，根据比例获取相应收益。同时中国在整个系统的开发运作过程中可以提升该国的技术，学习市场开发的经验，为该国开发独立的卫星导航系统打下良好的基础。

5.4.5.3　Galileo 系统的主要服务

虽然 Galileo 系统提供的信息仍还是位置、速度和时间，但是提供的服务种类远比 GPS 多，GPS 仅有标准定位服务(SPS) 和精确定位服务(PPS) 两种，而 Galileo 则提供五种服务，这就是：公开服务(OS)，与 GPS 的 SPS 相类似，免费提供；生命安全服务(SOLAS)；商业服务(CS)；公共特许服务(PRS)；搜救(SAR) 服务。以上所述的前四种是伽利略系统的核心服务，最后一种则是支持 SARSAT 的服务。伽利略系统服务不仅种类多，而且独具特色，它能提供完好性广播；服务的保证；民用控制；局域增强。

伽利略系统的公开服务提供定位、导航和授时服务，免费供大批量导航市场应用。商业服务是对公开服务的一种增值服务，以获取商业回报，它具备加密导航数据的鉴别功能，为测距和授时专业应用提供有保证的服务承诺。生命安全服务，它可以同国际民航组织(ICAO)标准和推荐条款(SARS)中的垂直制导方法相比拟，并提供完好性信息。公共特许服务是为欧洲国家安全应用专门设置的，是特许的或关键的应用，是具有战略意义的活动，其卫星信号更为可靠耐用，受成员国控制。伽利略系统提供的公开服务定位精度通常为15～20m(单频)和5～10m(双频)两种档次。公开特许服务有局域增强时能达到1m，商用服务有局域增强时为0.1～1m。

5.4.5.4　Galileo系统特点

①Galileo系统的提出　1999年6月召开的欧洲交通部长会议通过了拨款3700万欧元的提议，完成了被称为Galileo的新一代卫星导航系统，该系统于2008年投入运营。

②Galileo系统的性能　Galileo系统提供3种等级的性能：全球，地区，局域。

③Galileo系统的业务类型　系统还定义了3种类型的业务：开放接入业务(OAS)、一类控制接入业务(CAS1)和二类控制接入业务(CAS2)。

④Galileo系统的体系结构　Galileo系统的星座可由9颗静止卫星与21颗中轨道(MEO)卫星组成或者完全由30颗MEO卫星组成。

⑤Galileo系统与GPS和GLONASS的兼容性　射频兼容性对于实现三个系统的互操作至关重要，系统不能相互干扰或降低接收机的性能。

5.4.6　北斗卫星导航定位系统

5.4.6.1　北斗卫星导航定位系统简介

北斗计划是1983年由中国科学院院士陈芳允首次提出的，其初衷是为中国海上船只提供导航服务。该计划是利用两颗地球同步卫星建立双星定位系统。2000年10月中国发射了第1颗北斗卫星，同年12月第2颗北斗卫星发射升空，在这之后系统就进入了在轨验证阶段。到2003年又发射了一个地球同步卫星，并于2003年12月15日宣布北斗试验卫星系统正式开通运行。这不仅标志着我国是世界上第三个拥有自主卫星导航系统的国家，同时首次将定位与通信集成于系统和用户终端，创造了卫星导航应用的新体制。

在积累北斗一代实验卫星系统成功经验的基础之上，中国在2004年启动了北斗二代的建设，并在2007年成功地将第一颗中轨卫星Compass M-1送上预定轨道，这标志着中国的卫星导航建设实质性地跨入“三步规划”中的第三步。这一年，联合国宣布北斗、GPS、GLONASS和Galileo的操作者为全球导航定位供应商，并在印度召开的国际GNSS委员会(ICG)协调会上提出了系统之间的兼容与互操作，以达到国际资源共享的目的。2011年已有3颗GEO和4颗IGSO成功组网，初步具备区域导航定位能力，并在2011年年底宣布北斗区域卫星系统进入试运行阶段。到2012年12月为止，已有5颗地球静止同步卫星(GEO)、5颗倾斜地球同步卫星(IGSO)以及4颗中轨卫星(MEO)相继进入预定卫星轨道，实现了5GEO＋5IGSO＋4MEO的区域卫星系统的建设目标。

2014年至2020年间，北斗卫星导航系统将在区域导航系统14颗卫星的基础上，继续增加卫星并将服务由区域拓展到全球(30颗非GEO，5颗GEO)，其设计性能优于俄罗斯的GLONASS，并与第三代GPS性能相当。

各个阶段设计的系统参数性能变化较大，如表5-8所列。

表 5-8　北斗卫星各个阶段性能参数

性能指标	第一阶段	第二阶段	第三阶段
服务区域	中国及周边地区	中国及周边地区	全球
定位精度	优于 20m	平面 10m,高程 10m	优于 10m(三维)
测速精度	—	优于 0.2m/s	优于 0.2m/s
授时精度	单向 100ns,双向 20ns	单向 50ns	20ns

5.4.6.2　北斗卫星导航系统在航海中的应用

(1) 北斗卫星导航系统为船舶提供定位服务

电子海图显示和信息系统(ECDIS)是一种有足够备用配置,能视为符合修正的 1974 年 SOLAS 公约第 Ⅴ/19 条和 Ⅴ/27 条要求的最新海图的航行信息系统,可有选择性地显示系统电子航海图(SENC)信息及航行传感器的位置信息来帮助航海人员计划航线和监控航线,如有要求,还可以显示其他关于航行的信息。

在电子海图显示和信息系统中,不论在远洋还是在近岸航行,对船位传感器的精度要求极高,并且要求显示连续、实时、全天候的高精度的船位。在不同的显示状态下,船位信息都要显示在 ECDIS 上,还要显示航速航向矢量、航迹、航路点等。

随着船舶的吨位越来越大,吃水深度也越来越深,提供准确、可靠的船位信息尤为重要。北斗卫星导航系统能提供全天时定位精度优于 10m 的船位,测速精度优于 0.2m/s。由此可见,北斗卫星导航系统能为船舶提供高精度的船位,保证船舶安全。

与雷达配合使用,雷达跟踪目标与 AIS 报告目标关联,即雷达将分别来自雷达传感器和 AIS 传感器关于目标的位置、航向、航速等精度离散的信息,按照时间和位置以及按照航向和航速,依据一定的准则进行优化处理、充分利用和合理支配,根据驾驶员的要求输出关于目标一致性的最佳动态信息。

定位误差大将会表现为所有目标均无法实现位置关联,且所有基于定位系统的 AIS 设备的图标均偏离相应的雷达回波一个固定位置。如果定位系统误差过大,则所有目标无法实现关联。如果定位误差偏大,则会出现部分目标能够关联,而部分目标关联困难的情况,同时也可能出现关联后目标数据的精度反而降低的现象。

因此,不但雷达本身需要高精度位置信息,而且 AIS 信号也需要高精度的位置信息,北斗卫星的高精度完全可以应用到此设备当中,解决我国定位技术的空白。

(2) 北斗卫星导航系统为船舶提供短报文通信业务

掌握船位信息是 GMDSS 在海上遇险报警、海难示位、搜救协调和海难预防所必需的。目前船位报告是利用 GPS 和 Inmarsat-C 报告船位的,GPS 导航仪将本船所在位置的经纬度、航速、航向等数据通过适配的数据格式的接口自动发给 Inmarsat-C 船站,船站将这些信息编码组成数据包,按预定时间和间隔发给监控中心。我国北斗卫星能提供短报文通信业务,这样可以大大简化船位报告制度,减少船员的工作量。

世界上许多重要港口、狭水道水域和通道分行制水域都已建立船舶交通管理系统,以增进水域内船舶交通安全,保障交通畅通,保护水域环境。其目的是通过监控、整顿船舶交通,建立良好的交通秩序,协助船舶航行,减少海难事故的发生。常用的交通管理系统是用交管雷达监视港区所有船舶的航行状态的,利用 AIS 和 VHF 来进行船舶识别。AIS 设备利用

VHF 进行通信，传输距离有限，远距离识别比较困难。

船舶交通管理系统的主要功能是数据收集、数据评估、信息服务、航行协助服务、交通组织服务、支持联合行动。其中的数据收集就是要获得船舶的航向、航速、船位等有关船舶运动数据，这些数据目前都是利用 GPS 获得的，由于水域航行密度大、吨位大的特点，数据的精度非常重要，这就可以利用北斗卫星精度高的特点，以获得定位服务。

信息服务是船舶交通管理系统实施交通管理的主要形式，主要包括播送有关船舶动态、能见度条件或他船意图以协助所有船舶；与船舶交换有关安全的所有信息；与船舶交换有关所处交通条件与情况的信息；向船舶发布诸如操纵能力受限的船舶、密集渔船群、其他特殊作业的船舶等航行障碍的警告，并提供可供选择航线的信息等。北斗卫星导航系统可以提供短报文服务，通过空间卫星传输到船舶上，既可以避免 VHF 传输距离近的弊端，又可以提高通信质量。

6 航 行 图

航行图(Sailing Charts)是航用海图(Navigational Charts)的一种,又叫航海图。其比例尺在 1∶100000 到 1∶750000 之间,图上较详细地记载有近海航行所需的灯塔、浮标和物标等,至于设置在港湾内的上述设施,从外海看不到航标则没有画出。在航海图上,除岸边的浅滩和礁石可忽略不计外,应详细记载所有外海的航海危险物,航海图主要用于船舶在近海航行时进行航迹推算和测定船位。

6.1 制图原理

目前内河使用的航行图多为渐长纬度图或高斯 - 克吕格图。

6.1.1 渐长纬度图的制图原理

在地球表面上,与所有子午线(经线)相交成相同角度的线,叫恒向线。它是一条具有双重曲率的球面螺旋线。为了在航行中方便使用航行图,要求连接图上任意两点的直线为恒向线,这就要求经度线为互相平行的直线,且经度线与纬度线垂直。同时,要求图上的图形和相对的地面实形保持相似。

地球上的经度线是不平行的,假设把地球表面沿经度线剪开,然后把它摊开贴在一平面上,如图 6-1(a) 所示,可以看出,图上的经线不平行,而纬线又被剪成一段一段的。显然,它不符合上述要求,实际上也无法使用。所以必须把经度线伸直,同时把纬度圈拉长相连,成为和赤道等长的连续直线,如图 6-2(b) 所示。

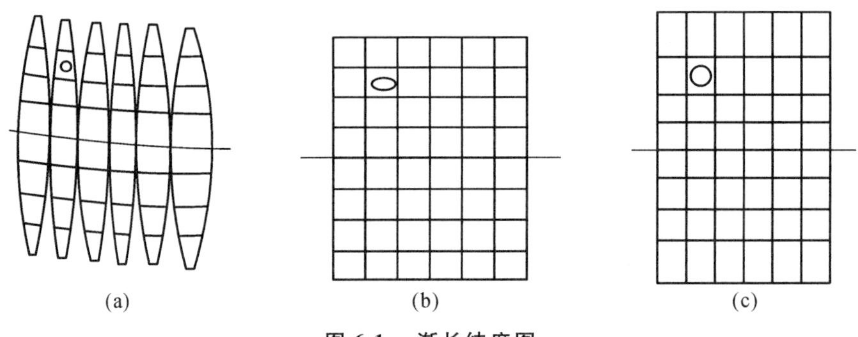

图 6-1 渐长纬度图

由于纬度圈在横向被拉长,使图形改变了形状,和实形不相似,如图 6-1(a) 中的圆形,到图 6-1(b) 中就变成椭圆形了,这样的图是不便使用的。为了解决这个矛盾,还需要把经度线也相应伸长,如图 6-1(c) 所示。这样的图就便于和实际对照了。以上就是渐长纬度图的简单制图原理。

从图 6-2 中可明显看到,航行图上的横向线是纬度线,纵向线是经度线。图的上下两边有经度的度数，左右两边有纬度的度数。这样图上的任意一点的位置即可用经纬度表示出来。例如，我国首都北京的位置为：

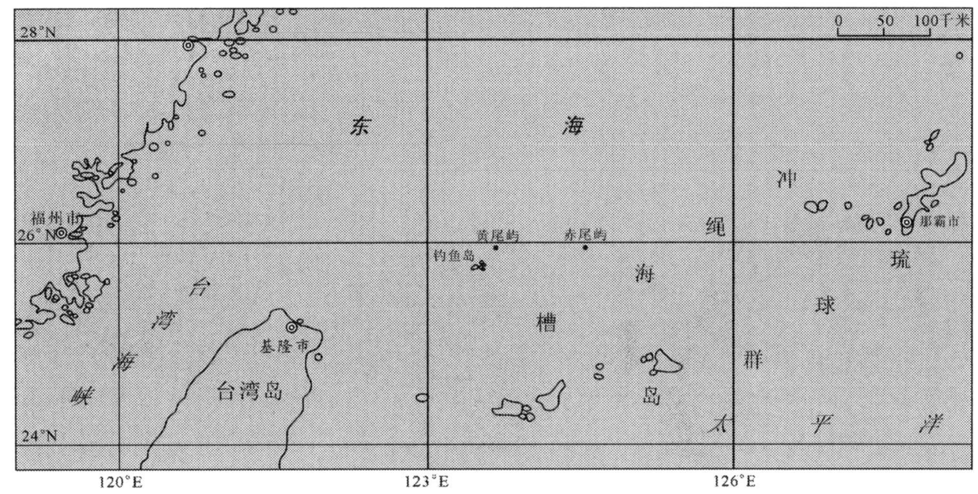

图 6-2 航行图

纬度 $= 39°54'N$，经度 $= 116°28'E$

综上所述，可以看出渐长纬度图的基本特点：

① 图上的经度线、纬度线各自平行，并且互相垂直。

② 图上纬度 $1'$ 的长度随纬度的增高而渐长，故称为渐长纬度图。由于这个特点，应注意在图上量取距离时，要在航行区域附近两边的纬度分划上量取。

在地理上，经度线都通过地球的南、北两极，经度线的方向就是真南、真北的方向。渐长纬度图中的经度线虽被伸直，但仍指向地球的南极与北极的方向。所以图上的经度线就是真北线。因纬度线与经度线垂直，故纬度线指向东西方向。即经度线向上为真北(N)，反方向为真南(S)，右为东(E)，左为西(W)，如图 6-2 所示。为了满足航行上的需要，在图上以真北为基础，沿顺时针方向旋回 360°，绘出如图 6-2 所示的方位圈。

6.1.2 高斯-克吕格图的制图原理

高斯-克吕格图是根据高斯-克吕格投影即等角横圆柱投影的原理制成的。高斯-克吕格投影是根据一定的投影计算公式，把椭圆球面上的元素换算为投影平面上的元素，投影公式的推证较复杂，为了便于理解，我们利用图形，对它做示意性的简要说明。

设想将平面卷成一个空心圆柱，横套在椭球的外面，如图 6-3 所示，使圆柱面恰好与椭球面上的某一子午线相切，这条子午线称为中央子午线，然后把中央子午线附近的椭球面上的元素，按照一定的投影计算公式投影到这个横圆柱面上，再把圆柱面展平，则椭球面上的经纬网就转换成平面上的经纬网了。这样得到的平面图形，如图 6-4 所示，即称为椭球面上的图形的等角横圆柱投影或高斯-克吕格投影，它的投影规律是：

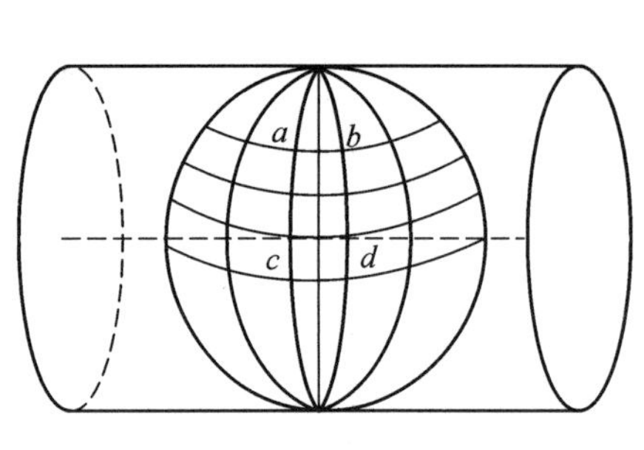

图 6-3 中央子午线

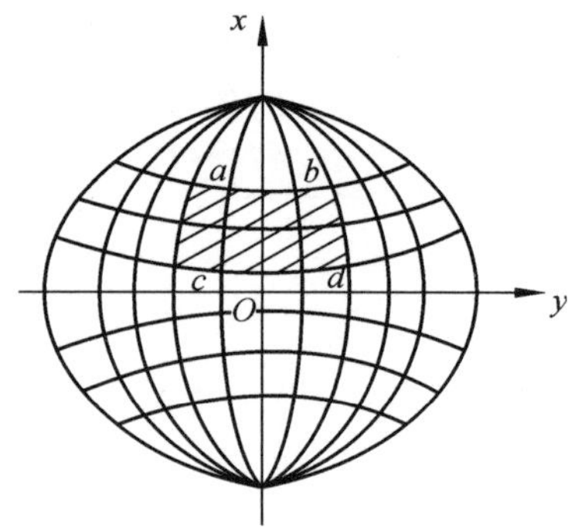

图 6-4 椭球面上的投影

① 中央子午线投影后无长度变形。

② 中央子午线和赤道投影成相互垂直的直线，其他经纬线均为曲线，且以中央子午线和赤道为轴而对称。

③ 投影前后的角度相等(即无角度变形)。

从图 6-4 可以看出，中央子午线投影到圆柱上以后是一条直线，这条直线就作为平面上的纵坐标轴(x 轴)；而赤道投影后是一条与中央子午线垂直的直线，把它作为平面上的横坐标轴(y 轴)，此两条直线的交点就作为平面上的坐标原点 O，这样就构成了投影平面上的直角坐标系，这就是通常所说的等角横圆柱投影平面直角坐标系。

由上可知，中央子午线上任意两点间的距离，投影后不变，但中央子午线以外的任意两点的长度和方向则发生了变化，这种变化就叫作投影变形，而这种变形，距离中央子午线越远，变形就越大，为了保证投影后变形限制在一定范围内，就得用分带的方法来解决，也就是以不同的子午线作为中央子午线，分别与圆柱相切，使投影限制在经差 6° 或 3° 以内，此范围称为投影带。这样每一带都自成一个独立的直角坐标系。

我国采用的坐标系是以北京的经线为基本轴线，在北京经线的左、右各 3° 为第一分带，其余的分带都从这一分带向东(右)、向西(左) 顺序地排过去，所以称为北京坐标系。

在航道图集中，一般总图多用墨卡托投影，航道图及港口图为高斯 - 克吕格投影。图上方位圈的刻度为坐标方向，航标位置应按坐标方位推算。方位圈上的真北线供推算磁偏差时使用，真北线与坐标北线的差数，每幅图都不同，大体上在西 1°09′ ～ 东 0°46′ 之间变动，对航行影响不大，但在校正磁罗经时应予注意。

6.2 比例尺与图式

6.2.1 比例尺

任何一张地图都是将地面按一定比例缩小后绘制而成的，缩小的程度一般用比例尺来表示。图上线段长度与对应的实际地形长度之比，称为该图的比例尺，航行图上常用的比例尺有两种，分别为数字比例尺和直线比例尺。

6.2.1.1 数字比例尺

用分数或数字比例形式表示的比例尺叫数字比例尺。它是用 1 比若干的数字来表示的，如 1∶300 000 或 1/300 000，它表示图上基准点处，一个单位长度等于地面上 30 万个相同单位的长度。

6.2.1.2 直线比例尺

它是在图上用一定线段的长度来表示地面的实际长度，可以在图上直接量取距离，使用方便，故一般航行图上均采用它，如图 6-5 所示。

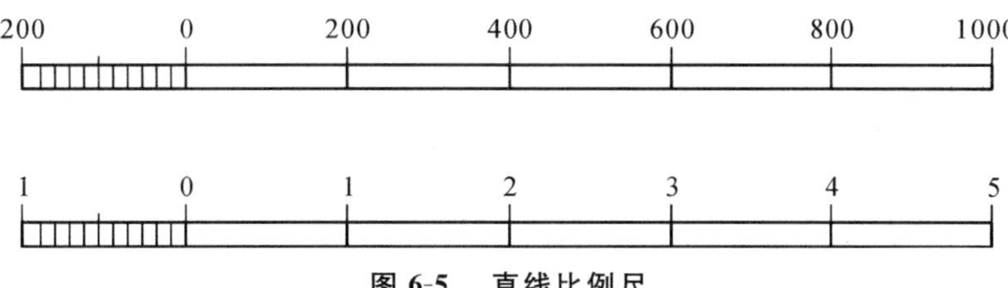

图 6-5 直线比例尺

在渐长纬度图上，纬度 1′ 的长度表示地理上 1n mile，所以图上两边的纬度分划也是一种比例尺。

有时在一张地图上，往往数字比例尺和直线比例尺两种表示方法同时并用。直线比例尺是用比例尺绘画在海图标题栏内或图边适当的地方。数字比例尺能明显地看出比例尺的大小，比值较大的地图叫大比例尺图，比值较小的叫小比例尺图。直线比例尺便于在图上量出两点间的距离。

海图比例尺决定着海图的精度。正常人的眼睛只能清楚地分辨出图上大于 0.1mm 的两点间的距离。在海图制图工作中，绘画误差一般也不超过 0.1mm。因此，实地水平长度按比例尺缩绘到图上时，不可避免地有 0.1mm 的误差。这种相当于海图上 0.1mm 的实地水平长度，称为比例尺的精度或称为海图的极限精度(Limit Accuracy)，故每一种海图按比例尺的不同都有自己的极限精度。

各种比例尺海图的极限精度如下所示：

海图比例尺	极限精度
＜1∶3 000 000	＞300m
1∶1 000 000 ～ 1∶2 990 000	100 ～ 299m
1∶200 000 ～ 1∶990 000	20 ～ 99m
1∶100 000 ～ 1∶190 000	10 ～ 19m
1∶20 000 ～ 1∶90 000	2 ～ 9m
＞1∶20 000	＜2m

船舶在航行时，应尽量选用较大比例尺的海图，因为大比例尺海图描述的范围小，资料记载详细，可以减小作图误差。如果我们用削尖的铅笔在地图上点一点，其直径约为 0.2mm，在图上其代表的地面距离与比例尺大小有关。例如，某地图比例尺为 1∶200 000，0.2mm 代表的地面距离为：

200 000 × 0.2mm = 40m

说明在这张图上作业的最大精度是 40m，即在该图上无法量出小于 40m 的长度。因此，比例尺越大，作图误差越小。

海图比例尺还决定绘制图上资料的详细程度。在比例尺小于 1∶1 000 000 的总图和大样图上，只绘有供大洋航行用的重要灯塔和离岸有一定距离的航海危险物，而在 1∶100 000 ～

1∶500 000 的航海图上，则绘有近海航行所需的航标和外海的全部危险物；在比例尺更大的海岸图或港泊图上，则须提供更加详尽的所有航海所需的资料。

在进行海图作业时，要根据航行海区的情况，尽可能选用较大比例尺的海图，以便获得更多的航海资料，同时提高海图作业的精度。

6.2.2　海图图式

在一张海图上不仅有经纬线海图图网，而且还要把所用的航海资料按其各自的地理坐标，用一定的图例、符号、缩写和注记绘画到图网上去，再经过制版和印刷而成为海图。这种绘制海图所用的图例、符号、缩写和注记叫作海图图式。我国目前所出版的海图是根据海军航保部1998年制定的《中国航海图编绘规范》(GB 12320—1998) 绘制的，英版海图是根据英版海图 5011“英版海图符号与缩写”(Symbols and Abbreviations Used on Admiralty Charts) 绘制的。

为了正确、熟练地使用海图，充分利用海图上的航海资料，必须了解和熟悉各种海图图式的含义，以及图上的各种图注和说明。海图出版后，由于海区航海资料的变化，对海图还要进行实时更新，以保证海图资料是最新的，同时还要对海图进行妥善保管，确保其引导船舶安全航行的可靠性。

海图图式是海图的“文字”，就是用各种符号代表各种不同地形、地物，在图上表明其位置和形状，便于绘图、看图和记忆。航行图所用的图式大致有水深、水区界限、水区障碍物、航线、水流、助航设备、居民地及地物地貌等。只有掌握图式才能看懂、使用海图，最大限度地发挥海图的导航作用。下面仅介绍海图图式中常用的重要图式。

6.2.2.1　海图基准面和底质

海图基准面(Vertical Datum) 包括海图的高程基准面和深度基准面。

(1) 高程基准面

我国海图上标注的山头、岛屿及明礁等的高程起算面称为高程基准面(Height Datum，HD)，它采用的是“1985 年国家高程基准面”。但因资料关系，也有采用当地平均海面作为起算面的，例如我国的台湾、舟山群岛及远离大陆的岛屿，就是采用当地平均海面作为高程基准面的。

海图陆上所标数字，以及水上带有括号的数字，都是表示该数字附近物标的高程(Height)。物标高程是指从高程基准面至物标顶端的海拔高度，高度大于10m者精确到1m；高度小于 10m 者精确到 0.1m。

山高，除高程点一般用黑色圆点来表示，并在其附近明确标出高程，其他各点的高程是用等高线来描绘的。等高线是相等高程的各点，在平均海面上的垂直投影点的连线。其中用细的实线绘出的是基本等高线；每隔四条基本等高线画一加粗等高线。等高线上的数字是该等高线的高程。凡用虚线描绘的等高线是草绘曲线，它表示并未经精确测量。没有高程的等高线是山形线，它仅仅表示山体形态，在同一条曲线上不一定等高和封闭。

等高线可以用来辨认山形。在海上，从不同方向和不同距离观看，山形是不同的。怎样利用等高线和对景图来辨认山形，这对驾驶员来说是一项基本功。

除此之外，灯塔(灯桩) 的灯高(Elevation) 是由灯芯算至平均大潮高潮面的高度。灯高的单位是米(m)。高度大于 10m 者精确到 1m；高度小于 10m 者精确到 0.1m。干出(Dries) 高度是从海图深度基准面起算的、在大潮高潮面之下的物标高度，比高系物标本身的高度，是自地物、地貌基部地面至物标顶部的高度，一般在物标旁括号内注有“⌒”的数字。如塔高是指塔底地面至塔顶的高度，注意不要与高程相混淆。

架空电线（管道）净空高度（Charted Vertical Clearance）是自平均大潮高潮面或江河高水位至管线下垂至最低点的垂直距离。桥梁净空高度是自平均大潮高潮面或江河高水位（设计最高通航水位）至桥下净空宽度中下梁最低点的垂直距离。净空高度的单位也是米。高度大于 10m 者精确到 1m；高度小于 10m 者精确到 0.1m。

英版海图上的高程基准面采用平均大潮高潮面（以半日潮为主的海区）或平均高高潮面（以日潮为主的海区），无潮汐海区则以当地平均海面作为高程起算面。英版海图上所标注的灯塔（灯桩）高度，干出礁的干出高度和比高的基准面都与我国的相同。净空高度是由平均大潮高潮面、平均高高潮面或平均海面起算的。米制海图单位为米，拓制海图单位为英尺。

（2）深度基准面

海图上标注水深的起算面称为深度基准面（Chart Datum，CD），又称海图深度基准面。我国海图深度基准面采用理论最低潮面（或称理论深度基准面）为深度基准。绝大多数低潮的实际水深大于海图所载水深，这样有利于保证航行安全。

凡海图水面上的数字均表示水深（即海图深度基准面至海底的深度），单位为米，但不包括带括号的和数字下有横线的。其中斜体字表示新测量的资料，正体字表示采用旧资料、深度不准确或来自小比例尺海图上的资料。但在 1：500 000 或更小比例尺的海图上，水深一律采用斜体字。㉒ 表示特殊水深，水深浅于 21m 的精确到 0.1m；21 ～ 31m 的精确到0.5m；小数 0.9、0.1、0.2、0.3 化至相近的整米数，小数 0.4 ～ 0.8 化至 0.5m；水深大于 31m 的精确到 1m；$\overline{32}$ 表示未曾精测过或未曾改正潮高的水深。$\dot{\overline{110}}$ 表示该处在测深时，110m 仍未测到底。水深点的位置是在水深数字整数字的中心。

等深线是海图上水深相等的各点连线，用细实线描绘，显示海底表面的起伏，10m 以内诸等深线分别用逐渐加深的颜色显示。用虚线描绘的等深线是根据稀少水深勾绘的，位置不准确。

英版海图的深度基准面采用平均大潮低潮面。英国各港现已全部改用天文最低潮面（Lowest Astronomical Tide，LAT）作为起算面。米制海图水深单位为米，拓制海图水深单位为拓，但水深小于 11 拓时，水深给出拓和英尺，在拓右旁下侧较小的数字为英尺。（1 英尺 ＝ 0.3048m）

（3）底质

底质（Nature of Seabed）通常在图上水深数字下面，还注明海底的性质，如泥（Mud，M）、沙（Sand，S）、石（Rock，R）等，它为测深辨位和选择锚地提供资料。底质注记的顺序是：先形容词后底质种类，如“软泥（so M）”、“粗沙（C S）”。如是两种混合底质，则应先写成分多的，后写成分少的，如“泥沙（M. S）”即表示底质是泥多于沙；不同深层的底质，先注记上层及其深度，再注记下一层，如“软泥（15）沙[soM(15)S]”，即表示底质在 15m 时是软泥，以下是沙。

6.2.2.2 碍航物和航标

（1）碍航物

碍航物（Obstruction）即航行障碍物，有天然的和人为的两种。表 6-1 所列的是主要碍航物海图图式及说明。

表 6-1　主要碍航物海图图式及说明

中版图式	中版图式说明	英版图式	英版图式说明
 (2.6)	明礁，指平均大潮高潮面露出的孤立岩石	 (2.6)	不淹没的礁石
 (21)	干出礁，大潮高潮面下，深度基准面上的礁石 à(12)	 (21)	与左同义 à(12)
	适淹礁，在深度基准面适淹的礁石		与左同义
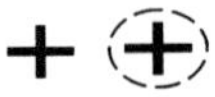	暗礁，在深度基准面下的礁石	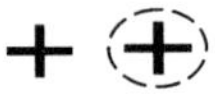	在深度基准面下 2m 或 2m 以内的礁石
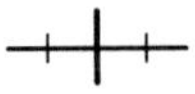	沉船，水深深于 20m 的沉船	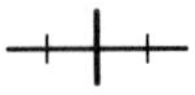	水深深于 28m 的沉船
	沉船，水深浅于 20m 的沉船		水深浅于 28m 的沉船
	沉船，部分船体露出水面的沉船		与左同义
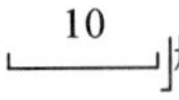 10 船	沉船，沉船上经 10m 扫海	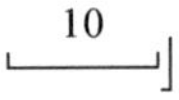 10 WK	沉船上经 10m 扫海
 鱼礁	鱼群栖息、繁殖区，有碍航行		与左同义
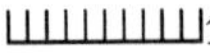 鱼栅	捕鱼木栅、竹栅等		与左同义
 碍锚	碍锚，避免抛锚或拖网	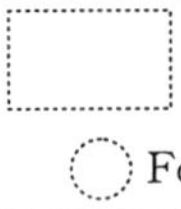 Foul、Foul	与左同义
碍	障碍物，不明性质、深度的障碍物	Obstn	与左同义
	急流		与左同义
	旋涡		与左同义

注：表中“沉船部分露出水面的沉船”的图式，前者是标志，并非按实物绘制的图式，只是表示一艘“部分船体露出水面的沉船”；后者是沉船的轮廓，是按实物绘制的，其虚线部分表示沉船在水面以下的部分，其实线部分是沉船在水面以上的部分。

礁石是海中突出的、孤立的岩石。它分为：明礁(Rock Uncovered)、干出礁(Drying Rock)、适淹礁(Rock Awash)和暗礁(Reef，Submerged Rock)等多种。沉船应根据其部分露出深度基准面，或沉船上水深 20m 及 20m 以内(英版海图 28m 及 28m 以内)，或水深大于 20m(英版海图大于 28m)等不同情况，分别用相应的图式来表示，并在其附近注记沉船年份和船名。

在碍航物外加点线圈者，目的是提醒人们对危及水面航行的碍航物应予以特别注意，而点线圈并非危险界限。凡碍航物位置未被准确测定者，在图式旁加注“概位(Position Approximate)”，英版图式为“PA”；对位置有疑问者，应加注“疑位(Position Doubtful)”，英版图式为“PD”；对碍航物是否存在尚有疑问时，应加注“疑存(Existence Doubtful)”，英版图式为“ED”。未经测量，据报的航行障碍物，同样也加注“据报”，英版图式为“Rep”。船舶航经碍航物附近时，应按图式了解其含义、运用定位、导航和避险方法，避离它们以确保航行安全。对于疑存、疑位或概位的危险物，则必须更加宽让，以确保船舶安全。

(2) 航标

航标全称为助航标志(Navigational Aids)。表 6-2 所示的是常用的航标标志海图图式及说明。

表 6-2 航标标志海图图式及说明

类别	中版图式	说明	英版图式
灯塔		航空用灯标	
灯桩			
航空灯	航空		
立标		不发光，仅供白天使用	
引导灯桩	— 270°	两个或两个以上灯桩前后重叠	— Leading lts 270°
浮标		其上装有发光设备为灯浮	
蓝比灯船		大型助航浮标(LANBY)作为航标用的船只	
带钟浮标	(钟)	装有钟、锣等音响设备的浮标	bell
无线电信标	指向	供船舶测向仪定位使用	RBn
环射无线电信标	环向	无方向性无线电信标	RC
旋转无线电信标	旋向	旋转环形无线电信标	RW

续表 6-2

类别	中版图式	说明	英版图式
无线电测向台	◎测向	岸上无线电测向站，为船舶测出方位或船位	◎ RG
雷达站	◎雷达	海岸港口雷达站	◎ Ra
雷达应答标	◎雷康	雷达航标的一种	◎ Racon
雷达指向标	◎雷信	雷达航标的一种	◎ Ramark
船舶动态报告点		设在繁忙的水道上或港区附近，船经过时应用 VHF 向交管中心报告	

海图上灯塔(Light-house)、灯桩(Light Beacon) 的位置在星形中心；立标(Beacon)、浮标(Buoy) 和灯船(Light-vessel) 的位置在其底边中心；无线电航标的位置在其圆心。

灯浮是以编号、形状、颜色、顶标及灯质来相互区别的。白天以灯浮的编号、形状、颜色、顶标来识别；夜间以灯浮的灯质来识别。

灯塔、灯桩在大比例尺海图上，按下列顺序给出以下内容：灯光节奏、灯光颜色、周期、灯高、射程。例如，成山角灯塔标注：闪 4s60m21M，其含义是闪白光周期 4s，灯高 60m，射程 21n mile。

灯质(Light Character) 是指灯光的性质。它是由灯光节奏(Rhythm) 和灯光的颜色组成的。灯质的种类很多，最基本的有定光(Fixed)、闪光(Flashing)、明暗光(Occulting) 和互光(Alternating)4 种。这 4 种灯质又可联合或组合成不同类型的灯质。

周期(Period) 是指灯光亮灭或颜色交替，自始至终以同样次序重复出现时，所需的时间间隔。

雾号(Fog Signals) 是指雾警设备，是附设在航标上雾天发出音响的设备，如低音雾号(Diaphone)、雾笛(Siren)、雾钟(Bell)、雾锣(Gong)、莫尔斯雾号(Morse) 等。

光弧(Sector) 是指船舶自海上看灯塔(灯桩) 能够看到灯光的方向范围。光弧界限依顺时针方向记载，方位是指由海上视灯光的真方位。光弧中有不同颜色者，均应分别注明。

6.2.2.3 图注和说明

海图上还有很多重要的图注和说明，在使用海图时必须了解和熟悉。

(1) 海图标题栏

海图标题栏(Title Legend) 是该图的说明栏。一般制图和用图的重要说明均印在此栏内。标题栏一般印在海图的内陆处，或航行不到的海面上，如有困难也可能印在图框外面适当的地方。其内容主要有：出版单位的徽志，该图所属的地区、国家、海区和图名。图名一般是图区内的重要起止点地名或图区的主要地理名称。在图名下有这样一些说明：绘图资料来源、投影性质、比例尺及其基准纬度、深度和高程的单位与起算面、有关图式的说明、地磁资料、国界和地理坐标的可信赖程度等。另外，标题栏内还可能有图区范围内的重要注意事项或警告(Note and Caution),如禁区、雷区、禁止抛锚区或有关航标的重要说明等。有时在海图标题栏附近还附有图区内的潮信表、潮流表、对景图、换算表和重要物标的地理坐标等。因此,在使用航用海图时,应首先阅读海图标题栏内的有关重要说明,特别是其中用洋红色印刷的重要图注,这对正确和充分利用航用海图来导航,会有很大的帮助。

(2) 图廓注记(Marginal Notes)

在海图图廓四周注记有很多与出版和使用该图有关的资料。

① 海图图号(Chart Number)

我国海图图号印在海图图廓的四个角上,不论怎样放置海图,图号始终在图的右下角。我国海图图号是按海图所属区域编号的;而英版海图图号与地区无关,是按出版海图的时间先后编号的,刊印在海图图廓外右下角和左上角。若有需要,图号前缀有"BA",以区别英版系列海图与其他海图。专用海图的图号,在普通海图图号前加英文字母前缀"L(××)"表示。有些海图图号前还印有该图的国际系列图号。

我国现行海图编号总的原则是:海区总图用三位数字编号,第一位数字代表大区号,后两位数字为顺序号。如 101 海图,第一数字是代表中国,01 是序号。大区号的排列:中国是 1,东南亚是 2,西北太平洋是 3,太平洋群岛和澳大利亚是 4,印度洋和非洲是 5,地中海是 6,北欧是 7,美洲是 8。航行图及港湾图用五位数字编号,第一位数字代表图幅范围所在的大区号,第二位数字("0"除外)代表所在大区中的二级区号,第三、四、五位数字为顺序号。如 11310 海图,第二位的 1 是代表辽宁,310 表示海图的顺序号。二级区号的排列:辽宁是 1,河北是 2,山东是 3,江苏和上海是 4,浙江是 5,福建是 6,广东是 7,广西是 8。用"0"所在的位置表示一定的比例尺,五位数字均不为"0"的图号为比例尺大于 1∶100 000 的狭水道航行图及港湾图。如 12339、13179 都是大比例尺海图。

② 图幅(Dimensions)

图幅印在图廓外右下角处,在括号内给出以毫米为单位的图幅尺寸(拓制海图以英寸为单位),图幅尺寸是指海图内廓的尺寸。根据图幅可以检查海图图纸是否伸缩变形。

③ 小改正(Small Correction)

小改正印在图廓外左下角处。海图根据航海通告改正后,均须在这里登记该通告的年份和号码,以备核查本图是否改正至最新通告。

④ 出版和发行情况(Publication Note)

出版和发行情况印在图廓外下边中部,给出新图(New Chart)出版和发行单位、日期,在它的右面同时还印有该图新版(New Edition)和改版(Large Correction)日期。从新版、改版日期可以判断图载资料的可信赖程度。

海图的出版、新版及作废消息均发布于《航海通告》之中。

⑤ 邻接图号

邻接图号印在图廓外。它给出与本图相邻海图的图号,以便换图时参考。

⑥ 对数图尺(Logarithmical)

在一些大比例尺的港泊图和沿岸图的外廓图框上,通常都印有对数图尺。一般印在海图的左上方和右下方,用来速算航程 S、航速 V 和航行时间 t 之间的关系,如图 6-6 所示。

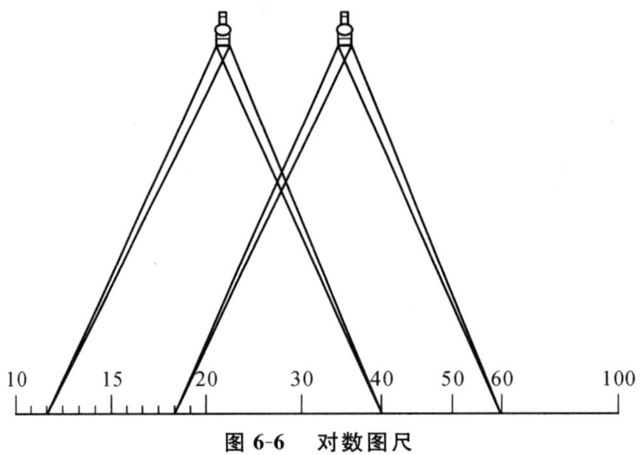

图 6-6　对数图尺

6.3　航行图的种类

在内河船舶航行中，航行图是驾驶员最主要的助航工具，越来越受到重视。随着航运业的发展，各种独具特色的航行图不断出现。目前航行图主要有航行参考图、分道航行图、雷达航行参考图和电子江图等四种。

6.3.1　航行参考图

航行参考图是在其他几种航行图尚未产生时最基本、最普遍的助航图册，有些图册被直接称为航行图。其他种类的航行图均是在航行参考图的基础上，结合新的安全管理规则和新的科学技术发展而产生的。航行参考图的内容一般由图页部分和文字说明部分组成。

① 图页部分：以各种符号标明某段水道的形态、宽度、水流、水深、底质、浅滩、礁石、沙嘴、浅滩以及沉船等障碍物的位置、大小、高低和碍航程度，亦表明航行时可供利用的助航标志及锚地等。在每张图页上均有标题栏，其内容一般包括该段水道名称、比例尺、资料来源、测量日期、深度和高度基准面、潮汐资料、磁差和水道说明等。在图的边框一般还注有图号和图幅的大小等。

② 文字说明部分：有说明或前言、目录、索引图、图式(图例)、航行概论、驾引须知、主要港口概况等。

6.3.2　分道航行图

为了从根本上改变内河水上交通局面，规范船舶的具体行为，确定不同种类船舶的航行路线，理顺船舶间避让关系，从而改善水上交通环境，维护交通秩序，达到防止和减少水上交通事故发生的目的，我国内河部分水道从 20 世纪 90 年代起先后开始实施船舶定线制。于 1995 年 8 月制定了《长江下游分道航行规则》，同时根据该规则的具体规定，以中国人民解放军海军司令部航海保证部、交通部长江航道局南京航道分局 1993 年《长江下游航行图》为底本，绘制了《长江下游分道航行图》(浏河口 — 武汉)，并于 1996 年 1 月 1 日起正式实施，从而开始了内河分道航行的新时代。

分道航行图以彩图形式绘制而成，其内容由图页部分和文字说明部分组成。

① 图页部分:除与航行参考图具有同样内容外,主要是结合航道具体情况,根据分道航行规则,以不同的符号、线段和颜色标明航道边线、分隔带、分隔线、上行通航分道、下行通航分道、全年分边通航水域、季节分边通航水域、小型船舶推荐航路、横驶区、小型船舶横驶区、全年单向通航水域、季节单向通航水域等内容。

② 文字说明部分:除具有航行参考图文字说明部分的内容外,在每一幅图页上印有分道航行说明。主要介绍吃水较大的海船、一般船舶、吃水较小的海船的指定航路;感潮河段、分边通航制水域、小船推荐航路、横驶区、小型船舶横驶区等的范围和界线;介绍单向通航制水域的范围、界线,上行船舶等让点和上下行船舶甚高频无线电话联系点等;明确指出各具体河段上、下行船舶的会让方式(即互从左舷或互从右舷会让)。

6.3.3 雷达航行参考图

雷达在内河船舶上使用以来,对船舶安全航行、提高经济效益起到了积极的作用。雷达已成为船舶必不可少的助航仪器。随着雷达的使用、推广,广大驾引人员都希望有一本用作雷达助航参考的、科学而可靠的雷达图。雷达航行参考图就是为此目的而诞生的,目前我国已研制成册的雷达航行参考图有《长江下游雷达航行参考图》和《长江中游雷达航行参考图》两册。

6.3.3.1 图的组成和内容

雷达航行参考图由前言、使用说明和图页三部分组成。前言部分简要地介绍了研制雷达图的目的和意义。

雷达航行参考图图页与一般航行图图页有明显区别。它还有由若干张雷达屏幕瞬时图像衔接而成的雷达图片,两者组合成图页。雷达图不是雷达屏幕上某些瞬间图像的简单组合,而是从总体上反映航道全貌的雷达图像。

雷达图像中白色的线条、斑点表示沙洲、岸线、浮标等物标的位置。

需要说明的是,在使用中某些特殊地段雷达图与雷达屏幕成像略有差异。这是因为雷达型号、雷达的技术状况、雷达天线安装位置及其离水面的高低等因素因船而异,并且航行水位、海浪与拍图季节、气候有关,另外,为了使雷达图能连续地从整体上反映航道全貌,在制作中进行了必要的修整处理。

在图页的左侧附有文字说明,向使用者提供了抓点、转向、掉向、选择正确航向的依据。

6.3.3.2 雷达航行参考图的功能

雷达航行参考图为驾引人员提供了一幅完整的雷达图像,是目前在雷达助航中分析航道特征和研究航法的最好依据;是评价雷达图像优劣的参考资料。它具有如下功能:

① 有利于驾驶员识别航道。雷达航行参考图对于驾引人员识别航道和熟悉雷达图中的岸形、地貌均具有较好的参考价值。经常将雷达航行参考图与雷达屏幕图像对照,将会大大缩短驾引人员熟悉航道的时间,掌握河床走向及航道特征。

② 便于准确判定船位。保证夜航、雾航的安全,关键在于准确判定船位。这对丢失了船位的值班人员和刚进驾驶台准备接班的驾驶人员尤为重要。内河在使用雷达以前,驾驶员只能根据天然和人工物标通过目测确定船位。夜间,当驾引人员看不清天然和人工物标的准确位置时,定位的准确性就受到影响。用雷达定位,选点的依据由河心和岸边某些物标,扩大到岸堤外的山脉、树林、村庄等物标,而这些瞬时目标一般不易为某些驾驶员所掌握和利用,更

不容易把它们记牢。有了雷达航行参考图之后，可随时将雷达屏幕图像与图对照，根据江面和堤岸内外雷达成像的线条、斑点特征，很快地找到本船所在的位置。雷达图的使用扩大了选点定位的依据和范围，增加了定位的可靠性，缩短了定位时间。

③ 能提供选择正确航路的依据。确定船位之后，根据雷达图上标示的下行参考航线，可以立即确定船舶应走的航路，如掉向某物标，与左岸平行还是与右岸平行等，以确保航行安全。

④ 雷达航行参考图还可以用于学校教学、船员培训和模拟引航。

6.3.4　电子江图

内河船舶综合导航系统是当前国际上内河航运领域最前沿的课题。该系统的主要目的是实施船舶在内河航道中的自动引航。其中一个重要的数据库便是电子江图，或叫内河电子海面。电子江图即内河电子海面(Inner Electronic Chart Display and Information System)，是内河船舶综合导航系统的最重要的数据库。当今对于电子江图的研究都引进了 GIS 的概念，并基于 GIS 软件平台建立了内河电子江图信息系统。

6.3.4.1　电子江图的要求

为了综合利用和发展的需要，电子江图的结合应符合综合导航系统的要求，其存储的数据格式，应符合随时处理的要求。为了雷达图像与电子江图能进行比较，必须有一种特殊形式的空间来存取电子江图数据。电子江图数据库的数据结构应面向目标，并对雷达图像中各种物标的解释和分类进行优化。另一个重要的要求是能灵活地修正和更新电子江图。电子江图的应用与操作必须简单，容易掌握，即便不具有专业计算机知识的人也应能很快地进行操作。

6.3.4.2　电子江图的基本原理

电子江图采用了两个坐标系。一个是绝对坐标系，各河流或航区可根据其航道特点来确定；另一个坐标系是用于快速获得电子江图数据的，其坐标是把河流中心轴线作为一条参考线。

数据库中保存的各种目标分为真实目标和虚设目标。真实目标是航道中看得见的那些目标，如河岸、桥梁、水闸等；而虚设目标则表示与船舶航行有关的一些信息，如可航水域界线、理想航线、高度、河流中心线等。各种目标根据其结构又分为点状目标、多连形目标和各种螺旋线目标。点状目标在海图上没有稳定的范围，多边形目标表示带有限定范围的江面物标。

电子江图的每部分最初是利用一个数字化装置从正式航行图得到的。螺旋线目标、多连形目标和点状目标的所有插入点的坐标传送到与数字化装置相连的图形工作站。包含各种意见的文本信息传送到与数字化装置相连的图形工作站。工作站运行程序把输入数据存入文本江图数据库。进入数据库后，来自各种信息源的数据可以容易地进行综合，这种处理数据的程序由一种特殊的数据定义文件驱动。江图中各种目标的数据结构及其属性符号在文本文件中通过数据定义库被定义，数据结构的修改只需要改变这个数据定义，而无须改变处理数据的程序。电子江图工作流程如图 6-7 所示。

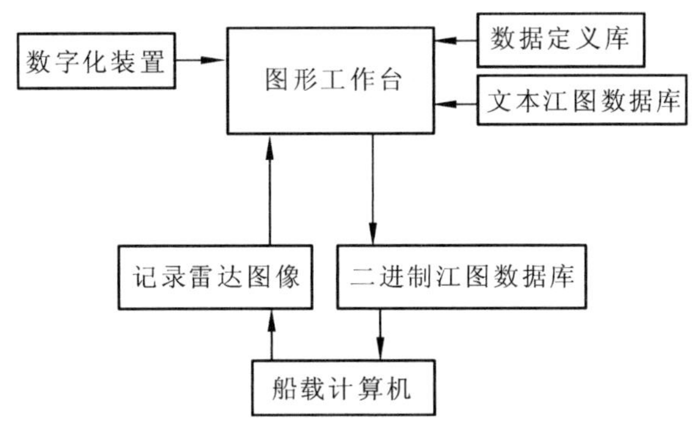

图 6-7 电子江图工作流程

就综合导航系统的联机应用来说，文本江图数据库的分析太费时间，因而，利用处理这一数据的程序生成二进制江图数据，这相当于计算机的程序编译，要求每千米的目标数据有两千字节的存储量进行存储。这样二进制文件就可从船载计算机的磁盘中快速读出。

运用一种特殊版本的导航系统软件，可将雷达图像记录在船载计算机磁盘上，记录下的雷达图像可用于后期的江图修正。

6.3.4.3 电子江图的应用

电子江图不仅用于显示航道和水面状况，在综合导航系统中也还有多种应用。

① 电子江图与雷达图像匹配可以进行船舶定位。

② 使用多目标跟踪算法，对来自河岸（如灌木、树丛）或桥梁的雷达回波进行处理，以确定雷达目标是否在河流中，从而确定是否需要跟踪，达到对雷达目标进行分类，确定交通状况的目的。

③ 电子江图中存储有不随时间变化的上下行理想航线和可航水域的范围界限。根据河流地理条件和实际交通状态，自动生成一条引航线，从而达到内河上自动引航的目的。

④ 把有关附加信息叠加到雷达图像上，特别是电子江图上，有助于驾引人员监视和了解交通状况，尤其是在夜间或大雾天气条件下。

6.4 航行图的使用

6.4.1 图的使用和保管

6.4.1.1 图的鉴别

由航道部门出版的航行图应符合以下要求：

① 注明正式测量机构和最近的测量日期。航行图的有效期视航道变化情况而定，一般为 3 ～ 5 年。

② 等深线的指示及各测点的水深数字必须紧密、齐整而详细。

③ 有连续不断的岸线及精确的等高线。

④ 载有与航行有关的各种说明和资料，愈详细愈好。一般比例尺较大的图，资料也较详细。

⑤ 图式要简洁、清晰，符合统一颁布的图式标准。

6.4.1.2　图的保管

航行图由于经常使用，容易破裂和污损，为了延长图的使用时间，确保其准确性，应妥善保管。

① 如需在图上画航线和航向或进行小改正时，宜用软铅笔；如欲擦去图上笔迹时，宜用软橡皮；轻画轻擦，以免损坏图纸。

② 图纸受潮后易发生皱缩现象，应压在玻璃板底下阴干，决不能用火烤或日晒，以防图纸变形，影响图的准确性。

③ 发现图纸损坏，应及时细心地用透明胶纸贴好，并放在玻璃板下阴干，防止皱缩。

6.4.1.3　图的使用方法

航行图全面反映了水道情况，是驾引人员了解航道情况的主要依据之一。因此，必须充分加以利用，以期收到预期的效果。

看图时应首先阅读文字部分的说明、比例尺、基准面、图式、索引图及航区情况、驾引须知等。在阅读各页分图时，应先看标题栏，然后再仔细阅读航道范围内及沿岸地带的图形，识别图所示的一切内容，了解和掌握各段的情况，以便研究航道和选择航路，使航行图切实起到指导船舶安全航行的作用。

熟悉航道，一般都采用分段记忆，并按由大到小、由特殊到一般的步骤进行。记航道时应首先了解和记住两岸居民点地名及水塔、烟囱等岸上显著建筑物相对于河槽的位置，进而记住河槽的地形、航标以及两岸的地形特征；其次记河槽内的一般情况，如岛屿、沙滩、不正常水流等；再记危险航道和航行方法。

6.4.2　图的改正

内河水道由于自然演变和人工整治而使岸形、浅滩、沉船、礁石、水深等发生变化时，助航标志也要随之变动。航道部门应根据变化情况，随时发布航道公报。为了保证图的准确性，驾引人员必须及时改正，确保航行的安全。

6.4.2.1　小改正

当接到航道公报或通电后，应立即按照公报所述的项目和内容进行改正，改正时应用统一规定的图式；改正后，应将公报文号及年、月、日记在图幅的左下角。

6.4.2.2　大改正

在航道中或港口附近发生沙洲变动或岸线崩塌等较大变形，需在图上作大范围改正时，航道部门常将图绘好，随同公报附发。如该图比例与航行图相同，可直接把它剪贴在航行图上，并尽量使其与航行图吻合；若与航行图比例不同，则应加以缩小或放大。

6.4.2.3　非正式改正

如发现水下有障碍物、有关助航标志突然移位、灯光熄灭等情况，任何船舶都有向有关方面发出通知的义务。这种未经航道部门发出的通知，叫作非正式通知。其改正的方法，可先在图上用铅笔注明变化情况，待正式公报下达后再修改。

内河航行图的改正多属小改正，如标志的增减与移位等。其中关键是确定位置，位置的确定一般至少要有三个要素，即测量点、由测量点至标志的方位和距离。这些在航道公报中均有说明，现举例如下：

(1) 利用一个测量点的方位和距离定位法

×××水道×××白浮于×月×日移位,水道自××测量点起,方位60°,距离4.5km,灯光不变。

找出×××水道图,用两脚规在比例尺上量出4.5km的距离,再从罗经花上两处60°方位,平行移到××测量点,自××测量点在方位线上截取4.5km,截点就是×××白浮移动的位置。然后将×××白浮移到此位,将原位消除,如图6-8所示。

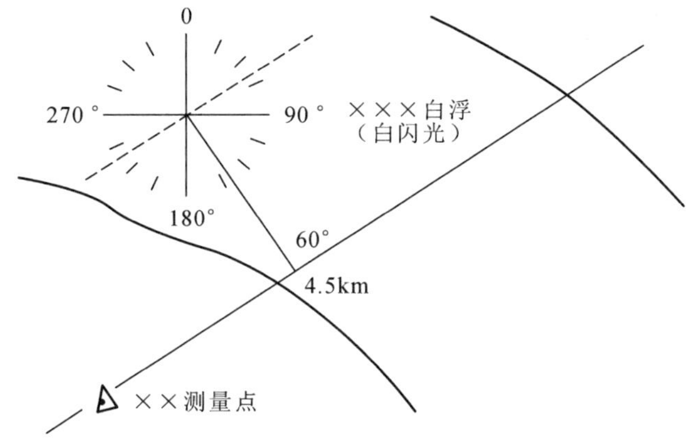

图6-8 航标非正式改正

(2)概位移标法

在航道公报中有时只告诉××水道××过河标自原位置上移(下移)××km或×××m。这时只需将××过河标自原位沿岸线上移(下移)××km或×××m。此种移标法通常叫作概位移标法。

6.4.3 航行通告

为了通报航道的变化情况,内河航行通告有以下几种形式:航行通告、航道通电、航道公报、水位通电和安全航行通电(有关措施及规定)等。

航行通告是内河航务、航运机关向管辖区域发布的指令文件。航行通告的内容有:航道的更改、封闭、开放、水上水下施工起止时间、悬挂的信号及有关航行规定等。

航道通电是由管理部门将航道及航标设置变化情况用通电形式及时发往航区全线,作为驾驶员了解航道情况和更改航行图的依据。如长江中游航道通电:“天道120、3.0、2.9”表示天星洲水道航宽120m,航道中间水深3.0m,浮标连线水深2.9m。

航道公报是由航道部门汇集航道通电内容按月发布的航道变异资料。内容有航道尺度、标志异动及航行注意事项。

水位通电是由管理部门向船舶发布的每天的水位数字及其涨落情况。

安全航行通电是管理部门根据季节、航道、水文、气象变化情况对所属船舶发布的通电或文件。

7　船舶交通流与定线制

7.1　船舶交通流的基本概念

7.1.1　船舶交通流的定义

交通流是道路交通工程研究中提出的一个概念或交通模型。为了从理论上研究连续不断地沿着一条道路朝着同一方向运动的各种交通工具的总体运动特性，根据物理上的流体，如连续不断地顺着水槽向一个方向流动的水流的相似概念，提出了交通流的概念，如汽车流等。同理，水道、海峡和港口辖区水域中连续行驶的船舶就构成了船舶交通流（Vessel Traffic Flow），也称船舶流。

交通流问题涉及驾驶人员、交通工具和交通环境，这个交通系统中的三个方面及其相互关系错综复杂。研究交通流的假定条件与实际情况相差很大，因而从不现实的假定出发推导得到的一系列结论与公式，在实际交通中难以应用。尽管如此，交通流理论研究成果使人们更深刻、更系统地认识到交通的规律与特性，对交通实际工作也有一定的指导意义。

交通流概念或模型已在道路交通工程学中进行了长期的研究，取得了不少成果。有学者认为交通工程的核心是交通流。道路交通工程学对于汽车交通流理论的研究较为深入，从需解决的问题分类，有解决道路交叉的“点”的理论、解决道路上车辆行驶的“线”的理论和解决道路网络上车流的“面”的理论。

在海上交通工程学中，对于交通流的研究在广度和深度及取得的成果上，远不如道路交通工程学。借鉴道路交通流理论和各项成果，结合海上交通的具体特点，尽可能在定性研究的同时进行定量研究，是非常重要和必要的。世界各国海上交通工程学者，特别是从道路交通领域转到海上交通领域的学者，正致力于船舶交通流研究。部分港口水道交通流密度越来越大、交通流量迅速上升、交通拥挤程度不断升高的事实，亦从客观上提供了促进船舶交通流研究的动力。

船舶交通流的概念可从交通工具流和交通事件流两方面来理解和分析。工具流是指作为一种物体的船舶的运动像流水一样连续不断。事件流是指船舶到达水域中某一地点（到达或驶离港口、通过水道中某断面、进入或驶出锚地等）的事件像流水一样连续不断。在海上交通研究中建立交通流模型时也是从这两方面考虑的。

7.1.2　船舶交通流的特点及其类别

船舶交通流具有动态结构，其运行体系不仅与内部因素（流量成分、船舶技术状况、航速、操纵船舶的人员）有关，而且与外部因素（航道尺度、流速、风、浪、航道界线等）有关。其主要包含以下四个特点：

① 系统性：单个船舶无法成为船舶流，只有在某航段上，按照给定方向运行的船舶总体或大量船舶才能构成船舶流。

② 双重性：驾驶人员既受到交通管理的约束，又有改变船速和船舶间相对位置的自由。

③ 局限性：由于受到航道条件、环境条件等的限制，因此会产生船舶间互相干扰和航道交通阻塞等现象。

④ 变化性：船舶间的时间和空间的变化属性。

船舶交通流按照不同的分类方式其类别也不尽相同。按交通组织模式、水工建筑物等对船舶交通流的影响可以分为：连续船舶交通流（Uninterrupted Vessel Traffic Flow）和间隔船舶交通流（Interrupted Vessel Traffic Flow）；按船舶交通流的成分可以分为：机动船流、非机动船流、混合船舶交通流；按水路航段特征和船舶运行方向可以分为：单向船舶交通流、双向船舶交通流、多向船舶交通流；按船舶交通流的交汇形式可以分为：交叉、合流、分流、交织流。

7.1.3　船舶交通流模型的基本要素

一般来说，一个船舶交通流模型涉及五个基本要素：

① 交通流的位置（Position），根据航迹分布图确定；

② 交通流的方向（Direction），根据船舶的运动方向确定；

③ 交通流的宽度（Width），根据航迹分布图确定；

④ 交通流的密度（Density），根据密度分布图确定，在交通流模型中，是将交通流的密度假定为均匀分布的，以便于理论研究和具体计算；

⑤ 交通流的速度（Velocity），根据船舶速度分布曲线确定，在交通流模型中是将交通流的速度假定为均匀分布的（取速度平均值），以便于理论研究和具体计算。

在狭窄水道或分道通航制的通航分道（Traffic Lane）中，船舶交通流模型容易形成，因为在这种区域内航行船舶的主要交通方式是顺水道或分道方向航行的，若水道两侧有港口，还存在穿越水道的船舶交通。而在大海上或开阔水域，船舶交通流模型的形成则要依据海上交通观测调查获得的航迹分布图。

7.1.4　船舶交通流基本模型关系式

根据海上交通调查收集到的船舶交通实况资料，假设船种单一、船速均匀、航向相同、航迹宽度不变，即可得到交通流量、交通流密度、交通流速度、交通流宽度之间的关系式。这就是船舶交通流基本数学模型，可用下式表示：

$$Q = \rho \cdot v \cdot w \tag{7-1}$$

式中　Q—— 交通流量（艘 /h）；

ρ—— 交通流密度（艘 /n mile^2）；

v—— 交通流速度（kn）；

w—— 交通流宽度（n mile）。

根据这一数学关系式，即可利用其中三个已知量，计算出另一个未知量。实际上，根据航行船舶的大小、种类和性能的不同，船舶航行速度各有所异，航向并不相同，航迹宽度也是时刻变化的，故该数学关系式只是从理论上描述各参数之间的关系，或阐明理想情况下各参数之间的关系，因此，运用该式计算出的结果只是一个估算，与实际情况相比有一定的误差。

在既定水道中或给定交通流宽度的情况下，可用图 7-1 大致表明交通流量、交通流速度和交通流密度之间的关系。

如图 7-1(a) 所示,交通流速度与交通流密度之间的关系可简单地假定为线性关系。交通流速度增大则交通流密度减小,交通流速度减小则交通流密度增大。为了提高交通流量,需采用合理的交通流速度并保持适当的交通流密度。

如图 7-1(b) 所示,在一定范围内,交通流密度增大时,交通流量也随之增大,当交通流量随交通流密度增大到一定值(Q_{max})时,交通流密度再增大,交通流量反而减小,直至达到交通阻塞密度(ρ_i)。因此,交通流密度应控制在适当的范围内,以获得最大的交通流量。

如图 7-1(c) 所示,交通流量随着交通流速度的提高而增加,但当交通流量增到一定值时,交通流速度再提高,交通流量反而逐步下降。

总之,了解和掌握交通流的基本变化规律,对于科学、合理地实施船舶交通管理有重要的理论意义和实际意义。

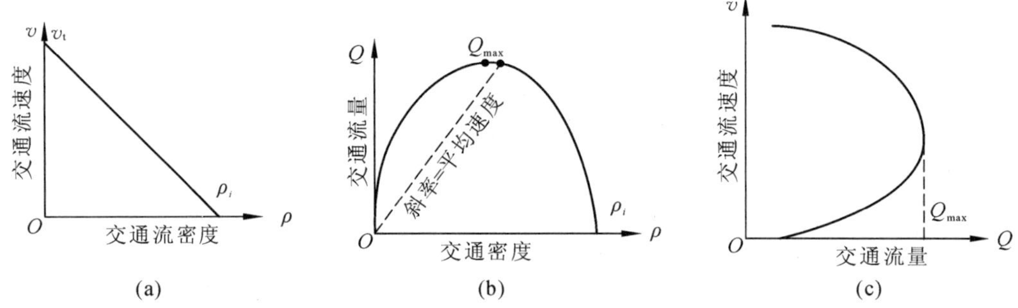

图 7-1　交通流量、交通流速度和交通流密度关系图

7.2　船舶交通流观测、统计与分析

7.2.1　海上交通调查概述

海上交通调查(Marine Traffic Survey or Marine Traffic Investigation)的目的是采用一切有效手段收集海上交通的基本数据并随之进行统计分析和理论研究,以便从宏观上和微观上了解和掌握海上交通的实际状况、基本特征和一般规律,为交通规划、海上交通设施建设、交通控制与管理、交通安全、交通环境保护和交通流理论研究等方面服务。

海上交通调查的项目包括交通流(Traffic Flow)、交通需求(Traffic Demand)、交通环境(Traffic Environment)、交通事故(Traffic Accident)、船舶到达规律(Time Pattern of Traffic Flow)、船舶领域(Ship Domain)、交通容量(Traffic Capacity)、会遇率(Encounter Rate)、避碰行为(Behaviors of Collision Avoidance)等。

其中交通流是海上交通调查的主要对象,交通流调查的项目主要包括船舶密度分布(Distribution of Ship's Density)、航迹分布(Distribution of Track)、交通量(Traffic Volume)和航速分布(Speed Distribution)。船舶密度分布、航迹分布反映了海上交通的空间分布即船舶运动组合的空间特性,并可以在两者的基础上抽象出交通流概念及其模型。船速分布反映了船舶运动变化的特点,交通量则反映出一个水域船舶交通的规模和繁忙程度,并在一定程度上反映该水域船舶交通的拥挤和危险程度。

海上交通调查工作包括收集海上交通原始数据、确定数据处理方法和目标、具体处理数据三部分。收集海上交通原始数据的方法主要包括海上交通观测(Marine Traffic Observation)、查阅港口船舶记录与统计报表以及问卷调查(Questionnaire Technique)。其中海上交通观测是主要的和基本的调查方法。

7.2.2 船舶交通流观测

船舶交通流观测是交通流调查最常用、最基本的方法。因为交通流观测是对海上交通实况进行的实时调查,所以获得的数据较为可信。它是获得交通流量、交通流密度、船舶速度等原始数据的唯一方法。通常所说的海上交通调查主要指交通观测。在岸基雷达站或船舶交通管理系统已普遍设立的今天,世界各发达国家港口和主要水道都处于监测雷达的覆盖范围之内,因而船舶交通流观测已成为日常工作,长年 24h 不停地进行。船舶交通流观测主要包括视觉观测、雷达观测、航空摄影和 AIS 观测等方法。

7.2.2.1 视觉观测

视觉观测方法的特点是简单易行,特别适合于观测狭窄水道、港口进出口水道和沿岸水域中的船舶交通。在这些地点也往往建有永久性的观通站或信号台。视觉观测(Visual Observation)的另一特点是能正确识别船舶的名称、级别(吨位大小)、种类和国籍等,因而可以获得统计各类船舶通过水道或观测数据线(Datum Line or Transit Line)的交通量的基本数据。由于肉眼分辨力很好,因此,天气良好时可以观测到很小的船舶,并可将船位接近的许多船舶一一辨认出来。

然而,视觉观测也有不少缺点,如不能获得航迹分布和速度分布等数据,及在夜间特别是能见度不良时难以甚至不能发现船舶等。因此,视觉观测是一种基本的和补充性的调查方法,至今仍常常被采用。在日本许多海域,由于地理条件适合,因而视觉观测应用较为广泛。也可根据实际情况在停泊或航行中的船舶上,甚至在空中(飞机上)进行视觉观测,主要用于识别来往船舶。

7.2.2.2 雷达观测

雷达观测(Radar Observation)是海上交通观测方法中最主要的方法。其优点是观测范围大,可以随时确定各船舶在雷达覆盖区内的确切位置,因而可以获得交通流量、交通流密度、交通形式、船舶速度、船舶会遇和避碰行为等各类原始数据,还可以记录到船舶碰撞事故发生的整个过程。雷达观测基本不受天气条件的影响,可在日夜并在任何能见度条件下进行。雷达观测也有不足之处,如无法识别船舶,受距离和方位分辨力的限制,还受各种干扰回波的影响,在扩大观测范围时,往往探测不到小船的回波,两个目标回波接近再分离时难以区分等。

一般来说,使用标准船用雷达进行海上交通观测,采用 12n mile 量程(距离分辨力为 0.1n mile)可以获得 2000 总吨以上船舶的可靠资料。若采用 6n mile 或 3n mile 量程,分辨力更高,可观测到水道中船舶动态,必要时还可进一步减小量程。但必须注意到,在能够观测到小船活动的同时观测区域将会减小。

当然,利用先进的大型岸基雷达进行海上交通观测要比利用船用雷达好一些,前者的覆盖范围和分辨力都优于后者。有些重要水道和港口建立了雷达台链,覆盖范围更广,如减小量程将进一步提高分辨力。这些岸基雷达站本身属于船舶交通管理系统的一个组成部分，因此，在观测海上交通的同时可利用 VHF 通信及船舶报告系统等手段识别雷达覆盖区域内各船舶的船名、吨位、种类和国籍等基本情况。然而，岸基雷达的监测范围毕竟有限，在大海上还需派船前往具体海域并利用船用雷达进行交通流观测。

7.2.2.3　航空摄影

在观测广大区域内的船舶交通流时，为了获得船舶密度的数据或协助船舶识别，常利用飞机在空中飞行观测海上交通情况并用摄影方法记录原始数据。由于飞机位于海面相当高的高度，故可根据某一时刻的照片推定几小时后的海上交通情况。这种方法耗资很大，只在重大海上交通调查中使用。例如，在英、法两国政府于 1979 年 9 月联合进行的为期 7 天的英吉利海峡中段海上交通调查中，双方每天都出动飞机进行空中摄影。

7.2.2.4　AIS 观测

随着船舶自动识别系统的不断完善，AIS 被越来越多地用于船舶交通流的观测与调查。船载自动识别系统的主要功能是将船舶的标识信息、位置信息、运动参数和航行状态等与船舶航行安全有关的重要数据，通过 VHF 数据链路，广播给周围的船舶，以实现对本海区船舶的识别和监视。因此，利用 AIS 收发机的接收功能并选择适当的观测地点就可以对该观测点附近海域进行交通观测和调查。

利用 AIS 进行交通流调查是数字化、格式化的调查，它具有方便快捷、位置精确度高、受自然条件影响小和实时性强等优点。此外，利用 AIS 进行船舶交通流调查可以避免常规的调查方案由于调动大量人员、飞机、船舶等造成的大额开销，节约财力和物力。

7.2.3　船舶交通流数据的统计与分析

在获得船舶交通流调查资料后还要对其进行整理和分析，从中得到一些反映特性和趋势的数据，揭示所调查水域的船舶交通流特点和潜在危险，为水上工程建设的规划和安全生产的调度管理以及船舶交通管理措施提供科学依据。目前，对船舶交通流数据的统计分析主要是采用概率与数理统计方法。由于船舶交通流观测记录原始数据的数据量很大，现大都借助于专用仪器设备和电子计算机进行分析。对船舶交通流数据的统计分析主要包括交通量、船舶密度和船舶速度几个方面。

7.2.3.1　交通量

交通量是交通流量或船舶流量的简称，它是表征某一水域（特别是水道）海上交通实况的最基本的量。交通量是交通工程中最重要且较容易获得的资料。它的大小直接反映某一水域船舶交通的规模和繁忙程度，并在一定程度上反映该水域船舶交通的拥挤和危险程度。交通量的统计分析主要包括交通量分类、交通量整时换算、交通量加权、交通量分布等工作。

（1）交通量分类

交通量是指单位时间（年、月、日、小时）内通过水域中某一地点的所有船舶的数目（艘次）。由于在一个水域中活动的船舶在各方面不一样，仅用一个总的混合交通量来反映水域中船舶交通实况是不全面和不细致的，因此，在海上交通调查与对所得的交通数据分析时常常将交通量进一步按下列方式进行分类统计，以了解交通流的构成特点。

按船舶种类分：货船、客船、油船、危险品船、渔船、其他船舶；

按船舶大小分：根据实际情况按船舶总吨位、船舶吃水或船舶长度分成几类；

按航行路线分：北上、南下，东向、西向，过往、横越，航道内、航道外，等等。

(2) 交通量整时换算

由于交通量数据量非常大，有些交通量调查常常采取按一定时间间隔间歇式地抽样调查或者选取有代表性的日期、时段进行调查。这些调查得到的数据需要换算成相应的小时交通量、日交通量、月交通量和年交通量。并绘制出交通量变化图（小时、日、月变化和历年变化图），以反映出交通量的变化趋势。计算出高峰小时交通量、年最大小时交通量和年最大日交通量，以反映交通流的最大流量。

根据不同的统计目的，除用每年、月交通量实际数值表示交通量实况外，有时还需要用某一期间交通量的平均值作为该期间交通量的代表，如平均小时交通量、平均日交通量、平均月交通量等。

(3) 交通量加权

由于船舶大小差别甚远，交通量的单位若只用单位时间内通过的船舶数目来表示而不考虑通过船舶尺度与吨位，就不能确切地反映一个水域或水道内船舶交通的规模和该水域或水道的重要程度。为此，日本学者引进了加权交通量的概念。权可以取船舶总吨位或船长。表 7-1 列出了日本学者广泛采用的加权方法，对于船舶密度来说，用加权船舶密度也可以比较确切地反映一个水域或水道内的船舶交通的拥挤程度和危险程度。

表 7-1 L 转换和 L^2 转换的加权因数（以 $L = 64$m、1000 总吨船舶作为标准）

总吨位(t)	0 ～ 20	20 ～ 100	100 ～ 500	500 ～ 3000	3000 ～ 20000	20000 ～ 100000	＞ 100000
L 转换因数	1/6	1/4	1/2	1	2	4	6
L^2 转换因数	1/36	1/16	1/4	1	4	16	36

(4) 交通量分布

对计数间隔 t 内到达 x_i 艘次船舶的概率进行统计，并对交通量的概率分布函数进行拟合。船舶交通量属于离散型随机变量，常用的离散型分布主要有二项分布、泊松分布、负二项分布。

7.2.3.2 船舶密度

船舶密度是指某一瞬时单位面积水域内的船舶数，其在一定程度上反映了水域中船舶交通的繁忙程度和危险程度，是进行船舶交通流调查研究的重点。

船舶密度主要是通过雷达观测或航空摄影获得的。雷达观测资料一般是按等时间间隔标绘或拍摄的雷达荧光屏照片，记录了水域内所有船舶各瞬时回波的位置点。航空摄影照片上记录了水域内所有船舶各瞬时的实际位置点。利用这些原始数据可以绘制出船舶密度分布图，以对该水域的船舶交通实况有一个宏观的了解，确切掌握船舶密度的大小及其空间变化，为船舶交通流模型的建立及其进一步研究打下基础。具体整理资料与绘图的步骤如下：

① 按等时间间隔（如每 1h、2h、4h、8h 整点时刻）选出雷达荧光屏照片或空中摄影照片，并复制成适当规格的透明图片。

② 将所有透明图片按同一地理参照点精确地重叠在一起。查出透明图片上所示调查水域内船舶（回波）总数，将其除以图片张数后再除以该水域面积，就获得该水域的船舶密度数值。

③ 根据该水域面积大小和船舶数量多少绘制方格网透明图片并将其叠在上述透明图片上，将各网格内船舶数除以图片张数后再除以每方格内水域面积，就获得该水域各点（以方格计）的船舶密度数值。

④ 绘制一张带有上述格网的交通调查水域范围图。在各方格内填入上述所求得的各方格水域的船舶密度值，即制成一种船舶密度分布图。

⑤ 若采用细格网并将船舶密度数值分为几等份，在各方格内绘成不同阴影，则制成另一种船舶密度分布图。

7.2.3.3 船舶速度

船舶速度不是指单艘船舶的航行速度或最大速度，而是指在某一船舶交通流中所有船舶的速度分布范围和速度平均值。船舶速度分布一般是指一个交通流中各艘船舶的速度的分布情况，速度平均值即交通流速度。

如前所述，船舶平均速度是交通流模型的五个要素之一。研究船舶速度分布和平均速度可以预测同一交通流中船舶之间发生追越会遇的频率，可以正确合理地确定出速度限制标准值及交通控制设计的重要参数。此外，这也为交通事故原因分析、评估交通改善措施成效提供了条件。因此，船舶速度分析是海上交通工程学与船舶交通管理的一个重要课题。

对于船舶速度的分析主要包括平均速度、速度标准差和速度分布三方面。

(1) 平均速度

平均速度($\overline{v}$)是指在特定的时间区间内，通过航道（航路）某一横断面的所有船舶速度的算术平均值。

$$\overline{v}=\frac{1}{n}\sum_{i=1}^{n}v_i \tag{7-2}$$

式中 $\overline{v}$ —平均速度；

v_i——第 i 艘船舶的速度；

n——观测的船舶总艘数。

(2) 速度标准差

仅用平均速度不能充分反映速度分布的分散程度，因此常需计算速度观测值的标准差以分析了解所观测速度值分布在平均值两侧的偏差情况。标准差越大，表示所观测的各速度值偏离平均速度值的偏差越大，这意味着船舶在水域中行驶时选择速度的自由度大。当交通量增大时，自由行驶受到限制，船舶速度下降，标准差也逐渐减小，即船舶速度的标准差与同向航行船舶的追越会遇频率成正比。

速度标准差(δ)的计算方法如下：

$$\delta=\sqrt{\frac{1}{n+1}\sum_{i=1}^{n}(v_i-\overline{v})^2} \tag{7-3}$$

式中 $\overline{v}$——平均速度；

v_i——第 i 艘船舶的速度；

n——观测的船舶总艘数。

(3) 速度分布

船舶速度的观测结果常表现出数据比较分散，用算术平均值难以表征其分布特性。为此，采用速度频率分布直方图和累计频率曲线表示，并从累计频率曲线上选取一些特征值作为描述速度特性的指标。

频率最高值与最常见船速。频率最高值为观测速度中出现频率最高的那个速度值，此速度称为最常见船速。

百分位船速。在速度累计频率分布曲线图上，与纵坐标上累加百分数相应的船速称为百分位船速。与其相对应的纵坐标值表示在这种船速下行驶船舶的百分率。

此外，还可以对船舶速度频率分布进行曲线拟合，用相应的分布模型来描述船舶速度分布，将其视为船舶速度观测值经验分布的形态。常用的分布模型主要有正态分布、对数正态分布、韦布尔分布等。一般来说，一个区域内自由航行的船舶的速度分布近似服从正态分布。

除交通量、船舶密度和船舶速度的分析外，还可以通过分析交通流中船舶的航向改变率和速度改变率的空间和概率分布来反映海上交通的真实情况等。

7.3　船舶交通流与船舶航行的关系

7.3.1　船舶交通流对船舶航行的影响

船舶航行安全是指船舶航行过程中没有危险，不受任何威胁，不发生航行事故。影响船舶航行安全的因素主要有：

① 交通流密度；

② 交通流速度；

③ 交通环境的交通秩序；

④ 水文、气象等状况；

⑤ 操纵者的驾驶水平；

⑥ 船舶本身的航行状况。

由式 7-1 可以看出交通流密度和交通流速度直接影响着船舶交通流量，因此，船舶交通流量与船舶航行安全也有着密不可分的关系。

当交通流量 Q 较大时，一种情况是交通流速度 v 一定，交通流密度 ρ 较大，即船舶所航行水域的交通繁忙，船舶之间的距离相对较小，船舶航行安全性较低。而另一种情况是交通流密度 ρ 一定，交通流速 v 较大，这意味着船舶能以较快的速度航行，受前船的约束较小，船舶航行安全性较高。

当交通流量 Q 较小时，一种情况是交通流密度 ρ 很小，也就是说交通并不是很繁忙，此时船舶航行安全性较高。而另一种情况是交通流密度 ρ 一定，交通流速度 v 很小，说明速度较快的船舶其航行的速度受到了速度较小船舶的制约，快速船不能快速航行。如果这个速度小到一定程度，就会影响到船舶的控制能力。即船舶利用速度抵御风流压差的能力就会下降，影响到船舶自身的安全，也不利于交通安全。

为了更具体地说明船舶交通流对船舶航行安全的影响，不妨做一个假设。如果一艘拖带船以最高 4kn 速度航行，而紧随其后的是大型的集装箱船和大吃水散装船或油轮以及受风面积大的滚装船，这种情况下后船的操纵是极其困难的。特别是大型集装箱船微速前进的速度大多在 8～9kn，在低速状态下遇到恶劣天气，船舶将无法操纵，对该船及其周围船舶的航行安全将造成巨大影响。

因此，在船舶交通中，考虑到航行安全的因素，通行次序是不可忽略的。良好的通行次序不仅能提高航道的船舶交通流量，而且也能提高船舶的交通安全性。

7.3.2　船舶航行对船舶交通流的影响

作为交通工具的船舶是船舶交通流的重要组成部分，因此，船舶航行必然会对船舶交通流造成一定的影响。一般来说，船舶航行对船舶交通流影响较大的是船舶航行速度和船舶航行事故。

当船舶航行速度较大，将减小对其后方船舶的制约，同时也将促使前方船舶提高航速，在一定程度上将使得其周围船舶的速度相应增大，最终将导致船舶交通流的速度 v 增大，从而增大所航行水域的船舶交通流量 Q；当船舶航行速度较小（尤其是在航道和狭水道中航行时），其后方航行船舶的速度将受到该船的制约，从而降低整个船舶交通流的速度 v，船舶交通流量 Q 也将随之减小。当船舶交通流速度 v 小到一定程度，就会影响到其后方大型快速船舶的控制能力。对于进出港航道，大型快速船舶的驾引人员在这种情况下一般会推迟进出港，这样就降低了交通流密度 ρ，从而降低船舶交通流量 Q，浪费航道的资源。

船舶在航行过程中发生航行事故时，必将阻塞整个水域的船舶交通，降低船舶交通流速度 v，增大交通流密度 ρ，从而降低船舶交通流量 Q，加上相关救助船舶的出现，将使得该水域的交通环境变得更为复杂，对附近水域的交通安全造成巨大威胁。对于港口水域和进港航道这种影响就显得更为突出，将严重影响到整个港口的安全生产和营运，此时相关主管机关应加强对交通的组织和调度，以将该影响降到最低。

7.4　船舶定线制概念与基本构成

7.4.1　船舶定线制概念

根据 IMO《关于船舶定线制的一般规定》，船舶定线制（Routing System）是指一条或数条航路的任何制度和定线措施，旨在减少海难事故的危险。

这里包含三个方面含义：第一，船舶定线制是对航路进行规范、设计，从而形成一套制度；第二，这种制度有若干具体的、确定的表现形式；第三，建立这种制度的目的是减少海难事故的发生，保护海洋环境。

因此，我们可以对船舶定线制做如下定义：船舶定线制是指一国或多国政府为增进航行安全，保护海洋环境，在特定水域采取的一系列规范船舶航行行为的措施和制度。

7.4.2　船舶定线制的基本类型及定义

船舶定线制主要包括分道通航制、双向航路、推荐航路、推荐航线、避航区、禁锚区、沿岸通航带、环行道、警戒区和深水航路。

7.4.2.1　分道通航制（Traffic Separation Scheme）

分道通航制是指通过适当方法建立通航分道以分隔反方向交通流的一种定线措施。这里，通航分道（Traffic Lane）是指在一个规定界线范围内，只限单向通航的水域（图 7-2）。

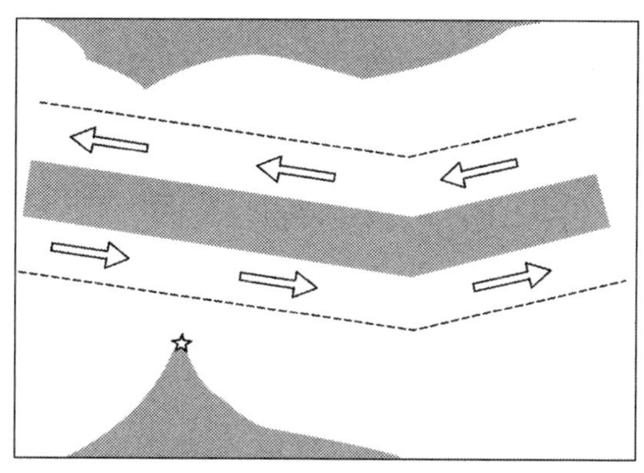

图 7-2　分道通航制示意图

7.4.2.2　双向航路(Two-way Route)

双向航路是指在规定的界线内具有双向交通的航路，旨在为通过航行有困难或危险的水域的船舶提供安全通道的一种航路(图 7-3)。

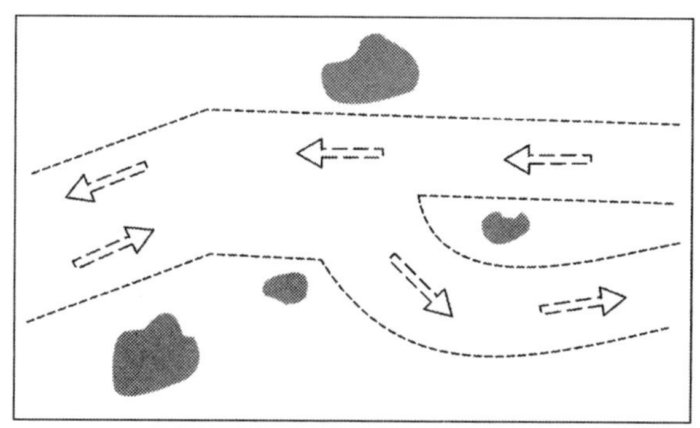

图 7-3　双向航路示意图

7.4.2.3　推荐航路(Recommended Route)

推荐航路是指为方便船舶通过而设立的未规定宽度的航路，经常以中线标来标记(图 7-4)。

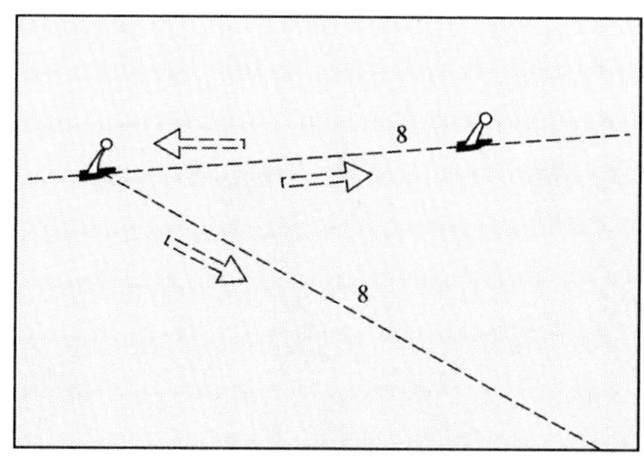

图 7-4　推荐航路示意图

7.4.2.4　推荐航线(Recommended Track)

推荐航线是指经专门检查以尽可能确保没有危险并建议船舶按此航线航行的航路(图 7-5)。

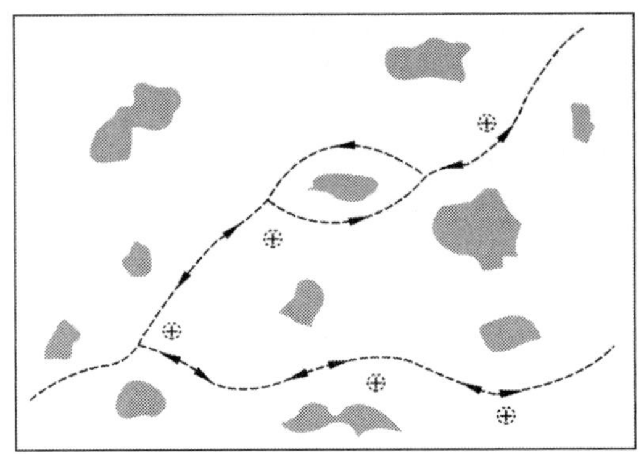

图 7-5　推荐航线示意图

7.4.2.5　避航区(Area to be Avoided)

避航区是指包含一个规定界线的区域,在该区域内,航行特别危险或对避免造成事故异常重要,所有船舶或特定类型船舶应避免进入该区域(图 7-6)。

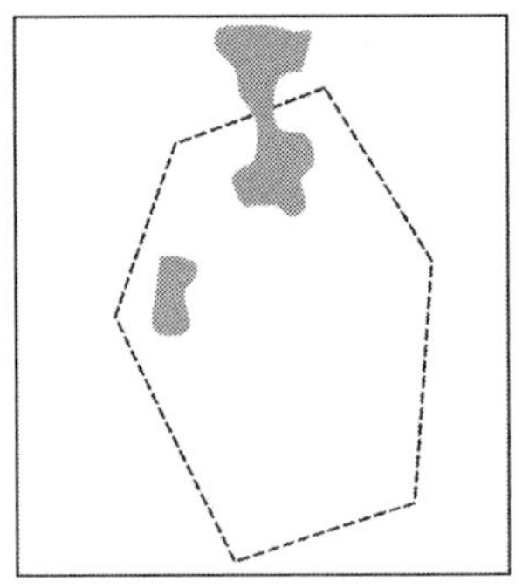

图 7-6　避航区示意图

7.4.2.6　禁锚区(No Anchoring Area)

禁锚区是指包含一个规定界限的区域,在此区域内,船舶锚泊是危险的,或可能对海洋环境造成无法接受的损害。除非是在船舶或船上人员面临紧急危险的情况下,所有船舶或特定类型船舶应避免在禁锚区锚泊。

7.4.2.7　沿岸通航带(Inshore Traffic Zone)

沿岸通航带是由介于分道通航至靠岸一侧的边界和邻近海岸之间的指定区域组成的一种定线措施(图 7-7)。

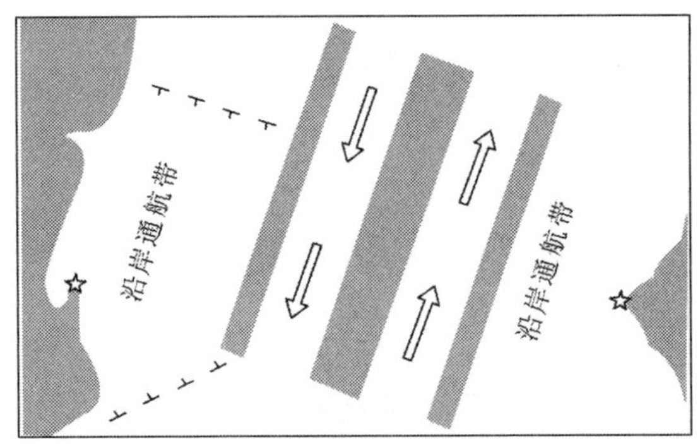

图 7-7　沿岸通航带示意图

7.4.2.8 环行道(Roundabout)

环行道是指在规定界线内由一个分隔点或圆形分隔带和环形通航分道组成的一种定线措施。这种定线措施通过沿逆时针方向环绕分隔点或分隔带航行的方式分隔环形道内的船舶交通(图7-8)。

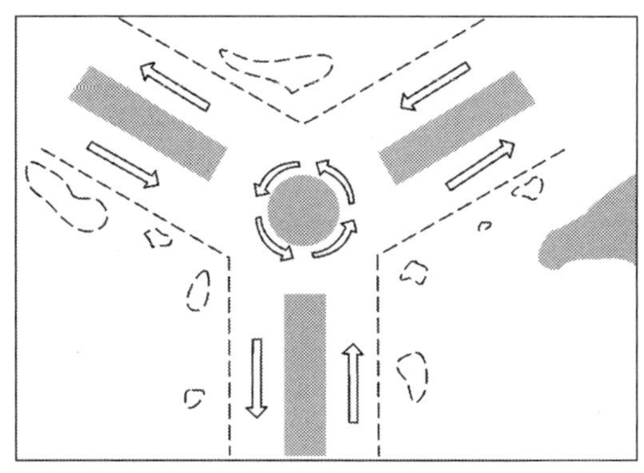

图 7-8 环形道示意图

7.4.2.9 警戒区(Precautionary Area)

警戒区是指包含一个规定界线的区域,在此区域内,船舶必须特别谨慎地航行,并且警戒区是可能设有建议的交通流向的一种定线措施(图7-9 ~ 图7-11)。

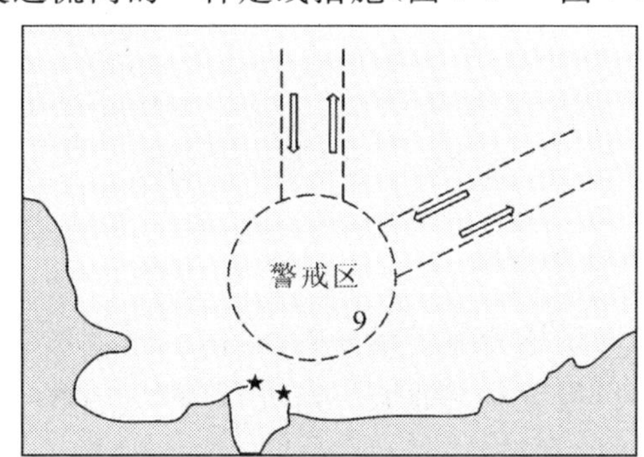

图 7-9 会聚点处的警戒区示意图

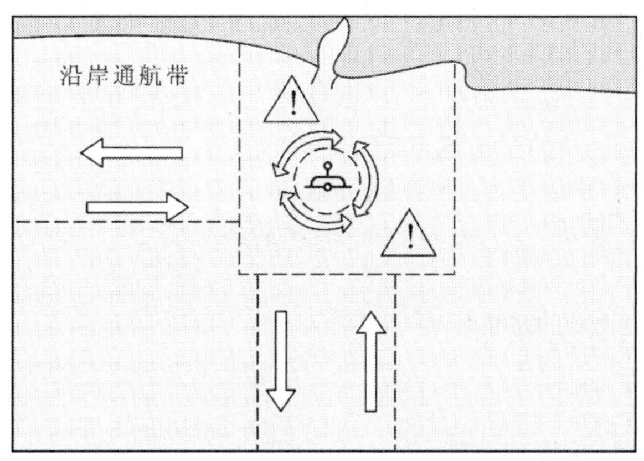

图 7-10 在避航区周围设有建议的交通流方向的警戒区示意图

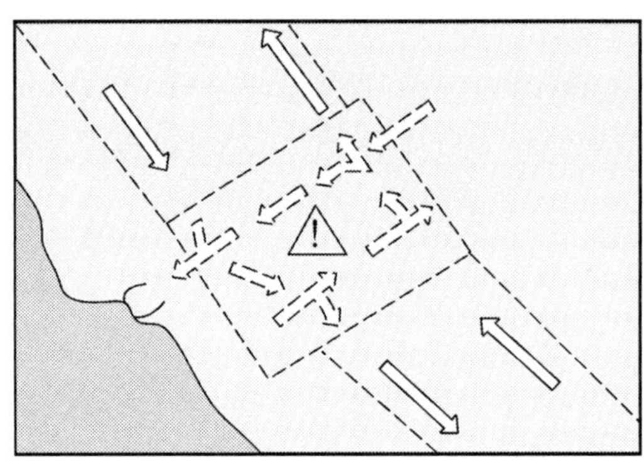

图 7-11 在连接处设有建议的交通流方向的警戒区示意图

7.4.2.10 深水航路(Deep-water Route)

深水航路是指在规定界线内,经过准确测量,以高清海图表示的海底和水下障碍物的航路(图 7-12)。

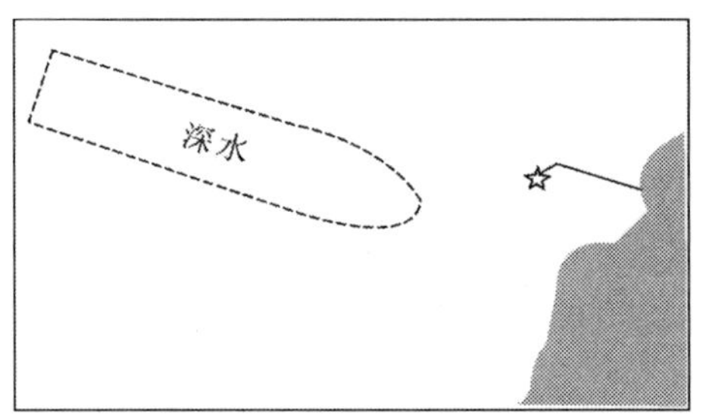

图 7-12 深水航路示意图

7.4.3 船舶定线制的基本构成

在设置分道通航制时,需设置分隔带或分割线,以分隔方向相反的船舶交通流等。而在组织定线制的船舶交通流时,需要对交通流方向进行规定。因此,关于船舶定线制还有一个重要的组成部分和两个重要的规定:

① 分隔带或分割线(Separation Zone or Line):是指分隔船舶反向或接近反向航行的通航分道,或分隔通航分道与邻近海区,或分隔为同一航向的特定种类船舶而设定的通航分道的带或线。

② 规定的交通流向(Established Direction of Traffic Flow):是指用于表明分道通航制内既定的船舶运动方向的一种交通流向模式。

③ 推荐的交通流向(Recommended Direction of Traffic Flow):是指当采用一个规定的交通流向不可行或不必要时,用于表明推荐的交通运动方向的一种交通流向模式。

7.5 船舶定线制原则

7.5.1 船舶定线制的规划原则

根据 IMO《船舶定线制的一般规定》,船舶定线制的规划原则包括以下几个方面:

(1) 为特定区域选择的定线制,应旨在为通过该区域的船舶提供安全通道,并考虑到预期的或现存的航行危险,但不应对航行船舶的合法权利和习惯航法加以不正当的限制。

(2) 当规划、建立、审查或调整一个定线制时,政府应考虑下列因素:

① 各国政府在开发生物和矿物资源方面的权利做法;

② 先前在毗邻水域所建立的定线制是否在提案国政府的管辖之下;

③ 有关区域内现行的交通模式,包括沿岸通航、交叉通航、海军演习区域和锚地;

④ 由于港口或近海码头的发展而引起可预见的交通模式的变化;

⑤ 存在的渔场;

⑥ 现有的近海海床和底土勘探或开发活动和预期的发展;

⑦ 该区域现有航标、海道测量及海图的足够性;

⑧ 盛行的天气条件、潮流和海流情况以及冰块集结的可能性等环境因素;

⑨ 环境保护区的存在和建立这种区域的可预见性发展。

(3) 一国或多国政府在规划、实施和维护定线制时,由于该区域或其有关部分的特殊环境,应考虑是否按 IMO 的有关导则,视情况建立相关的监控服务、报告服务和传播交通服务(VTS)。

(4) 定线制不应建在海床不稳定以至主航道的准线和位置经常发生变化,并可能因此导致定线制本身经常变化的区域。

(5) 当建立所有船舶或特定类型船舶的避航区时,应充分说明建立该区域的必要性并陈述理由。通常情况下,避航区应只建立在因测量不够或航标不足而可能导致搁浅危险的区域,或认为地方知识对安全通过甚为重要的区域,或海难事故的发生可能对环境造成重大损害的区域,或可能危及重要航标的区域。除非有明确的说明,否则这些区域不应作为禁航区。在每一特定情况下均应考虑需要避开这些区域的船舶种类。

(6) 当建立所有船舶或特定类型船舶的禁锚区时,应充分说明建立该区域的必要性并陈述理由。通常情况下,禁锚区应只建立在对锚泊有危险或锚泊可能对海洋环境造成无法接受的损害的区域。在每一特定情况下均应考虑并清楚标明需要避开这些区域的船舶种类。

(7) 考虑建立一个新的定线制或修改现有定线制的政府应尽早同以下部门或人员协商:

① 使用该区域的航海者;

② 航标、海道测量和航海出版物的主管当局;

③ 港口当局;

④ 有关渔业、近海勘探或开发以及环境保护方面的组织(如合适)。

7.5.2　设计标准

IMO《船舶定线制的一般规定》还提出了一些定线制设计标准,这些标准可以看作是船舶定线制的技术原则。

7.5.2.1　通则

① 在经交通调查确定的区域内,航路应尽可能遵循现行的交通流模式。

② 为通过近海勘探和开发区域提供一条无阻碍通道而建立的定线制,其形式和长度可与通常建立的定线制不同,只要此种特殊方式有利于保证航道的畅通。

③ 在一条航路上，应尽可能减少航向的改变。在会聚区和航路连接处附近可能出现大量横越船的区域，也应避免航向的改变。

④ 汇聚区和航路连接处的数目应尽可能少，而且彼此应尽量分开。相邻的分道通航制在设置时，应将其中航向相反的交通流尽可能远地分隔开。航路连接处不应设置在预期横越交通密集、无法遵循所建立的航路（如渡船交通）的区域。

⑤ 航路设计应使该区域的航标和国际公约或 IMO 的决议和建议要求或建议安装的船载导航设备得到最佳利用。

⑥ 定线制范围内及其附近的航道测量状况，即当前水深和水面航行有关危险的详细资料，应提供给海图出版当局。

7.5.2.2 分道通航制的设计标准

① 分道通航制的设计应使船舶在使用时，始终能够完全遵守经修正的《1972 年国际海上避碰规则》的规定。

② 分道通航制应限于对安全航行具有根本利害关系的范围内。

③ 通航分道的设计应能充分利用可用水深和可安全通航的区域，并应考虑整条航路可用的最大水深。航路的宽度应考虑通航密度、该区域的总体利用和可用海域。

④ 若有足够的区域，应优先使用分隔带而不是分隔线，以分隔相反方向的交通流和将沿岸通航带和相邻的通航分道隔离开。在适当的情况下，考虑到通航密度和可用船舶定位方法，分隔带和分隔线也可用于分隔通航分道与邻近海域。

⑤ 不论白天黑夜，在分道通航制内和即将进入分道通航制的任何位置，船舶应能通过下列一种或几种方法确定其船位：易于识别的物标目测方位；易于识别的物标雷达方位和距离；测向仪方位；其他适用于整个计划航程的无线电导航设备。

⑥ 如认为有必要在分道通航制内为载运《关于 1973 年国际防止船舶造成海洋污染公约》的 1978 年议定书列明的散装危险液体物质的船舶提供一条额外通道，而在整个通航分道区域内，船舶无法按照上述第 ⑤ 条的要求确定其船位，但又有一电子定位系统覆盖该区域的情况下，那么在设计此分道通航制时可以将现有的系统考虑进去。

⑦ 通航分道和通航分隔带的最小宽度应与可用的定位方法的进度相联系，该定位方法应采用 IMO 决议和建议所规定的船用设备的适当性能标准。

⑧ 如所在海域允许使用通航分隔带，在可能的情况下，分隔带的宽度应不小于在第 ⑤ 条所列的最佳定位方法的标准误差横向分量（在分隔带横向测量）的三倍。如必要或愿意，并切实可行，应提供附加分隔，以保证能尽早指示出航向相反的船舶在正确的一侧通过。

⑨ 如对船舶是否有确切的定位能力和能否分清分隔线或分隔带方面存在怀疑，应认真考虑用浮标提供足够的标记。

7.5.2.3 汇聚区域和连接处设计标准

① 在航路连接处或汇聚区域，无论从几种可用的定线方法中选用哪一种，基本原则是在应用《1972 年国际海上避碰规则》方面必须避免存在任何含糊和可能的混淆。在确定或推荐该区域的交通流方向时，应谨记该原则。如果所推荐的交通流方向被采纳，应全面考虑有关该区域内现有的交通流模式，以及船舶定线制的所有其他适用条款。

② 在航路连接处，应考虑下列需要：鼓励通航分道的横交角尽量接近直角；给予按《1972 年国际海上避碰规则》的要求可能要给他船让路的船舶尽可能多的操纵空间；根据

《1972年国际海上避碰规则》的要求，在到达航路连接处前，直航船应尽可能地保持一个稳定的航向，方便那些未能按既定航路航行的船舶避免在航路连接处或其附近横越。

7.5.2.4　深水航路设计标准

在确定深水航路时，应考虑标出关键的转向点。所有位于深水航路范围内的沉船或海底障碍物，以及水深小于海图上标明的航路最小水深的位置，也应标出。

7.6　长江干线船舶定线制

7.6.1　长江江苏段船舶定线制

为维护长江江苏段水上交通秩序，改善通航环境，提高交通效率，保障航行安全，促进航运发展，根据《中华人民共和国内河交通安全管理条例》等有关法律、法规及有关国际公约，制定了《长江江苏段船舶定线制规定》。

《长江江苏段船舶定线制规定》于2003年7月1日开始实施，取得了明显的社会、经济效益，江苏辖区水上安全形势和通航秩序有了根本性的好转。为进一步发挥《长江江苏段船舶定线制规定》在改善通航环境、保障航行安全、提高交通效率、促进航运发展等方面的作用，并与《长江安徽段船舶定线制规定》相衔接，于2005年对《长江江苏段船舶定线制规定》进行了修订，修订后的《长江江苏段船舶定线制规定》自2005年10月1日起实施，最新修订的《长江江苏段船舶定线制规定(2013)》于2014年4月1日起施行。

长江江苏段通航水域全程实行船舶定线制。船舶定线制遵循大船小船分流、避免航路交叉、各自靠右航行及过错责任原则。中华人民共和国江苏海事局及其分支、派出机构对本规定具体实施安全监督管理。

7.6.1.1　航道、航路

① 深水航道：深水航道一般设置在深泓附近，两侧界线分别用左侧侧面标、右侧侧面标标示，主要供大型船舶使用。深水航道设标由航道管理部门实施。

② 通航分道及分隔带(线)：在深水航道内设置的上下行通航分道和分隔带分别占航标标示航道宽度的2/5、2/5、1/5。在不具备设置分隔带条件的深水航道内，分隔线为深水航道的中心线。

③ 推荐航路：推荐航路设置在深水航道侧面标的外侧水域，供小型船舶使用。

在具备设置推荐航路条件的水域，黑浮连线外侧设置上行船舶推荐航路；红浮连线外侧设置下行船舶推荐航路。

④ 定线制实施水域需要采取单向航行控制，由主管机关以航行通(警)告的形式发布。

⑤ 深水航道的维护水深由航道管理部门公布。

7.6.1.2　航行

① 船舶在任何时候均应以安全航速行驶，防止发生事故。

在不危及他船或设施安全的情况下，船舶正常航行时最高航速不得超过15kn(约28km/h)，最低航速不得低于4kn(约7.5km/h)。船舶在泰州长江公路大桥桥区水域下界浮以下通航分道内正常航行时，最低航速不得低于6kn(约11km/h)。严禁船舶停车淌航。

② 船舶必须在规定的通航分道或航路内行驶。

在船舶交通管理系统覆盖水域内航行时，应按规定向主管机关设置的船舶交通管理中心报告。船舶经过船位报告线时，应进行船位报告；船舶经过船位核对点时，应进行动态报告。

③ 在深水航道内，所有船舶一律按各自靠右的航行原则沿规定的通航分道行驶，并尽可能远离分隔带或分隔线。

船舶因实施追越需要短时间占用分隔带水域时，应在确保安全的情况下谨慎进行。

④ 大型船舶、高速船应在规定的通航分道内行驶。

航速低于主管机关规定的通航分道内最低航速要求的大型船舶，应进入推荐航路航行；因深水航道外侧未设置推荐航路或船舶吃水原因不能进入推荐航路航行时，应尽可能沿通航分道右侧边缘行驶。

⑤ 小型船舶必须按规定的推荐航路行驶。

未设推荐航路的航段，小型船舶应沿通航分道右侧边缘行驶。

⑥ 大型船舶在经过通航条件受到限制的水域前，或自身操纵能力受到限制时，应向主管机关设置的船舶交通管理中心报告，在无碍他船行驶且采取必要的安全措施后，可选择航路行驶，驶过后应及时恢复到规定的通航分道内行驶。

⑦ 船舶驶经福姜沙南水道、尹公洲航段时，应遵守主管机关颁布的单向航行控制的有关规定。

⑧ 船舶驶经桥区水域时，应遵守桥区水域通航规定。

⑨ 船舶驶经白茆沙北水道、福姜沙北水道、福姜沙中水道、太平洲捷水道、仪征捷水道、宝塔水道、乌江水道等水域时，应遵守上述航路的专门规定。

⑩ 船舶进出常熟港、营船港、天生港、江都港等专用航道及京杭运河小型船舶(队)上行专用航路时，应遵守上述专用航道的专门规定。

⑪ 横江渡轮和靠离码头，进出锚地、水上服务区、汊河口及支流河口等需横越通航分道、推荐航路的船舶，应当注意航道情况和周围环境，在无碍他船安全行驶的情况下，尽可能与通航分道、推荐航路成直角就近进行。

船舶因靠离码头需要，在无碍他船安全行驶的情况下，应事先向主管机关设置的船舶交通管理中心报告，征得同意后可选择航路行驶。

7.6.1.3 停泊

① 大型船舶、超大型船舶必须在主管机关公布的锚地或停泊区内停泊。

② 小型船舶停泊应优先选择锚地、停泊区(海轮锚地或海轮停泊区除外)水域，也可根据需要在规定航路以外选择安全的水域，但应尽可能远离通航分道、推荐航路或特定航路。

③ 船舶如遇恶劣天气、主机故障等特殊情况需紧急抛锚时，应尽可能让出通航分道、推荐航路或特定航路。

7.6.1.4 避让

船舶会让时，应遵守下列关于船舶避让的特别规定：

① 未按规定在通航分道、推荐航路内行驶的船舶，应主动避让在规定的通航分道、推荐航路内正常行驶的船舶；

② 进出汊河口、支流及专用航道的船舶，应主动避让在规定的通航分道、推荐航路内正常行驶的船舶；

③ 横江渡轮和靠离码头、进出锚地的船舶，应主动避让在规定的通航分道、推荐航路内正常行驶的船舶。

沿规定通航分道、推荐航路行驶的船舶，在经过航行警戒区、码头、锚地、渡口、支流河口、汊河口及施工作业区水域之前，应保持高度警惕，加强瞭望，谨慎驾驶，注意横越船动态，并采取减速、停车等有效措施协助避让。

7.6.1.5 责任

① 违反规定进入深水航道行驶的小型船舶，与在深水航道中正常行驶的船舶发生碰撞事故时，小型船舶应负主要责任或全部责任。

② 违反规定逆通航分道或推荐航路交通流行驶的船舶与在通航分道、推荐航路内正常行驶的船舶发生碰撞事故时，逆交通流行驶的船舶应负主要责任或全部责任。

③ 违反规定随意横越通航分道、推荐航路的船舶，与在通航分道、推荐航路内正常行驶的船舶发生碰撞事故时，横越船应负主要责任或全部责任。

④ 横江渡轮和靠离码头，进出锚地、汊河口、支流河口、专用航道等需要横越通航分道、推荐航路的船舶，未按规定主动避让在通航分道、推荐航路内正常行驶的船舶导致发生碰撞事故时，横越船应负主要责任。

⑤ 违反规定随意停泊导致发生事故的，停泊船应负主要责任或全部责任。

7.6.1.6 有关定义

①“长江江苏段通航水域”是指长江上界南岸慈湖河口(31°46′30″N/118°29′48″E)与北岸乌江河口(31°50′42″N/118°29′24″E)连线，下界浏河口下游的浏黑屋(31°30′52″N/121°18′54″E)与崇明岛施翘河下游的施信杆(31°37′34″N/121°22′30″E)连线间主管机关公布的可供船舶航行的水域。

②“航道左侧”是指面向长江下游方向，航道的左手一侧。“航道右侧”是指面向长江下游方向，航道的右手一侧。

③“大型船舶”是指船长80m及以上的船舶、船队(吊拖船队除外)。

④“小型船舶”是指“大型船舶”之外的船舶、船队。

⑤“横越”是指船舶横向或斜向驶过规定通航分道、推荐航路，或横向越过沿通航分道、推荐航路行驶船舶船首方向的过程和行为。

⑥“水上服务区”是指主管机关划定的可为船舶提供加油(气)、加水、补给等服务的水域。

⑦“高速船”是指静水航速大于35km/h(约19kn)的船舶。

⑧“障碍性桥梁”是指在通航水域内设置有碍航性构筑物(不包括桥面)的桥梁。“非障碍性桥梁”是指在通航水域内未设置有碍航性构筑物(不包括桥面)的桥梁。

7.6.2 长江安徽段船舶定线制

为维护长江安徽段水上交通秩序，改善通航环境，保障航行安全，提高通航效率，促进航运发展，依据《中华人民共和国内河交通安全管理条例》等法规，制定了《长江安徽段船舶定线制规定(2010)》。该规定于2010年9月25日起试运行。凡在长江安徽段太子矶水道钱江嘴塔形侧面标与钱江口塔形侧面标连线以下水域航行、停泊、作业的船舶，均须遵守《长江安徽段船舶定线制规定(2010)》。

船舶定线制遵循各自靠右航行、大船小船分流、减少航路交叉及过错责任原则。进行航道维护和搜寻救助的船舶以及经海事管理机构批准的其他船舶，在不妨碍他船安全的前提下，可以不受该规定的限制。中华人民共和国长江海事局及其所属分支机构、派出机构负责规定的监督实施。

7.6.2.1　航路

(1) 通航分道

在适宜划定通航分道的水域，设置通航分道，并以航标标示。上下行通航分道以航道中心线为分隔线，左岸一侧通航分道为上行船舶航路，右岸一侧通航分道为下行船舶航路。通航分道的宽度原则上为500m(有条件的河段可适当放宽；不足500m的以实际航道宽度为准，但不小于200m)，一般情况下同侧相邻航标间距不大于3km。

芜湖长江大桥至慈湖河口：6月1日至9月30日航道维护水深9.0m，10月1日至次年5月31日维护水深7.5m。

芜湖长江大桥至钱江嘴：12月1日至次年3月31日航道维护水深5.0m，4月1日至5月31日航道维护水深6.0m，6月1日至9月30日航道维护水深7.5m，10月1日至11月30日航道维护水深6.0m。

(2) 单向通行航路

乌江水道内设置单向通行航路，设标宽度为200m，不足200m时以实际航道宽度为准，但不小于150m，一般情况下同侧相邻航标间距不大于3km，航道维护水深4.5m(特殊年份水深达不到4.5m时以航道部门公布的为准)。

(3) 推荐航路

东埂塔形侧面标至179# 白浮、202# 白浮至太阳洲尾塔形侧面标、土桥中塔形侧面标至250# 白浮(不含铜陵长江公路大桥水域)上行通航分道外侧设置上行船舶推荐航路。推荐航路宽度为100m，水深不小于3.0m。

(4) 深水航路

太子矶水道钱江嘴塔形侧面标与钱江口塔形侧面标连线至凡家矶水道慈湖河口(其中大桥水域除外)通航分道分隔线左右两侧各100m范围内为深水航路，深水航路一般在航道深泓范围内。

芜湖长江大桥以下深水航路维护水深与该段通航分道水深相同。芜湖长江大桥以上深水航路维护水深：每年6月1日至9月30日与主航道相同，为7.5m，5月、10月为6.5m，11月1日至15日为6.0 m，其他时段与该段通航分道水深相同；当航道实际水深低于上述尺度时，由航道部门据实发布。

(5) 航行警戒区

在通航条件较复杂的黄洲新滩、陈家洲、拦江矶等水域设置航行警戒区。明确规定警戒区内的受控船舶、在警戒区中航行船舶的会让原则，禁止船舶追越、齐头并进，禁止受控船舶会让。

7.6.2.2　航行

① 船舶应当在规定的航路内航行。

② 船舶在通航分道内航行时应尽可能远离分隔线。

③ 除上行进入马鞍山港作业和受限于乌江水道水深条件的船舶外，其他上行船舶均应

在乌江水道航行。实际吃水小于2.7m的小型船舶应当选择推荐航路航行。在未设置推荐航路的航段，小型船舶在确保自身安全的前提下，可以沿通航分道外侧水域航行，但应与相邻通航分道内船舶主流向保持一致。

④ 深吃水船舶应在深水航路内航行。

⑤ 船舶驶经航行警戒区时，应当遵守航行警戒区通航规定，谨慎航行。

⑥ 船舶在支汊水道航行时，应遵守支汊水道通航规定。

⑦ 船舶驶经桥区水域时，应当遵守桥区水域通航安全管理规定。

⑧ 船舶靠离码头，进出锚地、停泊区、支流（汊）河口、横江渡运等，需横越规定航路时，应不妨碍他船航行。船舶在横越规定航路时，应注意周围情况，尽可能与航路成直角就近进行。

⑨ 船舶驶经港区、桥区、施工区、停泊区、航行警戒区、锚地、渡口、支流（汊）河口等水域时，应保持正规瞭望，注意横越船的动态，谨慎驾驶。

⑩ 船舶在出现紧迫局面有碰撞危险时，为避免事故发生，在不妨碍他船安全的前提下，可以偏离规定航路。紧迫局面消除后，应尽快回到规定的航路，并向海事管理机构报告。

⑪ 船舶应当以安全航速航行。除紧急避让、等让等情况外，严禁船舶在弯曲狭窄航段、桥区、航行警戒区等通航环境复杂的水域停车淌航。

⑫ 船舶因靠离码头，进出锚地、停泊区，需减速航行时，应当尽可能靠航路右侧航行。

7.6.2.3　停泊

船舶应在规定的锚地、停泊区内锚泊、停泊。小型船舶也可以在规定的锚地、停泊区以外的水域锚泊、停泊，但应尽可能远离航路。船舶遇到恶劣天气、机器设备故障等紧急情况需锚泊、停泊时，应尽可能让出航路，并及时向海事管理机构报告。

7.6.2.4　避让

① 未按规定航路航行的船舶应当主动避让按照规定航路航行的船舶。

② 进出支流（汊）河口的船舶，应当主动避让干流中按照规定航路航行的船舶。

③ 横越规定航路的船舶，应当主动避让按照规定航路航行的船舶。

7.6.2.5　责任

① 船舶未按规定要求主动避让他船导致发生碰撞事故的，应负主要或全部责任。

② 船舶未按规定航路航行导致发生碰撞事故的，应负主要或全部责任。

③ 船舶违反航行警戒区规定，导致与按航行警戒区规定航行的船舶发生碰撞事故的，应负主要或全部责任。

④ 船舶违反本规定随意锚泊、停泊导致发生碰撞事故的，应负主要或全部责任。

⑤ 海事管理机构依照有关法律法规对违反本规定的行为予以行政处罚或采取行政强制措施。

7.6.2.6　有关定义

① 停泊区：是指由海事管理机构公布的供船舶停泊的水域。

② 横越：是指船舶由通航分道一侧驶入，由另一侧驶出，或者横向或斜向驶过沿通航分道航行船舶船首方向的过程和行为。包括“各类横江渡轮和横江渡船的航行”“船舶横越通航分道靠离码头、进出停泊区”“船舶避让时船首超出通航分道边界”“船舶从警戒区横越通航分道”等的过程和行为。

③ 小型船舶：是指实际吃水 4.5m 以下或船长小于 50m 的船舶（队）。

④ 深吃水船舶：是指实际吃水超过 6.0m 的船舶。

7.6.3　长江三峡库区船舶定线制

为维护长江三峡库区水上交通秩序，改善通航环境，保障船舶航行安全，促进航运发展，依据《中华人民共和国内河交通安全管理条例》等有关法规，制定了《长江三峡库区船舶定线制》。该规定自 2005 年 12 月 1 日起施行，《长江三峡库区船舶定线制规定（试行）》同时废止。凡在长江三峡水利枢纽围堰发电期、初期运用期航行于三峡大坝上游禁航线（不包括上游引航道）至长江上游航道里程 488.0km 附近佛面滩与鹭鸶背连线内（以下简称“长江三峡库区”）的船舶，均应遵守本规定。

船舶在长江三峡库区航行实行靠本船右舷一侧通航分道航行的制度。长江海事局、三峡通航管理局所属海事管理机构负责本规定的监督实施。

7.6.3.1　*航路*

① 左岸一侧通航分道为上行船舶航路，右岸一侧通航分道为下行船舶航路，上下行船舶通航分道的分隔线为航道中心线。在能够自然分隔船舶相反流向的蚕背梁（长江三峡水利枢纽围堰发电期）和塘土坝水域，北漕为上行船舶通航分道，南漕为下行船舶通航分道。

② 在部分航段的通航分道外侧设沿岸通航带，仅供短途客渡船逆相邻通航分道船舶总流向航行。

③ 支流（汊）河口水域，河口左岸一侧为干流驶入支流（汊）河流的船舶航路，河口右岸一侧为支流（汊）河流内驶入干流的船舶的航路。

7.6.3.2　*航行与停泊*

① 船舶应当在通航分道内尽可能靠右航行，并与在附近沿岸通航带航行的短途客渡船保持足够的安全距离。

大型船舶通过控制航段、通航条件受限制的航段时，应当尽可能沿本船右舷一侧航行。

短途客渡船在沿岸通航带航行时应尽可能靠本船左舷一侧航行。短途客渡船航行方向与相邻的通航分道船舶总流向一致时，应使用相邻的通航分道并遵守本规定。

② 大型船舶通过控制航段时，应当按照信号台显示的通行信号航行。大型船舶通过通航条件受限制的航段时，应当在规定地点及早联系。

③ 船舶通过警戒区，应当加强瞭望和通信联系，谨慎操作。

④ 船舶进、出支流（汊）河口，应当在无碍他船航行，并按规定显示信号和鸣放声号后，方可驶入、驶出。

⑤ 船舶驶经港区、锚地、停泊区等水域时，应当与停泊或作业船舶、设施保持足够的安全距离。

⑥ 船舶需横越通航分道时，不得妨碍沿通航分道正常航行的船舶，并尽可能与通航分道成直角进行。

⑦ 船舶追越应在通航分道的规定水域内进行。船舶追越时，追越船应当从被追越船的左舷一侧追越。除高速船外，禁止船舶在控制航段、通航条件受限制航段内追越和并列行驶。

⑧ 高速船在航行时，应当避让所有船舶。

⑨ 能见距离不足 1000m 时，禁止船舶下行；能见距离不足 500m 时，禁止船舶航行。但

是，根据公司的安全管理状况、船舶安全航行设备及船员配备情况经海事部门特别批准的除外。

⑩ 船舶应当在海事管理机构公布的锚地、停泊区内停泊。船舶航行遇有紧急情况需紧急停泊时，应当尽可能让出规定航路，并报告海事管理机构。

⑪ 船舶航行突遇浓雾，应当立即采取有效措施，并就近选择安全水域停泊，同时用甚高频无线电话周期性地通报本船船位及动态。

⑫ 船舶驶经港区、施工区、停泊区及要求减速通过的航段时，应当及早控制航速，以避免造成浪损。

⑬ 正在执行公务的公务船和正在执行航道维护和行政管理任务以及经海事机构批准的船舶，其航行若背离本规定，必须在明显处标明本船类别的信号。

7.6.3.3　避让

① 未按规定航路航行的船舶，必须主动避让沿规定航路航行的船舶。

② 进、出支流（汊）河口的船舶，应当主动避让沿干流规定航路航行的船舶。

③ 横越通航分道的船舶，应当主动避让沿通航分道航行的船舶。

④ 控制航段内，非受控船舶应当主动避让信号台允许通过的大型船舶。

⑤ 船舶通过通航条件受限制的航段时，应当及早与他船统一会让意图，需要等让的应当在规定地点等让。船舶通过通航条件受限制的航段，如需一船等让另一船时，应依次遵守下列原则：非大型船舶应当主动等让大型船舶；上行船舶应当主动等让下行船舶。

⑥ 船舶从港区、施工区、警戒区、停泊区、锚地、渡口、支流（汊）河口和沿岸通航带等水域进入相邻通航分道时，应主动避让沿相邻通航分道航行的船舶。沿通航分道航行的船舶驶经港区、施工区、警戒区、停泊区、锚地、渡口、支流（汊）河口和相邻沿岸通航带时，应保持高度警惕，加强瞭望，注意进出这些水域的船舶或横越船动态，谨慎驾驶，并采取有效措施协助避让。

⑦ 无论本章规定如何，被让路船均应当注意让路船的行动，并适时采取措施，协助避让。

7.6.3.4　信号与通信

① 船舶进、出支流（汊）河口时，除鸣放规定的声号外，白天应当在桅杆横桁上垂直悬挂“T1”信号旗一组，夜间应当在桅杆横桁易见处显示紫蓝光环照灯一盏。

② 船舶横越通航分道时，应当鸣放规定的声号。

③ 规定配有甚高频无线电话（VHF）的船舶，在航行中必须在6频道正常收听，并按规定进行通话。

④ 船舶使用甚高频无线电话（VHF）表明本船航行、避让意图后，仍应当鸣放规定声号。

7.6.3.5　责任

① 海事管理机构按照《中华人民共和国内河交通安全管理条例》及有关规定依法对违反本规定的船舶予以处罚。

② 船舶违反第九条规定进入控制航段与按规定航行的船舶发生碰撞事故，应负主要或全部责任。

③ 船舶未按规定主动避让他船，导致发生碰撞事故的，应负主要或全部责任。

④ 船舶未按规定停泊，导致碰撞事故的，应负主要或全部责任。

7.6.3.6　有关定义

① 大型船舶：是指船长为 60m 及以上的客船、滚装船；船长为 80m 及以上的货船；2500 吨级及以上的船队；主机功率每千瓦拖带量大于 4t 的拖轮拖带的船队；拖带超重、超长、超高、超宽及半潜物体的船舶。

② 左岸：是指面向河流下游方向，左手对应的河岸。

③ 右岸：是指面向河流下游方向，右手对应的河岸。

④ 通航条件受限制的航段：是指由于航道狭窄、弯曲、通视条件差等因素，大型船舶间会让行为受到限制的水域。

⑤ 控制航段：是指因航道狭窄、弯曲、通视条件差等因素，不能满足大型船舶间安全会让，需设置信号台控制航行的水域。

⑥ 警戒区：是指由于通航环境复杂、船舶穿越活动频繁，要求船舶通过时必须予以特别警惕的特定水域。

⑦ 停泊区：是指由海事管理机构公布的供船舶停泊的水域。

⑧ 沿岸通航带：是指与水沫线相距 50m，仅供短途客渡船逆相邻通航分道船舶总流向航行的水域。沿岸通航带向河道中心一侧的边界线为与相邻通航分道的分隔线。

⑨ 横越：是指船舶由通航分道一侧驶入，由另一侧驶出，或者横向或斜向驶过沿通航分道航行船舶船首方向的过程和行为。包括："各类横江渡轮和横江渡船的航行""船舶横越通航分道靠离码头、进出锚地或停泊区""船舶避让时船首超出通航分道边界""船舶从警戒区横越通航分道" 等的过程和行为。

⑩ 公务船：是指专门用于执行行政执法任务的船艇。

7.6.4　长江中游分道航行规则（试行）

为保障长江中游船舶航行安全，提高通航效率，促进航运发展，依据《中华人民共和国内河交通安全管理条例》《中华人民共和国内河避碰规则》，制定《长江中游分道航行规则（试行）》（以下简称《规则》）。该规则自 2007 年 1 月 1 日起施行。凡航行、停泊于长江宜昌左岸镇江阁与右岸孝子岩连线至武汉左岸汉阳晴川阁与右岸武昌汉阳门轮渡码头连线水域范围内的船舶，均应遵守本规则。

正在执行公务的船舶、紧急情况下进行搜寻救助的船舶、从事航道维护作业的船舶以及经海事管理机构批准的船舶，在不影响他船安全航行的情况下，可以不受本规则有关航路条款的限制。

长江中游分道航行实行双向通航、单向通航，并设置横驶区。中华人民共和国长江海事局及其分支机构、派出机构负责本规则的监督实施。

① 在实行双向通航的航段内，船舶应按规定的航路行驶。船舶在双向通航的航段内，应尽可能在航路内靠航道一侧行驶，会遇时应保持足够的安全距离。因航道变迁、水位涨落等原因，造成通航条件不能满足船舶安全会让时，船舶间应加强通信联系，必要时上行船舶应在安全水域避让下行船舶。

② 在实行单向通航的航段内，本规则规定的受控船舶应单向通过，禁止其相互会让；上下行船舶对驶相遇通过该航段时，上行船舶应在规定的安全水域避让。船舶在通过单向通航

的航段前，应在规定的地点和频道使用甚高频无线电话与他船进行联系。禁止受控船舶与非受控船舶在单向通航的航段内追越和并列行驶。

③ 船舶应当在规定的横驶区内横驶，并应加强瞭望、谨慎驾驶。

④ 船舶进出锚地、停泊区、支流、汊河及靠离码头等需穿越航路时，应不影响正常航行的船舶。

⑤ 船舶应在规定的锚地、停泊区内停泊。因恶劣天气、机器故障、遇险等需要紧急停泊时，应尽可能让出航道，并及时向当地海事管理机构报告。

⑥ 有关定义如下：

双向通航：指航道条件满足船舶对驶相遇，规定上行船舶与下行船舶互会左舷或右舷的安全航行措施。

单向通航：指航道条件不能满足受控船舶对驶相遇，规定其相互间只能单向行驶的交通管制措施。

受控船舶：指本规则规定，针对不同航道条件只能单向通过的船舶。

横驶：指船舶在横驶区内由一侧航路驶向另一侧航路的行为和过程。

横驶区：指规定船舶横驶的水域。

⑦ 在适用本规则时，凡涉及船舶避让原则、避让行动，均应遵守《中华人民共和国内河避碰规则》(以下简称《内规》)。

⑧ 违反本规则的规定，由海事管理机构依据《中华人民共和国内河交通安全管理条例》等相关规定给予处罚。

7.6.5 长江下游分道航行规则

7.6.5.1 长江下游分道航行规则的设计总原则

《长江下游分道航行规则》的设计总原则为：

① 按航道宽度的大小建立分道通航制、分边通航制和单向通航制；

② 按《内规》规定上行船走缓流，下行船走主流的原则设置上下行通航分道或上下行分边航路；

③ 按船员长期安全航行的习惯航法，确定上下行通航分道或上下行分边航路和横驶区的位置；

④ 按船舶大小、类型分层次规定通航分道，推荐航路。

7.6.5.2 长江下游分道航行的基本方法

长江下游分道航行的基本方法为：

(1) 设置通航分道或分边航路，实行分道通航或分边通航

长江下游分道通航制组成如图 7-13 所示，它由分隔带或分隔线、通航分道、规定或推荐的交通流方向、外边界线、内边界线、障碍物、端线七个部分组成。

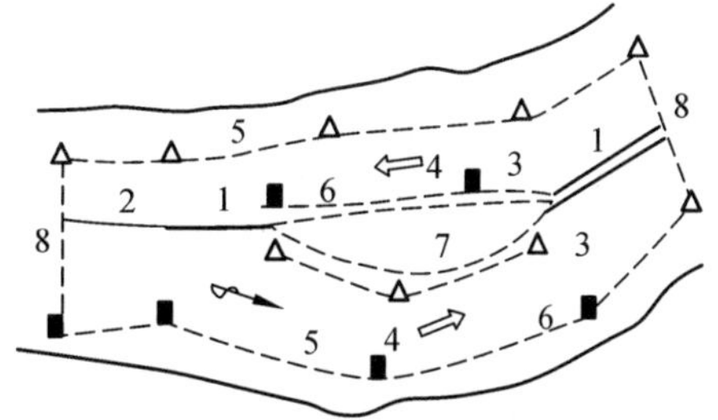

图 7-13 分道通航制的构成

① 分隔带(线)：如图 7-13 中 1、2 所示，用来分隔上下行船舶的通航分道，其设置和宽度视航标标示的航道宽度而定。其中潮流河段中，分隔带宽度占航道宽度的 1/5；在南京燕子矶以下的非潮流河段中其分隔带宽度占航道宽度的

1/6;在航标标示航道宽度较小时(南京燕子矶以上),则设置分隔线来分隔上下行船舶的通航分道。

② 通航分道:如图 7-13 中 3 所示,它包括上行通航分道和下行通航分道。

③ 规定或推荐的交通流方向:如图 7-13 中 4 所示,船舶在通航分道中,必须顺着指定推荐的交通流方向行驶,而交通流方向必须与通航分道的走势保持一致。

④ 外边界线,如图 7-13 中 5 所示,是指通航分道的外界线,是浮标或岸标标示的航道边界线或航道岸线。

⑤ 内边界线:如7-13中6所示,是指通航分道的内界线。在使用分隔带分隔通航分道时,即是通航分道与分隔带交界的界线;当采用分隔线分隔通航分道时,分隔线就是内界线;当采用天然障碍物分隔时则是其可供航行的边界线。

⑥ 障碍物:如图7-13中7所示,如江心洲、潜洲、沙滩、礁石等,可用来分隔相反方向的通航分道。

⑦ 端线:如图 7-13 中 8 所示,端线分为上端线和下端线。

在航道条件不足以建立分道通航制,但仍可以满足船舶对驶会让的航段中,可建立分边通航制,设置上下行分边航路。具体来说分边通航制主要建立在狭窄弯曲航段、某些枯水期航宽缩窄的分道通航制航段和汊河道、捷水道。

(2) 建立单向通航制,实行单向通航

鉴于船舶大小以及操纵性能条件等原因,对部分狭窄弯曲航段,航道不能满足部分船舶的对驶会让时,实行单向通航,建立单向通航制。在单向通航制航段中,并不是所有船舶都不能对驶会船,非受控制船之间以及进入该航段的受控制船与非受控制船之间仍可对驶或追越。《规则》在建立单向通航时实行分层次、分时期(季节)设计,分层次主要是根据船舶大小和船型(船队与单船)建立,分时期(季节)是部分航段只在枯水期航道狭窄时建立。

(3) 设置横驶区,规范船舶的横驶行为

依据河流的水流情况,船舶在上行选择缓流航行时往往从左(右)岸侧过渡到右(左)岸侧。虽然在长期的生产实践中,大多数船员已形成习惯的上行航路,但一直未上升为具有约束力的规定,而且不少船舶对航路选择仍带有一定随意性,且这种随意性在地方中小型船舶中表现更为突出,同时在上行航路由左(右)岸侧至右(左)岸侧的过渡中具体地点和时间的把握也不尽相同,造成盲目或突然"横头"的紧迫危险局面,由此而发生的事故已屡见不鲜,并且在事故调查处理中也存在着某些技术上的争议。《规则》设置横驶区的目的是与设置分道通航制和分边通航制相配合的,它不仅最大限度地规范船舶的横驶行为,也是上下两个相邻的分道通航制和(或)分边通航制换道或换边的技术措施(图 7-14)。

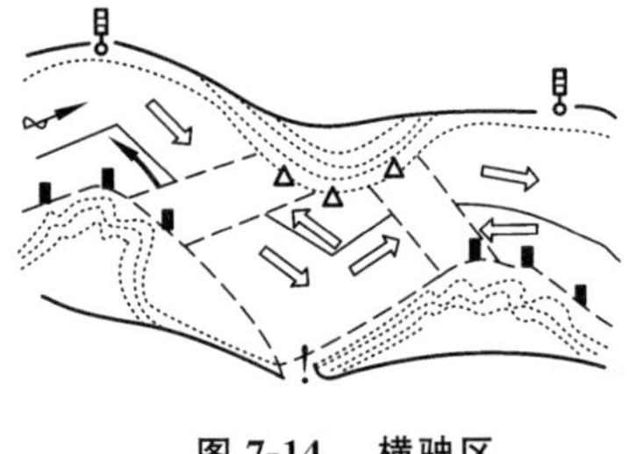

图 7-14 横驶区

(4) 推荐航路

①《内规》规定长江干线限于吃水的海船为实际吃水在 7m 以上的海船,在避让行动上享有一定的权利和义务。虽然长江航道南京燕子矶以上至安庆航道维护水深为 4.5m、安庆至武汉航段维护水深为 4m,但航道中深水航路实际水深均超过上述维护标准,并随枯水到洪水的变化而加大。同时南京燕子矶以下主航道维护水深为 10.5m,缓流航道维护水深为

4.5m。因此,限于吃水的海船在深水航道是可以航行的。深水航路由航道部门根据不同时期、不同航段予以公布作为“海轮推荐航线”,《规则》推荐航道部门公布的“海轮推荐航线”为限于吃水海船的推荐航路。

② 吃水超过航道维护水深但不足7m的海船,从实际出发,考虑到其航路选择同样存在困难,特别是吃水接近7m的船舶如不给予方便,则对航运的发展是不利的。因此,《规则》对此类船舶只在适当的情况下,在航路选择上给予便利,但避让上仍按《内规》的避让关系处理。

③ 在长江干线船舶总量中,小型船舶占有较大的比重。这类船舶适于从事干支联运和活动于干线的小港小站之间。从运输角度考虑,要求他们按规定的通航分道上行,往往会造成码头或支流、汊道驶出就要“划江”且航行一定距离后又要“划江”的局面,增加了这些功率小、航速慢、“划江”时间长的小型船舶的航行危险度,不利于安全。另外,在洪水期小型船舶在个别规定的上行通航分道内航行时有一定的困难和不便。为了方便小型船舶的航行,将某些下行通航分道一部分水域推荐给小型船舶上行,但要显示规定的信号。

④ 小型船舶选择在侧面浮标外侧航行。改革开放后,地方水运发展迅速,大量中小型地方船进入长江,由于这类船舶尺度小,抗风浪能力差,受流速制约航速慢,且这类船舶吃水浅,而在侧面浮标外侧的一定范围内水深仍可满足其安全航行,因此,在确认安全的情况下选择在侧面浮标外侧航行是可行的,事实上不少小型船舶已逐步通过实践摸索开始选择在侧面浮标外侧航行。

7.6.6 长江三峡大坝 — 葛洲坝水域船舶分道航行规则

为保障长江三峡大坝 — 葛洲坝水域船舶航行安全,提高枢纽通航设施运用效率,依据《中华人民共和国内河交通安全管理条例》制定了《长江三峡大坝 — 葛洲坝水域船舶分道航行规则》。该规则自2009年1月1日起实施,凡在长江宜昌镇江阁与孝子岩连线(长江上游航道里程4.5km)至三峡大坝上游禁航线(长江上游航道里程49.1km)水域间(以下简称“两坝间”)航行、停泊、作业的船舶,应遵守该规则。

(1) 在不影响他船安全航行的情况下,下列船舶可不受该规则有关航路条款的限制:

① 正在执行公务的船舶;

② 正在进行搜寻救助的船舶;

③ 经海事管理机构批准的其他船舶。

(2) 两坝间分道航行实行洪水期和非洪水期航行规定。洪水期,船舶实行双向通航的规定,并设置横驶区。非洪水期,船舶各自靠右航行。三峡海事管理机构负责本规则的监督实施。

(3) 两坝间通航水域分为通航条件受限制航段、横驶区、沿岸通航带、三峡水利枢纽通航设施、葛洲坝水利枢纽通航设施及一般航段。

① 在长江鲤鱼潭(长江上游航道里程22km)至大沙坝(长江上游航道里程25.5km)水域设置通航条件受限制航段。

② 洪水期,设置两处横驶区。

③ 在长江葛洲坝上引航道口门(长江上游航道里程9.8km)至野人沱(长江上游航道里程14.9km)右岸水域设置沿岸通航带。

④ 三峡水利枢纽通航设施包括双线五级船闸及其上下引航道(长江上游航道里程39.5 ～ 49.1km)。

⑤ 葛洲坝水利枢纽通航设施包括大江一号船闸及其上下引航道(长江上游航道里程 4.5 ～ 9.8km),三江二号、三号船闸及其上下引航道(长江上游航道里程 4.5 ～ 11km)。

⑥ 两坝间除通航条件受限制航段、横驶区、沿岸通航带、三峡水利枢纽通航设施、葛洲坝水利枢纽通航设施以外的航段为一般航段。

(4) 船舶应按照下列规定选择航路航行:

① 洪水期:船舶在一般航段内应按照规定的航路航行,会遇时应保持安全距离。船舶应在规定的横驶区内横驶。

② 非洪水期:上行船舶沿左岸一侧通航分道航行,下行船舶沿右岸一侧通航分道航行,左、右通航分道以航道中心线为界。

③ 船舶在三峡水利枢纽通航设施、葛洲坝水利枢纽通航设施内航行应执行水利枢纽通航设施的相关规定。

自葛洲坝大江上引航道驶出的上行船舶应在沿岸通航带内航行至野人沱后,横驶至左岸一侧航路航行。

(5) 大型船舶应在驶近通航条件受限制航段联系点前,通报本船船位及动态,遇有来船时应及早统一避让意图,上行船舶应在海事管理机构公布的等让点等让,禁止大型船舶间在通航条件受限制航段会遇。

(6) 船舶禁止在通航条件受限制航段、横驶区、沿岸通航带追越和并列行驶。

(7) 船舶应在海事管理机构公布的锚地、停泊区内停泊。船舶因恶劣天气、机器故障、遇险等需要紧急停泊时,应尽可能让出航道,并及时向当地海事管理机构报告。

(8) 能见距离不足 1000m 时,船舶禁止下行;能见距离不足 500m 时,船舶禁止航行。

(9) 进出葛洲坝大江上引航道的船舶应当主动避让进出葛洲坝三江上引航道的船舶。

(10) 船舶应当以安全航速航行,在航道内正常航行时航速不得低于 4km/h。船舶禁止停车淌航。

(11) 船舶应在 6 频道保持收听,并按《中华人民共和国内河避碰规则(2003 年修正本)》等相关规定进行通话。

(12) 有关定义:

① 大型船舶,是指船长为 60m 及以上的客船、滚装船;船长为 80m 及以上的货船;2500 总吨及以上的船队;主机功率每千瓦拖带量大于 4t 的拖带船队;拖带超重、超长、超高、超宽及半潜物体的船舶。

② 通航条件受限制航段,是指由于航道狭窄、弯曲、通视条件差等因素,禁止大型船舶间会遇的水域。

③ 洪水期,是指每年 6 月 1 日 18 时至 9 月 30 日 18 时。

④ 非洪水期,是指每年 9 月 30 日 18 时以后至次年 6 月 1 日 18 时以前。

⑤ 横驶区,是指对应过河标连线上游 100m 及下游 100m 之间,供船舶横驶的水域。

⑥ 停泊区,是指由海事管理机构公布的供船舶停泊的水域。

⑦ 沿岸通航带,是指距水沫线正横 70m 以内的水域。该水域仅供驶出葛洲坝大江上游航道上行船舶逆相邻通航分道总流向航行使用。

(13) 对在两坝间航行的船舶，本规则不免除其履行《中华人民共和国内河避碰规则》等有关法规、规章所规定的各项责任和义务。

(14) 违反本规则规定的，由海事管理机构依据《中华人民共和国内河交通安全管理条例》等相关规定给予处罚。

7.7　中国海区船舶定线制

在20世纪70年代末和80年代中期，我国开始采用分道通航制的定线方法，这些船舶定线措施对改善船舶通航环境，确保船舶航行和各项海上作业的安全，起到了重要的作用。20世纪90年代之后，我国加大了船舶定线制的研究，制定了一系列的船舶定线制。其中《成山角水域船舶定线制规定》和《成山角水域强制性船舶报告制》于1999年提交IMO审核，2000年5月19日，海上安全委员会MSC.93(72)号决议通过了该制度，并于当年的12月1日起作为强制性要求对相关船舶生效。以下简介我国海区现有船舶定线制。

7.7.1　成山角水域船舶定线制

成山角水域船舶定线制由分道通航制、沿岸通航带和警戒区组成。

7.7.1.1　分道通航制

(1) 分隔带以下列地理位置的连线为中心线，宽度为2n mile的水域：

①37°31′.18N　　122°45′.40E

②37°25′.29N　　122°49′.68E

③37°11′.60N　　122°49′.68E

(2) 分道通航制的内界线为下列地理位置的连线：

①37°29′.69N　　122°42′.13E

②37°24′.49N　　122°45′.91E

③37°11′.60N　　122°45′.91E

(3) 分道通航制的外边界线为下列地理位置的连线：

①37°32′.69N　　122°48′.68E

②37°26′.09N　　122°53′.46E

③37°11′.60N　　122°53′.46E

(4) 北行船舶通航分道为分隔带与分道通航制外边界线之间的水域，宽为2n mile；主交通流为000°(真方向)和330°(真方向)。

(5) 南行船舶通航分道为分隔带与分道通航制内边界线之间的水域，宽为2n mile；主交通流为150°(真方向)和180°(真方向)。

7.7.1.2　沿岸通航带

沿岸通航带为分道通航制的内边界线与邻近海岸之间的水域。

7.7.1.3　警戒区

警戒区为以37°34′.65N，122°42′.88E的地理位置为中心，半径为5n mile的水域。

7.7.2　老铁山水道船舶定线制

7.7.2.1　分隔带

分隔带为以下列地理位置的连线为中心线，长 9n mile、宽 1n mile 的水域：

①38°34′.30N　　　120°55′.90E

②38°29′.80N　　　121°05′.90E

7.7.2.2　通航分道

(1) 分道通航制的北边界线为下列地理位置的连线：

①38°36′.70N　　　120°57′.60E

②38°32′.20N　　　121°07′.60E

(2) 分道通航制的南边界线为下列地理位置的连线：

①38°31′.90N　　　120°54′.10E

②38°27′.50N　　　121°04′.10E

(3) 西行船舶通航分道为分隔带与分道通航制北边界线之间的水域，长为 9n mile，宽为 2.25n mile；船舶主流向为 300°(真航向)。

(4) 东行船舶通航分道为分隔带与分道通航制南边界线之间的水域，长为 9n mile，宽为 2.25n mile；船舶主流向为 120°(真航向)。

7.7.2.3　警戒区

警戒区为以 38°36′.40N ，120°51′.30E 的地理位置为中心，半径为 5n mile 的水域。

7.7.2.4　特别规定

① 使用老铁山水道定线制的船舶均应遵守本定线制。

② 船舶使用老铁山水道定线制，应遵守《1972 年国际海上避碰规则》第二章第十条的规定。

③ 船舶使用老铁山水道定线制，应在 VHF10、VHF16 频道收听，并遵守《中华人民共和国大连海事局船舶交通管理系统安全监督管理规定》的有关规定。

④ 船舶使用老铁山水道定线制，不应穿越通航分道，如需穿越，必须提前向大连船舶交管中心报告，得到许可后，方可穿越。

⑤ 船舶在警戒区域内航行及驶入和驶出警戒区域时应特别谨慎，并运用良好的船艺。

⑥ 船舶违反本规定，由主管机关依据相关法律法规，对当事船舶及相关人员进行处理。

7.7.3　大连港大三山水道通航分隔制

(1) 为加强港口交通管制，保障船舶航行安全，凡通过大三山水道的中国籍船舶和外国籍船舶，均应遵守本通航分隔制。

(2) 大三山水道设分隔带和分隔线：

分隔带宽度为 0.3n mile，自分隔带中心线起往东西各 0.15n mile。以下坐标为分隔带中心线起讫点：

①38°51′00″N　　　121°46′12″E

②38°54′24″N　　　121°46′12″E

以下经纬度坐标为分隔线起讫点：

①38°55′00″N　　121°46′12″E

②38°57′00″N　　121°46′12″E

(3) 分隔带和分隔线两侧为通航分道：在分隔带两侧的通航分道以外设沿岸通航带，仅允许小型船舶(总长小于20m的船舶)航行。以下经纬度坐标间的连线为通航分道与沿岸通航带的分界线。

东分界线：

①38°51′00″N　　121°48′30″E

②38°54′24″N　　121°48′00″E

西分界线：

①38°54′24″N　　121°44′00″E

②38°52′57″N　　121°44′00″E

③38°51′00″N　　121°43′00″E

(4) 分隔带中心线北端点(38°54′27″N，121°46′12″E)设分支汇合标H1(上有雾笛和雷达应答器)，以该标为中心，半径为0.6n mile的北半圆水域警戒区，船舶在该水域内航行时，必须特别加强瞭望，谨慎避让交叉会遇的船舶。

(5) 船舶进入大三山水道，应立即打开甚高频无线电话向海事主管机关报告，并始终保持联络畅通。

(6) 船舶通过大三山水道，必须在相应的通航分道内沿船舶总流向行驶，不得进入分隔带或超过分隔带、分隔线。如遇紧迫危险，不得不进入分隔带或越过分隔带、分隔线时，应尽快驶回原通航分道，以免妨碍对驶船舶的安全航行。

(7) 船舶通常应在端部进出通航分道，如从通航分道两侧进出，必须与该通航分道的船舶总流向成尽量小的角度。

(8) 沿通航分道进港直接驶往大港区方向的船舶，经警戒区驶入大港主航道；沿通航分道进港直接驶往甘井子、香炉礁码头的船舶，沿船舶总流向驶近H2灯浮(38°57′21″N，121°46′12″E)时转向，驶入甘井子航道；离甘井子、香炉礁码头出港的船舶，亦应在驶近H2灯浮时转向，沿船舶总流向出港。

(9) 船舶直接驶入大港区、寺儿沟区或驶往分隔线以西之货轮检疫锚地时，白天应垂直悬挂信号旗代1和W旗各一面，夜间应垂直显示白、红环照灯各一盏。

(10) 小型船舶驶往或驶离大连湾方向，应走东侧沿岸通航带；驶往或驶离黑嘴子、香炉礁方向，应走西侧沿岸通航带。如在通航分道航行，则应遵守本通航分隔制。

(11) 对于航行在大三山水道的船舶，本通航分隔制各条并不免除《1972年国际海上避碰规则》所规定的各项责任和义务。

(12) 实行大三山水道通航分隔制的水域内及其南端附近水域，严禁船舶锚泊或进行捕鱼、养殖作业。

(13) 凡违反通航分隔制者，海事管理部门可视其行为的情节、性质，分别给予警告、罚款或吊销证书等处分。

(14) 本通航分隔制自1984年2月1日起施行，1978年10月10日颁布的《船舶通过大三山水道分道航行办法》同时废止。

7.7.4　长江口船舶定线制(2008)

《长江口船舶定线制》由2个警戒区、5个分隔带及5个通航分道组成，并与相关锚地和引航作业点共同构成完整的船舶交通体系。

7.7.4.1　警戒区

(1)A警戒区

A警戒区为以下六点依次连线围成的水域：

①31°06′16.9″N　　122°29′38.6″E；

②31°07′10.3″N　　122°30′48.5″E；

③31°07′10.3″N　　122°33′08.6″E；

④31°05′09.9″N　　122°33′08.6″E；

⑤31°05′09.9″N　　122°30′48.5″E；

⑥31°06′03.8″N　　122°29′38.6″E。

(2)B警戒区

B警戒区为以下六点依次连线围成的水域：

①31°00′30.8″N　　122°29′38.6″E；

②31°00′46.8″N　　122°30′48.5″E；

③31°00′18.0″N　　122°33′08.6″E；

④30°58′13.9″N　　122°33′08.6″E；

⑤30°58′42.9″N　　122°30′48.5″E；

⑥30°59′27.4″N　　122°29′38.6″E。

7.7.4.2　分隔带

(1)A分隔带

A警戒区东侧以下四点依次连线围成的水域为A分隔带，该分隔带宽度为0.5n mile，长度为1.94n mile。

①31°06′25.1″N　　122°33′08.6″E；

②31°06′25.1″N　　122°35′24.4″E；

③31°05′55.1″N　　122°35′24.4″E；

④31°05′55.1″N　　122°33′08.6″E。

(2)B分隔带

B警戒区东侧以下四点依次连线围成的水域为B分隔带，该分隔带宽度为0.5n mile，分隔带中心线长度为2n mile。

①30°59′31.4″N　　122°33′08.6″E；

②30°59′03.3″N　　122°35′24.4″E；

③30°58′32.3″N　　122°35′24.4″E；

④30°59′00.5″N　　122°33′08.6″E。

(3)C1分隔带

A警戒区北侧以下四点依次连线围成的水域为C1分隔带，该分隔带宽度为0.5n mile，长度为2n mile。

①31°07′10.3″N　　122°31′41.0″E；

②31°09′10.6″N　　122°31′41.0″E；

③31°09′10.6″N　　122°32′16.0″E；

④31°07′10.3″N　　122°32′16.0″E。

(4)C2 分隔带

A 警戒区与 B 警戒区之间以下四点依次连线围成的水域为 C2 分隔带，该分隔带的宽度为 0.5n mile，分隔带中心线长度为 4.61n mile。

①31°00′36.0″N　　122°31′41.0″E；

②31°05′09.9″N　　122°31′41.0″E；

③31°05′09.9″N　　122°32′16.0″E；

④31°00′28.8″N　　122°32′16.0″E。

(5)C3 分隔带

B 警戒区南侧以下四点依次连线围成的水域为 C3 分隔带，该分隔带的宽度为 0.5n mile，分隔带中心线长度为 2n mile。

①30°56′28.0″N　　122°31′41.0″E；

②30°58′32.0″N　　122°31′41.0″E；

③30°58′24.8″N　　122°32′16.0″E；

④30°56′28.0″N　　122°32′16.0″E。

7.7.4.3　通航分道

(1)A 通航分道

A 通航分道为 A 分隔带两侧宽 0.75n mile 的水域，由分隔带分为进港和出港航道；通航分道北边界线为以下两点连线：

①31°07′10.3″N　　122°33′08.6″E；

②31°07′10.3″N　　122°35′24.4″E。

通航分道南边界线为以下两点连线：

①31°05′09.9″N　　122°35′24.4″E；

②31°05′09.9″N　　122°33′08.6″E。

进港航道为分隔带与 A 通航分道北边界线之间的水域；出港航道为分隔带与 A 通航分道南边界线之间的水域。

(2)B 通航分道

B 通航分道为 B 分隔带两侧宽 0.75n mile 的水域，由分隔带分为进港和出港航道；通航分道北边界线为以下两点连线：

①31°00′18.0″N　　122°33′08.6″E；

②30°59′49.9″N　　122°35′24.4″E。

通航分道南边界线为以下两点连线：

①30°57′45.7″N　　122°35′24.4″E；

②30°58′13.9″N　　122°33′08.6″E。

进港航道为分隔带与 B 通航分道北边界线之间的水域；出港航道为分隔带与 B 通航分道南边界线之间的水域。

(3)C1 通航分道

C1 通航分道为 C1 分隔带两侧宽 0.75n mile 的水域，由分隔带分为北行和南行航道；通航分道东边界线为以下两点连线：

①31°09′10.6″N　　122°33′08.6″E；

②31°07′10.3″N　　122°33′08.6″E。

通航分道西边界线为以下两点连线：

①31°07′10.3″N　　122°30′48.5″E；

②31°09′10.6″N　　122°30′48.5″E。

北行航道为分隔带与 C1 通航分道东边界线之间的水域；南行航道为分隔带与 C1 通航分道西边界线之间的水域。

(4)C2 通航分道

C2 通航分道为 C2 分隔带两侧宽 0.75n mile 的水域，由分隔带分为北行和南行航道；通航分道东边界线为以下两点连线：

①31°05′09.9″N　　122°33′08.6″E；

②31°00′18.0″N　　122°33′08.6″E。

通航分道西边界线为以下两点连线：

①31°00′46.8″N　　122°30′48.5″E；

②31°05′09.9″N　　122°30′48.5″E。

北行航道为分隔带与 C2 通航分道东边界线之间的水域；南行航道为分隔带与 C2 通航分道西边界线之间的水域。

(5)C3 通航分道

C3 通航分道为 C3 分隔带两侧宽 0.75n mile 的水域，由分隔带分为进港和出港航道；通航分道东边界线为以下两点连线：

①30°58′13.9″N　　122°33′08.6″E；

②30°56′28.0″N　　122°33′08.6″E。

通航分道西边界线为以下两点连线：

①30°56′28.0″N　　122°30′48.5″E；

②30°58′42.9″N　　122°30′48.5″E。

北行航道为分隔带与 C3 通航分道东边界线之间的水域；南行航道为分隔带与 C3 通航分道西边界线之间的水域。

7.7.4.4　助航标志调整

① 长江口灯船移至：

31°06′10.1″N　　122°31′58.6″E。

② 南槽灯船移至：

30°59′30.5″N　　122°31′58.6″E。

7.7.4.5　长江口锚地

(1) 长江口 NO.1 锚地为以下四点依次连线围成的水域：

①31°08′10.3″N　　122°34′29.0″E；

②31°13′10.4″N　　122°34′29.0″E；

③31°13′10.4″N　　　　122°40′00.0″E；

④31°08′10.3″N　　　　122°40′00.0″E。

NO.1 锚地主要供大型船舶和进入长江口深水航道的船舶使用。

(2) 长江口 NO.2 锚地为以下四点依次连线围成的水域：

①31°00′17.6″N　　　　122°34′29.0″E；

②31°04′09.9″N　　　　122°34′29.0″E；

③31°04′09.9″N　　　　122°40′00.0″E；

④31°00′17.6″N　　　　122°40′00.0″E。

NO.2 锚地主要供中小型船舶和进入南槽航道下段的船舶使用。

7.7.4.6　引航作业点

①NO.2(N) 引航作业点为:31°07′46.3″N　　122°36′39.2″E。

②NO.2(S) 引航作业点为:31°04′34.3″N　　122°36′39.2″E。

7.7.4.7　相关规定

① 船舶应遵守《1972 年国际海上避碰规则》中有关分道通航制的规定。

② 航行在定线制水域内的船舶,如有碰撞危险,仍应执行《1972 年国际海上避碰规则》所规定的各项责任和义务。

③ 禁止船舶在警戒区、分隔带、通航分道水域内及其端部附近水域进行锚泊、捕鱼作业。

④ 不使用船舶定线制水域的船舶尽可能远离该水域。

7.7.4.8　新增航段

(1) 将以下四点依次连线围成的水域(即原 B1 通航分道及延伸段) 纳入长江上海段。

①31°06′14.0″N　　　　122°21′12.0″E；

②31°06′16.9″N　　　　122°29′38.6″E；

③31°06′03.8″N　　　　122°29′38.6″E；

④31°06′01.0″N　　　　122°21′12.0″E。

(2) 将以下四点依次连线围成的水域(即原 C5 通航分道及延伸段) 纳入长江上海段。

①31°03′07.0″N　　　　122°16′27.0″E；

②31°00′30.8″N　　　　122°29′38.6″E；

③31°59′27.4″N　　　　122°29′38.6″E；

④31°02′10.0″N　　　　122°16′12.0″E。

7.7.5　珠江口水域船舶定线制

《珠江口水域船舶定线制(试行)》由担杆水道分道通航制和大濠水道分道通航制组成,包括分隔带、通航分道、沿岸通航带、警戒区和环行道。

7.7.5.1　担杆水道分道通航制

(1) 分隔带

第一分隔带:设在下列地理位置的连线范围内,宽度为 0.5n mile。

①22°08.300′N　　　　114°20.236′E；

②22°08.300′N　　　　114°15.508 E；

③22°07.798′N　　　　114°15.508′E；

④22°07.798′N　　　　114°20.236′E。

第二分隔带：设在下列地理位置的连线范围内，宽度为 0.5n mile。

⑤22°08.300′N　　　　114°11.776′E；

⑥22°08.300′N　　　　114°06.450′E；

⑦22°07.798′N　　　　114°06.450′E；

⑧22°07.798′N　　　　114°11.776′E。

(2) 通航分道(通航分道的宽度为 0.5n mile)。

第一通航分道：⑨、⑩ 和 ①、② 地理位置连线之间的水域为西行通航分道，船舶主流向为 270°(真方向)；⑪、⑫ 和 ③、④ 地理位置连线之间的水域为东行通航分道，船舶主流向为 90°(真方向)。

⑨22°08.802′N　　　　114°20.491′E；

⑩22°08.802′N　　　　114°15.345′E；

⑪22°07.296′N　　　　114°15.345′E；

⑫22°07.296′N　　　　114°20.491′E。

第二通航分道：

⑬、⑭ 和 ⑤、⑥ 地理位置连线之间的水域为西行通航分道，船舶主流向为 270°(真方向)。⑮、⑯ 和 ⑦、⑧ 地理位置连线之间的水域为东行通航分道，船舶主流向为 90°(真方向)。

⑬22°08.802′N　　　　114°11.939′E；

⑭22°08.802′N　　　　114°06.450′E；

⑮22°07.296′N　　　　114°06.450′E；

⑯22°07.296′N　　　　114°11.939′E。

(3) 沿岸通航带

担杆水道分道通航制向香港海岸一侧的边界与邻近香港海岸之间的水域定为沿岸通航带。

(4) 警戒区

第一警戒区：设在以下列地理位置为中心，半径为 1.2n mile 的水域内。

22°08.049′N　　　　114°21.500′E

第二警戒区：设在以下列地理位置为中心，半径为 1.75n mile 的水域内。

22°08.049′N　　　　114°13.642′E

7.7.5.2　大濠水道分道通航制

(1) 分隔带

第三分隔带：设在下列地理位置的连线范围内，宽度为 200m。

①22°06.355′N　　　　113°50.948′E；

②22°08.350′N　　　　113°50.948′E；

③22°09.896′N　　　　113°50.173′E；

④22°09.859′N　　　　113°50.060′E；

⑤22°08.320′N　　　　113°50.831′E；

⑥22°06.355′N　　　　113°50.831′E。

第四分隔带：设在下列地理位置的连线范围内，宽度为 200m。

⑦22°08.546′N 113°53.535′E；

⑧22°10.414′N 113°50.774′E；

⑨22°10.320′N 113°50.716′E；

⑩22°08.458′N 113°53.466′E。

第五分隔带：设在下列地理位置的连线范围内，宽度为 200m。

⑪22°11.964′N 113°49.516′E；

⑫22°13.966′N 113°49.063′E；

⑬22°13.950′N 113°48.950′E；

⑭22°11.939′N 113°49.406′E。

第六分隔带：设在下列地理位置的连线范围内，宽度为 200m。

⑮22°11.461′N 113°48.738′E；

⑯22°11.573′N 113°47.881′E；

⑰22°11.466′N 113°47.860′E；

⑱22°11.360′N 113°48.680′E。

(2) 通航分道

分隔带两侧各 600m 的水域为通航分道。

第三通航分道：⑲、⑳、㉑ 和 ①、②、③ 地理位置连线之间的水域为北行通航分道，船舶主流向为 360° 及 335°(真方向)；㉒、㉓、㉔ 和 ④、⑤、⑥ 地理位置连线之间的水域为南行通航分道，船舶主流向为 180° 及 155°(真方向)。

⑲22°06.355′N 113°51.297′E；

⑳22°08.422′N 113°51.297′E；

㉑22°10.063′N 113°50.474′E；

㉒22°09.816′N 113°49.697′E；

㉓22°08.248′N 113°50.482′E；

㉔22°06.355′N 113°50.482′E。

第四通航分道：㉕、㉖ 和 ⑦、⑧ 地理位置连线之间的水域为西北行通航分道，船舶主流向为 306°(真方向)；㉗、㉘ 和 ⑨、⑩ 地理位置连线之间的水域为东南行通航分道，船舶主流向为 126°(真方向)。

㉕22°08.809′N 113°53.740′E；

㉖22°10.741′N 113°50.884′E；

㉗22°10.073′N 113°50.487′E；

㉘22°08.195′N 113°53.261′E。

第五通航分道：㉙、㉚ 和 ⑪、⑫ 地理位置连线之间的水域为北行通航分道，船舶主流向为 348°(真方向)；㉛、㉜ 和 ⑬、⑭ 地理位置连线之间的水域为南行通航分道，船舶主流向为 168°(真方向)。

㉙22°11.975′N 113°49.871′E；

㉚22°14.033′N 113°49.405′E；

㉛22°13.883′N 113°48.608′E；

㉜22°11.797′N　　　113°49.082′E。

第六通航分道：㉝、㉞ 和 ⑮、⑯ 地理位置连线之间的水域为西行通航分道，船舶主流向为 278°(真方向)；㉟、㊱ 和 ⑰、⑱ 地理位置连线之间的水域为东行通航分道，船舶主流向为 98°(真方向)。

㉝22°11.753′N　　　113°49.016′E；

㉞22°11.895′N　　　113°47.930′E；

㉟22°11.144′N　　　113°47.812′E；

㊱22°11.044′N　　　113°48.580′E。

(3) 环行道

设在以下列地理位置为中心，半径为 2000m 的水域内。

㊲22°10.899′N　　　113°49.733′E。

7.7.6　琼州海峡船舶定线制

《琼州海峡船舶定线制(试行)》由分隔带、通航分道、警戒区、避航区、边界线和沿岸通航带组成。

7.7.6.1　分隔带

定线制分隔带由 1 号、2 号、3 号、4 号、5 号、6 号、7 号共 7 个分隔带组成。

(1)1 号分隔带为下列四点依次连线围成的水域，宽度为 0.4n mile。

A：20°11′47″N　　　110°21′41″E；

B：20°11′23″N　　　110°21′44″E；

C：20°10′47″N　　　110°17′37″E；

D：20°11′11″N　　　110°17′33″E。

(2)2 号分隔带为下列四点依次连线围成的水域，宽度为 0.4n mile。

E：20°10′25″N　　　110°12′30″E；

F：20°10′01″N　　　110°12′35″E；

G：20°09′22″N　　　110°08′20″E；

H：20°09′46″N　　　110°08′17″E。

(3)3 号分隔带为下列四点依次连线围成的水域，宽度为 0.2n mile。

a：20°13′24″N　　　110°22′24″E；

b：20°13′10″N　　　110°22′09″E；

c：20°12′26″N　　　110°17′18″E；

d：20°12′37″N　　　110°17′16″E。

(4)4 号分隔带为下列四点依次连线围成的水域，宽度为 0.4n mile。

I：20°12′05″N　　　110°15′01″E；

J：20°12′01″N　　　110°14′35″E；

K：20°12′43″N　　　110°14′27″E；

L：20°12′47″N　　　110°14′53″E。

(5)5 号分隔带为下列四点依次连线围成的水域，宽度为 0.2n mile。

g：20°11′53″N　　　110°12′14″E；

h:20°11′42″N 110°12′16″E;

i:20°10′57″N 110°07′23″E;

j:20°11′07″N 110°07′08″E。

(6)6 号分隔带为下列四点依次连线围成的水域,宽度为 0.2n mile。

k:20°07′44″N 110°07′35″E;

l:20°07′58″N 110°07′50″E;

m:20°08′43″N 110°12′48″E;

n:20°08′32″N 110°12′50″E。

(7)7 号分隔带为下列四点依次连线围成的水域,宽度为 0.4n mile。

M:20°09′04″N 110°15′07″E;

N:20°09′08″N 110°15′33″E;

O:20°08′26″N 110°15′41″E;

P:20°08′22″N 110°15′15″E。

7.7.6.2 通航分道

(1) 东西向定线制

① 东西向定线制北界线由下列线段组成:

bc 段为下列两点的连线:

b:20°13′10″N 110°22′09″E;

c:20°12′26″N 110°17′18″E。

IJ 段为下列两点的连线:

I:20°12′05″N 110°15′01″E;

J:20°12′01″N 110°14′35″E。

hi 段为下列两点的连线:

h:20°11′42″N 110°12′16″E;

i:20°10′57″N 110°07′23″E。

② 东西向定线制南界线由下列线段组成:

lm 段为下列两点的连线:

l:20°07′58″N 110°07′50″E;

m:20°08′43″N 110°12′48″E。

MN 段为下列两点的连线:

M:20°09′04″N 110°15′07″E;

N:20°09′08″N 110°15′33″E。

rs 段为下列两点的连线:

r:20°09′29″N 110°17′52″E;

s:20°10′12″N 110°22′36″E。

③ 西行船舶通航分道为 1 号、2 号分隔带与东西向定线制北界线之间的水域,水域宽为 1.3n mile;主交通流向为 261°(真方向)。

④ 东行船舶通航分道为 2 号、1 号分隔带与东西向定线制南界线之间的水域,水域宽为 1.3n mile;主交通流向为 81°(真方向)。

(2) 南北向定线制

① 南北向定线制东界线由下列线段组成：

pr 段为下列两点的连线：

p：20°08′47″N 110°18′00″E；

r：20°09′29″N 110°17′52″E。

CD 段为下列两点的连线：

C：20°10′47″N 110°17′37″E；

D：20°11′11″N 110°17′33″E。

ce 段为下列两点的连线：

c：20°12′26″N 110°17′18″E；

e：20°13′08″N 110°17′10″E。

② 南北向定线制西界线由下列线段组成：

fh 段为下列两点的连线：

f：20°12′24″N 110°12′08″E；

h：20°11′42″N 110°12′16″E。

EF 段为下列两点的连线：

E：20°10′25″N 110°12′30″E；

F：20°10′01″N 110°12′35″E。

mo 段为下列两点的连线：

m：20°08′43″N 110°12′48″E；

o：20°08′01″N 110°12′56″E。

③ 北行船舶通航分道为 7 号、4 号分隔带与南北向定线制东界线之间的水域，水域宽为 2.2n mile；主交通流向为 350°(真方向)。

④ 南行船舶通航分道为 4 号、7 号分隔带与南北向定线制西界线之间的水域，水域宽为 2.2n mile；主交通流向为 170°(真方向)。

7.7.6.3 警戒区

① 号警戒区为以地理位置 20°11′53″N，110°23′48″E 为中心，半径为 2n mile 的水域。

② 号警戒区为下列四点依次连线围成的水域：

c：20°12′26″N 110°17′18″E；

h：20°11′42″N 110°12′16″E；

m：20°08′43″N 110°12′48″E；

r：20°09′29″N 110°17′52″E。

③ 号警戒区为以地理位置 20°09′15″N，110°06′14″E 为中心，半径为 2n mile 的水域。

7.7.6.4 避航区

避航区为以地理位置 20°10′34″N，110°15′04″E 为中心，半径为 0.2n mile 的水域。

7.7.6.5 边界线

① 东北边界线为下列两点的连线：

e：20°13′08″N 110°17′10″E；

d：20°12′37″N 110°17′16″E。

② 东南边界线为下列两点的连线：

q:20°09′18″N　　110°17′54″E；

p:20°08′47″N　　110°18′00″E。

③ 西南边界线为下列两点的连线：

o:20°08′01″N　　110°12′56″E；

n:20°08′32″N　　110°12′50″E。

④ 西北边界线为下列两点的连线：

g:20°11′53″N　　110°12′14″E；

f:20°12′24″N　　110°12′08″E。

7.7.6.6　沿岸通航带

① 东西向定线制北侧沿岸通航带为a、d、e、L、K、f、g、j地理位置点的连线与雷州半岛海岸线之间的水域。

② 东西向定线制南侧沿岸通航带为k、n、o、P、O、p、q、t位置点的连线与海南岛海岸线之间的水域。

③ 船舶从沿岸通航带进入通航分道，应谨慎驾驶，从警戒区按照规定的主流向驶入。

7.7.6.7　特别规定

① 不使用船舶定线制水域的船舶应远离船舶定线制水域。

② 使用南北向定线制的船舶，当受大风浪影响导致有航行危险而无法遵守船舶定线制时，应及时报告琼州海峡船舶交管中心，经批准后，可以不按照规定的主流航向航行。在此期间，使用东西向定线制的船舶，应服从琼州海峡交管中心的指挥，主动避让使用南北向定线制的船舶。

③ 按规定应使用通航分道的船舶，如果仅使用沿岸通航带航行，应将航行的动态和示意图报告琼州海峡船舶交管中心。

④ 在定线制水域航行的船舶应遵守定线制的规定。

⑤ 对不遵守定线制的船舶，由主管机关依据相关法律、法规进行处罚。

⑥ 船舶不应穿越通航分道，如需穿越，应向琼州海峡船舶交管中心报告，经批准后，方可穿越。

8　船舶信息感知与信息服务

随着现代信息技术的发展，船舶操纵和引航越来越依赖于信息技术。本章主要讲述传统雷达与 ARPA、全球定位系统、船舶自动识别系统、船舶交通管理系统以及 GPRS 技术等内容，重点阐述它们的基本原理及其在船舶引航中的应用。

8.1　船载雷达技术

雷达是英文 Radar 的音译，源于 Radio Detection and Ranging 的缩写，原意是"无线电探测和测距"，即用无线电方法发现目标并测定它们在空间的位置，因此雷达也称为"无线电定位"。雷达是利用电磁波的二次辐射、转发或固有辐射来探测目标，获得目标的空间位置、速度、特征等信息的一个无线电设备。雷达所要探测的一切对象统称为雷达目标（简称目标）。雷达目标可以是空中的飞机、导弹、云雨、冰雹、人造卫星、宇宙天体，陆地上的山川、森林、地形、建筑物、工事、车辆、兵器、炮弹、人员等，也可以是海面上的目标。本节介绍的对象是船载雷达，其主要探测目标是海面的船只、航标、岛屿、岸线等。

船载雷达的主要任务是根据目标回波判定目标和雷达之间的径向距离、相对方位，目标跟踪、目标报警等功能也是基于这两项基本功能来实现的。所以船载雷达的首要的基本任务就是完成目标距离和目标方位的测定。

8.1.1　雷达组成部分

一般的船用雷达主要由触发电路、发射机、天线、接收机、收发开关、显示器和电源组成，其基本组成如图 8-1 所示。

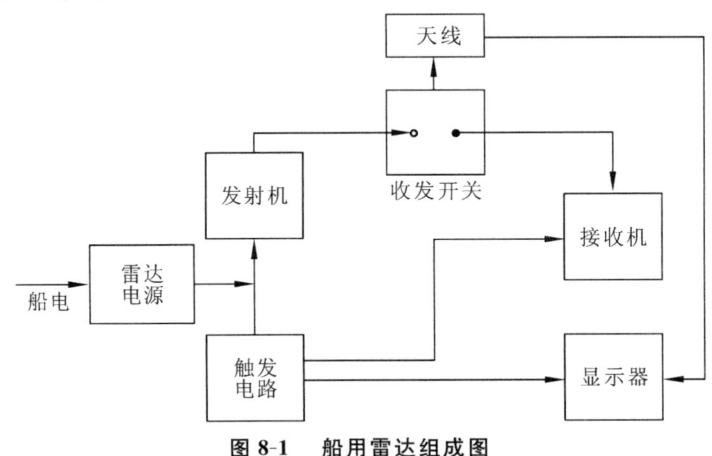

图 8-1　船用雷达组成图

（1）触发电路（Trigger；Timer）

触发电路的主要任务是每隔一定时间产生一个作用时间很短的尖脉冲，并分别发送给发射机、接收机和显示器，主要目的是保证以上三者同步工作。

(2) 发射机(Transmitter)

发射机的任务是在触发脉冲的控制下产生一个具有一定宽度的大功率超高频脉冲信号。射频脉冲经波导馈线送入天线向外发射。

(3) 天线(Scanner；Antenna；Aerial)

天线的作用是将发射来的脉冲能量聚成细束朝一个方向发射出去，同时只接收该方向物标的反射回波，并经波导馈线送入接收机。

(4) 接收机(Receiver)

接收机主要用于接收天线的反射回波。由于通常情况下回波信号十分微弱，因此，接收机还需要有信号放大功能，回波信号一般需要放大近百万倍才行。雷达中的接收机均采用超外差式接收机，它将回波信号先进行变频，变成中频回波信号，然后再放大、检波、再放大，最终变成显示器可以显示的视频回波信号。

(5) 收发开关(T-R Switch；T-R Cell)

在船用雷达中，发射与接收是用同一副天线进行的。天线与收发机间用一根微波传输线。收发开关在发射时能够自动关闭接收机入口，在发射结束时，又能自动接通接收机通路而让微弱的回波信号顺利进入接收机，同时关断发射机通路，防止回波信号能量的流失。

(6) 显示器(Display；Indicator)

船用雷达显示器是一种平面位置显示器(Plan Position Indicator，PPI)。传统的显示器在触发电路的控制下产生一个锯齿电流，在平面上形成一条径向亮线，用来计时、计算物标回波的距离，同时，这条扫描线由方位扫描系统带动随天线同步旋转。这样显示器根据接收机送来的回波信号、天线送来的方位信号将物标回波显示在物标所在的距离和方位上。

(7) 电源(Power Supply)

由于雷达对电源的主要技术要求是电压稳定、频率稳定、保护措施充分等，因此，雷达需要配备专用的电源设备。雷达电源设备的作用是把各种船电变换成雷达所需的具有一定频率、功率和电压的专用电源。雷达均采用中频电源供电，频率一般为 400 ～ 2000Hz。

8.1.2 雷达工作原理

(1) 测距原理

雷达测距的原理是利用超高频无线电波具有等速、直线传播，并且遇到物标具有良好的反射的特性。因此，如图 8-2 所示，只需要记录雷达发射脉冲的时间 t_1 和脉冲经过物体反射后回到天线的时间 t_2，就可以根据下式求出物体离雷达天线的距离：

$$S = \frac{C}{2}(t_2 - t_1) = \frac{C}{2}\Delta t \tag{8-1}$$

式中 C—— 电磁波的传播速度，$C = 3 \times 10^8 \mathrm{m/s} = 300\mathrm{m}/\mu\mathrm{s}$。

(2) 测方位原理

雷达测方位是利用超高频无线电波在空间沿直线传播的特性，把天线做成定向天线，只向一个方向发射，也只接收这一个方向上的回波。因此，接收到回波的天线方位即为物标的方位。

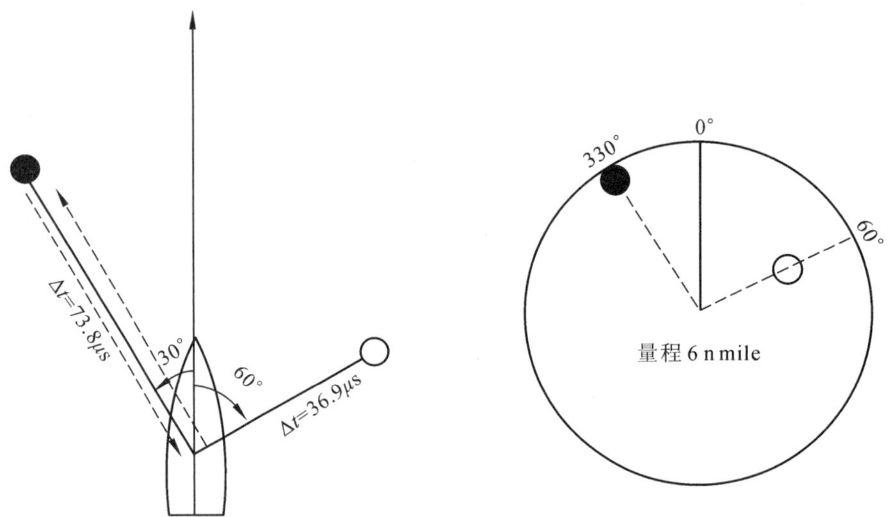

图 8-2 雷达测距原理

在实际雷达中,用方位扫描系统把天线的瞬时位置随时准确地送给显示器,使荧光屏上的扫描线和天线同步旋转,物标回波就按它的实际方位显示在荧光屏上了(图 8-3)。

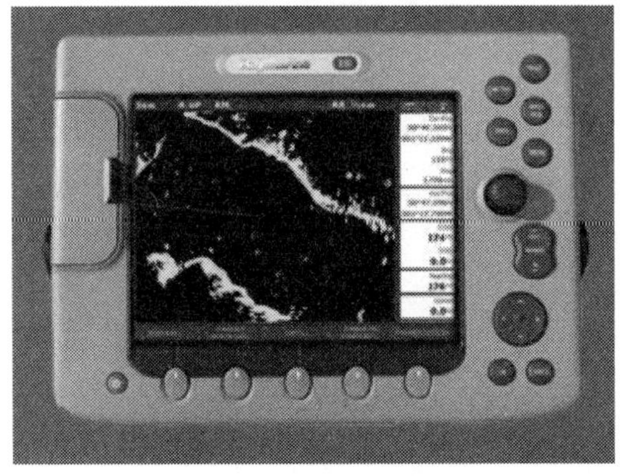

图 8-3 雷达实物图

8.1.3 干扰杂波

雷达在工作中,荧光屏上可能会出现一些干扰杂波妨碍雷达的正常观测。表 8-1 介绍了各种干扰杂波的成因、显像特征及抑制方法。

表 8-1 干扰杂波

干扰杂波	成因	显像特征	抑制方法
海浪干扰	由海浪反射雷达波而产生海浪干扰杂波	形成屏上本船周围 6 ～ 8n mile 内的鱼鳞状闪光斑点	可选用 S 波段(10cm)雷达。如有双速天线,选用高速天线(80r/min),选用窄脉冲宽度,使用面板上的“海浪抑制”(STC)旋钮酌情调节

续表 8-1

干扰杂波	成因	显像特征	抑制方法
雨雪干扰	由雨雪反射雷达波产生宽干扰脉冲	在屏上形成无明显边缘的疏松的棉絮状连续亮斑区	可选用S波段(10cm)雷达，选用窄脉冲宽度及圆极化天线，也可用“雨雪干扰抑制”(FTC)按钮或开关加以抑制
同频雷达干扰	由邻近他船同频段雷达发射的电磁波进入本船雷达天线而产生的干扰	当两台雷达的脉冲重复频率相差很大时，显像为不规则的散乱光点。当两台雷达的脉冲重复频率稍有不同时的显像：用远量程挡时，显示点状螺旋线；用近量程挡时，显示径向点射线	由于同频雷达干扰的现象较特殊，比较容易识别，一般不影响观测，可减小其影响或选用另一波段的雷达工作。如装有同频雷达干扰抑制器，打开面板上的控制开关即可消除
电火花干扰	一类是偏转线圈电刷和滑环接触不良引起的；一类是位置不定的径向亮线，可能是机内电源、发射机、接收机等有关器件跳火形成的	天电干扰，屏上产生不稳定的径向亮线，可能在固定方位上出现	排除故障；若一时无法排除故障，则可采用暂时小改向方法，使欲测的物标回波避开上述干扰亮线
明暗扇形干扰	雷达接收机工作于“自控”方式，即使用自动频率控制时，自动频率控制电路(AFC)失调	在屏上出现明暗交替的扇形图像	改用“手控”方式进行调谐，待AFC电路正常后再改用“自控”方式工作

8.1.4 数字化雷达

在20世纪后半叶，以数字计算和大规模集成电路为基础的电子技术飞速发展，这为发展数字化船载雷达提供了技术基础。雷达的信号、数据等信息的处理趋向数字化。所谓数字化，是指利用计算机信息处理技术，把声、光、电、磁等信号转换成数字信号，或把语言、文字、图像等信息转变为数字编码，用于传输和处理的过程。

数字化船载雷达的优势主要体现在以下几个方面：

(1) 对雷达回波进行数字化处理

在雷达测量目标的信号中总是混合有噪声，可利用数字滤波和数字视频积累的方法从噪声中把微弱的回波信号提取出来。新型的脉冲压缩也可用数字化电路去完成。从雷达回波中获得目标存在信息以后，还可以通过数字计数或者码盘数字信息来获得目标的参数，比如距离、方位等，这样获得的参数的精确度大大高于传统的模拟式雷达。

(2) 数字显示

雷达测距、测角等过去都是用指针式仪表来显示，这种方法不仅读数所需时间长，而且读数不准确，有效数字的第三或第四位都用估计的方法读出。数字化船载雷达的结果直接用数字显示，不仅读数快，而且有效数字一般在8位。目前新型雷达大都用数字显示测量数据。

(3) 预测航迹

数字化船载雷达中，以数字形式保存了雷达目标的信息，这就有利于系统根据这些信息进行分析计算，预测目标的运动轨迹，在传统的模拟式雷达中，是根据当前目标的距离方位信息改变磁场强度和方向，来决定光点在屏幕上的打点位置，从而形成雷达图像，这种方法是不可能实现预测航迹功能的。

(4) 识别目标

电子计算机内有存储器，把已知目标回波特性保存在存储器中。当雷达接收到目标回波后，把它与存储器中存储的信息进行比较，以达到识别目标的目的。

(5) 对雷达进行自适应控制

自适应控制是自动控制中新发展的一项技术，就是根据预先安排好的程序，当工作条件改变时，自适应地改变和控制雷达工作的参数。例如，雷达发现一个目标，由远距离搜索到近距离跟踪，天线发射的波束、发射高频脉冲的宽度和重复频率以及接收机的工作形态都要有所改变。现在这些工作状态都可利用计算机按照存储在存储器中预先安排好的程序自动地进行控制。在相控雷达中，由于天线中具有数千个相移器，如果没有计算机的快速控制，那么这种雷达是不可能工作的。因此，对雷达进行自适应控制，是雷达技术与计算机和自动控制三者高度结合和发展的产物。

通过以上比较可以得出，数字化船载雷达相对于传统的模拟式雷达性能更稳定、功能更完善、显示更清晰、操作更方便。所以，数字化雷达是未来船载雷达发展的必然趋势。

8.2　船舶自动识别系统

AIS系统是船舶自动识别系统(Automatic Identification System)的简称，由岸基(基站)设施和船载设备共同组成，是一种新型的集网络技术、现代通信技术、计算机技术、电子信息显示技术为一体的数字助航系统和设备。AIS系统由舰船飞机的敌我识别器发展而成，配合全球定位系统(GPS)将船位、船速、改变航向率及航向等船舶动态结合船名、呼号、吃水及危险货物等船舶静态资料由甚高频(VHF)频道向附近水域船舶及岸台广播，使邻近船舶及岸台能及时掌握附近海面所有船舶的动静态信息，得以立刻互相通话协调，采取必要避让行动，对船舶安全有很大帮助。

8.2.1　AIS概况

AIS系统是以自组织时分多址(Self-Organized Time Division Multiple Access, SOTDMA)为核心技术，可以用于水上交通联络和指挥的岸-船、船-岸以及船-船之间的通信、导航系统。

8.2.1.1　AIS结构及性能要求

AIS系统设备由船载设备和岸台设备两个部分组成：在岸台VTS覆盖区域内，AIS基站可以和配有AIS设备的船舶进行指定模式的通信。下面主要讲述船载AIS系统。配有AIS设备的船-船之间主要采用连续自主模式进行通信，自动识别对方船舶。典型船载AIS系统的构成如图8-4所示，主要由数据采集部分、信息处理器、AIS显示器和VHF收发机等组成。

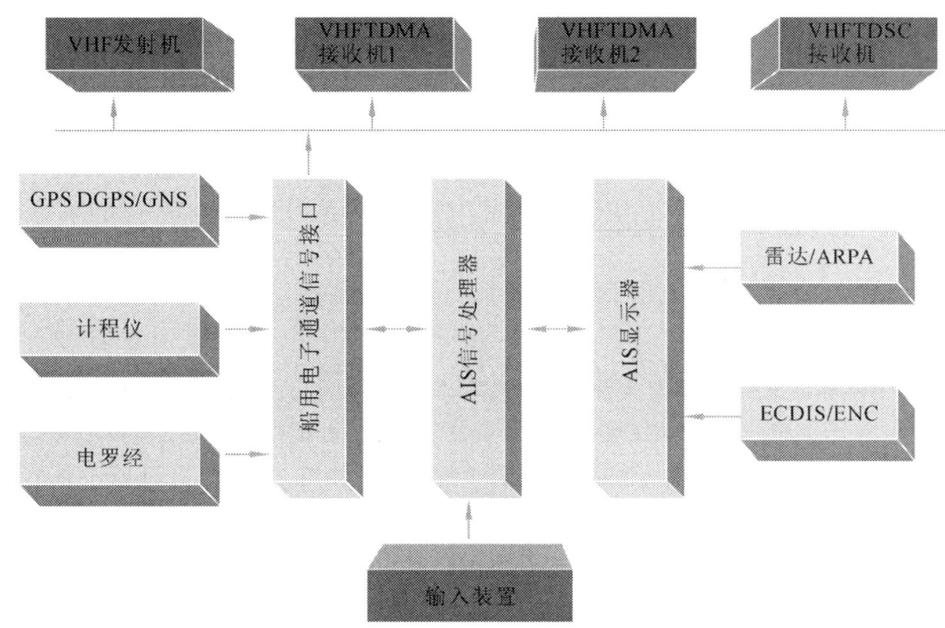

图 8-4　典型船载 AIS 系统的构成

(1) 数据采集部分

数据采集部分主要接收来自 GPS/DGPS 接收机的本船船位经纬度、对地航速、同步 UTC 以及来自电罗经的本船对地航向等信号，转换成数字信号并输入信息处理器，还包括从输入装置中输入的信息。

(2) 信息处理器

信息处理器是 AIS 的核心部分，用于存储本船识别码、船名、呼号、船型等静态信息与船舶吃水、危险货类、航线等航行相关的信息；处理、存储本船动态信息；将存储的本船最新航行数据及必要的静态信息与航行相关的其他信息进行编码后送发射机；对接收来自周围其他船舶的航行数据进行解码并存储解码后的数据；将本船和其他船舶的航行数据等信息送信息显示器显示。信息处理器主要由船舶静、动态数据库及对信息的处理、管理控制、显示等相应的软件集成。

(3)AIS 显示器

AIS 显示器与雷达、ARPA 以及电子海图显示器可以实现一体化显示，用于显示各种数据和状态信息，监视系统运行状况。

(4)VHF 收发机

VHF 收发机由系统信息处理器控制，用 VHF CH87B(161.975MHz)、VHF CH88B(162.025MHz) 两个国际专用频道自动发射和接收通信协议方案规定的高斯滤波最小频移键控(GMSK) 信号，已调信号中含有本船和他船航行信息。AIS 同时在这两个频率上接收信息，而发射信息是在这两个频率上交替进行的。AIS 接收周围其他船舶的 AIS 信息时，频带为 25kHz。

8.2.1.2　AIS 主要功能以及相关公约的要求

正确使用 AIS 有助于提高海上生命安全性、航行的安全性和效率，并有利于对海洋环境的保护。AIS的功能主要有：识别船只、协助追踪目标、简化信息交流、提供其他辅助信息以避免碰撞发生等。AIS能加强船舶间避免碰撞的措施，增强ARPA雷达、船舶交通管理系统、船舶报告的功能，在电子海图上显示所有船舶可视化的航向、航线、船名等信息，改进海事通信的功能，提供一种与通过AIS识别的船舶进行语音和文本通信的方法，增强船舶的全局意识，使航海界进入数字时代。

国际海事组织规定安装自动识别系统（AIS）的具体要求：所有300总吨及以上的国际航行船舶和500总吨及以上的非国际航行船舶，以及所有客船，应配备一台自动识别系统（AIS）。

8.2.1.3 AIS种类

AIS分为移动站和固定站两大类。其中根据AIS应用的目的，AIS船用移动设备可分为A类和B类。A类AIS设备按照IMO有关AIS配备的必要条件，可以接收和发射有关安全类的短消息——包括重要的航行信息和重要的气象分析警告之类的航行信息。B类AIS设备不必满足IMO有关AIS配备的必要条件，可以接收有关安全类的短消息。固定站又包括：AIS基站、AIS单工转发器、AIS双工转发器。此外，还有装载于飞机上的SAR和装载于航标上的Aton。

8.2.1.4 AIS信息类型

（1）静态信息

AIS静态信息包括MMSI编码、呼号和船名、船的长度和宽度、船的类型、定位天线在船上的位置（离船舷的距离和中心线左右距离）。

（2）动态信息

动态信息主要包括船位及其精度标示和完好性状态、世界协调时UTC时间、对地航向（COG）、对地航速（SOG）、船首向（0～359°）、航向状态（由人工输入）、外接传感器提供的其他信息输入项。

（3）航行相关信息

航行相关信息主要有船舶吃水、危险货物类型、目的港和预计到达时间、航行计划（选用项）、简明的安全信息。

（4）与安全相关短消息

与安全有关的短信息主要有重要的航行警告或重要的气象警告等与安全相关的信息。

8.2.1.5 工作模式

在所有区域内自主和连续工作；由交管监视中心指配工作模式，以便于主管部门控制数据传输的间隔和时隙；数据的传输响应来自于船舶或主管部门的询问，有轮询和受控两种模式。

8.2.2 AIS工作原理

8.2.2.1 AIS工作原理

AIS工作在VHF航海频段，即161.975MHz(87B)和162.025MHz(88B)两个VHF频率作为AIS工作频道。就完成通信而言，一个无线电频道已经足够了，但是为了防止干扰和转换频道时造成通信损失，每个AIS站均使用两个频道进行收发。除人工干预外，AIS应答器都工作在自主连续模式下，发射方式是9.6kbps GMSK，GMSK带宽为25KHz或者

12.5KHz，数据采用 HDL 包协议。根据船-船通信这样的实际条件，AIS 使用了自组织时分多址技术，如图 8-5 所示。根据 IMO 的 AIS 性能标准对要求船舶报告的容量的要求，系统每分钟应有 2000 个时隙，但实际上，系统的设计是每分钟 4500 个时隙，每一帧 60s，即每 60s 建立 2250 个时隙，每个时隙约 26.67ms，可传输 256bit 的信息，每个 AIS 站的船舶报告根据信息的容量自动选择 1 ～ 3 个时隙，分一帧和数帧发射或接收 AIS 信息。系统实时动态地调整信道分配。具体工作中，在一个 AIS 站开始发送之前先要对当时信道的使用状态观察一段时间，搞清时隙使用情况，然后可以选择未占用的时隙，标明需占用的帧数，再发送数据，各 AIS 站之间持续地保持同步，可避免发送时间重叠，新加入 AIS 站也不会发生冲突。在数据链负荷超过理论值的 90% 时，新加入的站可以占用距离最远的台预留的时隙，从而保证系统有很好的过载能力。

自组织时分多址技术可以自动解决本台与其他台的竞争问题，即使系统过载，通信仍能保持完好，每分钟可以处理 2000 个以上的报告，本船接收到的数据间隔 2s 可以更新一次。AIS 对 DSC 向下兼容，因此，岸基的 GMDSS 系统可以对装备 AIS 的船舶进行识别、跟踪和控制。AIS 采用 VHF 频段，它的覆盖距离与其他 VHF 设备一样，电波以直线传播。距离取决于天线的高度，在海上通常为 20n mile 左右。由于其波长较雷达长，波的绕射以及衍射作用较强，所以“可视距离”较雷达好，在地面上的障碍物不太高的情况下，能“看到”障碍物或岛屿背面的 AIS 站。借助于中继站，可以显著扩大船台和 VTS 站的覆盖范围。

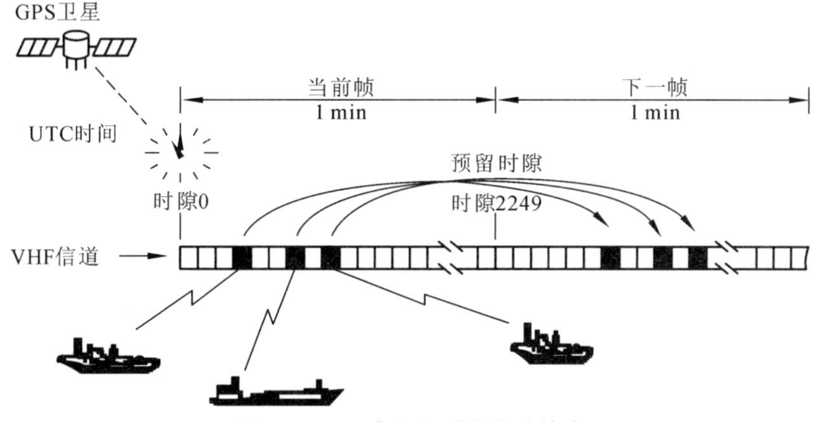

图 8-5　AIS 自组织时分多址技术

8.2.2.2　AIS 主要技术参数

AIS 工作过程中，AIS 应答器使用 9.6kbps 高斯最小频移键控(GMSK) 频率调制，使用 HDLC(高电平数据链控制) 数据包协议。每个台都能发送和接收两个无线电频道，以防止干涉问题。这些频道分为国际频道和区域频率：

AIS1：161.975MHz(CH87B；2087)

AIS2：162.025MHz(CH88B；2088)

区域频率：(156.025 ～ 162.025MHz)

AIS 有关技术参数说明如表 8-2 所列。

表 8-2　AIS 有关技术参数说明

参数		说明
区域频率		156.025 ～ 162.025MHz
频道间隔		12.5kHz/25kHz
AIS1 CH87B:2087		161.975MHz
AIS2 CH88B:2088		162.025MHz
带宽	窄(12.5kHz)	TxBT = 0.3,Rx = 0.3/0.5 (调制标准 = 0.25)
	宽(25kHz)	TxBT = 0.4,Rx = 0.5 (调制标准 = 0.5)
位率		
每一条块中的比特数		256bit
调制方式		GMSK
频率公差		$\pm 3 \times 10^{-6}$
发射输出功率		12.5W/2W　±20%

8.2.3　AIS 的应用

8.2.3.1　AIS 在船舶安全航行中的应用

AIS 系统的目标是改善海上航行安全、保护海洋环境，进而实现世界范围的航路管理，它将成为 21 世纪进行海上船舶识别、监视和通信的重要船舶设备。

(1) 提高船舶交通管制能力

VTS 对船舶的数据采集和跟踪是以雷达为基础的，对船舶的交通服务，则主要依靠 VHF 语音通信。将 AIS 技术引入 VTS，对 VTS 的船舶数据采集与跟踪以及实施服务等方面会产生重大影响，VTS 的功能将得到很大提高，也进一步强化了交通管制能力。根据船载 AIS 提供的船舶标识信息，VTS 可自动、快捷地对船舶进行识别；同时船载 AIS 可自动播发本船的实时位置、航速、航向、首向、旋回率等数据，其位置精度高，航速、航向数据实时性好，利用 AIS 的船舶动态数据可使 VTS 及时和准确地预测船舶的航行意图和可能存在的航行危险，从而提高区域船舶海上航行交通管制能力。

(2) 提高船舶避碰决策能力

将 AIS 引入船舶避碰决策中，将给船舶间的避碰信息提供新手段。通过 AIS 可获得船舶静态信息和动态信息，甚至可以获得目标船的转向点信息和目标船将来要采取的避碰措施信息等，为船舶自动避碰提供较完美的方案，从而提高了船舶避碰决策能力。由于 AIS 是基于 VHF 频段的一种自动识别系统，它提供的信息量大、信息可靠性好、精度高、实时连续；同时 AIS 利用全球唯一的识别码、船名及呼号，以短文定向的方式进行准确的避让操纵，并进行沟通及确认，不存在误通问题；而且 AIS 能实时提供他船的船位、航向、航速、转向率、速度变化值及操船意图。因此，AIS 为船舶避碰决策提供了快捷、可靠、精确的信息，从而有利于准确判断避碰态势，采取正确的避让措施。

(3) 提高海上安全信息的发布效率

海事部门可以实时通过 AIS 系统的无线电数据链路传输发布最新的航行通告、潮汐和气象等信息,从而提高船舶的安全系数。同时,将AIS安装于水上浮标等各种助航设施上,有利于船舶驾驶人员识别,也有利于航标管理部门和海事部门进行监控。当恶劣天气或其他因素使浮标移位时,可以通过设定的监控报警装置及时发现,及时采取措施,从而减少事故的发生,提高了船舶航行的安全性。

8.2.3.2 AIS技术在引航中的应用

AIS在引航管理中的应用主要体现在以下几个方面:

(1) 调度指挥

引航动态涉及船舶代理和港口调度等方面,中间环节不可预测因素较多,是一项复杂的系统工作。船舶抵港时间及抛锚位置、引航船工作情况、航道通航状况都会对动态执行产生影响。有时一个动态延误,会造成一系列的连锁反应,数十艘船等待一艘船的现象时有发生。调度指挥部门使用AIS和电子海图,能够直观地掌握船舶的实时动态信息和港口航道通航环境信息,在获得准确信息后,可以及时采取应对措施,合理调配引航员,调整甚至取消动态,保证重点船舶或多数船舶正常靠离码头和进出港口。

(2) 引航监控

现场引航员一方面要根据通航情况下达操作指令,指挥船舶安全航行,另一方面要通过雷达了解通航信息,通过VHF联系拖轮、VTS及会让船舶。复杂的工作环境,会分散引航员的精力,会使他们忽略一些重要细节,做出错误判断,甚至产生急躁情绪,违章操作,危及船舶安全。监控部门利用AIS及电子海图能够直观地掌握船舶的实时动态信息和通航环境信息,为现场引航员提供助航信息。

(3) 引航计费

引航员登离船时间、锚地和泊位之间的移泊等参数与引航费的计算密切相关,受多种因素影响,这些参数经常发生错误,引航费错收现象时有发生。这些错误一方面会给引航机构带来经济损失,另一方面也会影响引航服务质量。AIS及电子海图的历史回放功能,成为业务部门核查这些收费情况的有效手段。

总之,将AIS技术应用到港口船舶引航系统符合我国沿海港口的特点及其船舶引航的需求,应充分应用现有定位技术、通信手段以及硬件技术,将引航工作所需的各种信息在电子海图平台上直观地综合显示出来,实现引航员显示终端轻便、无线携带,为引航员提供安全引航的技术保障。

8.3 船舶交通管理系统

船舶交通管理系统(Vessel Traffic Services,VTS),指由主管机关实施的、用于增进交通安全和提高交通效率以及保护环境的服务。

根据国际海事组织(IMO)的VTS指南,VTS有六项功能:数据搜集、数据评估、信息服务、助航服务、交通组织服务和支持联合行动,但归结起来为两大主要功能,即为船舶提供海上交通信息服务和海上交通管理。

8.3.1 VTS系统的组成

VTS通常包括岸基雷达、闭路电视、图像传输、通信、船舶识别、操作以及信息显示和数据处理等子系统，主要是为进出港船舶提供服务。本节从硬件设备、系统管理软件、管理机构和参与船舶四个部分介绍其组成。

8.3.1.1 硬件设备(图 8-9)

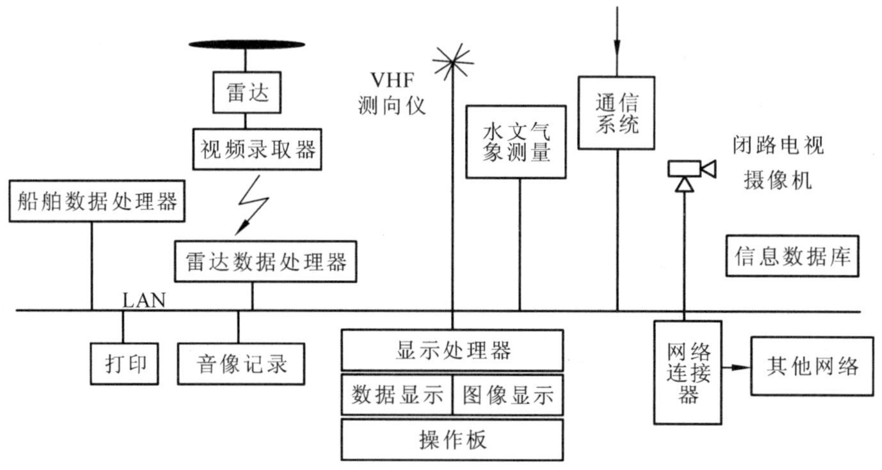

图 8-6 VTS 系统硬件框图

(1) 港口雷达子系统

港口雷达是 VTS 系统中的重要组成部分，它能在夜间、雾天及各种不良气象条件下监视管辖区内各种目标，其作用距离大于视觉观测距离。如果管辖区域较大，还可以根据不同要求配置同一波段或不同波段的数台雷达，组成一个雷达链覆盖整个管辖水域。

(2) 闭路电视子系统

低照度闭路电视能在白天或光亮较弱的条件下，监视管辖区内各种目标的动态，可以直观、方便地对现场进行监督管理。电视摄像头可安装在中心站，通过同轴电缆传输图像信息；也可分设在管辖区的多个不同位置，利用无线方式传输图像管理。电视摄像头可根据不同需要选择固定式、旋转式和变焦式。

(3) 图像传输子系统

监视雷达的图像和闭路电视的图像，需要传输到 VTS 中心，可以通过同轴电缆、光缆和微波等进行图像的实时传输，也可通过普通电话线路每隔一定时间传送静止图像进行非实时传输。港区通常采用微波传输。

(4) 数据处理子系统

① 雷达数据处理装置

雷达数据处理装置能把雷达站送来的原始视频或数据视频信号进行处理，用自动或手动录取并自动跟踪目标，计算出目标的距离、方位、航向、航速、DCPA、TCPA。还能对船舶互相碰撞的可能性、是否偏离航线、有无触浅危险等进行计算，对危险目标发出警报。

此外，雷达数据装置还能实现多雷达组合跟踪、识别保护、被遮挡目标和重向回波的跟踪识别。

② 船舶数据处理装置

船舶数据处理装置通过其数据采集器收集各种计划信息(如航次计划、港口作业计划、领航计划、搜救计划、抛锚点等)和现场信息(如船舶运行情况、交通情况、气象水文等)，通过计算机进行计算或船舶交通模拟，得出船舶运行强度、密度数据，编制船舶动态报告，预测船舶会遇、追越和船位，编制各种统计分析表格。

(5) 显示设备

VTS 系统显示设备有雷达显示器、闭路电视显示器、数据显示器和维修显示器。雷达显示器除了显示管辖区的雷达图像、各种目标的运行参数和避碰参数外，还可显示辖区的电子海图、AIS 信息。显示内容可以由操作人员根据需要切换或改变比例。

(6) 通信子系统

通信联络是船舶交通管理必不可少的手段。VTS 系统中，中心站与船舶之间、各分站之间的通信联系主要是通过 VHF 通信网进行的，除此之外还可利用高频、中频通信，传真和电话等通信手段作为补充。

(7) 船舶识别系统

在船舶交通管理系统中，对船舶进行识别是进行跟踪和数据处理的前提，最初采用的识别方法为高精度的甚高频无线电测向仪(VHF/DF)。如今引入 AIS 之后，AIS 已成为船舶识别的主要手段。AIS 可以实现船舶进入 VTS 监控区域后自动向交管中心传输包括船位、航向、航速、船名、呼号、吨位、种类、船籍港等信息。由于 AIS 是自动传输，信息准确、及时，避免了传统方式可能出现的不报、误报、漏报，保证 VTS 获得准确的信息，从而更加容易实现对船舶的跟踪和管理。

(8) 操作子系统

一些大型 VTS 中心都有按人体工程原理设计的控制台，控制台上装备各种显示器和操作键盘，以便控制各子系统的工作状况，切换各种图像及数据显示。

(9) 其他设备

VTS 系统还设置有水文气象探测设备、音像记录设备、航标、通信信号牌、航行公告牌等。

8.3.1.2　系统管理软件

VTS 系统管理软件分对外管理规则和内部运行规定两部分。外部管理规则包括：VTS 主管机关、VTS 管理水域范围及其划分规定、管理区船舶交通管理规则、VHF 无线电话管理规定、船舶报告制、信息服务程序、助航服务程序、航行警告与航行通航等。内部运行规定一般包括系统岗位值班规定、系统及各操作维护程序和系统后勤保障制度等。

8.3.1.3　管理机构

目前世界各国港口的 VTS 管理体制不尽相同，有的是由国家政府管理，有的是由地方管理，也有的由地方企业或民间组织管理。我国交通部颁发的《船舶交通管理规则》规定：交通部海事局是我国交通管理系统的主管机关(即主管机关)；交通部所属各海事局是本辖区交通管理系统的主管级机关(即辖区主管机关)。

根据《船舶交通管理系统工程技术规范》(JTJ/T 351—1996)，在一个 VTS 管辖区内应只设一个 VTS 中心。由于各管辖区内的地理位置、通航条件、船舶交通状况及船舶交通管理方面的需求不尽相同，VTS 的布局基本模式可分为三类：

A 类布局模式 —— 由 VTS 中心、VTS 分中心和交管站(或雷达站) 构成；

B 类布局模式 —— 由 VTS 中心和交管站(或雷达站) 构成；

C 类布局模式 —— 仅由 VTS 中心兼雷达站构成。

(1)VTS 中心应具有以下功能：

① 协调及指导各 VTS 分中心的日常业务管理工作；

② 集中处理来自各 VTS 中心的雷达信息和数据；

③ 综合分析和预测 VTS 管理区域内的船舶交通态势；

④ 集中显示、存储船舶交通总动态图像及各类交通数据的资料；

⑤ 负责系统技术保障工作；

⑥ 为海上搜救、抢险和防止污染扩大等提供信息服务；

⑦ 具备进一步扩展和信息交换的能力。

(2)VTS 分中心应具有以下功能：

① 雷达站的技术管理工作；

② 汇集和处理来自各雷达站的信息和数据；

③ 根据 VTS 中心授权，在所管辖的分区域内行使船舶交通管理的部分职能；

④ 检测控制 VTS 中心所属设备的运行状态；

⑤ 显示、记录和重放所辖区域内的船舶交通动态图像、各类交通数据及资料信息、所属设备的运行状态及语音信息；

⑥ 具备进一步扩展和信息交换的能力。

(3) 雷达站应具有以下功能：

① 获取辖区内的船舶交通动态信息，并实时传送至 VTS 分中心；

② 将雷达站内各设备运行状况实时传送至 VTS 中心；

③ 当雷达站有人值守时，可负责站上设备的正常运行及日常维护保养。

(4)VTS 交管站应具有以下功能：

① 记录船舶交通动态图像和数据、设备运行状态信息以及日常业务信息，并传送到 VTS 中心或 VTS 分中心；

② 在 VTS 中心或 VTS 分中心授权下，在辖区内具体行使船舶交通管理的部分职能；

③ 显示、存储及重放辖区内的船舶交通动态图像、各类交通数据及资料信息、所属设备的运行状态及语音信息；

④ 承担所属设备的日常保养和维修工作；

⑤ 具备进一步扩展和信息交换的能力。

8.3.1.4　参与船舶

在 VTS 管辖区内活动的船舶都是船舶交通管理的对象，但不全都是 VTS 的实际管理对象。VTS 辖区主管应根据管辖区的具体情况，参照其他 VTS 的经验明确界定参与 VTS 的船舶吨位和种类。凡是加入 VTS 的船舶都应按规定装备符合要求的导航和通信设备。

加入 VTS 的船舶其有效航行和操纵的决定权仍属于船长。如果船长根据惯例或特殊情况而认为必须做出决定，则无论是航行计划还是应要求或指示改变航行计划，都不能取代船长对船舶有效航行和操纵所做的决定。

遵守《VTS 用户指南》是每个驾引人员的义务。但船舶进入 VTS 的雷达覆盖区域后，驾引人员应遵守《VTS 管理规则》的规定，按照主管机关颁布的《VTS 用户指南》进行报告，积极配合交管人员，把自己置于 VTS 的监控之下，以获得 VTS 对安全的保障。

8.3.2 VTS 系统的功能

8.3.2.1 数据收集

数据收集是 VTS 系统进行水上安全监督工作的首要任务，只有了解和掌握所管辖水域的交通形势，广泛地收集各种有关数据或信息才能做出正确的决策。这些数据可取自水文气象传感器、雷达、VHF、闭路电视、视觉瞭望、AIS 与 VTS 相连的数据库或网络数据库等。

8.3.2.2 数据评估

VTS 中心收集到上述数据之后，更为重要的是对信息进行分析、处理、评估，以便交管人员正确地实施交通管理。数据评估包括以下各项：

① 监视船舶执行与遵守国际、国家及地方规则的情况；

② 说明整个交通情况及其发展趋势，对当时的局面及危险作出充分的估计与判断；

③ 监测航道情况（如气象、水文、助航设施等）；

④ 协调信息流并向 VTS 参加者和有关机构分送有关信息；

⑤ 搜集统计用信息。

8.3.2.3 信息服务

通过对 VTS 服务区域内海上形势的综合了解，获得关于所有参与船舶及其意图的充分信息，例如航道情况、交通形势、VTS 区域信息等，形成一个全面的交通图像。通过该图像能够评估形势、有根据地进行决策，提供信息或对发展中的交通形势做出反应。信息提供可通过有规律的信息广播、船舶要求提供或 VTS 认为必要时进行。

8.3.2.4 助航服务

在船舶航行困难、气象恶劣、船舶存在缺陷等的情况下，应船舶要求或 VTS 认为必要时，VTS 将对船舶提供助航服务。在提供助航时，VTS 从以下方面参与船上的决策：

① 提供船舶航向、航速的信息；

② 提供与航路中心线或航路点相关的位置信息；

③ 提供关于周围船舶位置、身份和意图的信息；

④ 提供与航迹和航线有关的建议以及防止碰撞和搁浅的建议等。

8.3.2.5 交通组织服务

为防止危险形势的发展，以及为了 VTS 区域内交通安全，并使船舶有效率地流动，VTS 对覆盖区域内的船舶进行交通组织。交通监控、执行管理规章制度、通信条件和受影响对象的预期是交通组织的必要条件。

8.3.2.6 支持联合行动

支持联合行动是 VTS 系统的一个辅助功能。支持联合行动并不是直接对船舶实施交通管理，而是与其他海上交通管理部门密切配合，特别是在通信联系、传达信息和现场指挥等方面，共同完成某项旨在保证航行安全、提高交通效率或保护环境免受污染的联合行动。支持联合行动包括：

① 协调信息流并向 VTS 参加者和有关机构分送有关信息；

② 支持 VTS 主管机关各方如引航、港口、海上安全、污染防止与控制、搜索或救助部门的联合行动；

③ 请求救助与应急部门采取行动，在适当的时间参与这些部门的行动。

8.3.3 VTS 系统在引航中的作用

VTS在引航中的作用主要体现在船舶需求方面，驾引人员对VTS的关键需求主要表现在以下几个方面：

① 驾引人员难以掌握的不可见视距的航道动态信息，特别是前方将经过浅险、弯曲、狭窄航道时的船舶流量，港口进出港动态，锚地的使用情况等；大型船舶、困难作业的船舶顺流航行应避免进入船舶密集区，以避免形成紧迫局面或造成水上交通事故。

② 雾季或雷雨时的航道视距较差，VTS 应及时通报信息，组织船舶选择合适的锚地锚泊。

③ 在环境条件不良、船舶雷达故障或船舶航行困难的情况下能提供助航服务；

④ 安全警示和事故预防，遇到船舶航路错误、船舶走锚、违章追越、形成碰撞危险的情况，能及时劝告、警示并提出建议，纠正违章以避免事故发生。

⑤ 紧急处理和快速反应，当船舶突发故障或发生碰撞、搁浅、火灾等事故时，能够快速应急处理，组织船舶交通和救助力量，把海难损失降到最低。

⑥ 为海事分析和事故调查提供现场佐证及相关记录，分析原因，从而吸取教训等。

8.4 电子海图技术

电子海图系统是随着航海技术、测绘技术、计算机技术的发展而产生的一种以数字形式表示的实时导航信息系统，被认为是继导航雷达之后在航海领域出现的又一项伟大的技术革命。电子海图系统以全数字海图数据为基础，综合显示各类地理信息，并完成航线设计、航线检查、航行作业、航行计算、航行标记、信息处理等诸多航海功能，是一种将海图信息、定位信息、雷达信息、船舶动态参数集于一体的交互式航海自动化系统。本节将重点介绍电子海图技术的原理、功能、特点以及在引航中的应用。

8.4.1 电子海图技术

8.4.1.1 电子海图技术相关术语

我们通常所称的电子海图是一个很模糊的概念，一般把各种数字式海图及其应用系统统称为电子海图。为便于理解与区分，需明确以下术语的含义，图 8-7 表示了 SENC、ENC 和 ECDIS 相互之间的关系，同时又可以对三者进行区分。

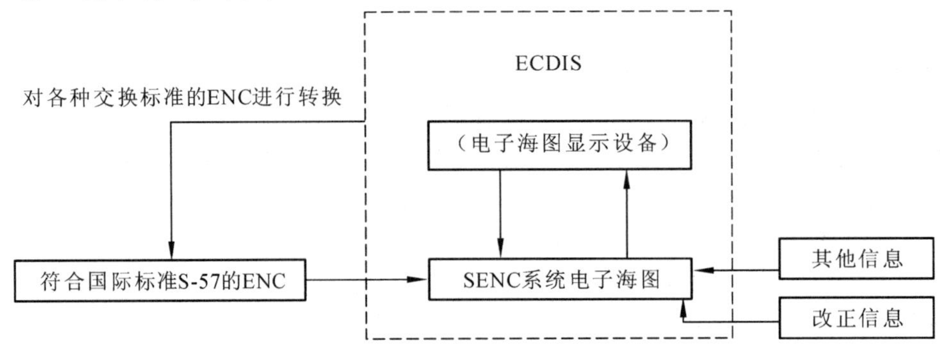

图 8-7 SENC、ENC 和 ECDIS 的相互关系示意图

① 电子海图(Electronic Chart,EC),用数字形式表示的以海洋地理信息和航海信息为主的海图,与国际海上生命安全公约(SOLAS)所规定的纸质海图等效,电子海图已成为数字海图(Digital Chart,DC)。

② 电子航海图(Electronic Nautical/Navigational Chart,ENC),是指由官方海道测量机构发行的在内容、结构和格式上均已标准化,专为电子海图系统使用的数据集。ENC包含安全航行需要的全部海图信息,以及其他一些海图上没有的,但被认为是保证航行安全所必需的补充信息(如航路指南、港口概况等)。

③ 电子航海图数据库(Electronic Nautical/Navigational Chart Data Base,ENCDB),是指生产和维护电子海图的基础数据库,由官方海道测量机构以数字形式提供,其中包括海图信息和其他航海及航道测量信息。

④ 电子海图显示与信息系统(Electronic Chart Display and Information System,ECDIS),是指在专用计算机控制下,把海图信息、船位信息、雷达信息、船舶动态参数集中处理,以多媒体形式综合表现航海情况的船用自动化系统。该系统由海图数据文件、控制显示设备、外部传感器和软件构成。其基本功能是显示海区情况,提供航海资料,检测航行状态。ECDIS显示的海图等效于纸质海图。本章中如不特殊说明,电子海图系统均指电子海图显示与信息系统。

⑤ 系统电子海图(System Electronic Nautical/Navigational Chart,SENC),是指ECDIS中直接读取和显示的数据,是ECDIS内部的一个数据集。它由ECDIS对ENC进行格式转换而成,并且包括ENC改正信息和由航海人员输入的其他信息(如航线信息)以及ECDIS图库中的符号及文本注记等信息,其目的是保证系统快速显示ENC。

⑥ 电子海图系统(Electronic Chart System,ECS),是指用来显示海图和航迹的船用系统,在海图显示上并不完全等效于纸质海图。它在航行中与纸质海图可配合使用,是辅助航海设备。

8.4.1.2　电子海图技术发展状况

(1) 国内外发展历史与现状

电子海图技术兴起于20世纪80年代中期,由于其对保障船舶航行安全所起的重要作用,得到了国际海事组织(IMO)、国际海道测量组织(IHO)、国际电工委员会(IEC)以及众多航海专家的关注和认可。1986年,IMO和IHO同意成立一个由各国有关部门组成的协调小组(HGE),共同参与电子海图技术的讨论。1987年和1989年两次起草了电子海图(ECDIS)规范,1989年IMO通过了ECDIS规范草案(第三稿),1994年IMO的安全委员会批准了ECDIS执行标准草案,1995年IMO第十九届大会正式采纳了该电子海图执行标准,从此ECDIS的IMO性能标准被确定。而IHO先后于1987年和1992年发布了专用出版物《电子海图内容和显示规范》(即S-52篇)和《IHO数字海道测量数据传输标准》(即S-57篇),而后进行了多次修改完善,到1997年9月正式颁布了S-57V3.10格式,它成为各国相关部门广泛采用的国际民用数字海图数据传输标准。IEC应IMO的要求也于1996年公布了IEC61174(即ECDIS性能与测试标准),对按照IMO和IHO的ECDIS技术规范和标准研制的有关设备的性能测试和评定方法给予了规定和说明,IEC的这个标准已成为ECDIS形式认可技术规范的基础。

(2) 电子海图技术的发展趋势

随着电子海图系统的广泛使用，电子海图技术呈现蓬勃发展的趋势，其特点可归纳如下：

① 数据生产趋于国际标准化；

② 系统集成度不断提高；

③ 信息获取能力持续增强；

④ 信息处理能力日趋完善；

⑤ 航海计算自动化；

⑥ 决策支持能力日益增强；

⑦ 人机交互多样化；

⑧ 系统结构组件化；

⑨ 系统软件模块化。

8.4.1.3 电子海图的种类

① 矢量化海图(Vector Charts)：是将数字化的海图信息分类存储的数据库，使用者可以选择性地查询、显示和使用数据，并可以和其他船舶系统相结合，提供诸如警戒区、危险区的自动报警等功能。

② 光栅扫描海图(Raster Charts)：通过对纸质海图进行光学扫描形成的数据信息文件，可以看作是纸质海图的复制品。因此，不能提供选择性的查询和显示功能。

8.4.2 电子海图系统原理

本节主要叙述电子海图系统原理 —— 主要是指电子海图系统的定义、组成以及功能。

8.4.2.1 电子海图系统的定义

电子海图系统是一个航行信息系统，如果这个系统具有适当的备用配置，便能被接受为符合1974年SOLAS公约中第5章第19条和第27条关于改正至最新的海图的配备要求。该系统可有选择地显示系统电子海图中的信息以及从导航传感器获得的位置信息以帮助航海人员进行航线设计和航路监视，并且能够按要求显示其他与航海相关的补充信息。

8.4.2.2 电子海图系统的组成

电子海图系统的组成分为硬件部分和软件部分。

(1) 硬件部分

典型电子海图系统硬件组成如图8-8所示。ECDIS实质上是一个具有高性能的、内外部接口符合S-52标准要求的船用计算机系统。系统的中心是高速中央处理器和大容量的内部和外部存储器。外部存储器的容量应保证能够容纳整个ENC 、ENC改正数据和SENC。中央处理器、内存和显存容量应保证显示一幅电子海图所需时间不超过5s。

内部接口应包括图形加速卡、声卡、硬盘控制卡和光盘控制卡等。以光盘或软盘为载体的ENC及其改正数据，以及用于测试ECDIS性能的测试数据集可通过内部接口直接录入硬盘，船舶驾驶员在电子海图上所进行的一些手工标绘、注记，以及电子海图的手工改正数据的输入等可通过键盘和游标实现。同喇叭相连接的声卡，可实现语音报警。

图形显示器用于显示电子海图，其尺寸、颜色和分辨率应符合IHO S-52的最低要求，即有效画面最小尺寸应为350mm × 270mm，不少于64种颜色，像素尺寸小于0.3mm。在进行航路监视时显示海图的有效尺寸至少应为270mm × 270mm(IMO ECDIS 性能标准的要

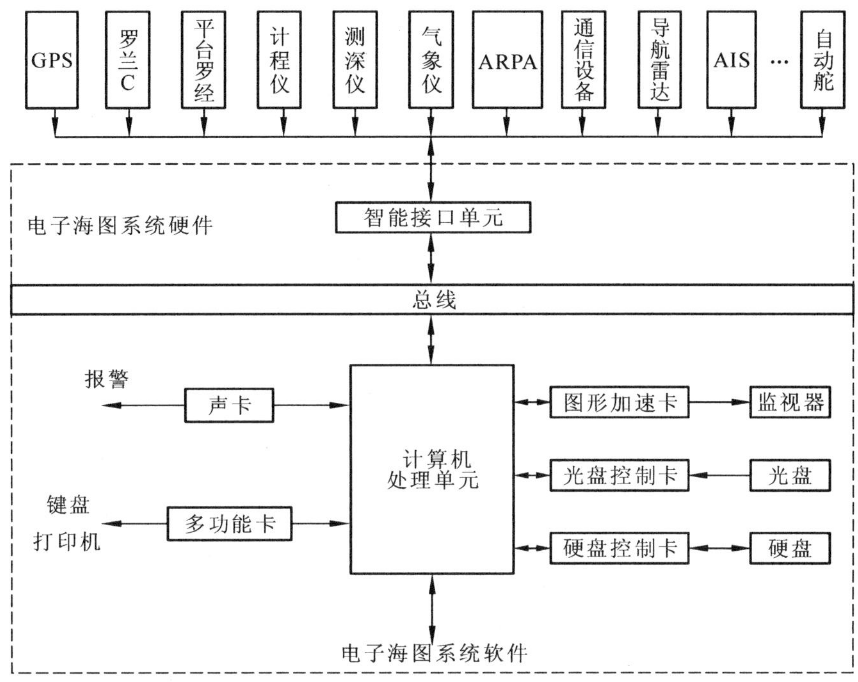

图 8-8 典型电子海图系统硬件组成

求)。文本显示器用于显示航行警告、航路指南、航标表等航海咨询信息,其尺寸应不小于14英寸(1英寸 = 2.54cm),支持 24×80 字符显示。

利用打印机可实现电子海图和航行状态的硬拷贝,以便事后分析。可按国际海事组织的要求记录航行数据。

外部接口一般是含有CPU的智能接口,保证从外部传感器接收信息(包括GPS、LORAN-C、罗经、计程仪、风速风向仪、测深仪、AIS、雷达/ARPA、卫星船站、自动舵等设备的信息)并按照一定的调度策略向主机发送这些信息。通过船用通信设备(如INMARSAT-C)不仅可自动接收ENC的改正数据,实现电子海图的自动改正,而且还可接收其他诸如气象预报数据等。

(2) 软件部分

电子海图的软件系统组成如图8-9所示。

① 海图信息处理软件:由ENC向SENC转换的软件、电子海图自动和手工改正软件、海图符号库的管理软件、航海咨询信息的管理软件、电子海图库的管理软件、海图要素分类及编码系统的管理软件、用户数据的管理软件等。

② 电子海图显示系统软件:电子海图合成软件(给定显示区域、比例尺和投影方式,搜索合适的海图数据,并进行投影和裁剪计算,生成图形文件)、电子海图显示软件(根据图形文件调用符号库,在屏幕上绘制海图)、电子海图上要素的搜索软件、航海咨询信息的显示软件等。

③ 计划航线设计软件:在电子海图上手工绘制和修改计划航线、计划航线可行性检查、经验(推荐)航线库的管理、航行计划列表的生成(每个航行段的距离、航速、航向、航行时间等)。

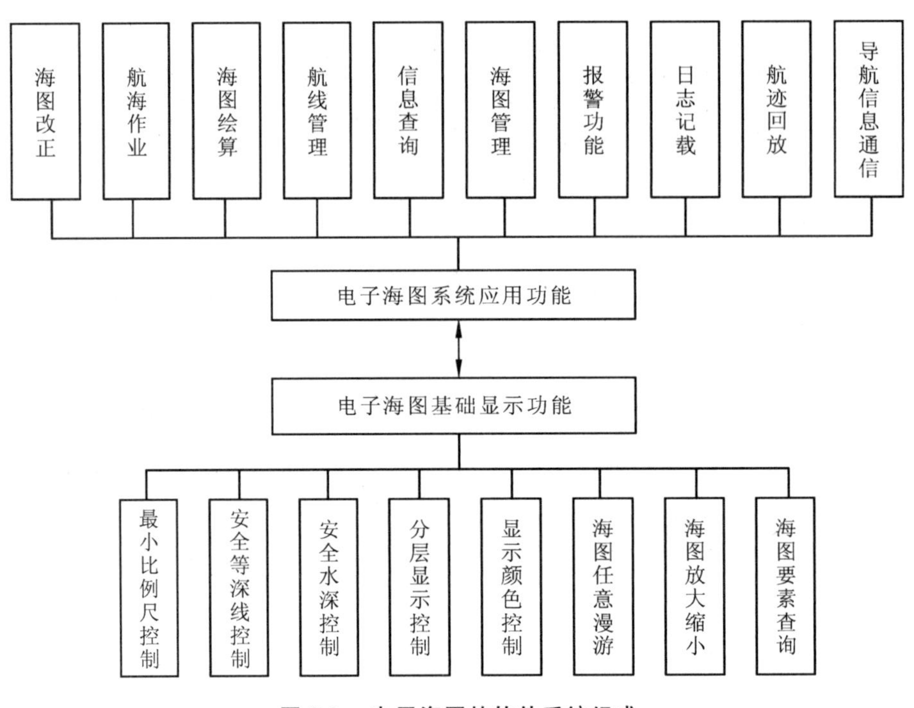

图 8-9 电子海图的软件系统组成

④ 传感器接口软件：与 GPS、LORAN-C、罗经、计程仪、风速风向仪、测深仪、AIS、雷达/ARPA、卫星船站、自动舵等设备的接口软件，以及从这些传感器所读取的信息的调度和综合处理软件。

⑤ 航路监视软件：计算船舶偏离计划航线的距离、检测航行前方的危险物和浅水域、危险指示和报警等。

⑥ 航行记录软件：记录船舶航行过程中所使用的海图的详细信息以及航行要素，实现类似"黑匣子"的功能。

⑦ 航海问题的求解软件：船位推算、恒向线和大圆航法计算、距离和方位计算、陆标定位计算、大地问题正反解计算、不同大地坐标系之间的换算、船舶避碰要素（CPA、TCPA）计算等。

8.4.2.3 电子海图系统的主要功能

① 海图显示：包括在给定的投影方式下合成和显示海图（在使用墨卡托投影方式时，可适当选取海图的基准纬度，以减小海图的投影变形）；以"正北向上"或"航向向上"方式显示海图；以"相对运动"或"绝对运动"方式显示海图；随机改变电子海图的比例尺（缩放显示及漫游）；分层显示海图信息（隐去本船在特定航行条件下不需要的信息）。

② 海图作业：在电子海图上进行计划航线设计（依照推荐航线进行手工设计或进行大圆航线计算）；以灵活的方式计算任意两点间的距离和方位（如利用电子方位线、可变距离圈等方式）；标绘船位、航迹和时间。

③ 海图改正：能够接受由官方 ENC 制作部门提供的正式改正数据以及由航海人员从纸质航海通告或无线电航行警告中提取的改正数据，实现 ENC 的自动和手工改正。

④ 定位及导航：能够同计程仪、电罗经、GPS、LORAN-C、测深仪、气象仪等设备连接，接收来自这些传感器的信息，并进行综合处理，求得最佳船位；能够进行各种陆标定位计算。

⑤ 雷达信息处理：ECDIS 可将雷达图像和 ARPA 信息叠加显示在电子海图上，提供本船、本船周围的静态目标、本船周围的动态目标三者之间的位置关系。航海人员可据此判断避碰态势，做出避碰决策。同时，还能够在电子海图上检测该避碰决策可行与否。

⑥ 航路监视：在船舶航行过程中，ECDIS 能够自动计算船舶偏离计划航线的距离，必要时给出指示和报警，保持航迹。ECDIS 还能够自动检测到航行前方的暗礁、禁航区、浅滩等，实现避礁、防浅。

⑦ 航海信息咨询：获取电子海图上要素的详细描述信息以及整个航线上的航行条件信息，如潮汐、海流、气象等。

⑧ 航行记录：ECDIS 能够自动记录前 12h 内所使用过的 ENC 单元及其来源、版本、日期和改正历史，以及每隔一分钟的船位、航速、航向等。一旦船舶发生事故，这些信息足以再现当时的航行情况。记录的信息不允许被操纵和改变。也就是说，ECDIS 应具备类似“黑匣子”的功能。

8.4.3　电子海图数据标准

8.4.3.1　S-57 标准

S-57 标准是针对矢量电子航海图(ENC) 定义的、具有法律效力的数据交换和传输标准，它规定了用于各国海道测量部门之间进行海图数据交换以及向航海人员、ECDIS 生产商发布海图数据的方法和准则。S-57 标准设计的内容主要包括五部分：

① 标准概述和专业术语定义表；

② 理论数据模型；

③ 数据结构和封装格式；

④ 附录 A. IHO 物标类目；

⑤ 附录 B. IHO 产品制作规范(包括 ENC 产品规范和数据字典产品规范)。

该标准的核心问题是理论数据模型、数据结构和封装格式。为了实现从真实世界到计算机世界的信息传递，S-57 标准采用分层逼近的方式建立信息之间的联系。首先，通过建立理论数据模型实现对真实世界的高度概括和抽象；然后，将获得的模型转换成各种命名的组成部分(如记录和字段)，通过对组成部分及其内容进行各种规则和约束的定义，实现从理论模型到数据结构的转换；最后，利用国际标准化组织(ISO)/ 国际电工委员会(IEC)8211 标准对数据结构进行封装，从而建立统一的物理结构，实现海图数据在不同计算机之间的传递与交换。

具体的数据模式和数据产品的制作说明，读者可通过阅读标准自行了解，本书不再赘述。

8.4.3.2　S-52 标准

IHO S-52 标准又称“ECDIS 海图内容和显示规范”，它规定了电子海图的内容和结构、改正、制图框架以及电子海图信息显示和使用方法等。该标准实施细则包含在以下几个文件中：

①ENC 更新指南；

②ECDIS 颜色和符号规范；

③ECDIS 相关术语集。

8.4.4　电子海图技术在引航中的应用

(1) 海图显示

根据 S-52 标准规范进行电子海图显示。可进行一定范围的略图(全图)显示、按定制比例尺缩放显示、拉框放大显示和漫游显示等。

(2) 引航跟踪

根据进出港自动进入或停止靠泊跟踪，为迎合引航员的操作习惯，系统提供了多种显示模式，以方便观察和引航决策。

(3) 引航回放

选择引航记录文件，按当次引航时间间隔给出进度条，可拉动至任意时刻处播放，可暂停、继续播放以方便查看和分析。

8.5　基于 GPRS 的船舶监控技术

GPRS(General Packet Radio Service) 即通用分组无线业务，是在现有 GSM(Global System for Mobile Communication) 网络基础上发展起来的分组交换系统。GPRS 可接入因特网或企业网，可以向移动客户提供诸如文本、语音和图像等丰富的数据业务和快速的数据传输速度。GPRS 能永久保持连接，费用低廉，GPRS 无线传输业务可广泛应用于实时控制，以及移动终端监控数据实时传输等领域。

8.5.1　GPRS 系统

8.5.1.1　GPRS 概述

GPRS 是作为第二代移动通信向第三代过渡的技术发展起来的，最初是由英国 BT Cellnet 公司于 1993 年提出的。GPRS 技术采用了数据分组交换的方式，无线信道在平时处于空闲状态，当有信息的交换时，才会占据该无线信道，极大地提高了信道的利用率。GPRS 允许服务用户采用端对端的分组传递模式，放弃了之前在电路交换方式下进行的网络资源的发送以及接收机制。

8.5.1.2　GPRS 网络体系结构

GPRS 的网络参考模型如图 8-10 所示。GSN(GPRS 支持节点) 是 GPRS 网络中最重要的网络节点，它有两种类型：网关 GSN 型(Gateway GSN，GGSN) 以及服务 GSN(Serving GSN，SCSN)。GGSN 的作用相当于网关，能够和它进行连接的数据网络有很多不同的种类，比如分组交换公用数据网，综合业务数字网和局域网等。GGSN 能够把 GSM 网络中的 GPRS 分组数据包进行协议转换，从而将这些转换后的数据包传送到远处的 TCP/IP 或 X.25 网络中。SGSN 的作用是记录移动台当前的位置信息，并实现移动分组数据在移动台和网关 GSN 之间的接收与发送。

8.5.1.3　GPRS 网络的数据传输

对于用户来说，GPRS 网络上的通信协议主要有 UDP(User Datagram Protocol) 协议

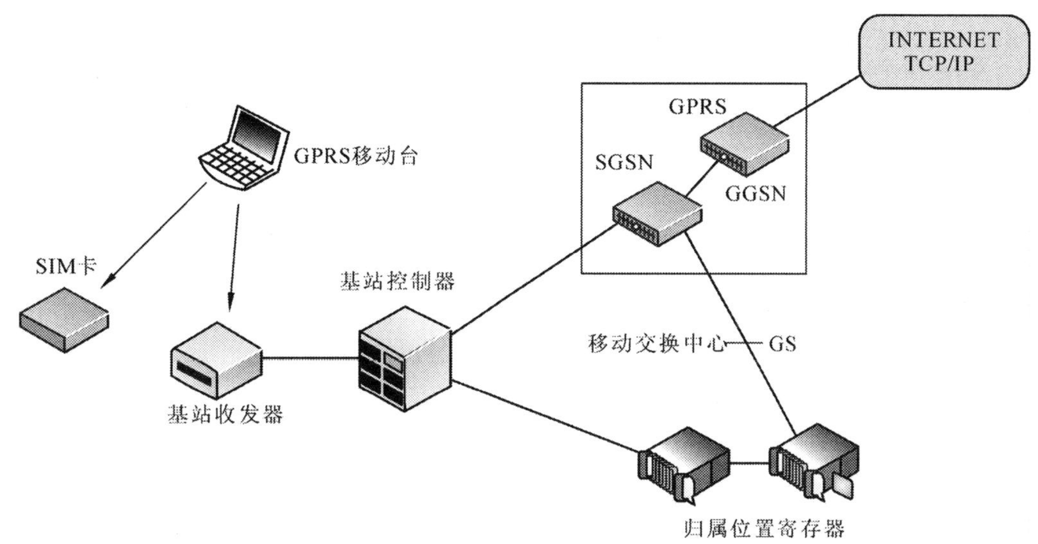

图 8-10 GPRS **的网络参考模型**

和 TCP(Transmission Control Protocol) 协议。

TCP 协议是一种运输层通信协议,其性能出色,以字节流的方式进行数据的传输。在进行数据的传送时,首先通过 TCP 协议完成数据的打包,进而组成一定的信息报文,之后进行数据的发送操作,此时定时器开始启动,接着等待另一端对发送数据的确认;另一端确认收到数据,然后对打乱顺序的数据进行重新排序,丢掉重复的数据;TCP 协议能够实现端到端检验和计算校验,完成对端到端数据流量的监控。

UDP 主要实现的是那些无连接的传输层协议,提供面向事务的、不稳定或简单信息的传送服务。UDP 协议主要是用来压缩要在网络中进行传输的数据流量,将其转换成数据包的格式进行传输。其数据包的格式即为二进制的数据传输单元,报头信息则采用该数据包中的前 8 个字节来表示,其他剩余的字节才作为真正传输的数据内容。UDP 协议适合多点分散、数据量小、实时性要求高、终端数量多的场合,消耗的资源小,处理速度快。

8.5.1.4 GPRS 的技术优势

GPRS 的技术优势主要体现在以下几点:① 连接费用比较便宜且资源的利用率高。在 GSM 网络中,由于 GSM 的传输数据方式采用的是电路交换模式,在这种方式下,不论用户传不传输数据,无线信道都得不到半刻的空闲,造成信道资源的严重浪费。但是 GPRS 网络中,其数据传输模式变成分组交换式。在该模式下,只有在进行数据收发时才会占用无线信道,其他情况下的无线信道是空闲的,因此,其他用户也能够使用该信道进行信息传送,极大地提升了信道的利用率。这可以有效地改善目前无线信道不够用的局面,为无线信道资源的最大化利用提供了技术支持,具有良好的发展前景。② 传输速率高。GPRS 技术可以提供的最高传输速率为 115kbps(最高值为 171.2kbps,不包括 FEC)。这说明在短短几十年内,像移动多媒体这种高传输速度的问题得到了很好的解决。③ 接入时间比较短。GPRS 技术是一项新的 GSM 数据通信业务,它可以将分组交换的接入时间缩减至小于 1s,并且给用户提供了无线分组的接入服务。

8.5.2　基于 GPRS 的船舶监控系统

8.5.2.1　系统概述

GPRS 船舶监控系统实现对船舶精确定位，并实时监控船舶运行状态，通过 GPRS 无线通信网络发送船舶运行状态信息到监控中心，同时还提供监控中心与船舶之间的信息交互。系统用 GPS 实现船舶精确定位，ARM 控制器实现数据采集处理，GPRS 无线网络实现船舶状态信息实时传输。船舶状态信息通过 GPRS 网络，借助 TCP/IP 协议发送到监控中心 GIS 服务器，实现船舶运行轨迹在岸基服务器的电子地图上的实时呈现，达到船舶监控的目的。同时一些公共信息或社会信息也可以通过 GPRS 在船舶和控制中心之间进行交互。GPRS 船舶实时监控系统原理如图 8-11 所示。船舶监控系统包括两部分：移动终端和岸基服务器。

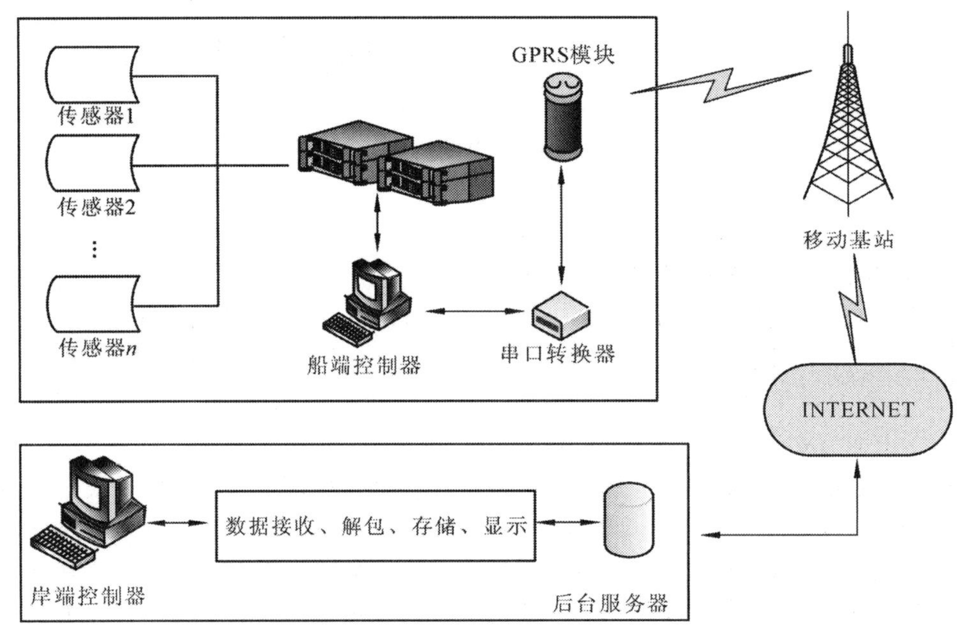

图 8-11　GPRS 船舶监控系统原理图

8.5.2.2　移动终端

船舶监控系统的移动终端实现对船舶的 GPS 精确定位和船舶运行状态信息的实时传输。移动终端装载在被监控船舶上，移动终端定时传送船舶状态信息至监控中心。移动终端发送数据的时间间隔取 20 ～ 90s，数据周期小于 5s 会造成移动终端数据拥挤，数据周期大于 90s 则移动运营商可能会使 GPRS 连接挂起，参考船舶的运行速度，取数据周期在 20 ～ 90s 可以实现对其连续跟踪。

通过构建嵌入式软硬件平台，实现对多个 GPS 接收机接收到的经度、纬度、高度和 GPS 卫星时等定位信息的数据采集，进行处理并存储。经 GPRS 网络模块发送至监控中心的岸基服务器，同时对监控中心经 GPRS 网络发送来的信息做出回应。

GPRS 通信模块工作过程分解如下：ARM 控制器通过串口获得船舶经度、纬度和高度等状态信息，然后将这些数据再通过 GPRS 模块发送到 GPRS 网络，GPRS 网络将接收到的数据传送到 Internet 网络或是其他 GPRS 网络,GIS 服务器端接入 Internet 网络,有静态 IP 地址,通过 TCP/IP 协议,可以接收来自 GPRS 网络的数据;同时也可发送数据至 GPRS 网络。据此实现船舶与监控中心的信息交互。

8.5.2.3　岸基服务器

岸基服务器包括船舶监控系统的服务器端、GIS 服务器预装操作系统、数据库管理系统和船舶信息显示系统,它接入 Internet 网络,有静态 IP 地址。GIS 服务器通过 TCP/IP 协议接收来自 GPRS 网络的船舶运行状态数据,并实时在电子地图上显示船舶运行轨迹,将数据写入数据库,以便于重现选定船舶在监控区域的运行轨迹和后续的数据分析。

船舶信息显示系统的核心功能是通过计算机网络综合管理来自数据库管理系统的信息,并且以适宜、鲜明的形式(如文字、曲线、图像)集中显示在岸基船舶信息显示系统中,使引航人员一目了然地知晓全船动态,为其操作决策提供有效的信息。

第2篇　船舶引航技术

9　引航原理

9.1　船舶运动特征

9.1.1　基本定义

船舶在水面上运动，无论是在水平方向，还是在垂直方向都能完成一定的动作。本章仅研究船舶在水平面内的运动。为了控制船舶的运动，即为了实现某一项预先计划的运动过程，如靠泊、离泊、引航等，船舶需要具备一定的操纵性。

船舶操纵是为了保证船舶达到预定的目的而控制其运动状态及组织实施控制的全过程。

操纵的目的不同，航行范围和条件不同，操纵的任务亦不同。如当船舶在大海中航行时，运用天文、地理和现代化电航仪器、导航系统，周期性地将船位修正到计划航线上。在两次校正航向的时间间隔里，操纵的目的是保持既定航向航行，而在刚刚校正航向之后的时间内，操纵的目的是按修正后的航向航行，直到驶入原计划的航线为止。如果船舶在内河航行，航道由浮标、岸标标示，此时操纵的目的则是另一回事了，它包括根据水流分布特征，把船引领到规定的水域内行驶，并使船舶与航道边缘（或岸线）保持某一横距。这时的操纵不仅要保持航向，而且要适时用舵抵御不同水流的作用，避免船舶横向漂移。发现船位漂移及时进行矫正，而且是定点定时矫正。在上述两种航区航行的船舶，航行条件不同，操纵目的不同，但都是在保持或改变某一确定的船舶运动状态。

9.1.2　船舶运动坐标

船舶在水中的运动具有一定的机动性能，这种性能是船舶改变或保持计划航线、运动状态的综合能力的体现。

假设船舶停在图9-1中所表示的位置A处，要求将其驶往位置B，并且停泊在B处，同时保持船舶首尾线的初始方向，即船舶用车、舵原地转向到用虚线标出的方位。因为有风、流作用及船舶惯性等的影响，船舶不能沿虚线到达B点，它只能沿实线做曲线运动。

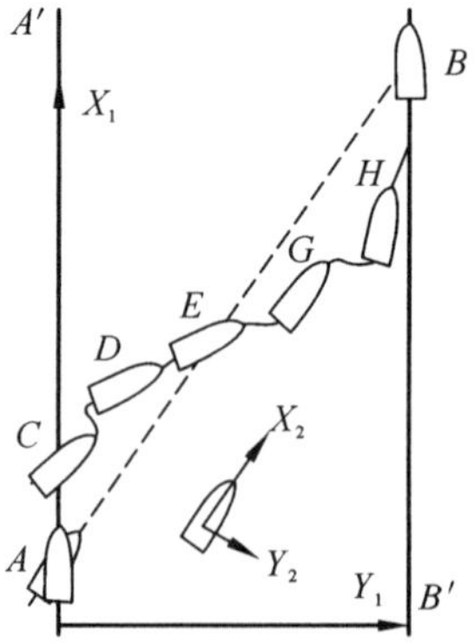

图9-1　船舶运动坐标

为了正确认识船舶运动的特征和规律，必须建立一个合理的坐标体系。现引入两个坐标系数：固定坐标系（简称第一坐标）和运动坐标系（简称第二坐标）。固定坐标是指船舶重心的地理坐标，其纵轴为X_1，沿A—A'方向，横轴Y_1垂直于X_1轴（图9-1）。运动坐标是指船舶重心的运动坐标，其原点位于船舶重心处，纵轴X_1沿船舶中纵剖面指向船首，横轴 Y_1 位于船舶横剖面内，指向右舷方向。下面来研究船舶操纵的一个重要领域——船舶引航的过程。主机工作后，船舶获得纵向速度 V_{x_1}，其结果出现了纵向位移 x_1。随后要求向右舷转一舵角 α，这时(船位在 C 点处)产生漂角 β，航迹曲率为 $1/R$。旋转角速度 ω 开始增大，结果航向角 ψ 将发生变化，出现了速度角 ψ_C、横向速度 V_{y_1} 和横向位移 y_1。至 D 点，当航向角 ψ 接近引航中所需要的选定值，例如 $\psi_D = 75°$ 时，应操左舵，抑制船首继续右转，使 $\omega = 0$，然后将舵回至零位。船舶开始沿直线运动(点 E)，以最大的横向速度 $V_{x_1\max}$ 驶离直线 AA'。至 G 点，为了遏止横向位移 y_1，需操左舵，与第一次转舵相比，漂角、曲率和角速度都将向相反的方向改变。航向角、速度角和横向速度开始减小，而横向位移将继续增大。至 H 点舵转向右舷，为使船舶在到达 BB' 直线时，航向角 ψ 获得初始数值，而角速度降至零。船舶驶入 BB' 直线上后，为使它停留在 B 点，应适当调节主机工况，取得纵向位移 x_1。

船舶在水上的运动速度 V，除在固定坐标系里变化外，也可投影到船舶运动坐标轴上。船舶做随机运动时，船舶首尾线上不同点的速度是不同的，但是根据理论力学的理论，所有这些点的速度在 X 轴上的投影将是相同的，等于 V_{x_1}。如果船舶速度与初速度 V_0 相比，速度之间的差值小得可以忽略不计，且漂角 β 很小，则 $V_{x_1} = V \cdot \cos\beta \approx V_0$，因此船舶位移：

$$\int_0^t V_{x_1} \cdot \mathrm{d}t = \int_0^t V_0 \cdot \mathrm{d}t = x \tag{9-1}$$

若在运动之初，运动坐标与固定坐标重合，且在某一时间间隔中，$V \approx V_{x_1} \approx V_x$，则 $x \approx x_1$。那么在任意的时间段内，只要速度变化量微小，关系式 $V = V_x$ 亦保持其正确性。但是随着船舶做旋转运动，坐标 x 和 x_1 将有差异。当 V 为常数时，在一定的时间 t 内，航程 S 总是一个常量，而坐标 x_1 将取决于船舶相对固定坐标系 X_1OY_1 的运动方向。

与纵向速度 V_{x_1} 不同，沿船长每一点的横向速度 V_y，以及这些点的横向位移 y_1 都是互不相同的。只有在某种特定的条件下，即船舶运动中，漂角 β 和航向角之间始终保持一个小值，则横向速度和横向位移在固定坐标 Y_1 上的投影实际上与这些量在运动坐标 Y 轴方向上的投影相重合。但是，应强调指出，不能把 V_{x_1}、V_{y_1}、x 和 y 解释为运动坐标系中的速度和位移，而应将其理解为在固定坐标系中测量出来的速度和位移在船舶运动坐标轴上的投影。

综合上述分析，船舶的运动由以下参数决定：转舵角 α、纵向速度 V_{x_1}、纵向位移 x_1、漂角 β、航迹曲率 $1/R$、角速度 ω、航向角 ψ、速度角 ψ_C、横向速度 V_{y_1}、横向位移 y_1。

下面给出船舶运动各相关量的定义。

转舵角 α：舵叶纵向平面的瞬间位置与零位(一般与船舶纵中剖面相重合)之间的夹角。对于转舵(操舵)应理解为是将舵叶从一个位置转向另一位置的过程。

纵向速度 V_{x_1}：船舶速度矢量 V 在固定坐标纵轴上的分速度。若船舶的运动是由某种推进器造成的，则将该运动称作航行。航行应理解为船舶在推进器作用下，在指定的方向上移动的过程。

纵向位移 x_1：船舶在固定坐标纵轴上(在所研究的运动开始之前，该轴与船舶中纵剖面重合)，运动初始点与目的点之间的距离。

漂角 β：在船舶中纵剖面上给定点的速度矢量与中纵剖面间的夹角。漂移指船舶上某一给定点在不与船舶中纵剖面重合的方向上移动的过程。

航迹曲率 $1/R$：船舶长度上给定点瞬时航迹半径 R 的倒数。

角速度 ω：船舶相对垂直轴的旋转角速度。

航向角 ψ:船舶中纵剖面与固定坐标轴(通常在所研究的运动开始之前,该轴与船舶中纵剖面重合)之间的夹角。本书中为了说明航向,假设固定坐标的纵轴平行于地理坐标的纵轴。

速度角 ψ_C:船舶长度上给定点的速度矢量与固定坐标纵轴之间的夹角。

横向速度 V_{y_1}:船舶上给定点的速度向量在固定坐标的横轴方向上的分速度。

横向位移 y_1:船舶上给定点在固定坐标横轴方向上所移动的距离。

可以看出,在决定平面上瞬间运动状态的几个量中,有四个量(V_{x_1},x_1,ω 和 ψ)在船舶中纵剖面上的所有点是一样的,而另外五个量(β,$1/R$,ψ_C,V_{y_1} 和 y_1)则取决于这些点沿船舶长度的位置。因此在下面的叙述里,若没有专门的说明,我们将后边五个量看作是与船舶重心(或者近似与中横剖面和中纵剖面交线上的点)相重合的点上的量。

9.2　风、流、浅滩对船舶航行安全的影响

9.2.1　风、流对船舶航行安全的影响

风、流是影响船舶安全航行的主要外界因素。船舶受其影响常出现漂移、偏转、摇摆等现象,严重时会出现失控,从而导致搁浅、碰岸、触礁及沉船等事故。因此,为保证船舶航行安全,正确认识风、流对船舶航行的影响,对驾驶员来说是至关重要的。

9.2.1.1　风对船舶航行的影响

风对干舷和上层建筑较高的航行船舶有明显的影响,它对船舶作用的程度和特征与船舶受风面积及风动力中心位置、干舷高度与吃水之比、风级及风舷角大小、船舶航向与航速等诸多要素有关。风力愈大,船舶产生倾斜、漂移、偏转的程度亦愈大。

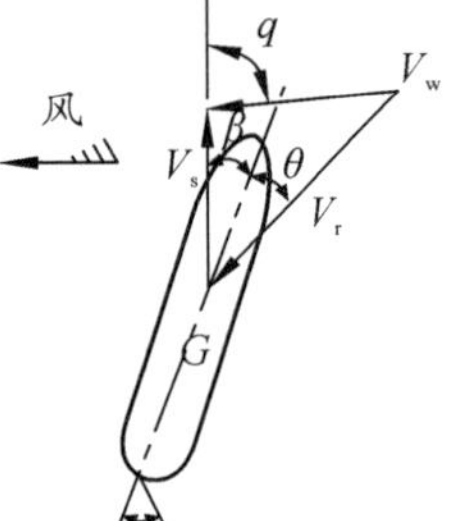

图 9-2　风矢量合成

为研究风对船舶航行的影响,如图 9-2 所示,假定在无流情况下,船舶以常速直线航行,风从右舷作用在船上,受风影响船舶运动状态将发生变化,即以速度 V_s 与船中剖面呈风压差角 β 向左侧偏移。为保证按计划航向运动,必须操舵,调整航向,预留航向修正角等于风压差角 β。我们知道,由船舶运动产生的风称作船风(船行风);在航行船上感觉到或观测到的风,是真风和船风合成的相对风,称作视风。在图 9-2 中,设真风为 V_w,船风为 V_s,视风为 V_r。真风角 q 是真风矢量 V_w 与船舶运动方向的夹角;风舷角 θ 是视风 V_r 与船舶中剖面的夹角,其范围从船中剖面向左或右在 0° ~ 180° 之间变化。真风、视风及船风的关系可用下式表达:

$$V_w^2 = V_s^2 + V_r^2 - 2V_s^2V_r^2\cos(\theta+\beta) \tag{9-2}$$

$$q = \arccos\frac{(V_r/V_s)\cos(\theta+\beta)-1}{\sqrt{1+(V_r/V_s)^2-2(V_r/V_s)\cos(\theta+\beta)}} \tag{9-3}$$

当船舶在风天以定速直线运动时($\omega = 0$),分析作用在船舶上的力和力矩。如图 9-3 所示,风作用在船体水线以上部分产生风动力 F_x,其作用点位于船舶运动中心 G。为将此力分解到对应坐标系中的 GX、GY 轴上,则得到纵向分力 F_{ax},产生阻力;侧向分力 F_{ay} 造成船舶

横向漂移，并使船舶偏转。F_{ax} 和 F_{ay} 可近似按下式求取：

$$F_{ax} = \frac{\rho_a}{2} C_x A_a V_r^2 \tag{9-4}$$

$$F_{ay} = \frac{\rho_a}{2} C_y A_a V_r^2 \tag{9-5}$$

式中：C_x，C_y——F_{ax}、F_{ay} 的无因次数；

ρ_a——空气密度；

A_a——水线上船体正面投影面积；

B_a——水线上船体侧面投影面积；

V_r——受风面积中心的视风速度。

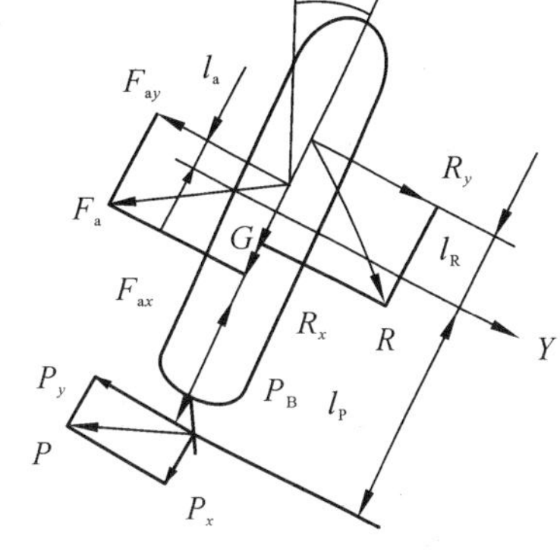

图 9-3 船舶受力分析

作用在船舶上风动力力矩可表达为：

$$M_a = F_{ay} \cdot l_a \tag{9-6}$$

式中 l_a——F_{ay} 作用点至船舶中心的距离。

根据俄罗斯学者的研究和船模、风洞实验结果，为求取船舶风动性能，推荐以下公式：

$$\left.\begin{aligned} C_x &= (0.8 \sim 1.0)\cos\theta \\ C_y &= (1.0 \sim 1.3)\sin\theta \\ l_a &= l + (0.25 - \frac{\theta}{2\pi})L \end{aligned}\right\} \tag{9-7}$$

式中 l——受风面积几何中心距船舶重心的距离；

L——船长。

在风动力和风动力力距作用在船体上的同时，水动力和水动力矩也对船舶运动产生影响。当 V_0（螺旋桨正常工况下的船速）$=$ const，n（螺旋桨转速）$=$ const，螺旋桨有效推力可用下式求取：

$$T = Z_a P_a = R_{0t} = \text{const} \tag{9-8}$$

式中 Z_a——螺旋桨数量；

P_a——螺旋桨推力；

R_{0t}——以速度 V_0 航行时的船体总水阻力。

因船舶做直线稳定运动，满足以下条件：

$$\mathrm{d}V_x/\mathrm{d}t = \mathrm{d}V_y/\mathrm{d}t = \mathrm{d}\omega/\mathrm{d}t = \omega = 0 \tag{9-9}$$

风天条件下，船舶直线运动方程可用下列方程组表示：

$$\left.\begin{aligned} Z_a P_a - P_x - R_x - F_{ax} &= 0 \\ -P_y + R_y - F_{ay} &= 0 \\ M_p + M_r - M_a &= 0 \end{aligned}\right\} \tag{9-10}$$

式中 P_x——作用在舵叶上的纵向水阻力；

P_y——作用在舵叶上的侧向水阻力；

R_x——船体水动力纵向分力；

R_y——船体水动力侧向分力；

M_p——舵压力转船力矩；

M_r——水动力转船力矩；

M_a—— 风动力转船力矩。

观察风对航速的影响，不难发现 F_{ax}、P_x 分力与运动方向相反，产生附加阻力。除此之外，当船舶以一定的倾角航行时，同样会使船体阻力增大。通常当风以 45° ～ 130° 作用在船体上时，对航行影响最大。风对船舶(队) 速度的影响可按下式求取：

$$V_s = C_a V \tag{9-11}$$

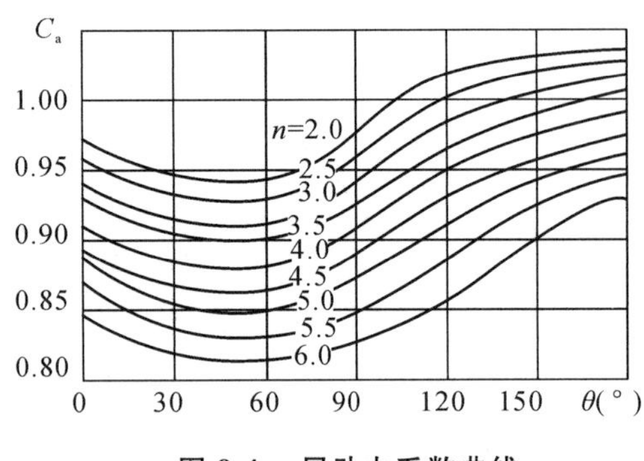

图 9-4 风动力系数曲线

式中 C_a—— 风动力系数，表征船舶在风天中航速变化的系数。

如图 9-4 所示，C_a 可借助风动力系数曲线求取。图 9-4 中 n 为风速核对指数，$n = V_r/V_s$。

在强风下，船舶以慢速航行时，风力矩可能大于转舵力矩，则船舶将失控。当风力大于 10m/s(即六级) 时，大型客船迎风转向，即使采用倒顺车助舵，也可能无济于事。为正确操纵船舶，驾驶员应掌握各种风力作用下本船的最佳速度、安全航行的风舷角、回转中的最小航速等系数，做到心中有数，以保证船舶的安全航行。

9.2.1.2 流对船舶航行的影响

船舶在静水中对水流的速度称船速 v；水流相对河床的速度称流速 u；船对岸的速度称航速 V；当船舶以船速 v 航行时，其中剖面与流速矢量的夹角为 α。根据矢量加法定律，航速 V 等于船速 v 与流速 u 的矢量和。航速 V 与船中剖面的夹角 β 称作漂角，如图 9-5 所示。

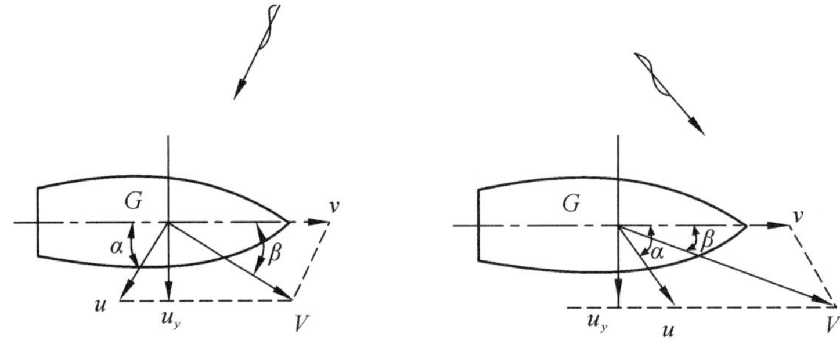

图 9-5 流对船舶航行的影响

当 v 和 u 为定值、定向时，逆流航行时的航速可按下式求取：

$$V = \sqrt{v^2 + u^2 - 2vu\cos\alpha} \tag{9-12}$$

顺流航行时的航速可按下式求取：

$$V = \sqrt{v^2 + u^2 + 2vu\cos\alpha} \tag{9-13}$$

在流作用下，船舶横向漂移速度为：

$$u_y = u\sin\alpha \tag{9-14}$$

漂角 β 按正弦定律可表达为：

$$\beta = u_y/V = (u/V)\sin\alpha \tag{9-15}$$

从图 9-5 中可见，与船中剖面有一定夹角的水流，同时改变船舶的航速和航行轨迹；船舶航速大小同流速、流向和船舶本身的航向有关。流舷角越大，航速越小。

船舶在操纵中,必须选择对应于流向的最佳航向修正角,使用恰当的车速,保持船舶行驶在既定航线上。

9.2.1.3 风、流共同作用对船舶航行的影响

在实际工作中,船舶通常同时受风、流的作用。下面分析船舶在风、流共同作用下的两种情况。

(1) 当风、流对船舶同舷作用时,如图 9-6(a) 所示,作用在船体上的水动力侧向分力 R_y 和风动力侧向分力 F_{ay} 指向同一方向,引起船舶横向漂移,并产生水动力转船力矩 M_R 和风动力转船力矩 M_a,使船舶朝逆时针方向偏转。为了抑制这种现象,驾驶员应调整螺旋桨工况,使其产生推力转船力矩 M_Q,并与水动力力矩 M_R 和风动力力矩 M_a 方向相反。如果调整螺旋桨工况仍不能抑制偏转,或风、流不是出现在机动操作过程中,而是出现在航行中,则驾驶员应操右舵,以抑制船舶偏转。因为产生在舵上的水动力 P_y 和力矩 M_P,方向与 M_R 和 M_a 相反。

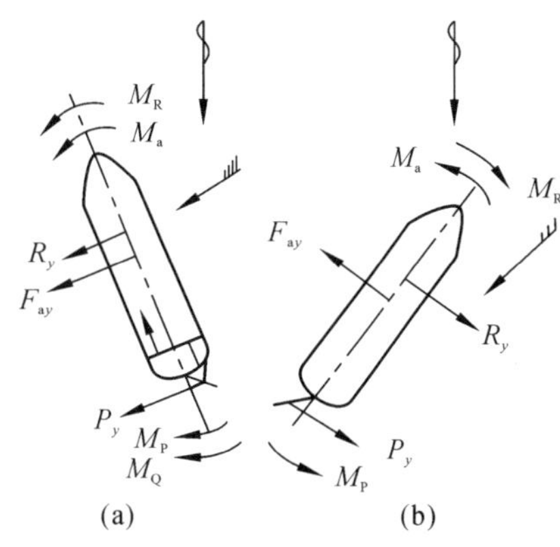

图 9-6 风流对船舶的共同作用

(2) 当风、流对船舶不同舷作用时,风动力和水动力侧向分力方向相反[图 9-6(b)],它们的合力与力矩之和均可由矢量和求得。如果流的作用大于风的作用,应操左舵。在机动驾驶操作中,同样需要调整主机工况,以平衡风流的作用,保持船舶按既定航线航行。通过权衡多种力的作用,驾驶员还可以使船舶有意识地向某一既定方向偏移,以达到抵御风、流作用的目的。特别在水流湍急、流态复杂的山区河流航道,综合权衡各种不正常水流的作用方向及大小,适时用舵用车,以保持船舶航行在正确航线上,正是衡量驾驶技艺高低的重要考核标准。

9.2.2 浅滩对航行安全的影响

船舶在浅区航行,水阻力增大,主机负荷增加,功率下降,吃水增值增大,产生船尾纵倾,船舶操纵性能变差。

浅水对船舶运动影响程度与航道水深、船舶尺度、航速等有关。

浅区航行船舶吃水增加现象,称动吃水增加,又称船舶下沉。产生船舶下沉的基本原因是在浅水中支撑船体的水动力减小。流经船底与河底间的水流速度增大。船底与河底间距越小、航速越大、流速越大,船舶下沉量越大(图 9-7)。当 $H/d \leqslant 4$(H 为航道水深,d 为吃水)时,水深开始影响船舶航行性能。当船底剩余水深很小,即 $H/d = 1.2 \sim 1.5$ 时,船舶以速度 $V = \sqrt{gH}$ 航行时,船舶将有擦浅或搁浅的可能。

设船舶在深水中航行(图 9-7 中位置 a),船底流速为 u_0。此时,支撑船舶的水动力 R_0 均衡作用在整个船底,保持船舶首、尾等吃水 $d_{F0} = d_{A0}$。当船首开始驶入浅区(位置 b),船首底部水阻力增大,流速 u_1 变大($u_1 > u_0$),致使支撑船体的水动力 R_1 减小,产生尾倾($d_{F1} < d_{A1}$),尾吃水增加,剩余吃水减小。船舶全部驶入浅区(位置 c)时,船底流速继续增大($u_2 > u_1$),支撑船体水动力 R_2 进一步减小($R_2 < R_1$)。尾倾($d_{F2} < d_{A1}$)加大,吃水继续增加。当船首水深继续减小(位置 d),流速继续增大($u_3 > u_2$),船舶航行总阻力增大,尾部产生纵向赶浪和船体最大下沉量。此时,船中部吃水 d_{M3} 明显大于深水中的船中吃水 d_M,即 $d_{M3} > d_M$。

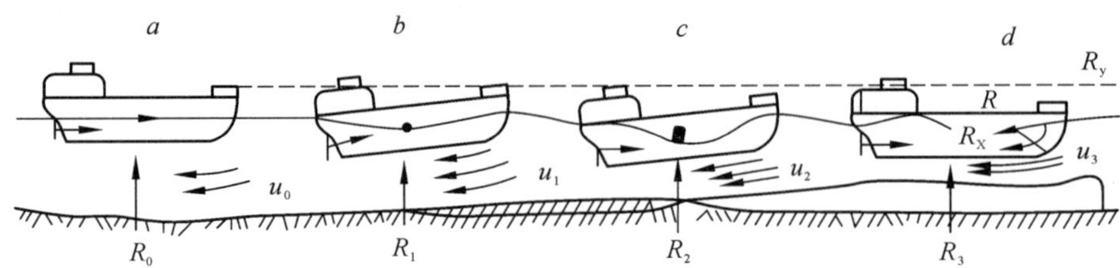

图 9-7　浅水对船舶的通行影响

船舶吃水增值 Δt 与其对应的航速 V、吃水 d 和航道水深 H 有直接关系。国外学者对此进行了大量研究。现介绍(俄)B. Г. 巴甫连柯推荐的经验公式：

$$\Delta t = a \cdot V^2/(2g) \tag{9-16}$$

式中　V—— 航速(m/s)；

g—— 自由加速度($g = 9.81\text{m/s}^2$)；

a—— 与 d/H 有关的数字系数，对于内河船舶：

$$a = 0.08 + 0.034(d/H) \tag{9-17}$$

代入式(9-16) 得

$$\Delta t = [0.08 + 0.034(d/H)]V^2/(2g) \tag{9-18}$$

船舶通过浅区的航速，可采用 H. Φ. 沙拉辽夫推荐的经验公式求取：

对于排水量小于 2000m³ 的单船：

$$V_{单} = 6.3\sqrt{\Delta h_1 - \Delta h_2} \tag{9-19}$$

对于排水量大于 2000m³ 的船舶和顶推船队：

$$V_{队} = 22.2\sqrt{\frac{\Delta h_1 - \Delta h_2}{16.5 - L/B}} \tag{9-20}$$

式中　Δh_1—— 船舶在静水中，船底剩余水深(m)；

Δh_2—— 船舶在航行中，船底剩余水深(m)；

L—— 船舶或船队长度(m)；

B—— 船舶或船队宽度(m)。

船舶在静水中的剩余水深与船舶航行中的剩余水深之差，即为吃水增值 Δt：

$$\Delta t = \Delta h_1 - \Delta h_2 \tag{9-21}$$

下面以实例说明航速、水深、吃水、吃水增值与船舶安全过浅滩航速的关系。

例 9-1　某下行货船，排水量 1800m³，航速 7m/s，吃水 4m，航经水深 5m 的航道，应以何速度航行为宜？

解：按公式(9-18) 求船吃水增值：

$$\Delta t = [0.08 + 0.034 \times (4/5)] \times 7^2/(2 \times 9.81) = 0.267\text{m}$$

按公式(9-19) 求船安全航速：

$$V_{单} = 6.3\sqrt{\Delta h_1 - \Delta h_2} = 6.3\sqrt{\Delta t} = 6.3 \times \sqrt{0.267} = 3.26\text{m/s} = 11.72\text{km/h}$$

例 9-2　某上行船队，吃水 3.6m，航经水深 4m 的浅滩航道，航速 3.5m/s，船队长 220m，宽 45m。求过浅区时的吃水增值和安全航速。

解：根据式(9-18) 求船舶吃水增值：

$$\Delta t = [0.08 + 0.034 \times (3.6/4)] \times 3.5^2/(2 \times 9.81) = 0.069(\text{m})$$

船队安全航速按公式(9-20)求取：

$$V_{队} = 22.2\sqrt{\frac{\Delta h_1 - \Delta h_2}{16.5 - L/B}} = 22.2\sqrt{\frac{\Delta t}{16.5 - L/B}} = 1.71\text{m/s} = 6.2\text{km/h}$$

由例9-1、例9-2可见，船舶(队)航速对吃水增值有明显影响。剩余水深越小，所允许的安全航速与船舶在深水航道的航速差值愈大，为方便使用，建议各类船舶设定相关变量，将计算结果以图表形式绘出，便于在引航实践中查找。以上例9-1、例9-2的计算数据见表9-1。

表9-1 安全航速计算表

船舶类别	深水航深(m/s)	3	5	7	9
单船 $d/H = 0.8$	吃水增值 Δt(m)	0.049	0.136	0.267	0.441
	安全航速 $V_{单}$(m/s)	1.39	2.32	3.26	4.03
船队 $d/H = 0.9$	吃水增值 Δt(m)	0.05	0.14	0.27	0.45
	安全航速 $V_{队}$(m/s)	1.46	2.42	3.36	4.34

9.3 航行条件分析

航行条件是指船舶行驶区域内的航道、水文、气象、航标配布、船舶会让等客观因素。这些因素复杂多变，互相联系，驾驶人员必须准确地掌握各因素变化规律，及时准确定位，拟定正确航路，确保安全航行。分析航行条件，应考虑下列几方面：

① 航道特征：河段的地貌、河床形态、航道尺道、支汊河、水道分布及开放水位，河岸坡高及漫坪水位，河槽内碍航物分布及高度，滩险和狭窄河段的分布及特征等。

② 水文特征：航道水深、主流、缓流分布，不正常流态特征、分布及其对航行船舶的影响。

③ 助航标志：天然及人工助航标志的分布及应用，航标配布原则，设标水深及移动规律。

④ 航道内船舶动态：船舶类型(含地方船、渔船)、出没时间、活动规律、会让原则。

⑤ 气象潮汐特点：航段气象、潮汐变化特征及其对航行的影响。

只有充分了解和掌握上述诸因素，才能合理拟定上下行航路，正确制定相应的引航操作方案，确保航行安全。

内河水道航行条件多种多样，各具特色，但存在着共性。根据不同的航行条件，可将内河水道归纳为顺直河段，弯曲河段，浅滩河段，桥区河段，河口段，急流滩河段，弯窄、浅险槽河段，船闸河段8种典型河段。在下面的章节中，将分节讲述各典型河段的引航技术。

9.4 引航基本要领

引领船舶在内河航道上安全航行，必须掌握引航要领，即熟练掌握引航要素：航路、船位、会让及其相互间的关系。

9.4.1 航路的选择

船舶在航道中所航经的路线，称航路。航海中有计划航线与航迹线之分。内河航行，受风、流及船舶会让影响，实际航路与计划航线亦有较大差别。本节所论述的航路选择指最佳航线的确定原则。

我国内河航道基本上是天然航道，航道尺度受限，流态变化复杂。内河引航不同于航海，它不是按事先在海图上拟定的航线航行，而是凭驾引人员的直观感觉引领船舶按习惯航线航行，又称视觉引航法。随着新科技、新定位设备的推广、应用，部分船员已逐步掌握新的定位导航方法，但从整体上讲这些新的导航方法，仍然遵循视觉引航的基本原则。

航路的选择是内河引航的核心。船舶航行是根据河床、航道分布、航道尺度、主缓流位置等要素选择常规航路。因上述要素限于时间、水位变化，所以航路也随之变化，并在航行过程中依据变化的航行条件，适时修正航路，使船舶真正航行在最佳航路上。

内河船舶航行可分为顺流航行、逆流航行、平流航行和过河航行。

9.4.1.1 顺流、逆流和平流航行

顺流航行以充分利用流速，提高航速为前提，将航路选择在主流范围内或航道中央行驶。在航道条件许可的情况下，航路应尽可能选择在定向航行距离长的主流位置，少做折线航行，减小用舵次数和船舶阻力。对航道中的礁浅等碍航处，航路做阶段性的偏摆，绕避碍航物，以保证船舶航行的安全。

逆流航行应避开主流提高航速。航线选择在主流两侧的缓流区。缓流区可以是岸边，也可以是洲滩边缘。选择航路时应综合考虑本航段的缓流区航道水深分布位置、过河次数、本船的操作性能等，比较哪一方案对提高航速最为有利，确定逆流航速。例如，长江中游荆河内外，同一月份设标水深相同，船舶在荆河口处可循主流一侧边滩缓流区上行，而在航道狭窄的荆河内，则由于航道水深受宽度限制，沿水深较大的陡岸一侧行驶较为安全、经济。

平流河段，航行视有无潮汐而选择航路。在潮汐河段内，根据潮流顺逆情况，按上述原则选择航路。在无潮汐河段内，航线选择应考虑有利于船舶安全避让的原则。在分道航行河段内，根据分道航行规则规定，按船舶类型、等级、流向划分航路，如某些河段采用船舶各自靠右航行的分道航行规则等。船舶(队)按规定各行其道。

9.4.1.2 过河航路的选择

顺航道行驶的上行船舶从偏航道的一侧穿过主流，过渡到偏航道的另一侧称为过河。

(1) 船舶应考虑过河的一些情况

① 沿航道一侧行驶的上行船舶，当前方航道流速较大，无缓流可供利用，或水深不足，而彼岸前方航道有较长距离的缓流区时，为提高航速应引导船舶过河行驶。

② 沿航道一侧行驶的上行船舶前方有礁浅碍航，或有影响安全航行的不正常水流，而彼岸航道顺直，且无碍航物或不存在对航行安全影响较大的水流，为确保航行安全，应考虑过河。

③ 在上下行航线交叉的狭窄航道，其上下游有宽阔水域，为避免船舶在此航段相遇，上行船应提前过渡到航道另一侧，主动为下行船让出主航道。

过河起止的地点称过河点。合理选择过河点，是确保过河航行安全的重要措施。

过河点的选择由航道和水文特征确定。有常年过河点和季节性过河点。季节性过河点随

水位涨落变化而变化，这是因为有些过河航线随水位变化的缘故。季节性过河的山区河流特征尤为明显。

(2) 几种常见的过河方法

① 小角度过河法

小角度过河法又称顺过。当航道较窄，用小舵角转向，使航向与流向成较小夹角，避免船身横向或利用小势顶流顺过对岸，是一般常见的过河方式。

② 大角度过河法

大角度过河法又称摆过。当航道较宽，根据流态分布、船舶引航和会让需要，采用较大舵角转向，船身略成横向穿越主流摆到彼岸，是一种快速的过河方式。

③ 指定目标点过河法

盖过法：当过河终止点位于强力不正常水流（困堂水、内拖水、滑梁水等）处，为避免事故发生，要求过河船摆脱以上不正常水流，达到该水流以上的指定目标点。如长江上游洪水期上行船达右岸仙人桥过河标，必须过渡到偏岩子水码以上处。曾有船未按此要求过河，而发生恶性海损事故。

恰过法：当过河终止点的上方、下方均有礁浅等碍航物时，为综合考虑过河后的安全，要求船舶必须过渡到恰当的指定目标点。

④ 借势过河法

这是山区河段常用的一种过河方法。若过河点的上方岸嘴（碛坝、礁石等）有斜流，可利用此斜流冲击船舷的水动力与船首前进方向的惯性力构成的上升合力，协助船舶向上游方向横移过河，这种借水动力过河的方法称借势过河法。

过河航法的选择，要根据航道的具体特征和流态分布情况，掌握安全、经济的原则，避免无意义的过河。

9.4.2 船位摆置与调整

船舶在航道中的坐标位置称船位。在航海中，船位是指船舶所在地球上的经纬度。而在内河中，船位是指船舶距某航道起点的公里数，离左（右）岸的横距，以及船首线与计划航线（或岸线）的夹角。若从水文航海的角度讲，船位还应包括船首线与主要流态的夹角，离主流线的距离。船位是判断船舶是否处于预定航线上、是否安全的依据和测算航速的依据，对船舶航行具有极其重要的意义。不能判明自己船位的船舶，称失去船位的船舶，安全就无保障。此时，为安全起见应立即停车稳舵，判明船位后，才能继续航行。

船舶的离岸横距，在内河引航中，一般用目测法估定。下行船通常按河床和航道宽度的比例表示船位。如“正中分心”，意即船舶在河心行驶；“四六分心”，“三七分心”，意即船舶在河心略偏航道左（右）一侧四成或三成，依此类推。上行船则常以船宽或船长来度量。如离左（右）岸几倍船长或几倍船宽驶过。随着雷达等助航设备在内河船上的推广普及，驾驶员可以运用雷达准确测定纵横距离。

“落位”是判定船位摆得正确与否的引航专业术语。“落位”是指驾驶员根据航行条件和船舶性能，采取符合客观实际的操作方案，将船位摆在既安全又能提高航速的合理位置。反之，则称不“落位”。“落位”应包含下列内容：

9.4.2.1 航向与流向间夹角要小

前面我们论述了在有流、无流的情况下航线选择的原则，重点考虑的是航行的安全性和经济性。“落位”考虑的则是某瞬间船舶所处位置的安全性、经济性和合理性。航向与流向间的夹角要小。从安全性上讲，可以减小因水流作用而发生的漂移和航向不稳定性，确保船舶航行在预定航线上；从经济上讲，对于下行船舶，可充分利用水流提高航速值。对上行船舶，随着夹角的增大，航速将减小，因水流作用而产生的漂移量也会增大。故航向与流向间的夹角大小，是衡量船舶落位的基本要素。

9.4.2.2 岸距要适当

岸距适当不仅指船舶离岸远近要适当，而且还包含应该如何利用主流、缓流的概念。下行船充分利用主流提高航速，即所谓“抓主流，走主流”。上行船尽量避开主流，最大限度地利用缓流以提高航速，即所谓“找主流，丢主流”。因主流、缓流与岸线均有一定的相对位置，如果船舶主、缓流利用得合理，自然这种岸距也是合理的，当然岸距适当还有量化的概念。这要根据河流、航道等级、岸形结构、碍航或可航程度、船舶尺度、操纵灵活程度等来确定。不同河流的不同航区，结合航标的作用距离，均有明确规定。如长江下游岸距规定为100m，长江中游规定为30m。

9.4.2.3 定向航行距离要拉得长

在航道尺度允许的情况下，船舶应尽量做较长距离的定向航行。这样操作可减少用舵次数、缩短航程、提高航速，还可以简化操作过程，为驾引人员腾出时间考虑安全和避让问题。达到上述三点要求的航行船舶，称“落位”船舶。

9.4.3 转向点的选择

在内河航道中，船舶通常是分段定向航行的。船舶航迹可近似看成是呈折线状，每一个转折点是船舶航行中叫作舵改向的位置，习惯称为转向点。转向点选择的正确与否，对船舶能否“落位”关系较大。在正常航线上航行的船舶提前或滞后转向，均会使船舶不能“落位”，有时甚至会导致困难局面危及船舶安全。同理，偏离原航线航行的船舶，处于不“落位”状态，可通过调整转向时机（临时转向位置），纠正偏航，使船舶落位于计划航线上。

例如，在长江下游掀棚嘴——田家镇航段，下行船舶驾驶员常动用以下转向点和掉向点：

船平掀棚嘴标右转向至195°，掉向右岸大松树木的大树丛。平牛关矶嘴头，左转向到170°，掉向半边山中第三个小山头。平松树林大丛树，左转向至150°，掉向冯家下山（图9-8）。但是上述转向点，仅是预定航线上的转向点。在实践中，船舶受风、流等影响，往往会偏离预定航线，适当提前或延缓转舵，可以纠正船舶“不落位”状态，使船舶驶入既定航线。具体调整转舵时机的方法，如图9-9所示。当行驶于既定航线上的A船，按规定驶抵某岸标正横时转向，能行驶在正确的航线上。但原来已偏离既定航线的B、C船，若在正横于该标时转向，仍然不能驶入正确航线，必须提前在B'或延迟到C'处转向，才能驶入既定航线。

图 9-8 常用转向方法示例

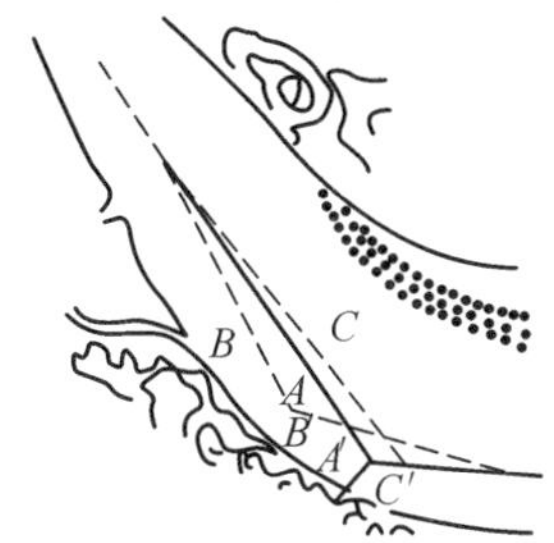

图 9-9 调整转舵时机的方法

9.4.4 掉向点的选用

船舶在定向航行时，船首前方所对的显著物标，称掉向点。如果船首对准的正前方缺乏明显的物标时，也可选用附近明显的物标，但须说明将该物标偏置左（右）舷多少度。平时常说"将某标放在船首左（右）舷多少度"，就是指船首的掉向点位置。所选用的掉向标，应该轮廓清楚，色泽明显，容易辨认，若在夜间也能发挥其作用，就更为理想。在山区河流，掉向河流，掉向点的选用，除考虑河床平面地形外，更重要的是考虑不同流态对船位的影响，常有"走一标，抓一标；平一标，吊一标"等操作方法，以确保船舶航行在安全航线上。

9.4.5 做好避让

船舶（船队）在内河航行中，经常要与各类船舶会让，特别是在船舶来往密度大的航段，会让更为频繁，航行难度增加。

据资料统计，近年来长江干线船舶的碰撞事故占船舶交通事故总量的 40% ～ 60%，是安全工作中的一个突出的问题。

"三分走船，七分避让"说明了避让在安全航行中占有重要位置。

船舶对驶避让有两种情况：一是正常的，即两船在安全距离内按章交换信号，两舷间留足横距安全驶过；二是非正常的，即由于发现来船时间晚，距离不够，误解信号，操纵不当或车舵失灵等原因，两船于危险距离之内，应采取紧急措施，以避免相碰或尽量减轻碰撞损失。

9.4.5.1 碰撞危局中的紧急避碰措施

在碰撞危局中，驾驶员一般采取以下三种紧急措施之一，即转向、变速或转向变速并用。以下对 123 次碰撞事故进行统计和分析，得出采取各种措施后，仍然发生碰撞事故的概率，见表 9-2。

表 9-2 事故概率

上行船 \ 下行船	转向	变速	转向变速并用
转向	0.17	0.285	0.236
变速	0.285	0.122	0.114
转向变速并用	0.236	0.114	0.073

表 9-2 中所列数据说明，采用各种避碰措施肇事的概率。如 0.17 表示在 100 次碰撞事故中，双方均采取转向，仍发生碰撞事故的可能次数为 17 次。

采取紧急措施进行避让时，应考虑下列因素：

① 变速距离。变速距离是船舶从采取变速措施开始，到船舶完成变速过程为止所行驶的距离。此距离与船舶航速、排水量、载量、操纵性、风、流等因素有关。

② 转向避让的角度。船舶在完成转向操作时，正确估算船舶偏离原始航向的角度十分重要。在航道尺度受限的河段，采用小角度转向，所要求的水域宽度较大角度转向要小。相遇船舶的转向安全角与船舶相对速度有关。

③ 转向变速并用。统计资料表明，船舶采用转向变速并用避碰效果最佳。具体操作中应考虑到变速后，船舶操纵能力即迅速降低，甚至丧失操纵能力。故船舶采用此法紧急避让时，掌握避让主动权有一定难度。

9.4.5.2　掌握避让主动权

船舶掌握避让主动权，是做好避让的先决条件。主动做好避让，就是要做到让路行动明确、有效、及时、果断、不犹豫，遇紧急情况不惊慌失措。

10 典型河段的引航

10.1 顺直河段的引航

10.1.1 顺直河段的航行条件

从船舶驾驶角度来说，顺直河段在内河水道中的航行条件是最好的，首先是它的顺直行驶避免了驾驶操作的复杂性，其次是航道宽度大，水较深，能够充分发挥船舶的效率。但是，它仍然有碍航方面的因素存在。

河槽中偶尔也有礁石碍航，它们有的潜伏水下，有的耸露水面，只是它们仅在受丘陵地带影响的河段里出现。在岸边也可出现山角、岩脚等石质冲积物。

河槽中常存在着江心洲，将河槽分隔成为几条汊道，在其上下出现横流，结果使航道尺度变小，甚至会使行经此处的船舶受不正常水流的影响而发生偏移。

在顺直河段，风的影响比较显著。当风的作用方向与水流流向相反时，就会在整个河面上翻起大浪。这对抗风能力较弱的船舶或船队来说，是一个很大的威胁。

顺直河段水流平顺，这对航行是有利的。由于河槽断面形态基本上对称，使得水深与流速的分布情况也比较理想。主流一般偏近河槽中央。只有在河槽中心出现江心洲或河槽稍微弯曲，或者有矶头、山角的逼迫，分支流的影响等因素的存在时，主流才会发生轻微的偏摆。顺直河段由于水流平稳，主流位置与流向从波纹上一般不易辨认，主要从河道走向与岸形来判断。

10.1.2 顺直河段的引航

河船在航行途中的引航方法，是在判断自己船位的基础上，根据客观条件正确选择航向与航路位置，然后根据当时当地的具体情况和本船性能，将船驶入并保持行驶在既定的航路上。

10.1.2.1 基本方法

(1) 在安全的前提下，尽量提高航速

① 用舵要少，舵角要小

船舶在循直线航行时，即使做短时间的转舵或只转一个小的舵角，船舶的航速都会因此而有所损失，而回转与偏移，必然导致航迹弯曲，造成在顺直的河槽上，却走成弯曲的航线。这样既延长航时，又降低平均航速，以致不得不多操舵进行纠正，而增加了操作复杂性，这对航行安全是不利的。

② 正确选择航向

船舶在顺直河段下行航行时，最理想的是使船位处于主流范围内并使船舶航向与主流流向平行。如果航向选择不当，使船舶航向与主流流向有一个夹角，这时的航速显然要比上述情况要小。不仅如此，还会使船舶的实际航迹也与主流流向成一夹角。这种情况如持续相当长的时间，则船舶将不可避免地离开主流范围，而驶入流速较小的缓流区。为保持船舶在主流内航行，必然要操舵转向，而操舵又将进一步引起航速的损失。

在正确选择航向的问题上，也包含适当拉长定向航距的要求。但实践中，要求既拉长定向航距，又使航向与流向一致，有时会遇到困难。这时应遵循以下原则：在拉长定向航距后，船舶航向仍能基本平行于流向或只在很短一段时间未能处于平行状态。当河槽的具体形势不具备拉长定向航距的条件时，不宜勉强拉长，以免损失航速。

上行船一般以抱滩走夹找缓滩的方式航行，若过分强调拉长定向船距，将丢掉很多缓流区，对提高航速不利。但在尽可能的条件下，相对地拉长定向航距是必要的，亦即不必每逢缓流区都去利用，而应适当拉直。当然船小可更充分地利用缓流，走得更靠近航道边界一些，也可比大船多钻几个沱（沱内有缓流或回流），多利用几个缓流区。但小船仍应考虑适当拉长定向航距。

③ 岸距要适当

船舶航路的离岸距离，一定要取得恰当，这是船舶“落位”的主要要求之一。顺直河段行船要紧紧抓住主流，在主流上航行，而上行船则应尽量避开主流，在缓流中航行。因此，不论上下行航行，对主流位置的判别都是很重要的。在顺直河段航行，应注意观察河段总形势是否略带微弯；上端主流的流入角偏向哪一岸；江心洲附近哪一条汊道的流量最大；沿途有没有分流口或支流口；岸形陡缓及水面波纹情况；有哪些足以影响主流位置的岸嘴、矶头、山角等。这些因素，均能在不同水位条件下，不同程度地影响或反映主流的位置。根据河段的具体形势，自上而下地分析、判断这些因素对主流的影响，连贯起来就可得到该河段主流位置的基本概念。

主流位置判明后，下行船可据之以确定离岸距离，按正中分心、四六分心或三七分心下驶；上行船则应遵循“抓主流，丢主流”的原则，在充分利用缓流航道的要求下，根据本船的具体情况恰当地选择岸距。

④ 合理利用缓流

顺直河段的两岸旁多为缓流区，是上行船的理想航路位置，但事物总是一分为二的，缓流区内流速虽小，水深也小，船舶在浅水航道中航行时，由于流场的变化，水深受限制，使得船底与河底之间的间隙变小，当水流流向船舶时，根据伯努利方程可知，船底与河底之间的流速必然增大。由于船底部的阻塞，一部分水流被挤向船的两舷侧方向流动，从而使船两舷侧流速也增大。同时还会产生两种现象：其一是由于船底的流速增加，压力降低，使船的吃水增加，出现船体下沉现象。因而，在浅水区行驶的船必须对船底和河底之间的距离（剩余水深）引起重视。其二是由于船体周围的边界厚度是自船首向船尾增加的，使得在船尾部船底与河底间隙比船首处小，因此产生尾倾现象。

另外，由船舶阻力理论可知，浅水波和深水波不同，在相同的船速或波速下，浅水波的波高比深水波的波高要大。因此，航行于浅水中的船舶兴波阻力要比深水中的船舶兴波阻力大。

充分利用缓流时，对于吃水较大的船舶，应注意浅水航行时船舶吃水的增加及浅水阻力的影响，决不可因贪求缓流而造成得不偿失的结果。

⑤ 少做过河航行

在顺直河段中选择上行航路，应尽量少过河。因为过河航行时必须驶过主流区，会额外增加航程，增加行驶阻力。然而由于河槽形势和水流情况等的限制，要想完全不做过河航行是不现实的。因此其原则应该是：可过河也可不过河时坚决不过河；如果过河后所取得效果抵不上因过河航行所受到的损失也坚决不过河；如果必须过河，就应选择一个能兼顾"安全""经济"的地点过河。

为使上述"用舵要少""正确选择航向""岸距适当""合理利用缓流""少做过河航行"等操作要点进一步明确起见，现举例综合说明。顺直河段形势如图 10-1 所示，左岸有甲、乙两山头，其附近河岸受山脚的影响，略向河槽突出；两地均系人工护岸工程，伸出较开。右岸丁、丙两山的山脚对河水有一定的挑流作用。河段上游有一江心洲，分河槽为二，支槽在甲山附近重新汇合。左岸丙地上方有一小河汇合，按前述方法判定主流位置，如图 10-1 中粗线所示，下行航路就应与它基本重合。根据操舵要少和拉长定向航距的要求，选择比较合适的下行主要航向。为了使航向选择过程简化并且明了可靠，可利用航道图进行这项作业，即在航道图上确定主流位置后，根据要求在图上画出下行航向，如图 10-1 中的折线所示，并根据航道图上的罗经花，用平行尺推出每一折线的航向，把它注明在该折线旁边。然后再把可供利用的前方标志也予以标明，如图 10-1 中 180° 折线前方的大树所示。如把这折线的前方标志与每一转向点附近的标志等内容，以简短易记的词句记下来，图中下行航路即为：船平江心洲尾用左舵以 150° 下驶。过了甲、丁两山连线右舵以 200° 对高塔四六分心下驶。船头靠近乙山，左舵以 180° 对大树正中，分心下驶……

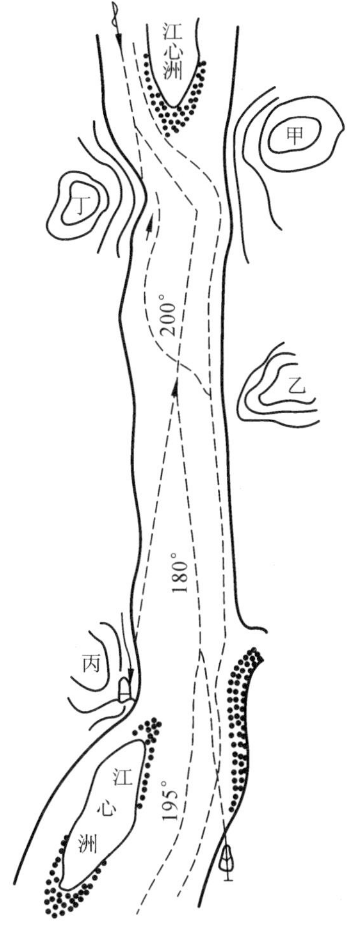

图 10-1　顺直河段

上行航线则宜先沿左岸上驶，至甲山下主驶过江心洲尾，再沿江心洲上行。这样走有几个好处，首先是能充分利用岸边缓流和甲山下的回流；其次是过河次数少，路程短，与沿右岸上行的航线比较起来，少了一次过河航行，这对提高平均航速是有利的。此外也应同下行航行时一样，记住有关的标志、航向和离岸距离。不同的是，上行航向一般只记那些主要的，离岸距离就以几个船长或多少米来衡量。为此驾引人员还应注意目测距离这一技能的训练。

(2) 船舶会让

顺直河段的航道尺度较大，一般来说均有足够水域供船舶会让之用。但思想上若丧失警惕，发生事故的可能性依然是很大的。

根据《内规》规定："逆流船应当在缓流或航道一侧行驶；顺流船应当在主流或航道中间行驶。"在航道中，缓流区可能在主流之左，也可能在主流之右，故对驶船可互从左舷驶过，也可互从右舷驶过。上行船应主动避让，尽量把下行航道让出来，同时也应通过信号与对方联系。

在追越中，不论上下行航行，由于两船间距较近，要特别警惕碰撞、浪损和船吸等问题，为保证安全，追越船除应从河心一侧追越前船外，还应谨慎掌握船位，使两船具有较大间距，并适当调整船速。

机动船在航行中与木帆船、渔船的避让经常发生，务必全神贯注，认真瞭望，特别是夜间，发现航道中有这类小船活动，就应首先判明其动向，然后采取正确的避让措施。其基本要领是："擦艄走""走上风"，以便当小船将驶越本船船头时，就从其后艄驶过；当小船利用侧风行驶时，就应从其上风一侧驶过，必要时还要减速。

正在从事作业的渔船，基本没有避让能力，故对它必须特别注意。驾引人员应熟悉本航区各季节的鱼讯及各类渔船在捕捉各类鱼时的作业特点，各渔船的避让能力和本船驶过它时应取的安全距离，以便及时、有效地采取恰当的避让措施。

10.1.2.2　顶推船队的引航

顶推船队在顺直河段中航行，除了按前述基本方法操作外，还必须考虑到顶推船队尺度较大，质量大，惯性也大，因而舵效比单船差。在用舵转向和回舵稳向时应考虑到提前量问题。即用舵和回舵时间，要比单船早一点，但是早多少，要根据本船载量、尺度、操纵性能和风、流等情况而定。在引航过程中，特别要注意少用舵、用小舵和不用回头舵等问题，因为用舵不仅使用力和航程增加，而且对整个船队系结的牢固性有很大的影响。

用回头舵的原因，主要是对航道不熟和引航技术差，叫舵过头，继而又叫舵转回来。这样船队在航道中摆来摆去，使系结缆绳松弛，影响航行安全。因此，顶推船队在航行中应尽可能做到不用回头舵。顶推船队在航行中需用大舵角时，应在开始时先用小舵角，然后逐渐增大，切忌一开始就用大舵角转向，否则缆绳会因突然受力过大而松弛或崩断。

10.1.2.3　吊拖船队的引航

吊拖船队在顺直河段中航行时的引航操作应注意下列几点：

① 应充分利用航道顺直的特点，适当放长拖缆，以降低拖轮排出流对驳船队的冲击，减小航行阻力。

② 应保证驳船队的航向稳定性。驳船队应平顺地尾随拖轮行驶，不许左右乱窜。

③ 在驶过不正常水流区（如分流区、江心洲头、矶头等）时，吊拖船队应特别注意使所选航路离他们远些。分流口、江心洲等处的横流有可能把驳船队吸入分流支槽而发生事故。拖轮在驶经该处时，应适当转向河心，以抵制这种横流的影响。上行吊拖船队驶经山角、矶头等附近的回流区时，如驳船队受回流影响，速度较拖轮为大时，就会径直赶上前去，致使拖缆入水，有时还可能碰上拖轮尾部。待驳船队前进力量减弱或随回流进入夹堰区并开始后退时，拖缆将突然受力，如果拖轮未及时采取相应的措施，极可能发生断缆等事故。因此，吊拖船队的航路应尽量避开回流。

④ 上行吊拖船队对缓流航道的充分利用，更为必要，要求也高。它要求驳船队行驶时阻力小，能充分发挥拖轮的最大效率。

⑤ 上行吊拖船队过河时的操作方法，与单船或顶推船队的操作方法有所不同，如果拖轮错误地按单船或顶推船队的方法操作，将发生如图 10-2 所示的情况，即当拖轮转舵从缓流区以较大角度驶向主流区，拖轮与首驳受较大流速的推压而顺流漂移，而后部驳船则仍在缓流中，漂移不显著，但受到首驳偏转的影响，队形出现扭曲。这样可能导致不良后果，使航速骤降，甚至迫使船队掉头或发生断缆事故。

同样的，如果按单船或顶推船队那样以比较大的角度驶离主流进入对岸缓流区，也将发生险情，如图 10-2 中 3 的位置所示，不但航速损失巨大，而且驳船队极易扫出航道边界，继而与滩浅或岸壁发生碰擦。

为了避免上述事故的发生，在过河时必须采用分段操作法，如图 10-3 所示。先用小舵角将驳船队慢慢带出缓流区，提顺驳船队后转舵过河，这时拖轮或驳船队与主流的夹角均不宜过大，并力求该夹角大小近乎一致。当发现驳船队有甩摆趋势时，拖轮应立即迎流稳舵，提顺船队，然后再转舵过河。如此分段反复操作，就可使船队顺利驶抵对岸。当拖轮驶抵对岸缓流区后，就应最后一次提顺驳船队（图 10-3 中位置 4），此后就利用缓流区继续上驶。在整个操作中应注意下列要点：用小舵角；分段操作；进出主流的船队与主流的交角要小，一般不应超过 20°。

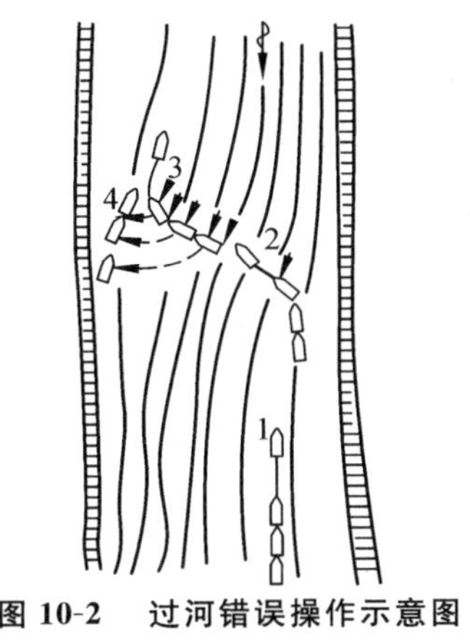

图 10-2　过河错误操作示意图

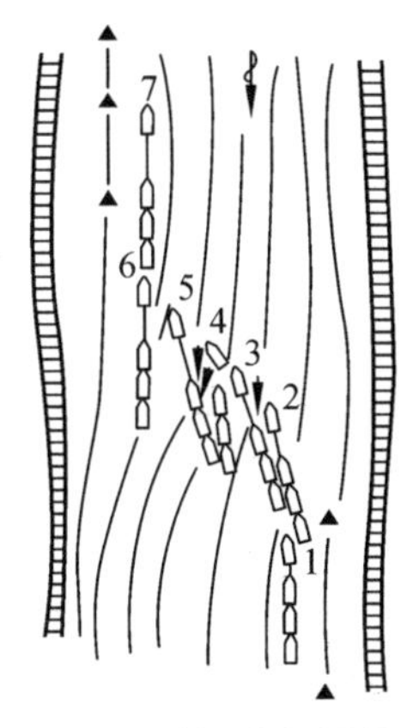

图 10-3　过河分段操作法

10.2　弯曲河段的引航

10.2.1　弯曲河段的航行条件

弯曲河段与顺直河段相比，河槽水势比较复杂。一般弯曲河段，水流因惯性离心力的作用，形成单向环流，使凹岸不断地受到冲刷，而凸岸则大量淤积。所以河槽横断面从顺直河段的对称抛物线形状，逐渐向弯曲顶点演变为不对称抛物线形状，形成沙嘴、沙齿、沙角等泥沙冲积物，有的潜伏水下延伸甚远，对航行产生影响。循缓流上驶的船舶，如果过于靠拢，会发生阻力增大、船首向偏摆等现象，甚至搁浅。在河面宽阔的长江中下游河段，边滩尾部的大沙角，有的延伸很远，它与岸构成一片由深到浅的水域，称为倒套。循凸岸缓流上行的船舶，若不熟悉航道，就会发生钻套事故。

一般弯曲河段的主流位置，在上口靠近凸岸，然后向凹岸偏去，在弯曲顶点稍下处，偏凸岸最甚，往下行流由于惯性，继续偏向凹岸，并保持相当一段距离，出下口后，逐渐向河心过渡。一般弯曲河段的主流，沿程指向凹岸扫弯而下，形成扫弯水，给下行船航行带来威胁。

在河流的中下游平原地带，特别是中游，水流具有一定流速，河湾可能得到充分的发展。当河湾发展到最后阶段即通常所说的是老年期，河湾的曲率半径特别小，成为急弯河段，如图 10-4 所示。

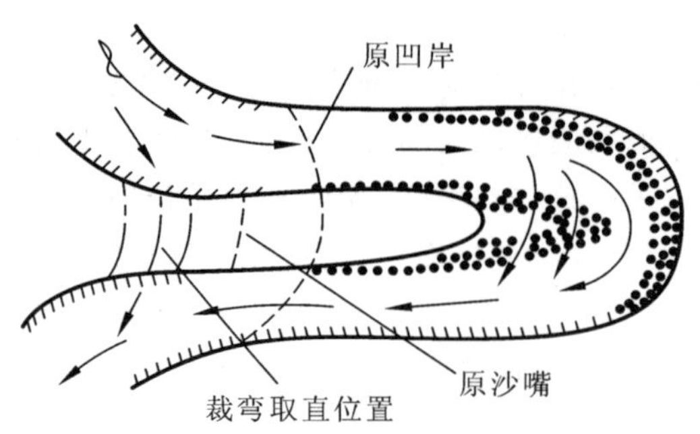

图 10-4 急弯河段河槽水势示意图

急弯河段由于整个河湾伸长，比降降低，流速减慢。虽然曲度半径变小，但扫弯水势却相应减弱。凹岸处因冲刷力弯弱，泥沙沉积，水深弯浅，河槽最深处，逐渐向凸岸边移动。主流随着深槽的变动，也逐渐向凸岸方向移动。特别是中洪水期，凸岸外很大的低平沙嘴被淹没，河宽骤增，主流撇弯切滩现象更趋显著，此时凹岸旁将出现大片回流区，而凸岸嘴上方则有强背脑水。另外，河湾上端入口处沙嘴岸，正开始发生强烈的崩塌，这是因为水流力图取直，以最短途径奔出河湾下口。

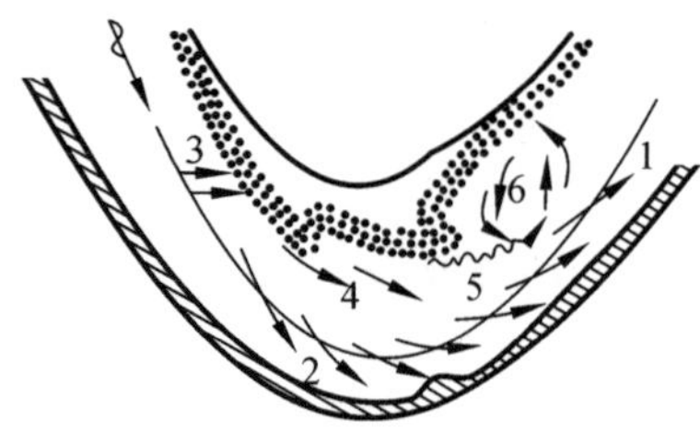

图 10-5 山区河流弯曲河段

1— 主流；2— 扫弯水；3— 背脑水；4— 斜流；5— 夹堰水或眉毛水；6— 回流出水

老年期河湾，一般水流缓慢，水势平稳，但水深变浅，深槽一线有时出现急骤的转折，给航行带来困难。

在山区河流的弯曲河段，由于流速较大，除了产生强烈的扫弯水之外，还将产生各种复杂的流态。在凸岸的一边，碛坝或凸嘴脑上有背脑水，碛翅或凸嘴处有斜流，其下有夹堰、回流及泡漩，见图 10-5。凹岸弯顶上下的陡岸旁，扫弯水受岸壁的阻挡，一部分反击离岸，此即所谓护岸水，但其范围很小。

综上所述，航道弯曲和水势扫弯是给下行船通过弯曲河段造成困难的主要因素。此外，每个弯曲河段一般均在其上下进出口处具有上下陡岸肩的岸形特征。它是陡岸（崩岸）的起讫点。它标明了深槽的起止，故可作为船舶沿岸航行的绝好天然标志而加以应用。

10.2.2 弯曲河段的引航

10.2.2.1 基本方法

(1) 挂高取矮

由于在弯曲河段内，存在向凹岸推压的扫弯水和横流，易使行经此处的船舶向凹岸横移，发生落弯的事故。为防止这类事故的发生，下行船行经急弯河段时应以主流为依据，使船位沿程处于主流流势较高的一侧，并为船舶行经前方航道迎横流做好准备，以便有足够的主动能力来抵抗横流对船舶的推压，亦即使船位沿程处于背脑水、斜流、扫弯水势较高的上方，这就是"挂高"。一般来说，弯曲河段的面流，总是流向凹岸，故一般也以凸岸为上方，但在急弯河段内，由于流速、流向分布的变化也可在弯道上口处出现较强的横流，向凸岸推压，而在弯顶附近则向凹岸冲压。因此，必须明确一个概念：即所谓"高"，不宜简单地理解为凸岸，它有时也可能为凹岸，故"高" 的正确含义应为横流的上方，即"水势较高的一边"，亦即"占上流"。

所谓"取矮"是指下行船在驶进弯曲河段时的取向而言。要求下行船过弯时，应保持船身与岸形相吻合，尽量减小船首向与横流流向间的夹角，即保持船首尾线与弯道轴线的切线相平行或稍向水势高的一侧扬头。为切实做到这一点，下行船过弯时应顺着弯道边走边转。

"挂高"规定了船舶驶进弯曲河段时航路位置，"取矮"又规定了航向，在两者紧密结合下就可使船位高而航向不闭，正确地驶过弯曲河段。

下行船通过急弯河段的具体操作中，对"挂高取矮"法的应用，可用下例做进一步说明。如图 10-6 所示，当船下驶至弯道上口位置 1 时，由于有横流向嘴头推压，应把船位放置在主流之右(同时也拉大了档子)，但在驶近弯曲顶部附近时(即位置 2 ～ 4)，面流向凹岸推压，故又须把船位放在主流之左，这都是"挂高"的体现。如果没有做到这一点，即在凸岸上方时，船位若偏处于主流之左，就可能使船搁浅于凸岸嘴上，如图中位置 6，俗称"背脑"。若在弯曲顶部附近的船位偏低，就可能"落弯"，碰撞凹岸(图 10-6 中位置 8)。至于航向问题则必须使船身与岸形相吻合，并沿凹岸逐次及时变换(图中虚线所示)。所谓"及时"，就是要避免航向过分指向凹岸而及时转向，略保持扬头之势，以防止"落弯"。但是切忌扬头过甚，而把船头朝向上方岸，造成"逼向"的困难局面(图中位置 7)。此时若船速较大，就可能驶入凸岸嘴下方的缓流区或回流区，造成"打抢"(图中位置 9)、掉头或搁浅事故。若马力不足、船速较慢时，又会发生较大偏移，造成落弯碰扫凹岸的事故。因此，对于航向的选择，应努力使船速与扫弯水流速的合速度方向正好重合于经过妥善选择的航路方向上。当船驶至图中位置 5 后，就可沿主流下驶。

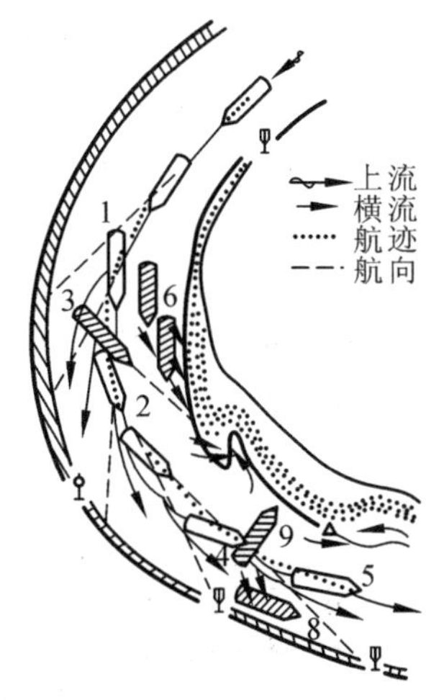

图 10-6 弯道常见险情示意图

整个操作过程中，还必须注意下列事项：首先应设法获得储备舵力(具体方法在后面讨论)；其次在驶近上口前，驾引人员必须密切注意船首动态。有些经验不足的舵工，为了保持进弯前的直线航行，反舵稳住船首，有时甚至造成相反的转动，这是很危险的。因为下行船通过急弯航道时，对操舵时机的正确掌握极为重要，而上述错误操作，极有可能延误时机，陷船于被动状态而发生事故。

(2) 减小航路的曲度

在"挂高取矮"的原则下，应尽可能增大航路的曲率半径，减小航路的曲度，即一般所说的"拉大档子"，争取"把弯航道走直"。这样就能降低操作复杂程度，也减小了船在弯道做曲线运动时所受的惯性离心力作用(因为 $F = mV^2/R$，增大 R，便可减小 F)。下行船进入弯道后，在弯道上半段应将船位置于主流外侧，目的是避免船舶在凸岸嘴顶点处的有限水域中进行大角度急转向，将凸嘴处的集中转向分散到凸嘴上主沿程逐步转向处，而起到将弯道走直的效果。弯道进口处水流是向凸岸上半径和凸嘴冲压的背脑水，将船位置于主流的外侧，也是"挂高"的体现，见图 10-7。

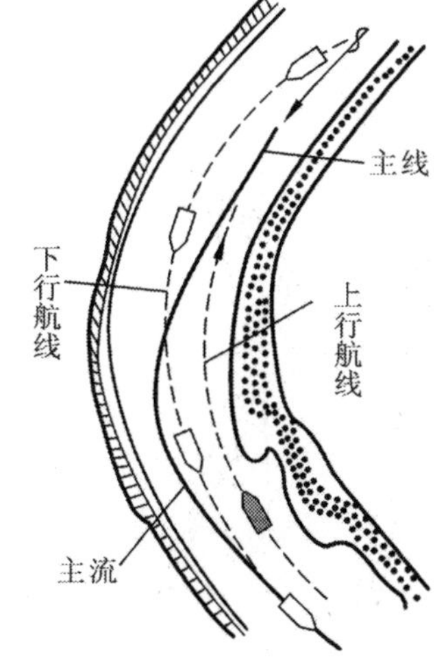

图 10-7 减小航路曲度的操作示意图

上行船在过急弯时，应避开主流，将船位摆在凸嘴下方主流内侧的缓流区航行，并根据航道水流条件，合理利用缓流，取好岸距，不断修正航向与流向的夹角。达弯曲顶点的下方，渐将船位拉开，与凸嘴斜流取适当夹角，船首达斜流，用内舵迎流转向。稳向后，一般顺过弯道上半段凹岸缓流一侧上行或摆脱背脑水、急流埂水后继续沿凸岸一侧上驶。

(3) 调整车速，提高回转能力

船舶在驶过急弯时，应保持有一定的储备回转能力，因为在操作中很可能对转舵的时机掌握得不够恰当，也可能对该河段的流速估计不足，使得回转中不得不临时要求增大回转角速度，如此时无舵角可加，就将不可避免地发生事故。在河槽狭窄无法加大航路曲率半径的情况下，本操作的重要性将会显得更为突出，具体方法有：先松车再适当加车；在拉大档子的前提下提前转舵等。

下行船在进入弯曲河段上口前即开始慢车，降低航速，待船驶达弯曲顶点前，再加大车速，提高舵效。螺旋桨排出流的作用是使舵力的加大要比航速的加大来得快、来得早，这就为提高舵效与缩小回转圈直径提供了极为有利的条件。先松车再适当加车的操作方法，有利于通过弯道的最弯部分。

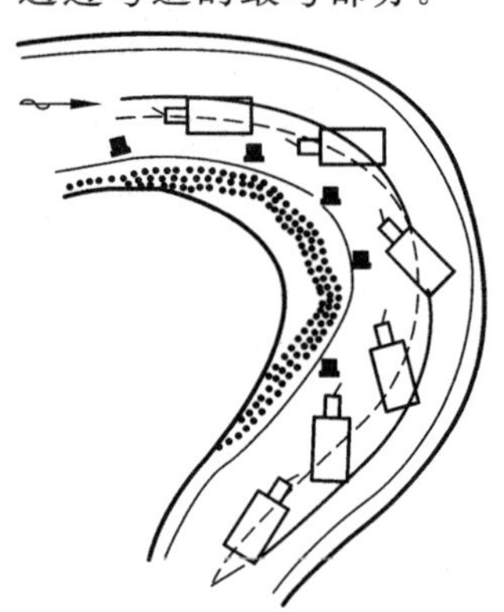

图 10-8　淌流过弯

(4) 淌流过弯法

有倒车舵装置的船，如长江六千匹马力推轮等，操纵性能较好，由该轮编组的大型船队，下行通过弯道时，可以利用倒车舵控制船队淌驶过弯，操作方法如下：

进弯道前，慢车或停车，减小冲势。进入弯道时，用倒车操倒车舵，使船首掉向凹岸，船尾在凸岸边缘。保持船队首尾线与主流有适当夹角。倒车的大小，以使船首保持与凹岸适当距离为度，借水流力量淌流过弯，如图 10-8 所示。

船队淌流过弯时，车、舵要灵活、可靠，倒车要有足够的拉力。利用倒顺车、主舵、倒车舵的配合，控制和掌握船舶动向。此法安全可靠，不足之处是航速慢，过弯时间长；过弯时其他船舶不能通过，故不宜在通航密度较大的河段上采用。

(5) 利用缓流航道

在弯曲河段，上行船利用缓流航道的意义主要在于流速缓，另外还因为它紧挨凸岸，航程也近得多，将使航行时间大为缩短。在利用缓流航道上驶时，必须注意下列事项：

① 凸岸的沙嘴常附有沙齿，这些伸入水下的沙齿对船首排开的水会产生回波，能使船"跑舵"，偏离原航向。吃水较深的船舶还可能发生失控擦浅事故。因此当船舶上行驶进弯曲河段时，必须仔细观察有无沙齿，如有的话，就应提高警惕，保持足够的离岸距离并随时注意船头动态。对沙齿的位置和形状可依下列方法辨认：首先根据水沫线的形状判定沙齿的概位，如图 10-9 所示，一般情况下，当水面上有反光时，则在沙嘴上反光消失，并呈暗色。所以在星夜也能利用水沫线的形状来判别沙齿的概略位置。然后进一步仔细观察沙齿上隆起

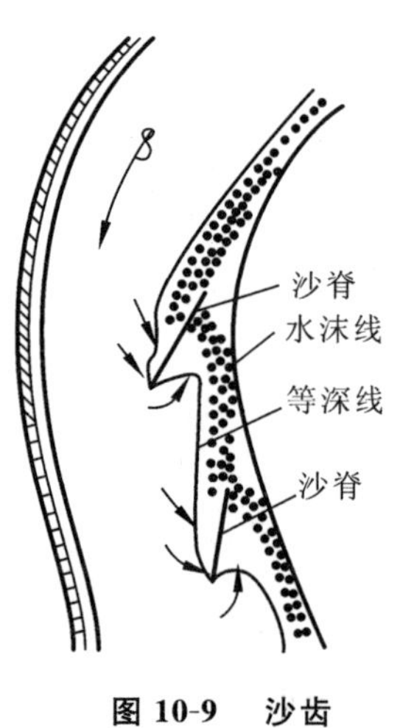

图 10-9　沙齿

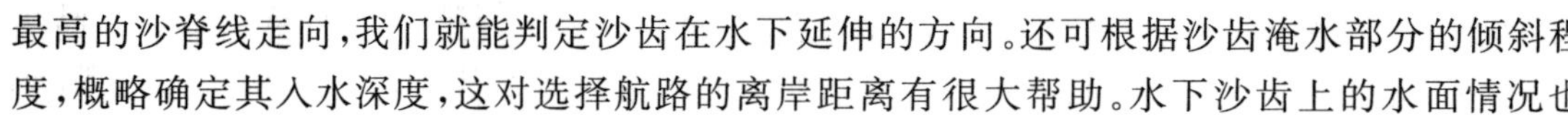

最高的沙脊线走向，我们就能判定沙齿在水下延伸的方向。还可根据沙齿淹水部分的倾斜程度，概略确定其入水深度，这对选择航路的离岸距离有很大帮助。水下沙齿上的水面情况也

有其特色。在沙脊上方水面光润发亮，水和脊下方的水面则发皱，水色较暗。此外，当下行船通过这里时，由于其船首和船尾的散波波峰常与沙齿脊线呈平行之势，在沙齿附近将会激起较大的碎浪，因此当船下行驶过时，就可事先留意观察有沙齿的凸岸沙嘴，认定沙脊的位置，再在上行航行中应用。

沙嘴最末一个齿形有时能向下延伸很长的距离，这个沙嘴尾部称“沙角”，如图 10-10 所示。由于沙角上有横流，下方深潭里又有回流，因此，当上行船循缓流驶至沙角附近时，受回流影响，会以较大的速度，进入里面搁浅，而且搁得很高，不易脱浅。这种事故（在长江称为“钻套”）的例子是很多的。

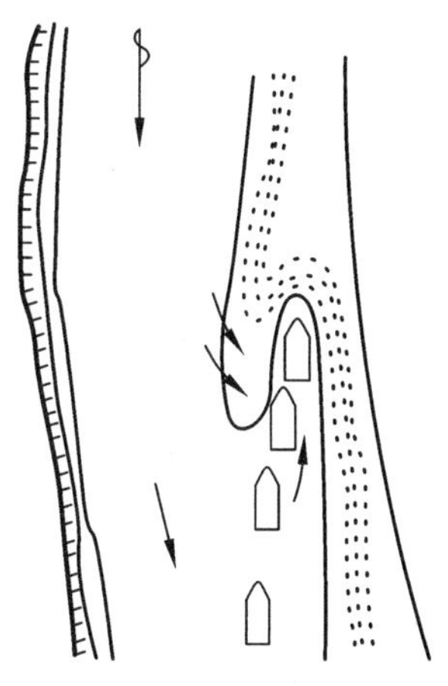

图 10-10　钻套险情

② 弯曲河段的缓流区，并不一定都在凸岸。正如前面所述，当航道曲率半径甚小时，主流将靠近凸岸，缓流就在凹岸附近。但是仔细观察，还可分为两种情况：一种是主流挨近凸岸嘴并冲刷它，凹岸旁的水深大（图 10-11）。在这种情况下，上行船的航线，应选择在凸岸，即沿凸岸嘴上行，因为凸岸虽有一部分挨近主流，但距离不长，其上下端基本都是缓流，同时在崩岸附近，也有一定范围的护岸水，可供上驶时使用；相反地，若在崩岸下方过河，再去利用对面凹岸的缓流，则将增大航程。因此，过河去利用凹岸缓流，将远远不及沿凸岸直接上驶有利，同时还会增加操作的复杂性。

另一种情况如图 10-12 所示，河段的曲率半径很小，凸岸外方有很大而稳定的低平沙嘴。中洪水位时沙嘴淹没，河宽骤增。“撇弯切滩”现象也趋显著，主流离开凹岸趋向河心甚至偏近凸岸。这时在凹岸旁将出现大片回流区，凸岸嘴上方则有强“背脑水”。上行船如继续抱岸嘴上驶，就将在沙嘴上方因高速水流与浅水阻力的双重阻碍，而大大降低航速，出现“船被拖住走不动”的情况。因此这时应选择合理的上行航路位置，如图 10-12 中虚线所示。

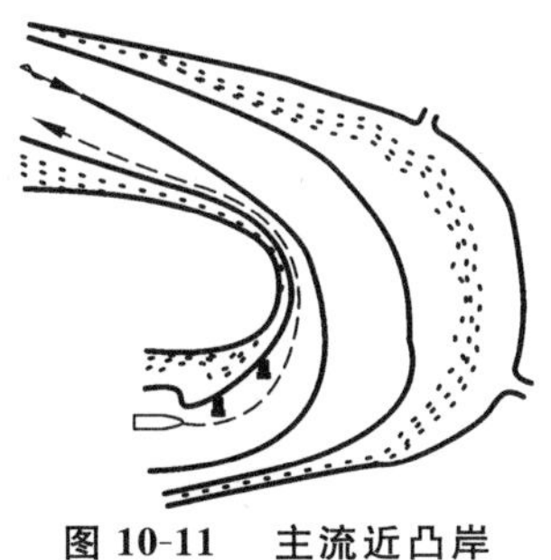

图 10-11　主流近凸岸

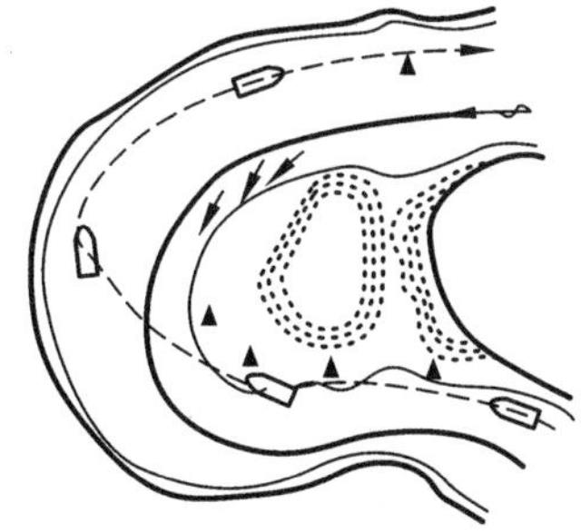

图 10-12　河段曲率半径小

(6)“开门”叫舵

所谓“开门”叫舵，就是指船在刚驶抵能看清前面转弯航道的具体情况即“开门”的地点时，就叫舵转向。它既可应用于上水航行，也可作下水航行参考。

具体操作，可按图 10-13 上的情况来说明，当船舶上行至弯曲航道下端时，其航向基本与 1＃、2＃ 浮标的连线平行。这时驾引人员仅能明确看到航向 a 前方的航道情况，虽知即将向右回转，但是无法观察到应转多大角度，也难分清弯曲度的缓急，所以称这时候的船正处于“未开门”状态。当继续行驶抵达 2＃、3＃ 浮标的连线时，即称为“开门”。于是可结合本船

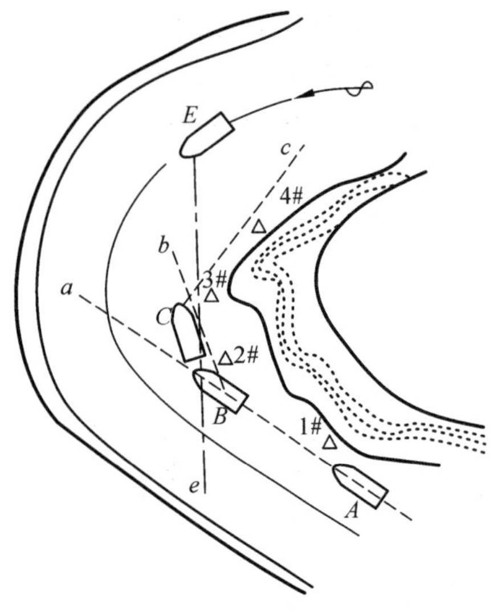

图 10-13 “开门”叫舵

回转性能，适当用舵，使船绕 2＃ 浮标回转至 2＃、3＃浮标连线的平行线上航行。按此法就能以一定距离逐个地驶过浮标，使它们在所标示的航道界限内安全航行。

对于下行船来说，由于船舶航速高，不可能逐次应用上述航法，但是驶过弯曲顶点时，则可利用驾驶台与凸嘴顶点浮标所连成的方位线在航行中不断变化的情况，作为选择操舵时机的具体参考因素，使回转角速度能掌握得更恰当、更正确，也就是说当船舶下行至图 10-13 中 E 的位置时，驾引人员已能很清晰地看到驾驶台对凸岸嘴的切线 Ee 之右的这段航道的全部情况（即“开门”后），就可选择最合理的回转角速度，从预定的航路下驶。

(7) 船舶会让

弯曲河段为困难航道之一，船舶在避让操作时必须特别注意。驾引人员必须熟悉和掌握弯曲航道的特点与上下行航路的各自位置。下行船除竭力保持在主流区内侧航行外，还应特别警惕和密切注意上行船的动态与船位，多发信号联系。根据《内规》中关于逆流船应让顺流船的规定，上行船应采取下述措施：首先尽量向里侧靠拢，把外档的下行航道（主流区）让出来，再衡量当时本船离凸嘴滩翅外方的距离，能否在下行船到来之前赶过去，如有把握赶过去，那就设法尽快赶过去，因为一驶过滩翅后，就能按《内规》要求，把舷灯正确地显示给来船，这对安全避让是有利的。如按当时情况已无法赶过去，那就应在滩翅下方稳船等候，并将自己的措施通过信号通知对方，以防止因不能正确显示舷灯而引起混乱，直到下行船驶过以后，再继续上驶。

对只能单向通航的狭窄弯道，应服从信号台的指挥，根据通行信号有秩序地过弯。上行船如发现允许下行船通行的信号应及早在弯道下口等候。下行船如发现允许上行通行的信号则应及早慢车或正确利用倒车舵（指装有倒车舵的船舶）稳船，必要时掉头等候，尽量避免在弯道内会船。

弯道引航注意事项：

① 进入弯道前应事先与机舱联系，以备紧急情况时，能密切配合。通知首驳值班人员备锚，边驳值班人员准备帮舵。

② 随时观测和判断船位的变化，及时果断地纠正船位。

③ 夜间航行用雷达助航，开启甚高频无线电话。加强与来往船舶联系，互报船位，明确行动意图和会让方向。

10.2.2.2　顶推船队的引航

顶推船队在通过弯曲河段的引航操作中，根据它的特性，应注意下列事项：

(1) 设法提高其回转能力，以适应通过弯道的需要。

由于顶推船队的质量很大，所以在直线航行中的动量也很大。当船队航行于弯曲河段时，由于船队做曲线运动，会产生离心力（单位：kg），其大小可由下式求出：

上行航行时：$F_{上} = \dfrac{1000W(V-u)^2}{g \cdot R}$

下行航行时：$F_{下} = \dfrac{1000W(V+u)^2}{g \cdot R}$

式中　W—— 船队的质量(t)；

V—— 静水航速(m/s)；

u—— 平均流速(m/s)；

g—— 重力加速度(m/s^2)；

R—— 航迹线曲率半径(m)。

由上式可以看出，船队下行航行时的离心力要超过上行航行时很多。这就要求在顶推船队下行航行通过弯曲河段时采取措施，进一步提高其回转能力，通常是：

① 提前转舵：由于船队的质量大，回转时需要较大的转船力矩，应舵时间也较长，为此应提前转舵。

② 驳船帮舵：也就是由驳船协同操舵，以增大回转力矩。但是由于驳船上的舵没有螺旋桨排出流的冲击，故舵效较低。为了能有较长的力臂，以获得较大的回转力矩，一般只让离船队重心较远的最后一排驳船帮舵，这样也便于指挥。同时为了简化操作，便于执行，对驳船的舵令往往非常简单，只叫“左满舵”或“右满舵”。当航行于特别险恶的河段时，为了使驳船的舵能更好地协助顶推操作，有时还把顶轮上技术熟练的舵工派到驳船上去操作。

③ 船头要“活”：所谓船头要“活”，意思是在转向开始之前，就应使船头朝待转方向具有微微回转的动向，处于“活动”状态中。这样才能使船队回转中的操纵得心应手，正确地掌握操舵时机和回转角速度。因为船头一经“定死”(即稳住)再要它开始回转，就需要花费较长的时间和较大的舵力，以致因此而错失转机，形成不可挽回的危局。

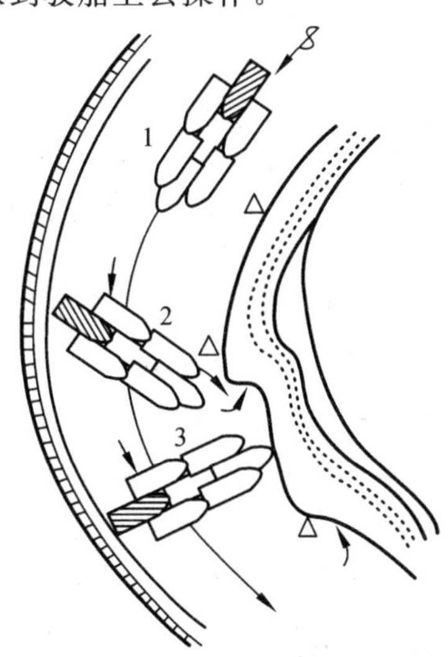

图 10-14　船队吊钩打抢

(2) 在应用“挂高取矮”方法时，由于顶推船队长度很大，推轮驾驶台又位于船队尾部，对前方的情况不易看清楚，因此一定要防止船队首部过于深入缓流区，尤其是回流区，如图 10-14 中的位置 2 所示。在船队首部过多地深入缓流区后，首部阻力增大，而尾部却仍然受到主流的推压，形成一个力偶，强迫船队掉头，导致“吊钩打抢”，甚至发生扫标搁浅等事故。最理想的是船队首部处于二流水(缓流)的外侧，尾部处于主流的外缘，船队重心略偏于主流内侧；在船队首尾线与航线间，保持一个恰当的偏航角，使船队航速与流速的合速度方向，恰好重合在既定航路方向上。

(3) 在弯曲水道上行航行中应用“开门”叫舵时，也应注意顶推船队的上行队形常常是狭而长的特点。如果在运用“开门航法”时，仍然墨守成规，必须在驾驶员看到开门情况后才开始回转，那么事故的发生将是难以避免的。因为待顶推轮上的驾驶员看到开门情况后，船队首部已远远地伸出到主流中去了，如图 10-15 中 B 所示。这时水流对首部的强大压力，远非舵力所能抗御，船队必然因抬不起头来，而做反方向的顺流回转，甚至还可能撞到对岸，扩

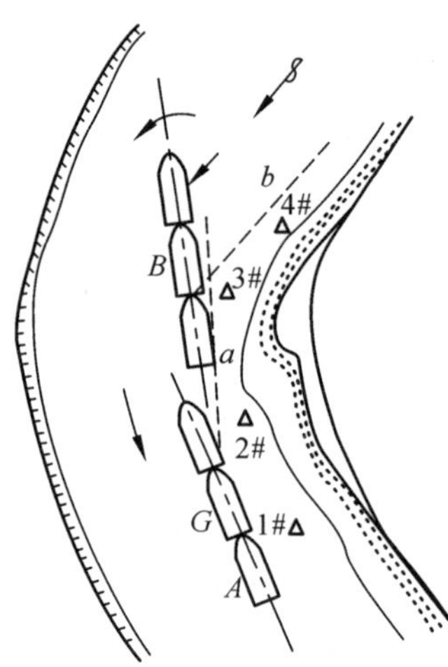

图 10-15 船队"开门"叫舵

大事故。对"开门"叫舵法的正确运用，应首先估定船队的重心位置，当船队驶到重心 G 与浮标 2＃、3＃ 呈一直线时，图 10-15 中 A 就应操舵开始回转。

10.2.2.3 吊拖船队的引航

根据吊拖船队的操作性能特点，在通过弯曲水道时，除遵照一般航法外，还应注意：

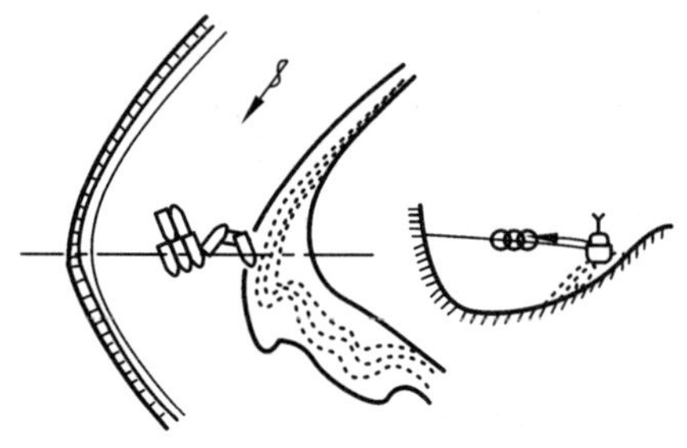

图 10-16 吊拖船队主弯示意图

(1) 保证驳船队行驶在既定航路上

在顺直河面航行时，航路顺直，一般情况下驳船队能连续尾随拖轮前进。但在弯曲航道中航行时，由于船队做曲线运动，驳船队受到离心力的作用，将向外方偏离拖轮的航迹。拖轮在拖带驳船队航行时，除应注意本轮安全航行外，还要以保证驳船队的航行安全为操作的中心要求。在受到横流冲压时，为了使驳船队仍能航行于既定航路上，拖轮可以偏离到航路的一侧，去牵引驳船队前进，如图 10-16 所示。当上行船队驶抵弯曲河段上方，就应略向凹岸拉大档子，以加大航路的曲率半径，减小通过弯曲顶点时的操作复杂性。考虑到驳船队将向凹岸偏移，故拖轮接着就应向凸嘴一侧牵引，使拖缆牵引力与流向成一夹角，借以获得一个横向分力，以抑制驳船队在回转中向外偏移，再逐步调整航向，重入既定航路。在操作过程中，有一点必须特别注意，即拖轮偏离到一侧而行驶在缓流航道中时，切忌过于深入，特别是在附有沙齿的凸岸边，万一不慎，拖轮很可能在大沙齿上搁浅，这时就可能发生拉翻拖轮(图 10-17) 或者驳船队追上并碰撞拖轮尾部等严重事故。

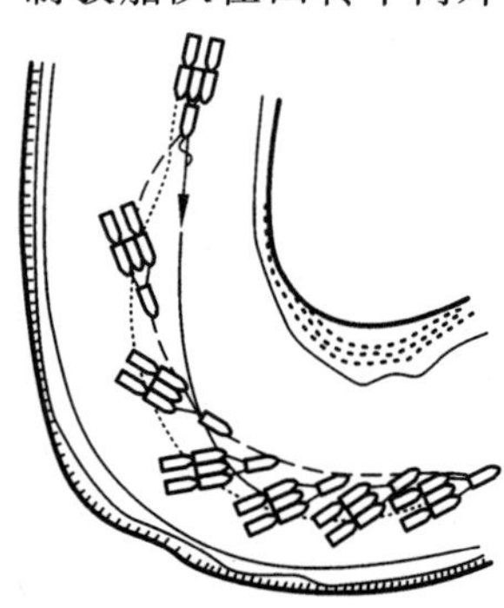

图 10-17 沙齿处防搁浅

(2) 避开不正常水流的影响

在弯曲河段时，常有一些不正常水流，如扫弯水、回流、横流等，它们对吊拖船队的航行影响很大，必须特别注意。

当吊拖船队沿凸岸边缓流上驶时，拖轮若被横流推压偏离航路，一般发生显著偏移时，很难及时抬起头来制止这种偏移，而驳船队一经偏移就将受到回流的影响，前进惯性难以控制，甚至还可能因回流的影响而前进得很快，最后撞在拖轮尾部发生严重事故。因此，当拖轮受横流推压产生较大偏移，而又难以抑制时，就应立即按预定信号通知驳船队，驳船队则应立即转舵避让，偏离原航路，或及时抛下船队首锚，竭力设法防止搁浅或碰撞拖轮的事故发生。

若拖轮已经安全通过，但由于取向不当，或是由于风压关系，驳船队到达回流区时，将偏向里档而进入回流区，得到较大的航速，拖缆有所松弛。这时拖轮若有足够的牵引力，再加上驳船本身的舵力，那么在拖缆受到一次突然抖动以后，驳船队还可能重新回到既定航路上来。但这时的拖缆，很可能因突然受力而拉断，即使拖缆不断，随后而来的各驳，也将发生这种偏摆，其结果也会使航速大大降低。如果当时拖轮的牵引力不足以及时制止首驳的偏移，使其重新回到正确航路上来，那么首驳将率领驳船队，深入回流区，径直冲向沙齿，并搁浅在沙齿上。后面各驳船还将分别碰撞前驳尾部，然后分别搁浅于附近。

当拖轮与驳船队分别航行于主流与缓流中时，由于驳船受阻力较小，可能使航速大于拖轮，也会出现拖缆松弛入水的现象，此后驳船队由于拖缆牵引力的丧失，其前进速度显著降低，甚至随水下淌，这时拖轮若没有松车等候或松车不及时，均可能使拖缆发生突然受力的情况，常使拖缆崩断。为此，拖缆刚一松弛，拖轮就应立即加大车速，以恢复拖缆的正常受力情况。如已经松了很多，且有部分入水，已来不及加车纠正，就应停车，减小拖轮航速，以防止拖缆在恢复受力过程中，发生突然受力的危险情况。待拖缆受力正常后，再以常速上驶。

(3) 驳船操舵

在弯曲河段中，由于船队须做曲线航行，又受到横流、回流等不正常水流的侵扰，为使船队行驶在既定的航路上，保证航行安全，驳船操舵是一项重要的措施。航行中，驳船必须在依次尾随拖轮前进的同时，不断操舵，以抵制不正常水流的不利影响，控制本船的动态。若为多艘驳船组成的软式船队，各驳也要分别自行操舵。这样做，虽然会增大部分阻力，但是可以防止驳船队的偏转及各驳间的扭摆。这类摆动，往往会使阻力增大很多。在具体操作中应注意，首驳为了抵制横流，常需要操适当大的舵角，使驳首有适宜的力量去抵迎横流。但首驳尾部的反向回转，将使随后的驳船首产生与前驳首反向的回转，因此，对于后驳的具体操作就产生一些问题。如令其随之转动，会阻滞前驳的回转；若操反舵，以助前驳，则势必加剧船队的扭曲与偏摆。上列两种操作，各有它的优缺点，但结合船队的具体情况，后驳的操作应该是：当首驳转向不大时，无须操舵协助；当首驳转向较大时，后驳可用反向小舵角帮助前驳回转，待首驳转动后，即回舵居中，待首驳已具有较大的回转角度、速度后，后驳宜用正舵，调整本驳航向，以便本驳在驶抵首驳开始回转的位置时，能够做顺利的正向回转。至于这时的其余各驳，只需在本驳偏离船队中心线时，操舵纠正即可，不宜多做不必要的操舵，待驶抵转向位置时，再按上述方法操舵转向。

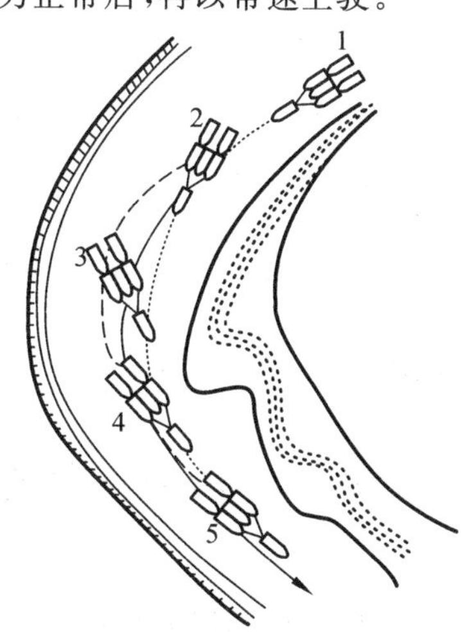

图 10-18　驳船操舵

下行船队在通过急弯段的操作中，必须先设法提高整个船队的回转能力，以缩小回转半径。通常是采取缩短拖缆及驳船帮舵两种方法。前者已经有过说明，此处不再重复。至于驳船帮舵问题则有异于上行船队。因为下行船队多数只由尾排驳船操舵帮助回转。在操作过程中，也有其特点。当船队驶抵弯曲河段上口，在图 10-18 中位置 1 以前就应将拖缆调整完毕，到了位置 1 向右驶离主流,以加大航路的曲率半径;到位置 2,整个船队开始回转,驳船队即操舵助转,边转边走;到位置 3 时,已接近弯曲顶点。为了防止船队尾部因离心力与水流推压而贴扫凹岸,驳船队应立即改操反舵,一直到驶过弯曲顶部,拖轮也已驶回主流后,驳船才回舵至正中位置,尾随拖轮继续下驶。

(4) 进出缓流区时船队与流向的交角问题

如前所述,过河航行中,船舶首尾线与流向的夹角不宜大于 15° ～ 20°,否则就将急骤加大阻力,并因产生较大的横移而增加了航程,最后使平均航速受到很大损失。不论单船或是任一类型的船队,在利用缓流区向上航行的过程中,进出缓流区时,均不宜使这个夹角大过 15° ～ 20°,吊拖船队也是如此。

(5) 转舵不宜急骤

吊拖船队在航行中,不论航行于哪类河段,均不宜用急骤的大舵角,应该先操小舵角,待驳船队开始回转后,再加大舵角,使它逐渐加速回转。在吊拖船队通过弯曲水道的航行中,这个要求更为重要。当拖轮急骤地转了一个大舵角后,航向就将很快地向一侧转变一个较大的角度。这时由于拖缆与拖轮首尾线成一交角,减小了牵引力而拖缆与驳船队首尾线的夹角减小;再加上驳船队首又都受到较大流速的作用,故很难获得较大的回转力矩。所以用急骤的大舵角,不仅不能取得明显的回转效果,反而会使拖轮遭受不利的影响。因为当拖轮急骤地转变了一个大航向角后,拖缆与其首尾线就交成一个较大的夹角,从而产生了拖缆的横向分力,它使拖轮向拖缆方向发生危险的倾斜,并随拖缆与其首尾线交角的增大,其倾斜度也增大。为了防止这种倾斜,应设法避免拖缆与拖轮首尾线的交角过大,并防止拖缆受到过大的负荷。因此,拖轮在转舵时,必须先操一个小舵角,徐徐牵引驳船队回转。待驳船队回转开始后,再回大舵角,以加速驳船队的回转。

在驳船操舵过程中,为了避免驳船各自做过大的偏摆,使整个队形扭曲成蛇形状态而增大阻力,各驳应避免用大舵角,只以小的舵角修正本驳的航向。

10.3 浅滩河段的引航

10.3.1 浅滩河段的航行条件

10.3.1.1 内河水道中浅滩碍航特点

① 沙脊横亘河槽,深槽被沙脊截成上下两段,沙脊上行深显著减小,有碍船舶航行。

② 浅滩上一般均有横流存在,上下沙嘴刚露出水面时,会产生局部横流。如果上下沙嘴已淹没在水中,而沙脊与河槽中心线的交角又较小,则横流将影响到整个鞍槽,对航行极为不利。

③ 浅滩地区的航道常常是弯曲的,只是弯曲程度不同而已。当弯曲度较大而弯曲方向又多变时,就增加了操作上的困难。

④ 有的浅滩经常是在变化的,航道也因之而变,所以不易掌握;浅滩在变迁过程中,活动的泥沙往往在航道中形成沙包,对安全航行会产生影响。

不论哪个浅滩,其碍航特点与上文所述基本相同,故对于船舶驶过浅滩河段的基本操作方法,也应紧紧围绕它们来考虑。

10.3.1.2　浅滩河段上实地观察浅滩的各组成部分的具体位置

观察的主要依据如下：

① 航道图：稠密的等深线提供了识别浅滩位置的依据。从图上可以概略地看出浅滩的大致位置和浅滩的各组成部分。它对实地观察浅滩具有重要参考价值。

② 河槽形势：在参考了航道图后，再实地观察该河段实际的河槽形势和各种泥沙冲积物的具体分布情况，从而判定浅滩各组成部分的具体位置。

③ 浮标的配布情况：它不仅显示了河槽水下部分的局部形势，而且充分表明了航道的边界。这对判明浅滩位置有很大的作用。

④ 水纹形态：不同的水深、不同的流速和不同的流向，均有它特异的表面形态，细细辨认，逐步积累经验，将有助于正确识别浅滩。

⑤ 测深：通过测深核实自己对浅滩的判断是否正确。

明确了浅滩的实际位置和具体情况，对航路的最后选择和操作措施的最后确定就提供了比较全面的依据。

10.3.1.3　入浅征象

长期以来，驾引人员在生产实践中对于船舶是否进入浅区，可从一些征象观察出来，从而及时采取措施，谨慎操作，防止意外发生。入浅征象可大致归纳如下：

① 船首分水声（啸声）显著减小。

② 船速降低，有走不动的感觉。

③ 船体下沉并伴有抖动及顶驳跳动（俗称“点头”）。

④ 出现拖浪。

⑤ 舵效明显降低，有向深水一侧跑舵的现象。

⑥ 主机负荷增大，转速降低。

⑦ 吸浅或擦沙包。

出现上述征兆，主要是由于船舶（船队）在浅水中航行时，剩余水深减小，摩擦阻力和兴波阻力增大，致使航速降低。此时如采用加大车速的方法来提高航速，是徒劳的。

10.3.2　浅滩河段的引航

10.3.2.1　过沙脊浅滩

浅滩沙脊的碍航主要在于沙脊处水深最小、流速最大和后坡对船的回波作用。故驶过沙脊时必须注意下列要点：

(1) 交角要大

船在驶上沙脊时，要尽量使船首尾线与沙脊的夹角大些，最好使之处于垂直状态。这样既可减小后坡回波引起的偏航，又能以最小的船中横断面从沙脊上水深最大的鞍槽最低点通过。这对航行安全有很重要的意义。

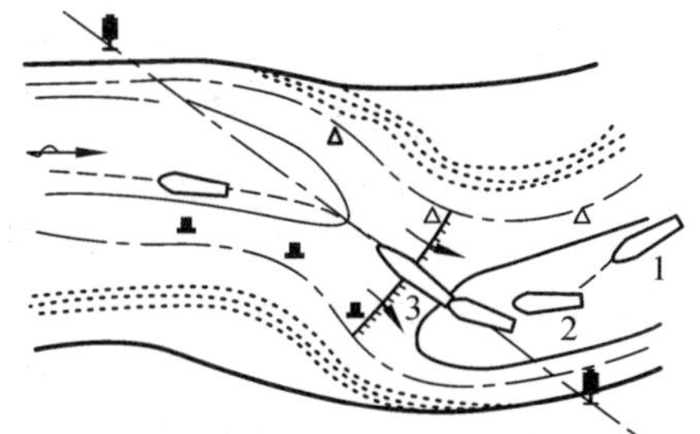

图 10-19　过沙脊示意图

上行船在接近后坡之前，就应调整自己的船位，一般是当驶抵下沙嘴外缘，如图 10-19 中位置 1 时，即将船带离缓流区，拉大挡子，使之有足够的水域供船舶回转掉向之用。在接近鞍槽中线前，根据本船的回转性能选择适宜的转舵地点，于位置 2 处即转舵进入鞍槽中线，抵位置 3 时，船舶首尾与沙脊就将处于垂直的状态中，达到了操作要求。

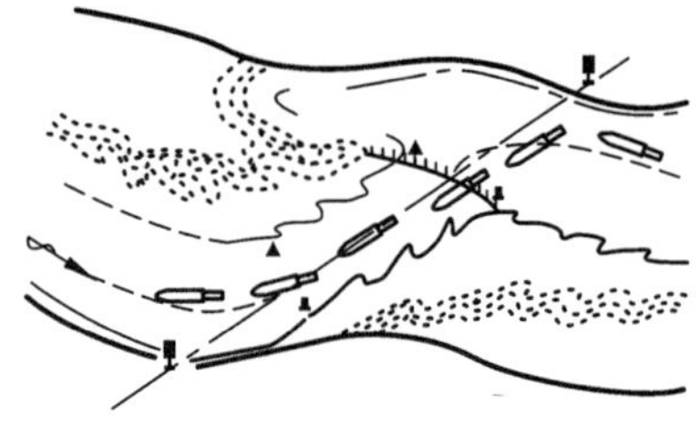

图 10-20　挂高船位过浅滩

下行船队出槽后向下深槽转向时，要特别注意横流的影响，应提前转舵扬头，防止被水流压向倒套。

如图 10-20 所示，为占上流水，上行船进浅槽前应沿红浮标一侧挂高船位，切勿钻沱和挂在白浮上。

应当指出，下行船驶过沙脊时的交角要求，没有上行船那么高，这主要是因为陡峭的后坡对下行船的影响要大大小于对上行船的影响。因此，它在整个操作过程中，是可以采取斜交的状态驶过沙脊的。

(2) 航向力求平行于流向

当沙脊由于某种原因，产生局部扭曲时，则在驶过沙脊时，应努力使航向平行于流向，一方面是为了避免增大行驶阻力，另一方面也为了防止船舶在沙脊上产生偏移，特别是后者最为重要。因为这里的流速高，当航向与流向之间有一个不利的交角时，就会造成一个反向的回转力矩，阻滞船舶转向，驶上沙脊，并使船舶沿沙脊后坡偏移。若结合后坡“回波”的作用，这种偏移将很显著。船舶在这种情况下，很可能发生搁浅等事故。

同时也应说明，由于水流在经过沙脊时的流向大抵是与沙脊垂直的，因此可以认为，一般情况下，本要点与上述要点是互有联系的，即如果确实能做到以大交角驶上沙脊，那么航向与流向间的平行问题，也就基本得到了解决。如果能做到航向平行于流向，那么也能以较大的交角驶上沙脊。不过，当某种原因，破坏了上述一般性时，则以达到航向平行于流向的要求为主。

(3) 测深

在驶过碍航较大的任一类浅滩时，均应进行测深。一方面可以探明水深最浅、妨碍最大沙脊的具体位置，以便及时采取相应的措施；另一方面还可以验证船舶是否行驶在水深最大的鞍槽中线上。这是驶过浅滩时的一项重要措施。

(4) 慢车

由于沙脊是整个浅滩水深最小的位置，为了防止产生过大的吃水增值，碰擦河底，慢车驶过沙脊是必要的。

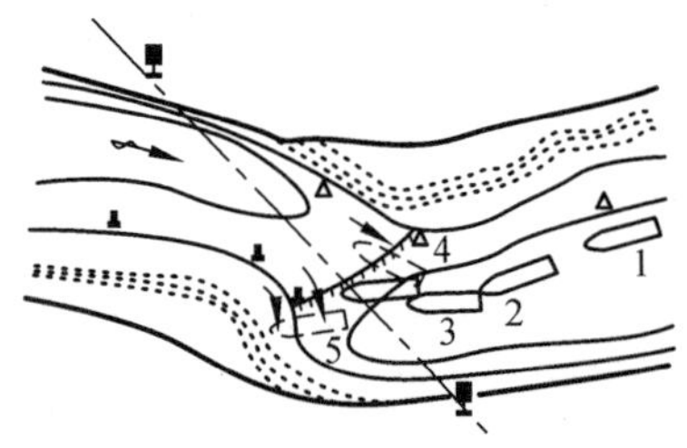

图 10-21　过浅滩操作失误示意图

驾引人员在引领船舶过浅滩时，若估计错误或操作失当，均会发生事故。最常发生的错误操作如图 10-21 所示，驾驶员为了利用下沙嘴外方的缓流，当驶抵位置 1 后，没有及时把船带离下沙嘴，只略微偏开了一点，以致到了位置 3 后，就受到了后坡“回波”和沙脊上高速水流的共同推压。这时如果船舶具有较大的马力和较好的回转性能，那么在转了一个大舵角或变换车速后，有可能勉强驶上沙脊，但这时的航迹肯定将不在正确航路上，同时船速还将显著降低。如果船舶马力较小或回转性能欠佳，那么，即使在转了一个大舵角和调整主机转速后，也仍无法使船头做相应的回转，只是顺着后波，滑向上沙嘴尾部，最后搁浅于深槽下方的位置 5。

为了防止这种事故的发生，驾引人员在船舶接近浅滩前，就必须提高警惕，随时注意自己的航向，谨慎地选择航路。如果万一船舶驶抵位置 2 时发现交角不妥，应立即采取措施。首先是降低航速，延长水流对船身的推压时间，使船身向深水区稍做偏移，同时调整航向，尽可能减小它与流向的夹角，并努力用一个较大的回转角速度去接近沙脊，这可大大降低水流与后坡"回波"的推压作用；其次是放宽行驶在正确航路上的要求，也就是说，只要求有较合理的交角，而不苛求航迹必须在最深位置。因而当船舶以一定的回转角速度接触沙脊的一端时，就在该处驶上沙脊，待过了沙脊后，再驶回正确航路。

10.3.2.2 迎横流

浅滩上航槽甚窄，船舶通过时，受横流的推压，极易越出航道界线，发生搁浅事故。当上沙嘴尾部在水下延伸很远并与水下江心洲构成交错浅滩时情况最为严重。

一般地说，浅滩上的横流，常分布在下列三个位置：在鞍槽上端，其横流向下沙嘴上方推压；在鞍槽下端，横流越过上沙嘴尾部后注入下深槽的倒套；在鞍槽中部，则有自上游一侧流向下沙嘴上侧的横流。这些横流的作用，在交错浅滩，特别是由水下冲积物组成的交错浅滩上，对船舶航行安全的威胁最为严重。

对处于横流中船舶的引航操作方法，主要是航路与航向的选择问题。首先，船位必须处于横流的上方，为使航迹适应计划航线，应使航向与计划航向之间有一适当的航向调整角，即偏航角，以抑制横流产生的偏移，但不宜过大；其次，在行驶过程中，横流的推压作用将自一舷侧转到另一舷侧，可能形成危险局面。因此，用舵使偏航角由一舷侧转换到另一舷侧的过程中，当偏航角为零(船首尾线与流向一致）时，就应及时回舵控制转势。

10.3.2.3 过变迁中的浅区

所谓"变迁中的浅区"是指具有相当范围且正在变迁中的浅水河段，一般为浅滩成型的前一个阶段，前述的"散乱浅滩"也包括在内。这类河段的主要特点是：河槽极不稳定，河底形势随时在变，时而出现沙包，时而又被冲毁；另一特点是普遍水深不足，航行极为困难。其操作要点如下：

(1) 慢车

船舶进入浅水时，首先应降低车速，这样可减小动吃水，是防止船舶在过浅水区时发生擦浅、拖底事故的必要措施。其次，在浅水区慢速航行，还可降低航行阻力，避免主机功率的无谓消耗。

下行过浅滩时，除保持一定剩余吃水外，最好尾倾 3 ～ 5cm，这样不仅便于操作，而且剩余水深不足时，仅尾部擦浅，不会造成横拦航道。上行过浅时，最好首倾 3 ～ 5cm，这样当剩余水深不足时，仅首部擦浅，不易造成船舶搁浅。

(2) 测深

船舶在通过距离较长的浅水区时，测深是一项必不可少的重要措施，并且应两舷同时进行。测深对航路的选择，具有很重要的参考价值。

(3) 冲沙包

这个操作方法，常在浅槽中有沙包且正在剧烈变迁的情况下被采用。具体操作时，首先以最慢速度驶往沙包，在接近前即停车，让船舶借微弱的余速，抵触沙包，这时在驾驶台可明显地感觉到船头的跳动和身体的前倾现象，于是立即开车，加大前进力量，这样沙包可被冲毁，船舶也就得以勉强驶过了。这一操作的要点，就在于用微弱的余速去抵触沙包，因为这种沙包虽然本身处在剧变中根本经不起船舶的冲击，但是如果以较大的速度去抵触沙包，那么在沙包冲毁前的瞬间，将使船舶发生强烈震动，甚至可能使船体受到损伤，对顶推船队来说，危害更甚，常可造成断缆、散队、搁浅等严重事故。

还必须指出，冲沙包的操作方法，只能在沙包的体积不大时采用。如果该处的浅水地点，不是一个较小的沙包，而是具有较大体积的潜洲，那么采用本操作法，不仅仍然无法通过，有时还可能因加大车速硬冲，造成严重搁浅事故。

10.3.2.4　船舶会让

浅滩在出浅碍航期间，一般不宜在此会让船舶。不论上下行船舶，航经浅槽河段前应提早联系，必要时在浅槽河段上方或下方稳船等候。

如浅滩碍航不是很严重，航道尺度较大，尚能做双向航行时，就可在其中会让船舶，对驶时下行船位宜选在横流的上方，上行船则从其下方驶过。在浅滩河段，一般不准追越。

10.3.3　顶推船队的引航

顶推船队由于尺度较大，回转掉向不灵，在上行过浅滩时，当船队驶近下沙嘴外方就应拉大挡，同时用舵使船回转，让船队具有一定的回转速度驶上浅滩，也就是边转边上。这样能恰当地抵制横流推压作用，如图 10-22 所示。

如果整个浅滩被大片横流所控制，对顶推船队航行则将更不利，此时只能将船位挂高，摆在横流的上方，加大流压差角。

顶推船队下行过浅滩的引航方法，如图 10-23 所示。主流在浅滩上下方形成急转向，有类似扫弯水的横流，它们对船队推压影响极为有害。因此船队驶经该处时，均须“挂高”，以防横流推压。

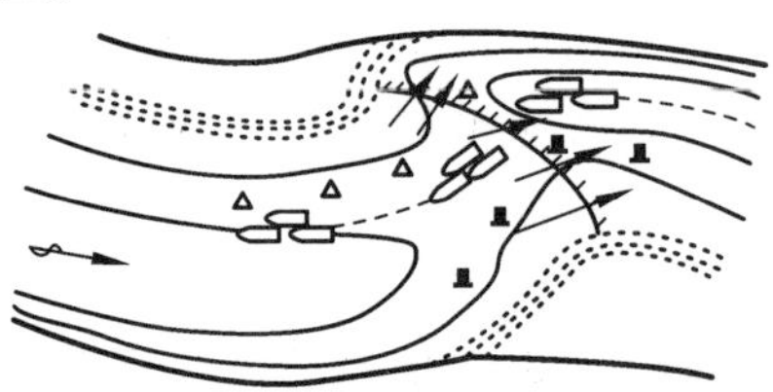

0-22　顶推船队上行过浅滩的引航方法

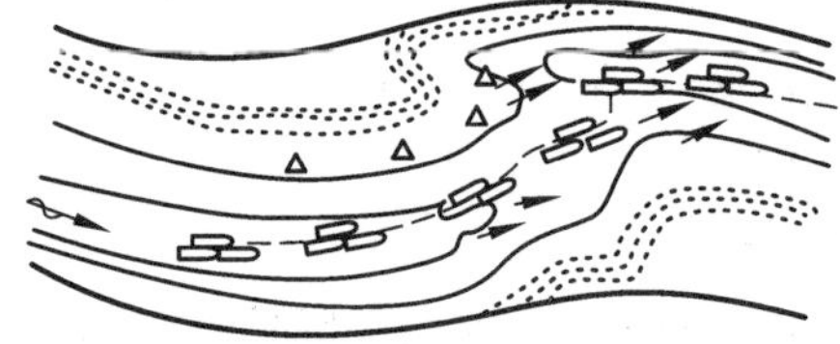

10-23　顶推船队下行过浅滩的引航方法

10.3.4　吊拖船队的引航

吊拖船队的操纵性能比单船和顶推船队差，在过浅滩前应做好充分准备工作。首先要缩短拖缆并通知各驳船随时准备帮舵。

吊拖船队过浅滩的主要要求是不论上下行航行均应使驳船队航行在既定的航路上。为了达到此目的，拖轮有时不仅不能航行在既定的航路上，而且还可能驶出航道边界。

在上行船队驶近浅滩下方时，应驶离缓流区。使船队沿河心上驶，并根据情况适当减速。当首驳尚未驶达预定航路之前，拖轮沿沙脊后坡，驶离预定航路，当首驳到达预定航路后，拖轮以小舵角(图 10-24）分舵转回预定航路航行，调顺驳船队。当首驳以较大角度驶上沙脊后，拖轮就应恢复常速行驶。

下行吊拖船队宽度较大，航速较高，离心力大，而船队只能在尾驳操舵，舵效低，故当船队通过浅滩时受横流推压，就会产生较大的偏移。必须防止船队扫到下沙嘴上方或下陡岸上去。为保证驳船队航行在预定航路上，拖轮本身有时必须驶离预定航路，如图 10-25 所示。此外还须缩短拖缆，尾驳应以反舵控制船队的偏移和摇摆。

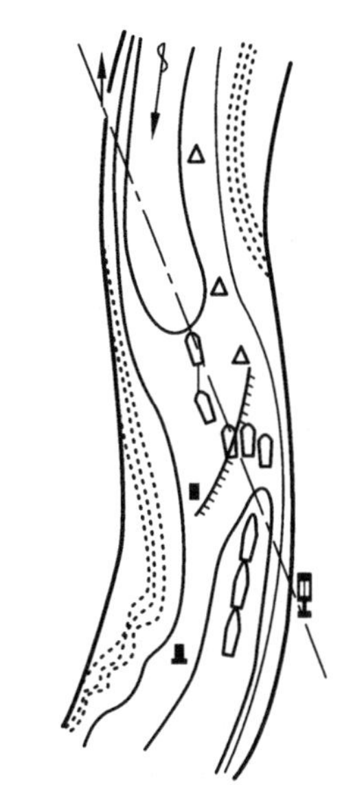

图 10-24　吊拖船队上行过浅滩

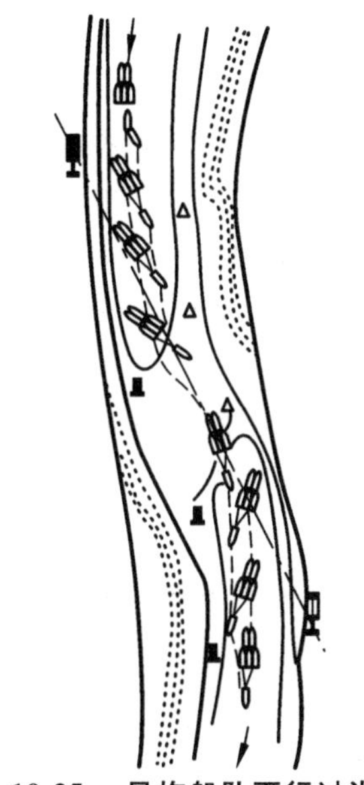

图 10-25　吊拖船队下行过浅滩

10.4　急流滩的引航

10.4.1　急流滩的成因和分类

10.4.1.1　成因

急流滩是山区河流最典型的碍航航道。在山区河流中，由于山脚、碛坝、岸嘴等突出物的约束作用，或河心障碍物、河床凸起物等形成卡口，使河槽的过水断面急骤减小，形成局部陡比降，产生急流，滩嘴下则流态紊乱，严重碍航。

急流滩的碍航程度与河床形态及水位高低变化密切相关，通常以当地水位的变化来表征急流滩滩势的强弱，分为成滩、当季、消滩和漂滩四个水位。如图 10-26 所示。

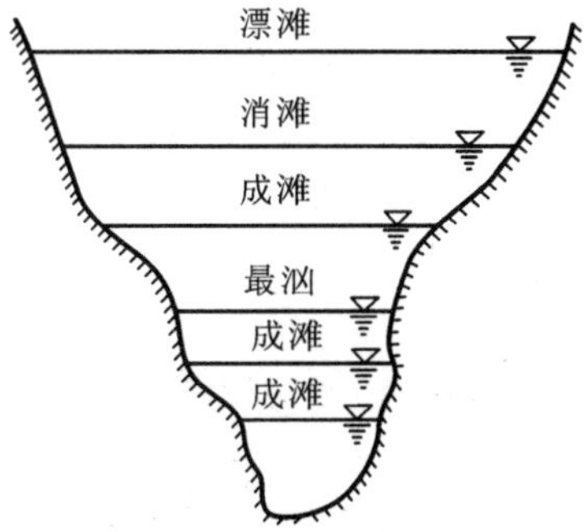

图 10-26　急流滩典型水位

① 成滩水位：指当急流滩水位达到当地某一高程时，开始束窄河槽过水断面，形成滩势，船舶航行开始感到困难，这个水位高程，称为该滩的成滩水位。

② 当季水位，也叫最汹水位：指急流滩的当地水位上升或下落到某一高程时，滩势最为汹恶，比降和流速最大，流态紊乱，碍航最严重，这个临界水位，称为该滩的当季水位。

③ 消滩水位：指急流滩的当地水位上升（或下降）到某一高程时，由于河槽过水断面开始增大，滩势逐渐减弱，这个水位高程，称为该滩的消滩水位。

④ 漂滩水位：指急流滩的当地水位因上升（或下降），河面滩势消失，则该水位称为该滩

的漂滩水位。

10.4.1.2 分类

从船舶驾驶的观点看，急流滩有以下两种分类法：

(1) 按水位特征分类

① 枯水滩：宽谷河段的浅槽地区。河底的浅脊岩坎，在枯水期阻滞水流的作用显著。水流从浅槽流入深槽时，如下堤坎，形成急流，特别是在有基岩嘴或溪沟冲积堆的卡口地区，束流成滩的现象尤为突出。这类滩的特点是，水位低落时成滩，水位越枯，滩势越汹急；水位上涨时，深槽与浅滩之间的水面比降趋于平缓或束流卡口被淹没，河槽断面逐渐扩大，滩势即消失。

② 中水滩：在宽谷内的深槽河段。有些地方的障碍物，在枯水流量小的情况下，并不十分阻流，甚至完全暴露在岸旁或河中。中水期流量增大，水位升高，水流便受其阻束，产生急流而成滩。特别是该障碍物适淹时，阻水最严重，滩势也最汹急。待水位增高并淹过障碍物后，其上可安全过船，河槽放宽，水势畅通，滩势即消失。中水滩的特点是，在一定的水位期成滩，并在当季水位滩势最汹急，高于该水位即漂滩，低于该水位时，滩势也消失。

③ 洪水滩：多在峡谷河段。枯水期是深槽，比降小，流速缓。中水期虽流量增大，基本上仍可适应泄流的需要，仅流速有所加快，但并不碍航。洪水期流量猛增，因河谷狭窄而泄流不畅，使峡口上方壅水陡增，迫使水流在峡内加速通过。在峡口下方，又因河槽放宽，水流倾泻。此时峡内流速随着峡谷上下口之间的落差加大而增高。当峡内有岸嘴突出或礁石阻流时，就形成高速急流滩。这类滩的特点是，成滩在洪水期内，一般是水位越高，滩势越汹急。只要涨平或退水，上口壅水消失，峡内落差减小，滩势便能减弱，水位退到成滩水位以下，滩势即可消失。

(2) 按河槽平面形状分类

① 单口滩：指一岸有一个障碍物突入河槽、缩窄过水断面，产生高速水流而形成的急流滩称为单口滩。

② 对口滩：两岸各有一个障碍物突入河槽，彼此相对如卡口或河心有礁石、碛坝与通航一岸的阻流物对峙，因而形成的急流滩，均称为对口滩[图 10-27(a)]。

③ 错口滩：两岸(或一岸与河心)各有一个障碍物突入河槽，互相交错斜对，因而阻流所形成的急流滩称错口滩[图 10-27(b)]。

④ 多口滩：由两个以上的对口滩或错口滩紧密连接组成的急流河段称多口滩[图 10-27(c)]。

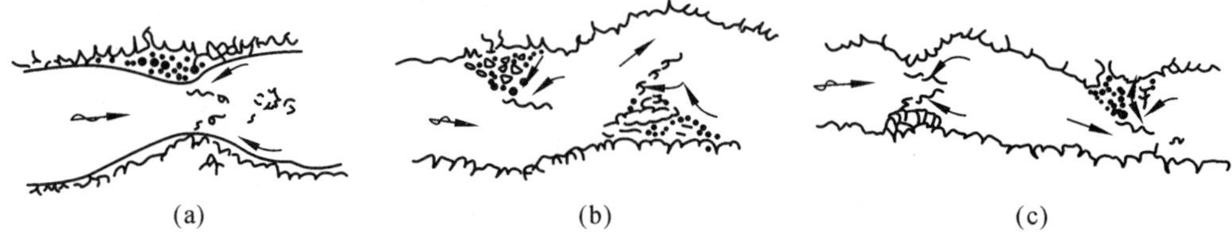

图 10-27 急流滩平面分类

(a) 对口滩；(b) 错口滩；(c) 多口滩

10.4.2　急流滩的航行条件

10.4.2.1　纵比降及流速分布

急流滩的纵比降及流速分布，可分为两个不同的区段，如图 10-28 所示。

第一段称为壅水区，在滩口上方，水流受阻壅高，比降、流速减小，形成壅水区。

第二段称为陡比降区，是因滩口以下河床下切，河面放宽致使水流在滩口上受阻壅高后，又急剧下汇，而形成局部陡比降。在该区域内，水流呈"V"字形分布的滩舌处流速最高。

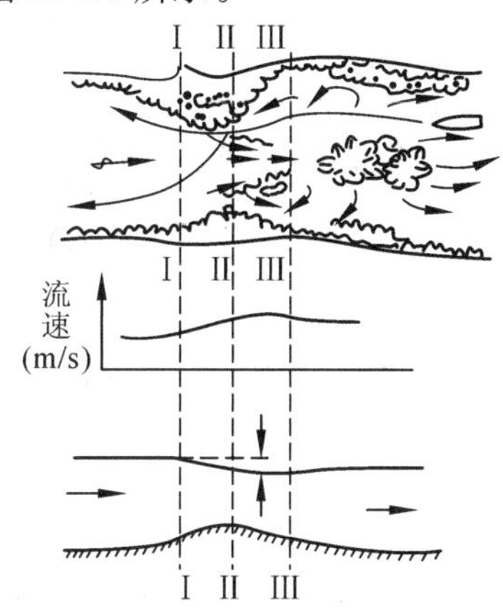

图 10-28　急流滩纵比降及流速分布

上行船舶过急流滩除了急流对船舶产生的水阻力外，还有船舶在上滩时滩坡产生的坡降阻力。根据模型试验计算及实测证明，船舶上滩的困难，尚不在于急流产生的水阻力，主要是受到坡阻力的影响，使上行船上架(滩)抵埂(水埂)后，航速急骤降低，甚至无法自航过滩，不得不借助于绞滩设备才能通过。

突嘴下方水断面放宽，陡比降区两侧产生了回流，给上行船创造了有利条件，船舶可以利用缓流，提高航速，增加冲上滩坡的力量。

10.4.2.2　横比降分布

急流滩的滩嘴，大多具有一定的倾斜角，自岸边延伸入河槽。因岸侧的阻水作用比河心大，所以水面横比降分布特点是靠岸一侧较高。由岸向外则逐渐降低。对口滩水面最低处在河心，错口滩则由岸嘴一侧向对岸倾斜减小。

在陡比降区以下的水面，一般是呈河心高、两岸低的状态，水流由河心向两岸沱区流动。

10.4.2.3　河槽水势平面情况

急流滩的河槽水势，从平面上看，都是滩沱相连，有滩必有沱，图 10-29 中编号，代表与航行有密切关系的水势。现以长江船员术语为例进一步介绍如下：

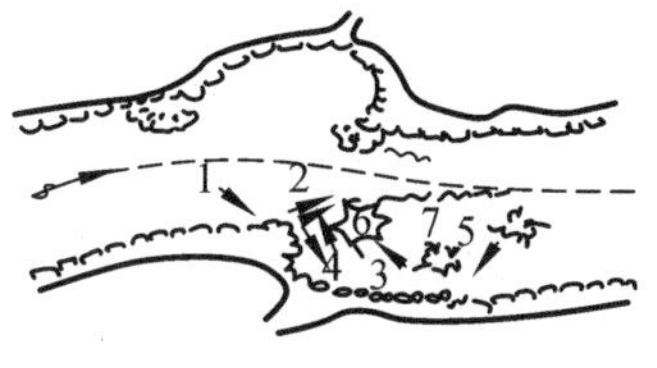

图 10-29　河槽水势

① 滩嘴上方由河心压向岸边的水流称披头水。

② 受滩嘴阻束，沿滩嘴向河心冲压斜向水流即为斜流。

③ 滩嘴一河槽放宽的岸侧，即为回流分布区，称为沱。它的上部，回流出沱与夹堰相交的部位称上八字。

④ 沱的上角，回流出水受阻，沿岸边返回沱内的小股水流，称倒插水(回流的回流)。回流出水与余流、夹堰形成的三角形水域称三角水。

⑤ 在回流沱中部所产生的向岸边推压力特强的泡，称为困堂泡。沱的下部，困堂泡与分界泡之间的水域称下八字。

⑥ 沱的下部，夹堰尾端内侧，即回流开始之处产生的泡称为分界泡。

⑦ 在两股不同流向的水流汇合成的一锐角处，由于水流相互冲击和水的黏滞性而产生的一条波动紊乱水流，即为夹堰水。它是船舶核对航路的自然标志。

⑧ 在夹堰水的上端，回流出沱与斜流交汇冲击而产生的泡，受主流作用而拉长呈椭圆

形者，即为枕头泡。回流旺盛，此泡增强，位置也相对稳定，是选择上下行航路必须注意的自然标志。

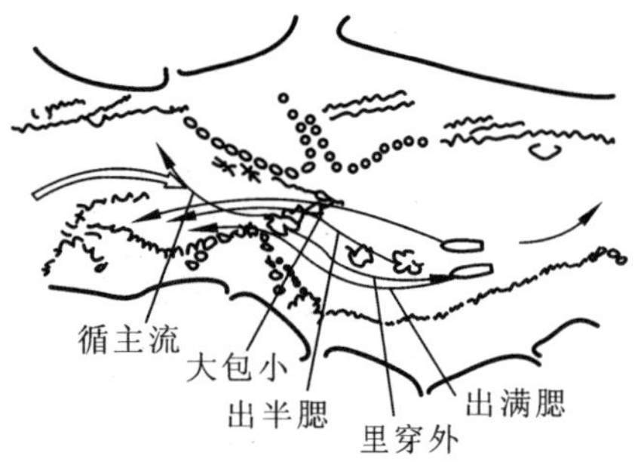

图 10-30　上滩五种航法

10.4.3　急流滩的引航

10.4.3.1　上行

急流滩不论是单口、对口、错口或多口形式，其河槽水势的基本规律是“滩沱相连”，上滩的基本航法，可分为以下五种(图 10-30)：

① 出满腮

夹堰内侧，整个回流水域，形如鱼腮。船舶驶过全部沱区回流，长江船员称满腮出角。其航法要点是，由沱的下角沿回流驶过全部沱区，将达沱的上角，置回流出水于船首内侧，利用回流出水，及时外扬，然后操内舵抵迎斜流调顺船身，减小船向与斜流的夹角，继而将枕头泡置于外侧，适当操外舵抵迎以保持航向，并借其向内冲压的水动力作用，迎斜流操内舵上滩。此航法是在回流区外河流态险恶而腮内回流出水有力、滩嘴处有适当的三角水域、船舶操纵灵活的条件下，才安全可靠，一般不为大型船艇(队) 所采用，多适用于小型机艇。

② 里穿外

其引航方法在上滩前与出满腮相似，特点是出腮前一般将枕头泡置于外侧或骑泡，迎斜流上滩，船首达滩口时，注意用外舵抵披头水，由内向外伸出，谨防挖岸困边。由腮里向外穿出上滩，船身平稳，提高航速，有利于过滩。但船有梭势，需用舵开尾，同时要求船队牢固，舵性灵活，并有足够的腮区水域可供利用。上滩后可摆向河心或对岸坡降、流速较小处上驶。此法宜在腮的下部，外河流态险恶或流速大，而其腮内回流范围大、强度弱，沿岸一侧有护岸水，滩口处斜流不强，而在滩嘴上有较强披头水时运用。

③ 出半腮

此法是在下八字(困堂泡下) 时船身扬出，避开上八字回流，循夹堰内侧缓流区渐走渐调顺船身，抓枕头泡为点，一般是骑泡或将枕头泡置于内侧，借其横推船首的力，操内舵以调顺船身，减小船首向与斜流的夹角，迎斜流上滩。此法宜在外河流态险恶，腮内回流范围小、强度弱，三角水区域较窄，回流出水弱或没有适航水深或水流向岸边冲压力强时采用。由于此法既可利用腮内缓流提高航速，又可避开河心泡漩乱流，并在上滩时船向与斜流的夹角较小，有利于安全，故多为一般船舶所采用。

④ 大包小(外穿里)

航法的要点是船舶不进沱，至分界泡下端及时扬起，抓夹堰水为点，沿沱楞外或挂主流上行。到上八字部位用内舵渐向滩嘴靠拢，达枕头泡操内舵烹迎，以调顺船身，减小与斜流夹角，随即迎斜流上滩。此法宜在腮内回流旺盛、流态险恶、水流向岸边方向冲压力强或腮区较小、腮内外水面高差悬殊的滩嘴运用。

⑤ 循主流

无论单口滩、对口滩、错口滩，当滩嘴下两岸缓流区或腮区流态均很险恶、航行条件极差时，为确保航行安全，可直接循主流流路上滩。

在通过对口滩时，为能充分利用沱内缓流，一般多沿较大滩嘴的一岸上驶。在通过错口滩时，还可运用“搭跳”的航法，即从下滩嘴的沱区驶来，抵滩嘴出腮上滩后徐徐摆过对岸沱区，利用其缓流越过下滩嘴外的急流，达上滩嘴出腮上滩后再摆回原岸上行。

上行船舶驶过急流滩，除应根据情况正确选定航法外，对各种不正常水流的影响，也应予以足够的重视。一般操作如下：

漩：采用撵漩法，即顺漩水旋转方向一侧驶过。因为顺漩侧驶过与航路一致，并可增大航速，有利于尽快驶过。小漩可逢中踩踏而过。

泡：采用烹、骑等方法驶过。泡在航路一侧时，用烹迎法。具体操作是，将抵泡时用舵使船首抵迎，泡水担腰回舵，即用反舵使船尾抵迎，过后回舵。俗称“一泡变三舵，四舵还原”。整个操作要求是“动舵不动向”，即用舵力平衡因泡而产生的回转力矩，使船保持原航向前进。骑泡，指泡水正挡在航路上，应谨慎操纵，从泡水正中驶过，防止船身向两侧滑移。

滩下产生的卧槽：多在河心乱水中，上行一般可绕避躲开。

10.4.3.2 下行

由于急流滩的形势及水势特点，下行航路及航法的选择也与一般河段有所区别，原则上应根据急流滩上下河槽形势和当时的水位、流向、流速来判断哪边岸的水势高，下行船即应挂此水势高的一岸行驶。航法上采取“挂高”，使航迹落于预定的航路上。但具体的操作要求，则按航道形势，各滩类型而有所不同。

(1) 对口滩

如果对口滩两岸滩嘴大小相当，且上下段河槽较顺直，两岸水势力量差不多，滩嘴的水面是两岸高、河心低，主流在河心，下行船可循河心主流下滩。

如果滩嘴大小不等，且上下段河槽弯曲，两岸水势力量不等，下行船要挂高防垮。在滩上段应将船位收靠水势高的一岸突嘴，把主流丢于外舷，挂高船位沿突嘴下滩。

下行对口滩时须掌握以下引航要领：① 在滩以上将船收靠水势高的一岸，主流丢外舷，抓水势高的一岸的突嘴为点。② 临近滩嘴前，挂高要恰当，应根据水势力量的大小而定，既不过早过紧，又不过迟过松。过早过紧，将造成落背脑困角，或因背脑而导致落弯。过迟过松，将造成落弯或因船成横向而导致吊钩、打抢。③ 过滩嘴用内舵烹迎斜流后，担腰回舵，此时船位产生横移，应立即反舵提尾(直舵)，以抵抗斜流冲尾之力。在挂沱楞直舵时要恰当，防过少过迟插入沱内回流，造成吊钩、打抢。又应防直舵过多过早而输向落弯。使船舶能按预定的航线下驶过滩。

(2) 错口滩

错口滩按河槽形态的不同而产生不同的水势。一般是主流经滩的上嘴阻束后，常冲向滩嘴对岸，然后又被反挑回本岸。水势的高低，按滩嘴的形势而改变。

引航要领与通过对口滩基本相似，但通过错口滩一般先挂滩的上嘴一岸将主流置于外舷，再挂滩的下嘴一岸将主流置于另一舷。运用这种方法下驶过滩。

(3) 多口滩

由于河槽弯曲，滩嘴交错相连，水势转折急骤，主流时而靠近此岸，时而移扫彼岸，形成了多口滩的复杂流态。下行通过多口滩的引航要领，虽仍基本与前述相同，但因多口滩水势迂回曲折，如某一突嘴，对其上部来说属于水势低的一岸，而对其下部来讲又是水势高的一岸的开始。所以找出该河段的主要难点，利用有利水势，正确引导下行船恰到好处地通过两者间的过渡段，使船始终处于水势高的一侧，是下行船驶过多口滩地段的关键。

10.4.3.3 危险处境和应急措施

(1) 打张

发生打张的原因有多种，一是船舶上驶过急流滩或突嘴时，航法选择不当。如船舶操纵性能较差，却错误地用出满腮的航法，以致在出腮时，船首受斜流冲压，尾部尚在缓流或回流中，虽满舵也无力克服此回转力矩而向河心冲出。二是用舵不当。如由沱内出腮外伸，烹枕头泡抵迎斜流时用舵不当，被斜流、泡水所冲而失去控制，船向河心冲出，冲往对岸。又如在滩嘴下已形成逼向的不正常局面，希望迅速摆脱而急向河心操舵过多，也会导致打张。发生打张时的应急措施如下：① 航道宽度尚有回旋余地，当船首冲向对岸时，可用加车提高舵效的方法，即逆打张方向满舵。这时船斜向驶往河心，船尾脱离回流或缓流进入斜流的水域后，会有助于扭转打张的趋势，有可能改变危险处境。② 在航道宽度有限的情况下，采用加车助舵的方法，不仅不能挽救危局，反而会增大冲向对岸的碰撞力量，而扩大损失。故应立即果断地停车、倒车、控制住船舶前冲的惯性，然后借船首偏转之势，向下游方向掉头改为下行，待驶至宽敞河段后再掉头上驶。③ 上行船队发生打张时，采取驳船帮舵增大回转力矩，也是可行的措施之一。但应注意帮舵的驳船必须处于整个船队的重心反面，尤以接近拖轮尾部者为佳，否则不仅所起的舵效甚微，甚至会产生相反作用而不利于挽救危局。采取驳船帮舵的措施，还必须事先有所准备，驳船舵室应有专人守候，在拖轮发出指挥时，立即协调操作，方能奏效。

(2) 挖岸

船舶在急流滩滩嘴下方，出角迎流上滩时，用舵过多、转势过猛，受披头水冲压而倒头撞于岸嘴的危险局面称挖岸。这往往是由于顾虑船舶发生打张，而向内侧操舵过多而又未及时回舵以尾抵迎斜流所造成，发生这一事故的位置，多在岸嘴附近，一般无纠正挽回的余地。应急措施主要是，设法保证本船本舵的完好无损，控制船舶，仅使船首搁于岸边。船尾仍处于安全的水域中，然后再按妥善的脱险方案，退离岸嘴。

(3) 吊钩

它是下行船通过急流滩或急弯河段时，用舵抵迎斜流，舵角过大，船首插入回流区过多，直舵不及时，或舵角太小，不能调顺船身，造成船舶横向的危险局面。应采取的紧急措施是立即停车，倒车，控制船舶前冲惯性，然后借势掉头，使船上行。如航道宽度许可，亦可加车助舵，纠正航向，使船恢复常态，转向下游，驶入预定航路。如发生吊钩未能及时采取相应措施，往往会随之发生船直冲岸边的打抢事故。

通过急滩除引航操作上应正确处置外，还必须注意用车的配合问题。某些事故的发生，往往是由于用车不当而造成的。船由沱内驶出，迎流上滩，如何正确用车，必须结合具体情况予以考虑。如驳船是重载、甲板上装有货物或是特种船队，这时不但不能加速，反而应适当减速，在抵埂上滩后再加速，这样才能安全顺利地通过急流滩。

上行船一般的加速方法是根据上滩前不同的船速和船队情况而定，大多数是沿沱楞或夹堰上驶进入陡比降段，开始逐渐加速，当上架抵埂时加速至最大限度。

下行船通过急流滩一般以常速驶过，但亦有因船队拖驳的具体情况较特殊，在滩上先慢速以减缓冲势，防止系缆崩断或重载驳钻水等异常情况发生，待驶至滩嘴时再增大车速以提高舵效，控制船队过滩。

10.5　险槽河段的引航

在山区河流中，凡不属于急流滩的危险水道，一般称为险槽，简称为槽或槽口。急流滩以急流而突出，险槽虽无高速急流碍航，但因槽口水势险阻，航行条件复杂，给船舶操纵带来了困难，与急流滩相比，有过之而无不及。险槽的消长与水位密切关联，也有枯、中、洪之分。险槽与急流滩一起形成了山区河流多险阻的特点。它们都是引航必须掌握的重要河段，习惯上常称为滩槽。

按照险槽碍航的主要特点，现归纳为弯、窄、浅险槽和滑梁险槽两种。

10.5.1　弯、窄、浅险槽的引航

10.5.1.1　弯、窄、浅险槽的航行条件

弯、窄、浅险槽多产生于枯水期的宽谷河段内。槽内明暗礁石星罗棋布，河面有时虽较宽阔，但可供船舶航行的水域都较狭窄。横流强劲，流态复杂，加之浅区连亘，航道窄，且又弯又浅。一般水位越枯，航槽越险。中水期因河心礁石、碛坝淹没，航道放宽，航行条件逐步改善。随着水位的升高，这类险槽也随之消失。

弯、窄、浅险槽给航行带来的困难主要是航道狭窄，船舶不容稍有偏离。河槽弯曲又紧连浅区，要加车助舵以求能顺利通过弯槽，但又与过浅区要减速以减小动吃水的要求相矛盾。弯、窄、浅险槽有的以窄、弯为难点，有的则以浅较突出，也有三者都具备的，因此要求驾引人员熟悉河槽水势，不容稍有疏忽。

10.5.1.2　弯、窄、浅险槽的引航方法

(1) 上行

通过弯、窄、浅险槽时，首先，要求驾引人员对槽内浅点的位置要心中有数，并能识别其上的水纹情况，以资趋避。上行在过槽前调顺船身，减小与水流的夹角，使船归位，进槽沿水势高的一边行驶。车速增减，须视航速而定。如果船队进入浅区阻力增大，航速已经较慢，就不宜再减速，以保证有足够的舵效。至最浅区可考虑适当降低速度，同时进行测深。通过弯曲地段，横流力强，特别应使船紧靠水势高的一侧，并观察浮标的首尾方向，以判断横流的变化，及时用舵抵迎，可操“一边舵”，边转边稳，使船在槽内的上端伸展较开，且水势也向该浅区脑上冲压，收拢过早，极易受背脑水困压而擦浅、触礁，故应稳向续航，确认无碍后再调向上行。

(2) 下行

船舶下行进槽前摆正船位是关键。顺向进槽时要既不背脑又无落弯趋势，紧靠水势高的一边下驶。沿凸嘴转向过程中，直舵提尾要恰当，使船首尾线与流向的交角要小，随弯转向，走在弯槽的安全范围内。这样既用舵少，又可避免船舶成横向，出现落弯困边的紧张局面。船舶下行过槽如何配合用车也很重要，尤其是弯、窄槽口上下端紧连浅区，更应运用得当。一般在离险槽尚有一定距离时就减速，以减小前进惯性，过弯曲段立即恢复常车或再加车以提高舵效，保证能灵活地随弯转向。将至浅区再减速甚至停车，务必使船在过浅区时速度确已降低。如浅区在上下两个弯槽的过渡段内，在慢停车通过浅区后，一见船首上抬，浪花声喧啸，应立即加大车速，并注意挂高船位，以便驶入下一弯槽。这一过程必须在较短时间内正确完

成，故需要驾驶、轮机人员紧密配合，协调动作，方能确保无恙。

10.5.2 滑梁险槽的引航

10.5.2.1 滑梁险槽的航行条件

滑梁险槽多产生于中洪水期宽谷河段内。当石梁被淹而不足以过船时，滑梁水势严重威胁着船舶，易使船困向石梁而触礁。枯水期石梁露出，除航道较窄外，槽内流态平顺，航行条件改善。高洪水期河槽放宽，石梁上可以过船，或有副槽可以通航，航行条件也得到改善。

滑梁险槽一般较狭窄，除滑梁水外，槽内还存在着斜流、泡漩等复杂流态，这些都给航行造成困难。在枯水期水流归槽时，就利用这一有利时机，留意观察进槽、过槽、出槽的航路和石梁位置，再结合被淹后的水纹，抓住岸上明显物标，作为引航参考的自然标志，以便在中洪水期石梁淹没，河面放宽，而船仍须走枯水河槽时，不致迷失航向。这点对于航标配布不够完善的开发中的山区河流，更具有现实意义。

滑梁险槽的河心石梁，当季时脑上行势完全向石梁滚泻，船舶下行进槽，应注意绕避。其尾部常有旺盛的旺水下延，上行船可利用它以增大航速，但驶抵旺内分界泡以前必须驶出，否则就叫“贪旺”，将导致抢旺触礁或驶出时有打张的危险。

滑梁险槽又因两侧石梁的高低不同而有单滑梁和双滑梁之分。靠河心石梁高度低于靠岸侧石梁高度时，水向靠河心石梁一边滑泻称单滑梁。此时靠岸一侧水势高。两侧石梁高度相当时，水向两侧滑泻称双滑梁。此时槽中水面高两边低，在水面背流水底对流的环流作用下，槽中呈现连串泡渍，船舶上下行可抓它为点航行。

10.5.2.2 滑梁险槽的引航方法

单滑梁险槽的船舶上下行航路，均应避开滑梁一侧，而先在水势高的一侧。应注意保持适当岸距，防止因避开滑梁水而过于拢岸，发生触礁事故。下面讨论双滑梁的引航。

① 上行：进槽前及时从缓流区摆出顺向。加车进槽，抓河心连串泡渍或骑，或烹，用舵宜早，勤用舵抵迎，随时控制航向，防止船舶左右偏移。出槽以后，恢复常车上驶。

② 下行：船舶下行航路与上行航路一致。在槽口上游把船引向水势高的一侧进槽，以避开向梁脑困压的水流。必要时进槽前加车，增大航速，使横流影响相对减小，易于控制船舶，抓河心泡渍骑烹而过，并随时控制航向，防止左右偏移。出槽后恢复常车，循主流下驶。

10.6 河口段的引航

河口段是指流入海洋的入海河口、流入干流的支流河口、流入湖泊或水库的入湖河口。

10.6.1 入海河口的引航

10.6.1.1 河口区的分段

根据径流的潮流在河口区的相互影响，一般可将河口区划分成三段：

① 河流段：以径流作用为主的上游河段，处于潮区界与潮流界之间。

② 过渡段：潮流与径流强弱相当，相互消长，转换不定的河段，亦属于潮流界变动的范围。

③ 潮流段：以潮流作用为主的下游河段，位于过渡段以下。

10.6.1.2 河口分类

河口依其形态可分为三角洲河口和三角形港河口两类。三角洲河口的浅滩多在口门形成拦门沙，而三角形港河口的浅滩，则在口内形成突然高出河底的高坎，称为沙坎。由于沙坎的存在，会出现涌潮现象。

10.6.1.3 水流特点

入海河口的水流特点，主要表现在潮流界范围内每一个水质点的流速不断地变化着，而且周期性地变为零，并在其后变为相反的方向。水流转向不是同时在整个断面发生的，因此在转流时刻，在同一断面上同时存在两种方向相反的水流而形成转潮浪。当受风的影响时，则更为显著。

在径流中，流速从底部向表面先逐渐加大，在水面下某个深度达到最大，然后略减小，如图 10-31(a) 所示。而在潮汐水流中，流速在垂线上的分布随时间的变化而异，如图 10-31(b)、图 10-31(c)、图 10-31(d) 所示，分别为落急、转流、涨急时的流速垂线分布情况。

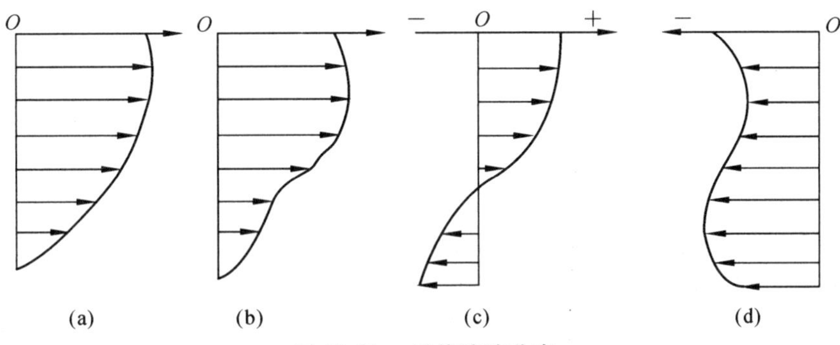

图 10-31 垂线流速分布

实践证明，大多数河口涨潮最大流速在平均水位之后一定时间内出现，落潮最大流速在平均水位之前一定时间内出现，水流转向时间稍迟于最高最低水位出现时间，整个涨落过程，在一般情况下可分为下述四个时期：

① 第一个时期：当潮波侵入河口之初，水位开始上涨，落潮流速递减，但水流方向仍指向海洋，称为涨潮落潮流。此时横断面上可能出现上下两层方向相反的水流。

② 第二个时期：随着水位不断上涨，水面转向上游倾斜，全断面上行流都转向上游，称为涨潮流。

③ 第三个时期：海洋已开始落潮，河口内的水位随之下降，涨潮流速逐渐减弱，但流向仍指向上游，称为落潮涨潮流。此时水面仍向上游倾斜，但逐渐趋于平缓。

④ 第四个时期：河口水位继续下降，涨潮流速递减，流向从指向上游转为指向下游，水面也转向下游倾斜，称为落潮流。

10.6.1.4 航行条件

① 入海河口一般是河流航道水深最大的河段，但由于受径流、潮流和风浪等因素的影响，航道多淤善变，深泓线经常摆动，使得江心洲丛生，航槽分汊，个别河段水深不足。

② 受潮汐影响，水流方向呈周期性变化。船舶可利用潮高通过浅水区域或提升载重能力，上行船舶利用涨潮流可提高航速，缩短航行时间。但在潮水初涨时期，潮波带着巨大能量拥入狭窄、水浅的河道，造成大量潮水的集中，流速加快，由于河底的地形抬升，波峰升高加速，峰速赶上谷速，波峰挤压波谷，形成潮浪，称为转潮浪。如遇大风，在风的共同作用下，会

严重影响船舶(队)的航行安全。

③ 水面广阔,航道远离岸线,较少岸标可利用,一般以浮标指示航道界线和助航。但航标配布间距较大,而且易受风浪、水流及某些人为因素的影响而产生移位和漂失。

④ 受风的影响大,锚泊条件差。

⑤ 易受海雾的影响。每年春季,当河面上出现雾后,遇海风吹入河口,河面能见度降低。通常雾的浓度大、范围宽、雾时长,严重影响船舶的安全航行。

⑥ 船舶通航密度大,尤其是大型船舶(队)的船舶较多,同时海轮进江也日益增多,许多限于吃水的海船需候潮才能航行,且航行中占据航道较宽。

⑦ 航行中船长必须用罗经或雷达定向航行,否则易迷失方向。

10.6.1.5　引航

在入海河口段的引航工作中,应根据其航行条件,合理利用有利因素。为此除参照有关典型河段的引航操作外,还必须掌握下列引航要点:

(1) 充分利用潮汐

① 利用潮汐提高航速。首先应掌握河口区沿途各地有代表性的潮汐要素,如高低潮时、潮高、流速弯化以及该地涨潮流与落潮流的出现时间和持续时间等,就能从下面几个方面加以利用:

首先,要合理掌握开航时间,使船舶在开航后能长时间地顺着潮流航行,最大限度地缩短逆流航行时间。即开航前应当掌握始发港的高低潮时,向上游航行的船舶应在低潮或低潮前开航,若驶向下游则宜在该港的高潮或高潮之前开航。

其次,要合理掌握航速,即从甲港的高潮时间向下游乙港开航后调整航速,使船舶在驶到乙港时恰为乙港的高潮时间,这样又可顺落潮流继续下驶。总之,若航速掌握得当,不论上下行航行都能利用潮流的有利因素,对节约能源和降低运输成本具有积极作用。

另外,慢速船队应合理掌握转流时刻的流速分布规律,调整航路位置,如图 10-32 所示。

落潮流时最大流速多在河心一线,弯曲河段则在凹岸,上行航路应先在岸边或凸岸。下行航路应遵循最大流速线行驶,见图 10-32(a)。

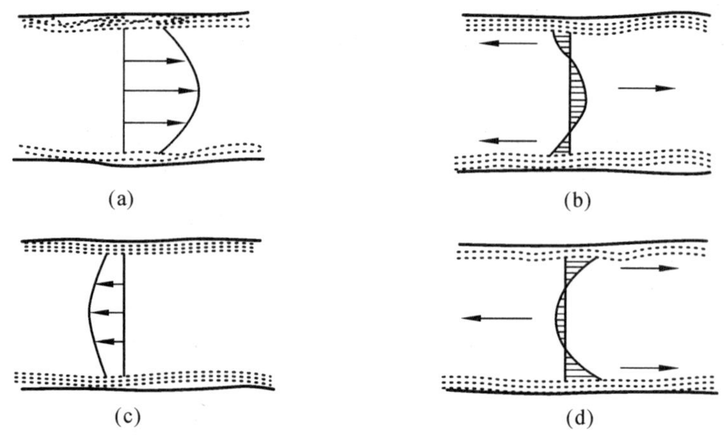

图 10-32　潮汐河口段流速分布规律

(a) 落潮流;(b) 低潮转流时;(c) 涨潮流;(d) 高潮转流时

在低潮转流时，落潮流速逐渐降低，并在两岸附近首先出现涨潮流，弯曲河段则先出现在凸岸边，故下行航路仍应选在河心，见图 10-32(b)；待河面出现涨潮流时，如图 10-32(c)所示，上行航路才应改在河心，弯曲河段则略偏凹岸。下行航路则相反，应靠近岸边或凸岸；到第二个高潮转流时期，如图 10-32(d) 所示，上行仍应行驶于河心，下行则宜靠近岸边，到河面完全出现落潮时为止，那时上行航路就应改在岸边，下行航路则在河心一线，如图 10-32(a) 所示。但在弯曲河段利用潮流时，一定要防止船队落弯、扫岸。

必须指出，船队在航行中利用潮流，特别要考虑转流时产生的转潮浪对船队的影响。一般应预先通知驳船加强系结，以防断缆散队，尤应注意船队下行遇涨潮转流，应采取相应措施尽力避开或减小其影响。

② 利用潮高通过浅水道，发挥船舶最大载重能力，对不同尺度的船舶均有实际意义。合理利用的关键在于正确掌握潮时、潮高及当时当地的气象条件。

(2) 正确掌握流速流向

由于河槽平面形状的限制及涨落潮的影响，流向做有规律的改变，特别是在弯曲河段或分汊口，一般流向与航路的交角较大，遇潮流急涨急落，对船舶推压影响很大，掌握不当，极易偏离航路，发生触浅甚至碰撞等事故。因此，必须掌握关键河段的流向，特别是慢速船队应根据流向、流速的影响，选好转向点，并利用前后浮标观测船位，随时加以修正，使船位始终处在正确的航路上。

(3) 注意风压，摆正船位

河口区河面宽广，不论风来自何方都受一定影响。一般当风力为五级以上，且风向与航道走向一致时，船队不论上行或下行，除应根据抗风能力编组合理队形外，还应选择顺风顺流，适当控制航速，尽量赶在转潮前到达目的地或锚地锚泊。横风时应注意风压，始终使航路靠近上风一侧，特别是空载船队更应该注意修正船位，防止因向下风而偏出航道。其他可参照在大风浪中航行的操作。

(4) 有关的航行注意事项

① 应使助航仪器始终处于正常状态，特别是罗经应准确可靠，不致在视线不清时因误差而走出航道。

② 熟悉航道，熟知航标特征及各标间的航向、航程。

③ 通过每一标志时都应认真核对，防止错认或漏认，应正确估计横距，记录经过时间及航向，并根据本船航速，预先估计出到达下一标志的时间。

④ 经常查看前后标志的方位，及时判明本船是否偏离航道。

⑤ 航行时除以前后两标判断船位外，还应注意观察其他浮标或岸标的相对位置，应尽量利用岸上显著的标志核对浮标，以防在浮标发生异常情况或视线不清时，偏出航道。

⑥ 驾引人员应注意在平时积累经验，掌握规律，以便在特殊情况下，做到心中有数。

10.6.2　支流河口的引航

10.6.2.1　支流河口的航行条件

干、支两条河流的水位涨落会互相影响，但干流的流量一般比支流大得多，因此干流对支流的影响比较显著。

当干流水位上涨时，支流河口段在一定范围内产生壅水现象，流速减慢，并有大量泥沙沉积在河口两岸，形成浅滩，影响船舶航行，甚至必须疏浚航道才能保证通航。

如果支流的流量接近于干流的流量，则支流水位的涨落将对干流的水位或流速产生显著的影响。例如，每年5、6月份为洞庭湖水系的发水季节，其流量可与干流当时流量相接近。这时长江干流产生显著的壅水现象，有时可远达百余公里以外，此时干流河槽大量淤积泥沙，出现江心洲等泥沙冲积物，妨碍船舶航行。

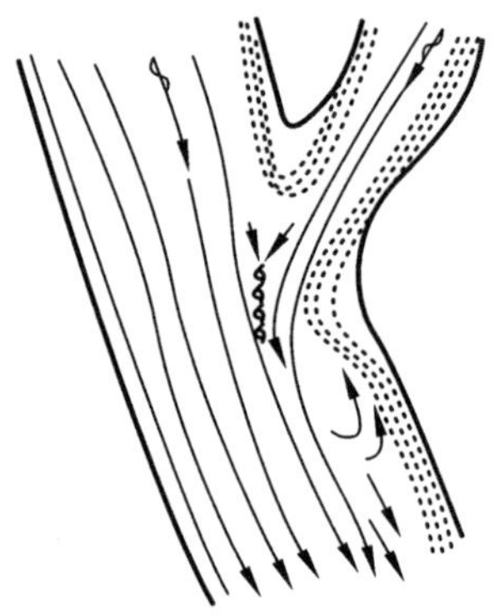
图10-33　干支流河口不正常水流分布

干支流汇合处常有不正常水流，如夹堰水、回流水等，对船舶航行影响较大，如图10-33所示。

夹堰水在两种不同流向的水流汇合处产生，回流则在支流口的下方产生，两者强度和范围的大小，随干支流的流速及支流流入干流的角度不同而变化。

当支流流速大于干流时，回流显著增强。两河流流速等大时，夹堰水范围也扩大。干流流速大于支流时，则回流与夹堰水的强度均减弱。

驾引人员能正确判断干支流主流位置变化情况以及夹堰水、回流水的范围和强度，对选好航路，摆好船位和做好避让都具有十分重要的意义。

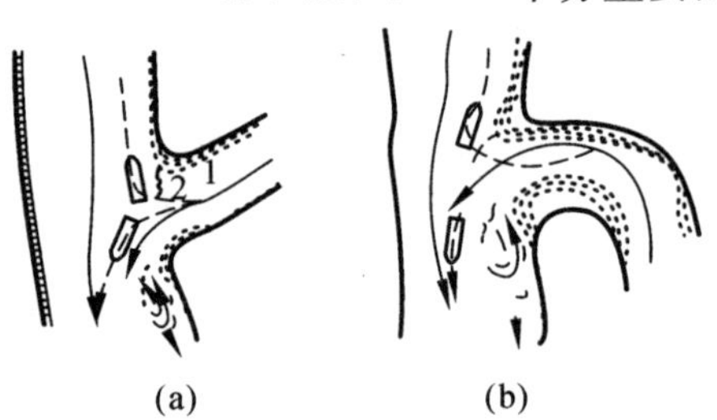

图10-34　船舶由支流驶往干流

10.6.2.2　支流河口的引航

(1) 单船进出支流口的引航

① 船舶由支流口驶往干流的引航

如图10-34(a)所示，当船舶到达位置1时，鸣放声号(警告来往船舶，同时表示自己的行动方向)，并适当减速。如进干流做上行航行，到位置2能看清上沙嘴附近的整个水域情况时，就应转舵沿沙嘴抱小弯，边转边走，慢慢驶入干流。此时应注意航路选择在夹堰区的边缘。在驶经干支流交汇区时，不宜操大舵角，以防船舶发生大角度倾斜。

如船舶进干流下行时，到图10-34(a)的2位置，就开始转舵，可绕开支流下口的回流水，弯子转大点。沿夹堰水边缘以小舵角驶入干流。待驶过夹堰区后，可适当加大舵角，调顺船身，驶入干流的下行航道。如支流按图10-34(b)的形势注入干流，则航路应选择在图中虚线所示的位置。

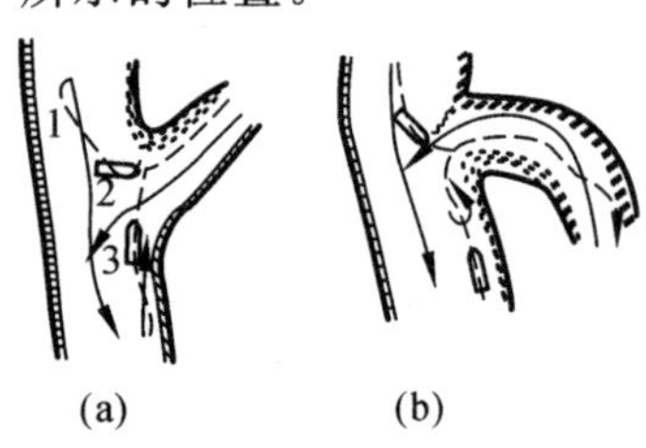

图10-35　船舶由干流驶往支流

② 单船由干流驶入支流的引航

下行船舶进口的引航如图10-35(a)所示。当船舶抵达位置1时鸣放声号，并适当减速；到位置2，看清支流口内情况时，即转舵稍靠上沙嘴；达支流口时即加速，进口后根据情况用车。

上行船舶进口，沿缓流直上，抵达上嘴头。然后紧沿上嘴头走大弯进口，如图10-35(a)中位置3所示。如果支流口具有图10-35(b)的形势，则航路位置应如虚线所示。

(2) 船队进出支流口的引航

顶推船队进出支流口的引航操作基本上与单船相似。

上行吊拖船队进支流口，如图 10-36 所示。由于左岸水势较差，有回流、花水等，故上行船队均应拉大挡子，挂高上驶。当超过上嘴头一定距离，到图 10-36 中的位置 2 时（视当时流速而定）即转向。由于船队受水流的推压下淌，当抵达位置 4 时，即应紧咬上嘴，并加大车速，使船队尽快进口。若航速慢了，则易受水流推压使船队尾驳扫滩。在进口时应特别注意船队位置绝不可低。如果进支流口时船位挂高不够，会产生两种可能：① 进口不成。② 可能使船队触浅在下嘴头的滩嘴上。因此，当拖轮进口增速时，驳船还应配合拖轮用舵，调直队形使船队能够顺利进口。

下行吊拖船队进口的引航操作如图 10-37 所示。在进支流口时，应先将船队引向缓流下驶。当拖轮到位置 1 时减速，驳船配合拖轮用舵调直队形。当拖轮到位置 2 时即加速，紧抱支流口上岸嘴进口。拖轮转弯时要加速，因进入支流阻力增大，拖轮航速会骤减，但后面吊拖的驳船仍在直线行驶，瞬时还按原航速前进，易使前后驳船发生碰撞，船队产生摆动现象。为避免发生这种情况，一般都采取先减速，转舵时加速。这样能较自如地控制船队。

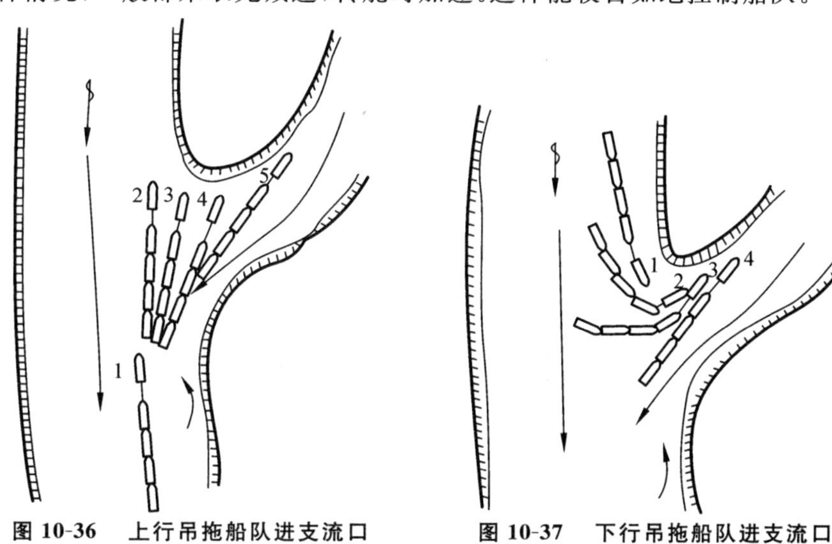

图 10-36　上行吊拖船队进支流口　　　　**图 10-37　下行吊拖船队进支流口**

（3）入湖河口的引航

① 入湖河口的航行条件

我国通航的湖泊，多为“过流湖”，或称“通流湖”，如图 10-38 所示。它可视为河流的展宽段，对河流有调节作用。湖泊的水位总与干流的水位相适应。

图 10-38　过流湖

通常河流水位的上升与下降总要快于湖泊，结果使得入湖河口在河流水位上涨而出现较大的流速时，受到一定的冲刷。而当河水流入湖泊后，由于流速骤减而发生大量泥沙淤积，使口外日益淤塞。当河流水位下降时，干流或支流河口段的流速因受湖水的顶托而很微弱，就有较多的泥沙淤积，待下次涨水时，再受冲刷而转于湖内淤积。总的来看，入湖河口附近淤积多于冲刷，以致河口常呈三角洲的状态，汊道多，水深与宽度较小，航行较困难。

上述入湖河口是从上游或各支流入湖的河口，称为入湖河口。

从湖泊流向干流或流向下游河流的河口，称为出湖河口。

出湖河口的水位随干流或下游河流水位的变化而变化。全年大部分时间水由湖泊流出，河口受冲刷。只有短暂的洪水期间才会出现水向湖中倒灌的现象，这时河口才产生淤积。因此，出湖河口附近的淤积不会多于冲刷，出湖河口的河道水深与宽度均较大，航行条件比入湖河口好。

湖泊与人工运河相通的河口淤积现象不明显，但流向往往随着风向的变化而变化，流速也随着风速而变化。在洪水季节湖水定向流往运河。

流入水库的河口，其航行条件基本与入湖河口相似，只是上游水库的水位变幅较大，受其影响的河口段距离也较长。

② 入湖河口的引航

引航方法基本上与支流口相似，但水流的流态没有支流河口那样复杂，水流较平稳，故引航操作相对容易。

11 水工建筑河段的引航

11.1 桥区河段的引航

11.1.1 桥区河段的航行条件

随着建设的发展和需要，在天然河流上架设的桥梁数目日益增多。它沟通了公路和铁路运输，但却给水路运输带来了很多限制和困难。

11.1.1.1 原有航行条件起了变化

① 缩减了航道尺度：航道尺度的缩减，主要表现为航道宽度与桥下通航高度的变化。从图 11-1 中可以看出，该河段未架桥时，具有设标水深的航道宽度为 B，但在架设了桥梁后，就被缩减到一个桥孔的宽度 b，常迫使一些大型船队（或木排）不得不解队分批通过。桥下通航高度是与水位的升降成反比的，在最高水位期通航高度被缩减到最低程度，常迫使过往船舶折桅而过。

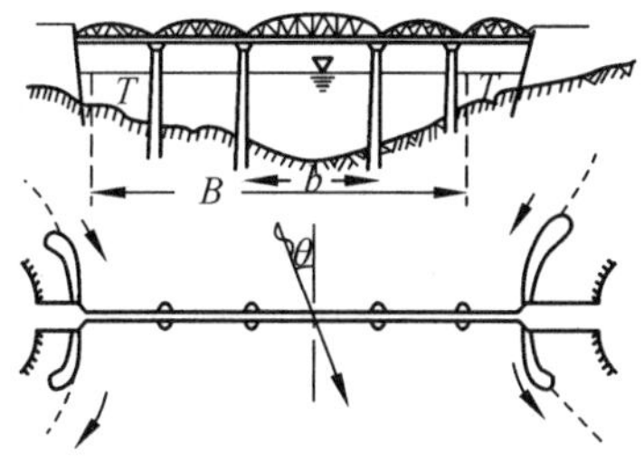

图 11-1 桥区航道示意图

② 在桥区范围内出现了不正常水流：由于桥墩和桥台的建筑，使河槽的过水断面有所缩减，水流不得畅泄，在桥台和每个桥墩的上方形成壅水，下方出现花水等不正常水流。有时由于桥台和矶头的挑流，还可能在桥区范围内出现较大的横流区。

③ 流向与桥梁水平垂线交角的影响：桥梁水平垂线与主流流向的夹角（图 11-2）不宜太大，最好不超过 9°，否则主流就形成一股强大的横流，使船舶在驶过桥孔的过程中发生显著的偏移，甚至因此而发生事故。船舶在驶过桥孔时，因交角 θ 而引起的偏移距离，随横流速度、交角 θ、航速而变化。船舶实际航迹，是由航速与横流速度的合速度方向决定的，因此，航速的弯曲也可以引起偏移量的变化，航速高时偏移量小；反之，则偏移量大。

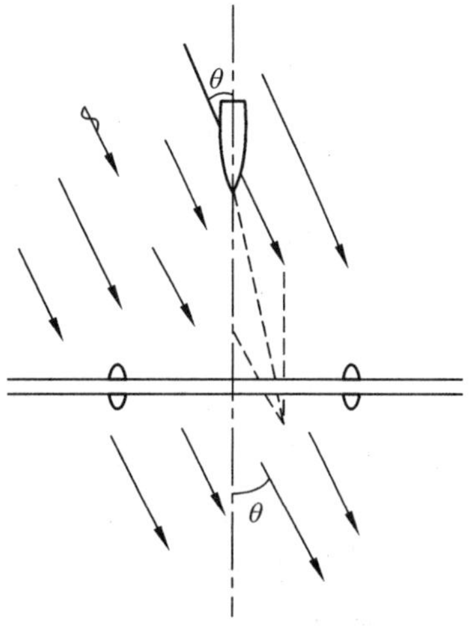

图 11-2 桥梁法向与流向交角

11.1.1.2 为保证船舶过桥安全，必须认真做好以下两项工作

① 完善航标：航标的完善有助于判明流向。桥区航道，常用一套专门的桥涵桥志来标明，它由桥涵标及上下游若干对浮标所组成。《内河助航标志》规定，当流向与桥梁轴线的水平垂线存在 10° 以上夹角时，则桥墩上游所设几对浮标的中心线应与流向平行。

② 制定桥区交通安全管理规则：在通航河流建桥后，为保证桥梁建筑及船舶航行安全，必须制定相应的交通安全管理规则，如运输生产发达的长江，现架有十多座桥，都已分别颁

布了安全管理规则。有些规则的某些部分虽然安全系数过大，需要在生产实践中加以修改、完善，但用船单位一定要严格执行现行规则，以策安全。

11.1.2 桥区河段的引航

船舶下行过桥时的困难，主要是船舶在横流的影响下不易控制船位。过桥时应充分了解有关的情况，并掌握基本操作方法。

11.1.2.1 过桥须知

① 桥区航道情况及通航特点。

② 助航标志的相对位置、灯色、闪次及与桥、岸特标（灯光）在船前进中的相对位移。

③ 桥区航道内流速、流向及其对船队的影响。

④ 各种风向、风力对船队的作用。

⑤ 减小船舶侧向横移，尽量从桥孔正中驶过。

11.1.2.2 基本方法

船舶下行过桥时，一般采用如下方法：

(1) 挂高船位、减小与流向的夹角

一般大桥轴线的水平垂线与流向均有一定的夹角。当船舶首尾线与水流方向一致时，下行航速会增大；当两者之间有夹角时，水流将使船位偏移。这种偏移与水位、流速、流舷角、船舶浸水面积、流压中心与重心的相对位置及船舶的航速等有关。在潮流段内，偏移还受潮汐影响。

因此，应尽量减小船舶首尾线与流向的夹角，挂高船位，或将航路选择在上流水一侧。

(2) 掌握船位，发现异常时及时纠正

在过桥过程中，必须密切注意各物标、灯光相对位置的变化，采用串视、开视（开门）、闭视（关门）等方法，结合航向和横距确定船位。一旦发现异常，应迅速判断船位偏移方向，及时纠正。如果船舶转向严重，无法纠正，过桥无把握时，应将船位提高后再掉头下驶。当船舶从大桥上游以一定夹角与大桥斜交过桥时，船头刚达桥墩，应迅速掉向甩尾，使船身与大桥成正交通过。如因某种特殊原因，船位横移难以校正，有碰撞桥墩危险时，应果断用舵偏开桥墩，使船沿下游一侧的桥孔过桥，但必须及时报知大桥监督站。

(3) 风天过桥时的注意事项

在风力作用下，船舶向下风方向偏转漂移，漂移速度与风速、风舷角、航速、流速、流向、受风面积、船队队形等有关。因此，驾驶人员必须认真观察，仔细分析各种现象。

① 了解当地气象台站的风情预报及当时的实际风力，当风力超过过桥的规定标准时，应及早选择安全锚地避风。当风力虽在规定标准的许可范围，但由于船队受风面积大、马力小，无把握过桥时，也应采取抛锚避风措施。

② 紧连桥区航道上风一侧。挂上风的松紧程度，视风力大小、流向大小及方向、船舶操纵性能、负载大小而定。

③ 发现船位漂移，应立即纠正，多向上风一侧调向，必要时将浮标关在一侧航行。

11.1.2.3 顶推船队的引航

顶推船队的引航操作与单船相似，但由于它的尺度大、惯性大，应舵较单船慢，故存在一定困难和复杂性。特别是下行船队更是如此。除遵照上述单船过桥的基本方法，还有以下几点值得重视：

(1) 要注意挂高船位

船队必须紧抱横流上侧驶入桥区航道，切不可把航路过早地选择在航道中线，对准桥涵标下驶，否则往往会由于偏转过大，造成船队横卧航道，发生碰扫浮标或桥墩的严重局面。

(2) 提高航速以抑制偏移

船舶偏移量是与航速成反比变化的，提高航速可以减少船舶偏移，而且提高航速可加大舵力。因此，船队在驶入桥区时，应增大车速，在横流影响不大的河流，也可保持常车或减速过桥。

(3) 发现偏移及时采取紧急措施

当发觉船队在横流作用下偏离航路时，应立即采取措施，予以纠正，切不可存侥幸心理，犹豫不决，坐失良机。对船位的异常，发现得越早，采取紧急措施越及时，成功挽救危局的可能性就越大。船队下行过桥，当无风或风力较小时，应根据流压情况，挂上行流一侧行驶。当左侧来风，风的影响大于流的影响时，为避免船队向右漂移，应紧连白浮，甚至将白浮置于船首右侧，临近白浮时松舵调向，船位落在上风一侧，经桥孔正中过桥。

在考虑水流、风力对船舶的横向作用力的同时，还应注意它们对助航标志的影响。虽然在桥区航道上的航标常设有首尾锚固定标位，能减小其偏移量，但船队在桥区航道利用航标、物标之间相互关系确定船位时，也应考虑航标的偏移量。

11.1.2.4　吊拖船队的引航

吊拖船队过桥时，必须缩短拖揽，增大车速，提高船队的操纵能力，吊拖船队过桥的引航操作，可分为上行和下行两种情况。

上行吊拖船队过桥时，如果因为不正常水流的影响使船队首驳发生偏摆，但不致引起整个船队偏离航路时，拖轮可仍按原航向前驶，当首驳开始回摆时，拖轮应立即降低车速，减小牵引力，使偏摆减小，顺利上行。

下行吊拖船队过桥时，队形常为多排式，航速高、惯性大，操纵上是比较困难的，要特别小心。应将船队带到横流的上方。为了保证驳船队能从桥孔正中通过，有时拖轮可能会暂时驶到浮标连线以外，如图 11-3 所示。

图 11-3　吊拖船队通过桥区航道

如果吊拖船队过桥时没有将船队挂高，而过早地对准桥涵标行驶，船队在横流作用下推压至下方一侧，这时应立即采取措施，但用“甩尾”方法不合适，根据情况可适当加车向上方转舵，把船队带回到主流的上方，再调顺船队，从桥孔中央通过。

如果船队过大，或横流过强，或有大风，为保证过桥时的安全，可解队分批通过。

11.2　枢纽河段的引航

11.2.1　概述

为改善河流通航条件，增大航道尺度，常建立拦截河道的拦河坝，使河流形成若干水级，将河流的水流分别拦蓄起来。一般仅为防洪和水利灌溉而修建的枢纽工程称为水利枢纽工程；具有防洪、水利灌溉和发电功能的称为水电枢纽工程；同时兼顾防洪、水利灌溉、发电和航运的称为水电和通航枢纽工程。具有通航功能的枢纽工程一般由拦河坝、船闸、升船机、发电站、引航道等部分组成。水电和通航枢纽工程的建设，直接关系到航道、发电、用水及生态、环境等许多方面，要求应具有综合利用的效益。

11.2.1.1 拦河坝

拦河坝主要有非过水坝和过水坝两大类。

非过水坝必须在高度上足以拦蓄上游来的全部洪水，一般只由土木结构筑成，其优点是拦蓄量大，成本低。

过水坝则要求拦蓄的河水到达一定程度时，能向下游水级排泄河水。按其排泄方式的差异，有以下四种形式的过水坝：

① 溢流坝。其顶部没有任何建筑物，以坝顶漫溢泄水。

② 闸门坝。其顶上有若干平行的闸门，通过闸门排泄河水，用调节闸门位置的高低来调节上下水级的水位。

③ 混合坝。它是溢流坝和闸门坝的混合体，两者的功能兼而有之。

④ 活动坝。也叫通航坝或低压坝，其闸门是活动的，洪水期时可将闸门打开或折去，使船舶自由通过，枯水期则将闸门关闭，提高上游水位，船舶经船闸上驶。

从航运的角度来说，水坝的修建使下游水级的流态变得平缓，上游水级的航道水深增加，这是有利船舶航行的方面，但是同时也带来了过闸船舶操纵复杂等不利因素。

11.2.1.2 船闸设备

水利枢纽中航运部门最关注的部分是船闸、升船机和引航道。船闸是使船舶由这一级水域过渡到另一级水域的专门建筑物，主要由上下闸首的闸门、闸门龛、输水廊道、接闸建筑（引航道）以及闸室等组成。

① 按闸室的多少分类：有单室船闸、双室船闸和多室船闸。

单室船闸 —— 只有一个闸室，是最简单的一种，一般建于中低水头的河流。

双室船闸 —— 具有两个闸室，其排列可以并列，也可以单列，并列的优点是能做双向航行，单列的优点是能节约用水。

多室船闸 —— 具有两个以上闸室的船闸，其排列一般是单列式的，常用在高压坝，即比降较大的河流上。多室船闸的总升降水位在几级继续的闸室内完成。长江三峡水利枢纽工程永久性船闸分五级(图 11-4)。

② 按闸底部纵剖面分类：有水平底，即上下闸门槛在同一深度上。有跌水壁，即有一个高于上闸门槛的台阶，可使上闸门的高度减小，简化结构，降低造价。跌水壁的高度应能保持上下水级的设计水深有同样的深度。

③ 按航向分类：可分主单向船闸和双向船闸。

④ 按闸室壁的形式分类：有直壁式、斜壁式和混合式（即闸室下部为直壁式，上中部为斜壁式）。

图 11-4　三峡双线五级船闸图

11.2.1.3　船闸船用安全设备

为使船舶迅速安全过闸，在闸室内设有系船、信号、牵引等船用安全设备。

① 系船设备：为船舶在过闸期间或等待过闸系泊时使用的设备，有系船桩和系船环两种。系船桩设置在船闸墙壁两边的地面上，其间距为15m；系船环设置在闸厢的墙壁上，有固定的和活动的两种。活动船环，又称浮动系船桩，可随水位变化而升降。

② 牵引设备：用于船舶加速进出闸室。有电绞盘、电力吊车、电拖车三种。电绞盘能在船闸的进出口处接船，使船舶能加速进出船闸口。而电力吊车及电拖车则可以一直带着船队从引航道进入船闸，再送出船闸。

③ 安全、信号设备：是引导和控制船舶安全过闸的设备，如各种灯号、信号、航标等，目前船闸控制指挥系统均由电子遥控完成，有些船闸未配备工业电视，船舶过闸流程可由电脑集控完成。

11.2.1.4　升船机

升船机(图 11-5)是将船舶由下游水位级经陆地升向上游水位级的过坝设施。可分为垂直式和斜坡式两种。

垂直式升船机是将船放在承设箱中垂直升降的机械设备。其主要构件是一只大箱子，两头有门，可以在上下河段相接合，然后通过动力使承船厢做升降运动。

图 11-5　升船机三维立体图

斜坡式升船机是在倾斜的地面上铺设轨道，用平车将船由低水位级运向高水位级或由高水位级运往低水位级的设备。在长江支流汉江的丹江水库上设有垂直式和斜坡式两种升船机。

11.2.1.5 船闸引航道

船闸引航道(图 11-6)是连接船闸闸室进出口处与河流上下游干流航道的人工航道。一般由钢筋混凝土根据地形情况砌成。引航道水深应大于最小通航水深,航宽应能满足单行船舶(队)航行的需要;双向通航的引航道,则应满足双向会船的需要。一般上游引航道需要建导流堤。下游引航道较长,其长度一般应大于 3.5 ～ 4.0 倍单行船舶(队)船长。引航道上有专供船舶停靠的系船设备。

图 11-6 长洲水利枢纽 2# 船闸引航道实景图

11.2.2 船闸航行条件分析

水利枢纽工程的兴建,改变了坝区水域原来天然航道的河床和流态。大坝上下游水流、水深及流速等均发生了较大变化。

11.2.2.1 上引航道水文特征

因处在大坝上游,船闸上引航道一般情况下属于静水航道。受上游冰雪融化、干支流地区暴雨、山洪及降雨量变化的影响,入库流量呈突发性波峰变化。泄洪闸打开时,库区水位变化明显。如果上引航道交汇的上口门处出现横流和其他不正常水流区,河口及其下方随支流水位涨落会出现明显斜流。如长江葛洲坝三江上引航道内,有黄柏河支流注入长江,当黄柏河涨水时,河口处有明显斜流由左岸向江心防淤堤推压。

船闸充泄水时,对上引航道水位无明显影响。

11.2.2.2 船闸充泄水期间的水文特征

如果船闸输水系统的廊道及出水孔分布合理,消能设施齐全,水流分配均匀,各种机械的开启和关闭符合规定要求,充泄水期间水面平均升降速度恒定(如长江葛洲坝 3# 船闸每次平均充水时间为 7min,2# 船闸的为 10.5min),水位会平衡升降。

船闸充水时,水体虽经消能,但其残余势能仍可能导致闸室内水流紊动和非恒定波浪的运动。于是,形成纵向流压力和波浪力以及水流紊动作用力等,它们对闸内停泊的过闸船舶(队)会产生不同程度的影响。葛洲坝 2#、3# 船闸有关实船测试结果表明,长江 2074 船队在 2# 船闸单边缆充水测试中,充水过程最大系缆力 $P_{max}=7kN$,超灌时 $P_{max}=24kN$;东方红 37 轮在 3# 船闸双边系缆充泄水测试中,充水时 $P_{max}=9kN$,超灌时 $P_{max}=14kN$,超泄

时 $P_{max}=25kN$。充水时，闸室水面有一定的散碎波浪和翻花。这种散碎波浪能使小划子前后颠簸及左右摇晃，但对过闸机动船舶影响甚微。此外，在充水时，闸室横断面上因壅水作用，水面中部比闸墙两侧略高，致使上行船舶系泊中有向闸墙倾斜的趋势。泄水时，因闸墙对流体的阻挠作用，闸室中部比两侧泄水快，致使下行船舶有向闸室中心倾斜的趋势。这种闸室内微小水面倾斜对船舶型宽(b)大于2/3闸室宽度(BM)的船舶影响不大。但是，当 $b\leqslant 0.5BM$ 时，这种倾斜会对过闸船舶造成影响。

11.2.2.3 下引航道水文特征

下引航道一般水流平稳。当船闸泄水时，航道尺度受限，水流下泄成波浪，波峰波长会造成局部区段水深下降(葛洲坝船闸下引航道落差为0.4m以上)。汛期泥沙易沉淤，尤以下口门段受异重流的影响，淤积更为严重。枯水期葛洲坝三江下引航道口门处，常进行疏浚挖泥，以拓深、拓宽航道，保证船舶正常航行。

11.2.3 船闸引航

引航道是连接上下游航道与船闸的限制性航道，过闸船舶、船队由相对宽阔的动水区进入狭窄的静水引航道，其尺度与船舶、船队安全、畅通、快捷过闸关系密切，是关系到通航建筑物的通过能力，发挥航运效益的关键技术指标。

11.2.3.1 操作程序

船舶一般昼夜通过船闸。船舶由下游向上游过闸要完成下列程序：当闸室内水位降低到平下级水面时，打开下闸门，船舶进入闸室，闸室充水，当水位上升到平上水级水面时，打开上闸门，船舶出闸室。一般内河单船过闸需要25～40min。船舶由上游向下游过闸的操作过程与上述操作程序相反。

11.2.3.2 过闸操作要领

(1) 船舶(队)上行过闸

① 进闸：船舶(队)抵下隔流堤尾，引航道开门前渐走渐转，调顺船身；以下引航道靠船墩为吊向点，与隔流堤保持适当横距和安全航速进入引航道，再以船闸首下端为吊向点、稳向微速进入闸室。

② 出闸：解缆后微进车，调顺船身，当船尾过闸首后，以隔流堤为参照物，渐走渐转，调顺船身，达上引航道，待上隔流堤头开门时，操舵顺向，保持在引航道中央行驶，进入上游库区主航道。

(2) 船舶(队)下行过闸

① 进闸：过闸前，吊上隔流堤头。抵上隔流堤头，引航道开门前与其保持适当横距，渐走渐转，调顺船身；以上引航道靠船墩为吊向点，与隔流堤保持适当横距，以安全航速进入引航道，再以船闸尾上端为吊向点，稳向微速进入闸室。

② 出闸：解缆后微进车，调顺船身，当船尾出闸尾后，以下隔流堤为参照物，渐走渐转，调顺船身，达下引航道，待下隔流堤头开门时，操舵顺向，保持在引航道中央行驶，进入下游主航道。

(3) 引航注意事项

① 无论上下行均应正确悬挂信号旗，保持与船闸调度室的联系；

② 上下引航道口门及上下引航道隔流堤处，可能产生泥沙淤积，应予注意；

③ 上下隔流堤头处可能存在斜流对船舶的影响,需要提前转向,防止隔流堤头处斜流的作用。

11.2.3.3　船舶过闸顺序

各类船舶应服从船闸调度室的统一指挥和管理,有序地进出船闸。根据相关规定和操作经验,船舶过闸可按下列顺序过闸:

一级油轮船舶(船队)及装有危险品的船舶 → 工程船舶(船队) → 干货船及 Ⅱ ～ Ⅲ 级油轮 → 拖轮船队、拖排船队。但施救船不受以上规定限制。

11.2.3.4　操作注意事项

① 闸室开始充水时,水面有自上而下的水面纵比降,然后是由下向上的反比降。船舶过闸期间作用在船上的有来自上闸首的水动力和由于下闸首水位低下而产生的吸力。船舶在过闸操作时要特别注意其影响。

② 开始阶段,船舶向下闸首方向移动,尾缆松弛。然后船舶向上闸首方向移动,尾缆拉紧。过闸时甲板带缆,水手应坚守岗位,注意调节缆绳松紧,防止缆绳过荷断裂。

③ 闸室泄水时,产生纵比降,泄水结束时,因泄水水流的惯性作用,使闸室内的水位低于下引航道,产生反比降,闸室水位的下降有时可达几十厘米。船舶在闸室操作或过闸后航行时要注意其水位的变化,防止触碰或搁浅。

④ 船舶过闸室时,要注意适当用车,调整船位,控制船速,以减少船舶在闸室内的位移。例如,拖排过闸,拖轮可位于排尾,以便在木排下移时用车。

11.2.4　葛洲坝船闸引航示例

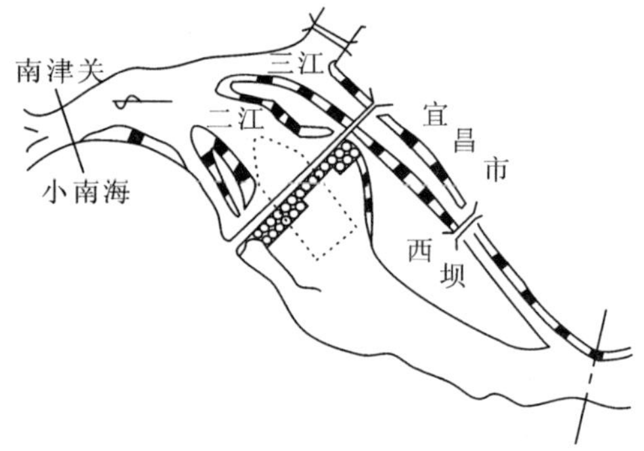

图 11-7　葛洲坝水利枢纽工程

船闸因其建筑位置、尺度大小、允许过闸船舶(队)尺度大小、上下引航道尺度以及航行条件等情况的不同,船舶过闸引航方法亦有所不同。本节以长江葛洲坝水利枢纽工程船闸河段为例,介绍航道概况及船舶上下行过闸引航方法(图 11-7)。

葛洲坝水利枢纽工程船闸河段包括三江上下引航道及 2＃、3＃ 船闸;大江船闸航道包括大江通航水域和 1＃ 船闸,枢纽工程设计坝上最高水位为 66m(吴淞高程,下同),最低水位为 63m,坝上下最大水位差为 27m,最小水位差为 6 ～ 8m。

(1) 三江上下引航道概况

清凉树至防淤堤头为三江上口门区域,宽 230m,自上口门至上闸首为三江上引航道,长 2.5km,航道宽 180m,底高 55m(吴淞高程)。引航道右侧为防淤堤,长约 1870m。中段有黄柏河汇入。

下闸首至三江下口门为三江下引航道,长 3.9km,航道底高 34.5m,最小宽度在中段 1100m 范围内为 120m。2＃、3＃ 船闸下闸首右侧分别设有异航墙,而 3＃ 船闸导航墙尾下有长 124m,宽 40m 的导流墩。3＃ 船闸中心线与坝轴正交,出 3＃ 船闸经 360m 直线段后向右转向 10° ～ 11° 连下引航道直线段。2＃ 船闸中心线与坝轴成 81.5° 的交角,出 2＃ 船闸,经 650m 直线段后向右转向 18° ～ 19° 连下引航道直线段。在直线段中有一公路桥,桥墩净跨

150m，在坝下行位 54.5m，中间 100m 范围内净空高度为 18m。三江下口门宽 150m，底高 34.5m。下口门中心线与长主流轴线设计夹角为 25°，实测大于 35°。下引航道内水流平稳，汛期泥沙易淤积，尤以口门段受异重流影响，淤积更为严重。

(2)2＃、3＃ 船闸尺度及通过能力

2＃ 船闸位于三江冲沙闸的右侧，闸室长 280m，宽 34m，槛上最小水深 5m，一次可通过总载货量为 1200 ～ 1600t 的船队。

三江航道左侧为 3＃ 船闸，闸室长 120m，宽 18m，槛上最小深 3.5 m，可通过 3000t 以下客货船及小型船队。

(3) 进出 2＃、3＃ 船闸门的操作方法

① 下行过 2＃ 船闸操作要点

达清凉树右航顺向吊向王家沟岸标下行，船身渐进左岸，渐行渐右顺向，分心稍挂左岸进入三江上口门，同时注意控制船速；待船身全部进入静水区，逐渐移向右岸，到 2＃ 靠船墩时，保持适当横距，并使船身与靠船墩平行；以导航墙头为点，达导航墙头盔得起船时右顺向，沿导航墙一侧进入 2＃ 船闸，按指定标位停靠，系好各缆。

出闸后，随岸形转向分心下驶至下口门。

② 上行过 2＃ 船闸操作方法

上行进入三江下口门后，分心稍在左岸上驶至公路桥下方，分心上行；过公路桥后，向右岸靠船墩渐移，达靠船墩外取适当横距上行；达 2＃ 船闸导航墙头盔得起船时，左顺向调顺船身，与导航墙平行，缓缓进入闸室，按指定标位停靠。

出 2＃ 船闸后，以黄柏河口上角为点，斜趋左岸，调顺船身沿左岸上行，直至南津关囤船尾。若王家沟一带淤积，则注意绕避。

③ 下行过 3＃ 船闸操作方法

按过 2＃ 船闸操作进入上口门后，挂左岸渐行渐右顺向，吊向黄柏河口下游稳向行驶；船首接近左岸，右舵渐次调顺船身，过黄柏河下口，与 3＃ 靠船墩保持适当横距，并以 3＃ 船闸导航墙头为点，逐渐调顺船身，与导航墙平行，顺导航墙一侧缓缓进入闸室，按指定标位停靠。

出 3＃ 闸后随岸形转向分心驶至下口门。注意防触扫导航墙尾下导流墩。

④ 上行过 3＃ 船操作方法

按过 2＃ 船闸航法过公路桥后，渐趋左岸，以 3＃ 船闸下方第一靠船墩为点，逐渐将船收顺于靠船墩处，置导航墙于左舷；导船墙头担腰，左舵顺向后调顺船身与导航墙平行，取好两侧横距，缓缓进入闸室，按指定标位靠泊。

出 3＃ 船闸，船尾过导航墙后，左舵外伸，置 3＃ 闸靠船墩于右舷，以黄柏河上角为点，沿左岸取适当岸距上行至南津关囤船尾。

12 海上引航

12.1 进出港引航

12.1.1 进出港引航的准备工作

12.1.1.1 进出港引航的申请

(1) 申请对象

在我国各港口及其相关水域内航行的下列船舶必须向相应引航机构申请引航：

① 外国籍船舶；

② 载运 100t 及以上爆炸品、散装运输 MARPOL73/78 附则 Ⅱ 规定的 A 类或 B 类危险化学品、载运闪点(闭杯)23℃ 以下的散装易燃液体、散装液化气体、核动力船舶或载运核燃料、核废料的船舶；

③ 为保障船舶航行和港口设施的安全,由海事管理机构会同市级地方人民政府港口主管部门提出报交通部批准发布的应当申请引航的中国籍船舶；

④ 法律、行政法规规定应当申请引航的其他中国籍船舶；

⑤ 通航条件受到限制的船舶。

除上述船舶以外的其他中国籍船舶,根据其需要也可以申请引航。

(2) 申请时间

船舶进出港的引航申请和变更,应当按市级地方人民政府港口主管部门规定的时间向引航机构提出。此外,在提出申请之后还应在规定的时间内向引航机构确认。

(3) 申请资料

申请引航的船舶应当向引航站提供下列主要资料：

① 船名(包括中、英文名)、船籍、船舶呼号；

② 船舶的种类、总长度、宽度、吃水、水面以上最大高度、载重吨、总吨、净吨、主机及侧推器的种类、功率和航速；

③ 装载货物的种类、数量；

④ 预计抵、离港或者移泊的时间和地点；

⑤ 其他有关航行和操纵安全等需要说明的事项。

12.1.1.2 被引船舶的准备工作

① 认真做好进出港航行计划。在每次进出港口前,都应详细查阅航路指南、港口指南、海图提示、航行警(通) 告等有关资料,了解进出港航道水深、浅点、大角度转向的位置、浮标设置、富余水深、港口 VTS 报告要求、引航员的联系方法、上下引航员的位置,以及特殊的习惯性特点等情况,特别是季节的风、潮汐、潮流对船舶操纵的影响等。

② 主动与引航员进行沟通。在实施进出港引航前,应事先与引航员进行沟通,向引航员

详细了解本次进出港、靠离泊的操作方案和港口、航道、风、流等情况；及时把预先准备好的PILOT CARD出示给引航员，让其尽快知悉本船的一些技术数据，同时向引航员详细介绍本船的操纵性能，包括目前船舶存在的某些缺陷。

12.1.1.3 引航员的准备工作

① 了解港区天气、码头、回旋水域、航道、拖轮配备、海巡艇护航、水域通航和被引船舶等情况；

② 了解港区的潮汐情况，计算富余水深是否满足要求；

③ 拟定进出港及靠离泊方案，引航员之间(一般2名以上)应进行职责分工；

④ 提前登船与船长进行充分的沟通，并检查车舵锚及其他相关设备是否处于良好状态，注意各种导航仪器的误差；

⑤ 事先按规定向海事部门报告，经同意后方可进港或离港。

12.1.1.4 其他相关管理规定

(1) 夜间引航的限制

下列船舶不得夜间引航：

① 无动力船舶；

② 总长大于或等于200m的滚装船；

③ 吃水大于15m(含15m)的10万吨级及以上大型散装、散化船舶；

④ 操纵性能不良，引航员认为不宜夜航的船舶。

(2) 引航的拒绝、暂停或终止

引航员在遇到下列情况之一时，有权拒绝、暂停或终止引航，并及时向海事管理机构报告：

① 浓雾、大风等气象条件和海况超出港口规定的限度；

② 恶劣天气、海况对被引船舶和引航员安全构成严重威胁；

③ 靠离泊条件不符合安全规定；

④ 被引船舶不适航或没有足够的富余水深；

⑤ 被引船舶的引航梯和照明不符合安全规定；

⑥ 引航员身体不适，不能坚持引领船舶；

⑦ 港口设施保安等级为3级时；

⑧ 其他不适于引航的原因。

引航员在做出上述决定之前，应当明确地告知被引船舶的船长，并对被引船舶当时的安全航行做出妥善安排，包括将船舶引领至安全和不妨碍其他船舶正常航行、停泊或者作业的地点。

12.1.2 进出港引航操纵要点

12.1.2.1 进港引航

船舶在接到港调的进港通知后，应按时间要求备好机器，并向VTS中心报告，待得到许可后方可起锚进港。对于大型船舶，由于其起锚及回转时间较长，进入航道前的准备工作应提前进行，以便能够在高潮水位时进入港区并靠泊。船舶在航道内航行时应注意以下几方面：

① 注意风、流变化情况。驾引人员应密切观察和注意风、流的变化情况，及时调整风、流压差角，尽可能把船位控制在计划航线上，以免压碰浮筒或发生搁浅、触碰等事故。

② 了解航道水深情况。为保证船舶在航道内安全行驶，龙骨以下应保留一定的富余水深。

③ 注意施工船的动态。航道入口处常有施工船进出，或疏浚船正在施工作业，需要驾引人员加强瞭望，提高警觉，必要时可向海事局申请海巡艇护航。

④ 在使用安全航速时，应充分考虑到当时能见度、通航密度、本船操纵性能、夜间出现的背景灯光、风、浪和流的状况及靠近航海危险物的情况、吃水与可利用水深的关系、雷达性能等因素。

⑤ 由于在航道内船速相对较快，靠泊前应处理好减速问题，必要时可利用拖轮协助减速。

⑥ 进入港内航道后，船舶的通航密度明显减小，但由于整个航道狭窄，船舶应避免交会，避免追越他船，避免在航道内掉头。

⑦ 靠泊时要早抢上风，早摆船位，船身和码头所成的角度要小，并控制好前进和横移速度。

对于超大型船舶进港，除上述注意事项外，还应注意以下几个方面：

① 注意航道是否清爽。一般来说，超大型船舶进港通常为单向通航，由于航道两侧水深的限制，超大型船舶一旦进入航道，尤其是主航道，要想驶出就很困难，因此，船舶进入航道前要特别谨慎，只有当条件允许本船不与其他较大船舶在航道上会遇时方可进入，并向VTS中心报告。

② 掌握港区潮流情况。通常，超大型船舶在整个进出港航行过程中都需要乘潮通航，因此，应通过计算潮位保证船舶在整个航行过程中航道水深满足船舶航行要求。

③ 船舶必须使用安全航速，并备车、备双锚、安排"瞭头"。

④ 超大型船舶惯性较大，停船性能差，航行操纵困难，进出港航行操纵宜早用舵、早回舵、用大舵，必要时可以瞬间用大车增加舵效或用拖轮协助。

⑤ 超大型船舶的盲区都比较大，视觉瞭望、判断困难，对能见度等条件要求相对较高，一般应选择白天进港，要求视距达1n mile以上方可航行。

至于重载船进港，除上述应注意的事项外，关键在于保向和控制船速。大型重载船进港时，受流压较大，且受航道宽度限制，船速不宜太低。

此外，重载超大型船舶进港必须带减速拖轮。因为超大型船舶停车后在4kn船速以下的情况下淌航，基本没有舵效。要使船舶在航道中保向行驶，大船要有较大船速，必要时需一直微速前进(Dead Slow Ahead)才有舵效。而接近港池到靠泊时，为了安全，需要拖轮协助减速。

12.1.2.2　出港引航

船舶在出港前，引航员、船长应对富余水深进行准确计算，确保全程有足够的富余水深。潮高不足时切忌开航，以免搁浅而发生事故。

船舶应尽量选择视线好、风浪流较小的白天出港。实践经验表明，在高潮前2h内，涨潮流强。所以对于船速慢、操纵性能差的船舶最好选择在平潮或高潮后出港，此时潮流对船舶的影响相对较小。

船舶离泊出港时引航的关键是航行时对流压的处理。引航员、船长应仔细观察船位的变化，注意舵工操舵情况，根据操舵的舵角大小、方向，及早发现流的大小与方向的变化，及时修正风、流压差角。

对于大型船舶的离港，由于船速难以在短时间内提高，因此，要充分考虑风的作用。当风力达到5级时应有合适的应急措施，如请拖轮在下风舷协助。若风力太大，则应推迟出港。

12.1.3　特殊情况下船舶进出港引航

12.1.3.1　船舶在大风浪时的进出港引航

船舶在大风浪时进出港要仔细观察船位的变化，及早发现流的强弱、流压方向的变化，及时修正风流压角。把船位控制在航道靠上风的一侧，以防止船舶被压到航道另一侧。在大风浪时，由于船舶向上风转向比较困难，因此，船舶要根据风力和船型采取适当的操纵手段来完成转向，或利用锚，或利用满舵快车，或利用拖轮协助均可。另外，对于回淤严重的航道，由于大风浪会加剧航道回淤，因此，开航时要保证航道有比通常更富余的水深。

12.1.3.2　冰期船舶进出港引航

冰会加大流压，且冰块容易堵住船舶冷却水进口，造成主机不能正常工作，使船舶有被冰块挤压出航道而搁浅的危险。冰期船舶进出港操纵的要点主要有：

① 增大空船吃水。在船舶许可范围内，压满压载水舱，调整好吃水差，及时把外循环改为内循环，或用压载水作为循环冷却水，防止主机因循环水温度过高而不能正常工作。

② 如有必要可申请拖轮破冰护航，防止船舶被困冰中。

③ 选择合适的进港时间。尽量选择风浪流小的时间进港，为减少流压，一般选择在平潮或停潮时进出港。

④ 当水流较急时，流冰速度也会相应增大，行驶在航道上的船舶要适当调整流压差角，谨防船舶被流冰推压出航道而搁浅。

⑤ 重载船舶进出港航行时应与前船保持一定的安全距离，以便在前船发生意外事故时，后船有足够的时间采取避让行动。

⑥ 船舶靠码头应以尽可能小的角度驶入泊位，避免裹进内挡的冰凌太多。如冰凌较厚，船舶难以平行靠泊时，可设法先将船首贴近码头，带上首缆和首倒缆，然后用一条拖轮拖开船尾，让另一条拖轮进入内挡，先用车向外吹冰，待内挡冰絮被吹出后，再用拖轮顶推使船舶靠拢泊位。

12.2　FPSO过驳引航

12.2.1　FPSO及其特点

FPSO是英文Floating Production Storage and Offloading System的缩写，中文译为“浮式生产、储油、卸油船”。这种船并不是一种真正意义上用于运输的船，它兼有生产、储油、卸油的功能，一般与水下采油装置和穿梭油船组成一套完整的生产系统，是目前海洋工程船舶中的高技术产品，在深海和浅海都得到了广泛的应用，已成为世界海上油气开发生产设施最主流的形式。图12-1为我国自行设计建造的第一艘FPSO——“渤海友谊”号。

图 12-1 “渤海友谊”号浮式生产储油船

FPSO 是一个装了炼油设备的没有动力的船，采用单点系泊模式在海面上固定。FPSO 通常与钻油平台或海底采油系统组成一个完整的采油、原油处理、储油和卸油系统，其作业原理是：通过海底输油管线接收从海底油井中采出的原油，并在船上进行处理，然后储存在货油舱内，最后通过卸载系统输往穿梭油轮(Shuttle Tanker)。它主要具有以下这些特点：

① 体型庞大，甲板面积宽阔，船体一般为 5 万 ～ 30 万 t，一艘 30 万 t 的 FPSO 甲板面积相当于 4 个足球场的面积，承重能力强，便于生产设备布置。

② 功能较多，FPSO 集合了各种油田设施，对油气水实施分离处理和原油储存，被称为“海上工厂”“油田心脏”。FPSO 主要由船体、负责油气生产处理的上部模块和水下单点系泊系统三部分组成，一般适用于 20 ～ 2000m 不同水深和各种环境的海况。

③ 储油能力强，船上原油可定期、安全、快速地通过卸油装置卸入穿梭油轮中运输到岸上，穿梭油轮不仅可与 FPSO 串联，也可傍靠 FPSO 系泊。最新 FPSO 还具备了海上天然气分离压缩罐装能力，提高了油田作业的经济性。

④FPSO 自身不具有航行能力。在造船厂完工的 FPSO 至作业海域和在作业过程中变换新的位置时，通常都需依靠拖轮。FPSO 在被拖航状态一般是轻载，航速较低，在海上航行时间较长。

⑤FPSO 具有较强的抗风浪能力，其通过固定式单点或悬链式单点系泊系统固定在海上，可随风、浪和水流的作用进行 360° 全方位的自由旋转，规避风浪带来的破坏力。一般 FPSO 的单点锚泊系统对于减小横荡、纵荡和垂荡运动效果明显，但对于纵摇、横摇和首摇运动几乎没有作用。

⑥ 一般的 FPSO 无法抗击台风，在台风来临时必须解脱撤离，台风过后再回到原来位置，一次撤离耽误生产造成的损失常常在 1000 万美元左右。

⑦ 对于采用单点系泊方式的 FPSO 而言，风、浪、流以及系泊系统的综合影响表现在迎浪条件下，船体的垂荡和纵摇明显增强；斜浪条件下，船体垂荡和横摇明显增强，纵摇也有所增强。

⑧ 一旦发生事故，将会导致严重的污染。

12.2.2 FPSO 海上过驳作业方式

FPSO 海上过驳作业一般需要两艘工作拖轮，分别为尾拖轮、协助拖轮。在过驳前，到达等待区域的提油轮慢速驶到 FPSO 船尾处，并保持一定安全距离；然后由协助拖轮系上连接缆，并接上油管；由尾拖轮拖尾保持船首向并与 FPSO 的方位相对稳定，开始输油；输油结束后，再解管、解缆离开。FPSO 海上过驳作业方式详见图 12-2。

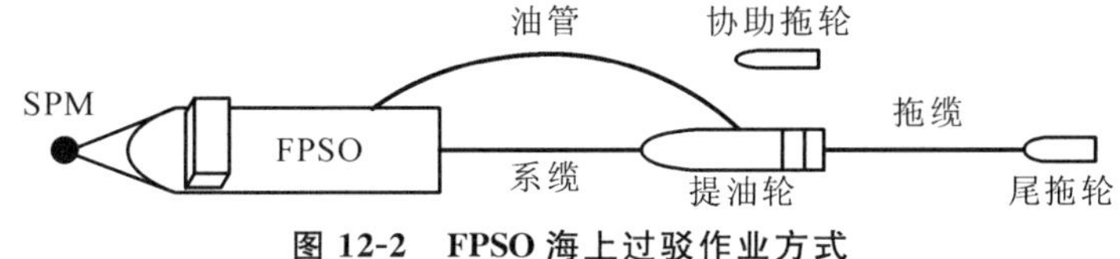

图 12-2　FPSO 海上过驳作业方式

12.2.3　FPSO 过驳引航前的准备工作

12.2.3.1　引航员的准备工作

由于 FPSO 及其过驳作业的特殊性，在对提油轮进行引航操作之前，引航员必须对当时海域的水文气象状况，FPSO、提油轮和拖轮的特性等有一定了解。FPSO 引航前的准备工作主要包括以下几点：

① 掌握油田的基本情况和 FPSO 的相关参数；

② 了解当时的水文气象情况，包括风、浪、潮汐、水流、能见度等；

③ 了解提油轮的规范及有关操纵指数，包括船名、船籍、船员、长度、宽度、吃水、船型、机型、装载、旋回要素、停船惯性等；

④ 了解协助拖轮的名称及工作特性；

⑤ 根据外输任务的要求和当时的气象、水文等情况，与 FPSO 有关部门研究制定引航方案和引航系离操纵时间表；

⑥ 引航员登上提油轮后，向提油轮船长、协助拖轮船长交代引航方案，征求他们的意见。

12.2.3.2　FPSO 与提油轮的准备工作

① 检查确保两船间通信联络装置符合操作要求；

② 两船在靠泊前应互相交换下述资料：船舶总长度、靠泊船导缆孔和缆桩数量、船舶首端之间的距离、靠泊船舶周围是否有障碍物、永久性凸出物或其他物体等；

③ 认真研究所规定的操作程序，确保船员熟知操作程序，尤其是系泊和离泊程序；

④ 备妥歧管和拆装软管设备；

⑤ 提油轮船长和 FPSO 生产监督人员应根据当时预计的天气、海面和潮汐情况等因素决定过驳作业时间、系泊方案等。

12.2.4　FPSO 过驳引航操纵要点

引航员一般在距离 FPSO 3n mile 外登提油轮，对提油轮进行引航，整个引航过程主要包括靠泊、过驳和离泊三个阶段。

12.2.4.1　靠泊阶段

(1) 减速、淌航

大型提油轮进入过驳作业区进行减速、淌航，并须提前做好准备和进行操作，其减速、淌航的时间，视具体情况而定。一般当提油轮距离 FPSO 1n mile 时，引航员应将油轮船速控制在 3kn 以内，然后以缓速进入过驳作业区。此时由于速度经试车后得到控制，可利用其反应慢的特性，用短暂的进车提高舵效，有利于控制船舶进入预定的位置。

(2) 接近和靠泊

提油轮应顶风顶流接近 FPSO,并在船首准备好碰垫,上撇缆,引首缆,在拖轮协助下,慢慢靠近 FPSO。

(3) 系泊操作

在距离 FPSO 约 350m 时,提油轮在上风收到引缆,此时提油轮应略有进速,并视引缆受力情况配合车舵及协助拖轮。

在带缆过程中,应使提油轮与 FPSO 两船首尾近似呈一直线。若交角大于 15° 则停止绞缆,使引缆处于松弛状态,调整后再继续收进引缆。

首缆带好后,在风、流作用下使首缆均匀受力,尾部拖轮匀速施拖,完成系泊操纵。

12.2.4.2　过驳阶段

① 在进行外输作业之前,应确保 FPSO 与提油轮的干舷差不大于 10m。

② 提油轮与 FPSO 连接输油期间,引航员应在提油轮值班,遇有特殊情况,应进行应急离泊操纵。

③ 在装载过程中,引航员、系泊船长需确认以下事项:确认有适合的尾拖轮提供系泊帮助;检查提油轮周围、油管附近有无泄漏;检查货油管、摩擦链是否磨损和泄漏。

④ 信号显示:白天,海上石油过驳作业的 FPSO 与提油轮都应在主桅上悬挂 B 字旗一面;夜间,海上过驳作业的 FPSO 与提油轮都应在主桅上垂直显示两盏环照红灯。

12.2.4.3　离泊阶段

外输作业完毕后,引航员应将离泊具体时间告知提油轮船长。

提油轮离泊时,由引航员监督松开摩擦链,尾拖轮停车,释放止链器链条,配合提油轮车舵及协助拖轮,解开引导缆,然后尾拖轮慢倒,离开 FPSO。确认碰撞危险不再存在后,解开尾拖轮,提油轮用车驶离 FPSO。当提油轮驶抵安全水域,引航员离开提油轮,离泊操纵结束。

12.2.5　FPSO 过驳引航的应急操纵与注意事项

12.2.5.1　应急操纵

① 当天气状况不符合外输作业要求或者外输作业中 FPSO 或油轮设备损坏待修理时,提油轮应按照引航员的指令进行非正常离泊。

② 当主系泊缆的摩擦和磨损迹象非常明显时,过驳作业必须马上停止。如果需要进一步的检测,提油轮必须马上离泊,直到配备了新的主系泊缆为止。

③ 提油轮主机发生故障时,应立即终止系离操纵。

④ 系离操纵过程中若通信系统发生故障,使用油轮汽笛指挥拖轮:鸣放一长声后跟一短声表示慢顶;鸣放一长声后跟两短声表示停车;鸣放一长声后跟三短声表示慢倒车;鸣放五短声表示提油轮主机异常,尾拖轮立即快速倒车。

⑤ 在进行过驳作业时,当提油轮和 FPSO 中的任一船舶发生应急情况时,应立即发出应急声号。

12.2.5.2　注意事项

① 在夜间进行靠泊操作时,应关闭会影响瞭望的灯光,并应保持雷达和目视的连续瞭望。

② 在系泊操纵与离泊操纵过程中，引航员应合理使用协助拖轮，在操纵提油轮的同时，充分考虑协助拖轮的操纵特性，保证其安全。

③ 若系泊过程中能见度下降，提油轮应开启所有助航设备，包括雷达、测距仪等并使用拖轮协助。如果能见度在过驳过程中降低，过驳作业可以在提供了确保安全和环境保护措施的前提下继续进行，但当能见度低于 500m 时，过驳作业应停止。

④ 在系离泊作业过程中，提油轮不得过于接近其他井口平台或其他危险的碍航物，距离其他井口平台的最近距离不得小于 1000m。否则将会增大与其他井口平台或其他危险碍航物的碰撞概率。

⑤ 在过驳作业过程中提油轮处于附近井口平台或其他危险的碍航物的危险区间内，且不利风向的风力达到 5 级及以上时，提油船不得进行系泊作业。

⑥ 在过驳期间使用雷达、卫星等通信设备之前，提油轮与 FPSO 要事先磋商，确认没有任何危险后方可使用。

13 特种船舶引航

13.1 高速船舶引航

高速船舶通常指航速大于 45km/h 的水翼船、气垫船、滑行船和高速双体船。这类船舶航速目前一般为 60 ～ 85km/h。

内河高速船舶驾驶需要相对特殊的操纵、引航技术，尤其是当高速船舶航行在曲率半径小、航道狭窄、船舶流密度大的河段时，驾驶难度较大，驾驶人员既要熟练掌握航区引航的专业技能，又要有良好的心理素质，能长时间高度集中注意力；对变化的外界条件，要反应灵敏，遇到紧急情况，须冷静沉着，随机应变，正确判断，及时选择安全航线，妥善避让各类在航、停泊船舶和碍航物。

13.1.1 水翼船驾驶操作特征

水翼船是一种装有水翼的航行船舶，航行中水翼船的水翼产生的水动力能将船身抬出水面航行。水翼将水流分成上下两部分，由于水翼截面以上部分曲率大，流线长，故水流速度大，在翼面上方形成了低压区；水翼截面以下部分曲率小，流线短，速度小，形成了高压区，上下压力差抬升船舶，减小了船舶湿表面积，达到提高航速的目的。水翼与来流速度成一定角度 α，在一定的冲角范围内，升力与冲角成正比。因此，在操纵水翼船时，应使船舶保持一定的航速，避免船舶发生首倾(这会导致 α 减小)。

水翼船工作过程分 3 个阶段：浮态、过渡状态和翼航状态。浮态航行时，主机转速不大(700 ～ 1000rpm)，随着转速的增大，船体开始滑行，逐渐驶出水面，船舶由排水状态向翼航状态过渡。

水翼船在浮态下航行，吃水为 1.8 ～ 2.5m，其引航操作方法与同尺度的排水船相同。翼航时，船身提高，吃水降低到 0.9 ～ 1.2m，船体湿表面积减小，水阻力减小，航速增大。

当水翼船呈浮态时其航行水阻力与一般排水船相同。船首出水开始呈翼航状态时，水阻力达最大值；船尾开始呈翼航状态时，水阻力开始下降；首尾全部呈翼航状态时水阻力达最小值。此外，翼航状态时船舶要具有连续稳定性，应尽量避免频繁转换车速，降低浮态、翼航状态变化频率。

水翼船驾驶操作具有以下特点：操舵时，作用在舵叶上的水动力分力和离心力，指向与船舶转向航迹中心相反的方向，与产生在水翼叶片和翼架上的水动力分力相平衡，正是由于此力明显小于在浮态下产生的回旋半径，所以翼航状态下船舶回旋半径明显大于浮态下的回旋半径，前后两值的比值称作相对回旋半径$\overline{R}$。一般$\overline{R} = 2 \sim 3$，如我国“水翼一号”浮态和翼航状态时回旋半径分别为 12 倍和 32 倍船长，相对回旋半径$\overline{R} = 2.67$。

水翼船过急弯时，切忌操急舵或大舵角转向，因为水翼船航速高，在离心力作用下会发生严重倾斜，船舶也会自动下沉，主机超负荷运转，转速急骤下降。水翼船上的舵具有高灵敏度，轻微用小舵角，船将明显偏转，急骤改变航向(90°以上)，将危及船舶安全。

水翼船的引航方法与排水船大同小异。下行航线选择在主流上，但要避开泡漩乱流，上行航线选择在缓和流一侧，介于主流与缓流之间，不可贪走缓流和深入弯、沱内航行。在山区河流中航行时，出角转角要早扬头。迎流上架时，要避开滩头泡漩乱流。船舶会让时，应把深水航道让给排水船。在狭窄航道会船区，为保证会让安全，可阶段性地将航路选择在浮标以外的浅水区，待会让结束后，及时回到正常航路上。

水翼船在过急弯时，应采用增大航迹曲率半径和减速的操作方法，以便扩大观察视野，尽早发现来船，采取避让措施，安全过弯。

水翼船航经横流、漩水等不正常流态水域时，乱流对船舶操纵影响不明显。但水翼船航行在有波浪的水域，船舶会发生摇摆、撞击，航向稳定性会变差。为减小波浪对船体的撞击，必须减速航行。

驾驶员应该定期观测航道和水面的清洁度，避免木料、垃圾等漂流物进入船体下方，损坏主机、击损车舵，一旦发现水面有上述漂流物时，应及时避让或紧急停车。

13.1.2　气垫船驾驶操作特征

气垫船是一种新型高速船舶。它是依靠升力风机把压缩空气打入船底，在船底形成有一定厚度的空气层 —— 气垫(静态气垫)，用以支撑船体。气垫船可在浅水、急流中航行，它能吸收波浪中的部分能量，减小波浪冲击力，保证船体安全和机器设备的正常运转，比滑行船、水翼船的稳性和耐小波性要好。气垫船过急弯，为增大航迹回旋半径，必须提前向转弯方向操舵，并减速。气垫船受风的影响大于水翼船。

13.1.3　滑行船驾驶操作特点

滑行船主要是靠滑水时部分船底与水面接触，同时静水浮力几乎完全被水动力取代，由水动力使船身抬起的特种高速船舶。滑行船开始航行时，同排水船一样慢速行驶，随着主机功率的加大，航速的提高，船体便逐渐被水动力抬起，抬到一定高度后，船便在水面上滑行了。

滑行船的主要优点是航速高(时速可达40～60kn)、稳性好、摇摆不大和航向稳定性好。缺点是耐波差，遇到风浪失速大，不能在大风浪中航行。

滑行船过急弯应采用小航速，以最小回旋半径过弯，因为船体尾部浸水，能够获得明显的水动力。

13.1.4　高速双体船及其性能特点

高速双体船是将两只瘦长船体并列，在水线以上用联桥把两船合为一体。它有两个船头和船尾，在船体内各置一部主机，尾端各装一个螺旋桨，航行时同时运转。双体船长度相对较短、受风面积也小，具有横稳性好、甲板面积宽广、操纵灵活、兴波阻力小等优点。

高速双体船利用艇型和两片体的配置，减小浸水面积，形成有利的水动力干扰，从而达到减小总阻力的作用。它所采用的航速，正处在发挥速度优势的区域，符合快速、适航、安全、经济的原则。高速双体船仍属于排水船舶，片体瘦长，首部尖削，因此，艇体在迎浪或落入波浪时，冲击力较小。当遇到大浪时，还可降速航行，减小风浪撞击力。由于高速双体船片体比较瘦长,所以能取得良好的航向稳定性,同时,由于尾部流场条件好,船舶可以获得较高的推进效率。

13.2 超大型船舶的引航

13.2.1 超大型船舶的特性

我国海事局有关文件中将船长大于250m或载重8万t以上的船舶称为超大型船舶。其中,ULCC(Ultra Large Crude oil Carrier)是巨型油轮的缩写,VLCC(Very Large Crude Carrier)的载重吨为15万～25万t,而ULCC的载重吨在25万t以上。

较一般船舶而言,超大型船舶主要存在以下特性:

① 超大型船舶质量大,惯性也大,船舶启动或停车冲程大,满载时可达20多倍船长。

② 超大型船舶主机配备的马力与船舶吨位比小,船舶倒车马力小,倒车冲程大。根据经验,超大型重载船舶从前进三(full ahead)船速12kn,立即停车、倒车至船速为零,停船距离为20多倍的船长。

③ 超大型船舶方形系数比一般万吨级船舶大,约为0.8。方形系数大,对船舶的旋回性能有利,但是会给船舶的航向稳定性带来不利的影响,在航道中难以操纵,特别是在浅水域,为保向就需频繁用舵,且舵角较大,还应早用舵早回舵;而在低速淌航中,船速小于4kn时基本没有舵效,只能靠拖轮帮助维持航向。

④ 超大型船舶线型尺度大,受风、流等外界因素影响也大,给船舶操纵也带来不利影响;另外,由于尺度大,船舶的盲区也较大,对能见度要求比较高。

13.2.2 超大型船舶引航要领

13.2.2.1 进港前准备

① 注意航道是否清爽。超大型船舶进港通常为单向通航,只有当条件允许本船不与其他较大船舶在航道上会遇时方可进入,并向VTS中心报告,经同意后方可进港或离港。

② 了解港区天气、码头、回旋水域、航道、拖轮配备、水域通航和被引船舶等情况。

③ 了解港区的潮汐情况,计算富余水深何时满足要求,并据此确定引航员登轮时间和船舶起锚时间。

④ 提前登船与船长进行充分的沟通,检查车舵锚及其他相关设备是否处于良好状态,注意各种导航仪器的误差。

⑤ 拟定靠离泊方案,引航员(一般有2名以上)之间要进行职责分工。

⑥ 在交通复杂的水域,可以向海事部门申请通航时的交通管制;若需要护航,还应向海事部门申请巡逻艇护航。

13.2.2.2 航道的引航要领

① 调整好船位。超大型船舶在航道上行驶时,由于其自身尺寸和航道条件的限制,往往须时刻保持在航道中央航行。

② 在航行时,由于超大型船舶质量大、惯性大,因此,若需要减速,应尽早、大幅度。

③ 注意及时修正流压角。超大型船舶,特别是ULCC和VLCC类的船舶,其水下部分面

积相对较大，因此，在航道中航行时，主要考虑水流压力的影响。并且由于超大型船舶应舵相对较慢，因此要注意及时修正流压角。

④ 在航道航行时，若航道走向改变在10°以下，航向改变时可以用航向令；在10°以上时，应该直接用舵令，早用舵、早回舵、早压反舵，尽可能少用把定的口令。

⑤ 超大型船舶的应舵反应慢，因此，在慢车航经弯曲航段采用加车助舵转向时，加车时机要提前。

⑥ 禁止追越、避免交会。超大型船舶不仅其自身尺寸大，而且航迹带宽度大，占用水域范围较宽。因此，在航道中航行时，应禁止追越，并尽量避免发生交会的局面。

⑦ 注意小船、渔船等的影响。航道中一般还行驶有小型船舶，有些水域还有渔船出没。由于超大型船舶的盲区较大，因此，在有小船和渔船的水域航行时应充分运用雷达、ARPA及人工瞭望的方式注意船舶的动态。

⑧ 注意浅水效应。此类船舶的吃水很大，在航道中行驶时，易发生浅水效应。船舶一旦发生浅水效应，其旋回初径将会增大，不利于船舶在限制水域的转向。

⑨ 若船舶申请交通管制和护航，则护航海巡艇应根据航道交通流特点，为进出港超大型船舶清空航道，避免其他船舶与其发生会遇等态势。

13.2.2.3 港池靠离泊的操纵

(1) 靠泊操纵要点

由于许多码头没有配置靠泊仪，船舶在夜间进行靠泊时，对其靠拢速度，尤其是船舷的靠拢速度难以准确判断，因此，应尽量选择在白天进行靠泊。

① 涨流靠泊：涨流掉头靠泊过程中，会受到水流影响，常常出现较大的退速，尤其是流急时，如果发现较晚，就会很被动。预防的方法是在掉头前保持合适的进速，不能过小，并且整个靠泊过程一般不需要停车。

② 落流靠泊：落流时靠码头，拖轮重点摆放在船舷；要充分考虑到流压横移，一般应参考GPS显示的对地航迹向来调整舷向。靠泊时如果出现拖轮全速顶推也不能使船舷拢向码头的情况，应调集富余拖轮顶舱，并使用船首或船尾拖轮，以减小流压角。

无论以何种方式靠泊，都应注意船舶靠拢码头后的带缆期间，一定不能松懈，应继续观察船舶的动态。尽管拖轮一直在顶推，但由于流水太急，有时船舶仍会前后移动。一旦发现船位有变化，应及时用车控制，直至缆绳带好为止；有时可能需要不停车带缆。

(2) 离泊操纵要点

① 应尽量选择白天离泊。主要是考虑到港口水域渔船、施工船舶和进出港船舶的影响，白天离泊对安全有利。

② 解缆顺序。解缆时宜利用拖轮把大船顶住，按从首尾向中间的顺序依次解缆。

③ 拖轮的带缆位置。一般情况下可根据船型的不同让拖轮选择合适的带缆位置，但当后八字吹拢风时，尾部拖轮一定要带在驾驶台以后的胯部，以防止船尾拖不开的情况。

④ 起拖和掉头过程中的注意事项。在刚拖离码头时，应及时用车控制船舶因风流影响而出现的前冲或后退的态势，同时保持平行拖开。涨流时离泊，对右舷离泊的船来讲，保持右舷受流是关键，拖至距码头横距至少半个船长时再使船舷外转，在此之前不可使外舷过早受流，否则船舶会被流压回码头。反之，如是左舷离泊，则要始终保持左舷受流，否则船舷可能拖不开。落流时离泊，也要据此掌握好离泊过程的每一个细节，使船舶平稳顺畅地开航出港。

13.3 无动力船引航

13.3.1 无动力船的定义

无动力船舶指由于主机推进设备缺失或故障而无动力装置，需要依靠拖轮提供动力保持或者改变航向的船舶。由于无动力船舶自身无动力装置，需要在拖轮的协助下才能进行操纵，其抵抗风险的能力较差，尤其是在锚泊时仅靠锚的抓力，没有主机操纵协助，存在走锚失控的危险。

常见的无动力船舶主要包括舾装船舶（指造船厂新建的船舶，在码头进行舾装，尚没有安装动力推进设备）和待修理船舶（主机设备需要维修，动力解除），以及内河航道的船队中靠有动力的船舶顶推或拖带的驳船。新建的无动力船舶下水后在港内需要停泊一段时间，进行舾装、主机调试、试泊、试航，检验合格后才能投入正常的航行，船舶在码头舾装期间本身不具备自航和自救能力。

13.3.2 无动力船的特性

无动力船舶惯性大，尤其对于大型的无动力船舶，无论是启动惯性还是制动惯性都非常大，顺流航行时想减速减不下来，顶流航行时想加速加不上去。操纵中受外界条件影响很大，空载时受风影响，满载时受流影响，浅水中浅水效应明显，船体下沉量大，狭窄水域中受岸壁效应影响较强。

无动力船舶前进中正横前来风，空载、慢速、尾倾以及船首受风面积大的船，船首顺风偏转，满载、首倾以及船尾受风面积大的船，船首逆风偏转；正横附近来风，船首逆风偏转，但风速很大时，往往造成船舶保向困难；正横后来风，船首转向迎风一舷。流压将船舶向下方推移，尤其在船舶低速航行时影响更大。在河流弯道等容易产生不均匀水流的区域，水流会形成转船力矩，流速差较大时，往往会对船舶操纵造成极大危险。

在狭窄水道或航道中航行，当船舶未在航道中央时，将受到吸船体向岸、推船首向航道中央的岸壁效应，岸壁效应产生的转船力矩将使船首向航道中心偏转；另外，若船舶在浅水域中航行，当船舶两舷水深不同时，也会产生推船首向深水侧，吸船体向浅水侧的作用，这也是岸壁效应的一种表现。

无动力船舶的操纵依赖于有动力的拖轮，在实际的操纵过程中，需要考虑无动力船舶的特性，保证操作安全。同时，无动力船舶因自身无动力装置，当台风来临时缺少抗台能力，不仅需要拖轮协助保护，还需要海事主管部门的有效配合，因此，无动力船舶防台安全也是一个不容忽视的问题。

13.3.3 无动力船的拖轮配布及引航方案

对无动力船舶进行操纵的方法种类很多，究其根本就是依靠拖轮提供动力，并且保持或者改变航向。通常，当无动力船舶进出港时，需向海事主管部门申请拖轮协助，由拖轮完成引航工作。对于在水深不受限水域或相对宽敞水域（诸如锚地、港池或较宽航道等）对无动力船进行操纵，只要有足够数量的拖轮且马力能够满足要求即可。

13.3.3.1 拖轮配布及引航

(1) 动力

一般的巴拿马型船舶的主机功率在12000匹左右，而它的常用功率是它的主机功率的90%。若使用港内转速则它的主机功率只发挥了常用功率的70%～80%，实际所用主机功率在8000匹左右。若使用拖轮傍拖或首倒拖，则需用较多拖轮，效果也不理想，使用拖轮顶尾则可以发挥拖轮的最大功率，加之左右首拖可以使拖轮提供的功率达到5000～6000匹，效率至少相当于巴拿马船型的SLOW或者HALF车的动力。

(2) 保向性、改向性

传统上依靠傍拖改向，当使用首傍拖拖轮顶首改向时，由于此时水动力作用中心在船中之前，且水动力转船力矩的方向与拖轮的顶首方向相反，改向效果较差。当使用船尾附近的傍拖拖轮顶尾改向时，虽然水动力中心仍在船中之前，而水动力矩与顶尾接拖轮形成力偶，改向效果明显，但由于傍拖轮的顶推位置靠近船中，顶尾形成的转船力矩不能达到最大。因此，当拖轮在船尾后部顶推时，不但水动力转船力矩与顶尾拖轮形成力偶，而且由于顶尾拖轮作用在船尾最后，距船中最远，形成最大转船力矩，效果好于其他情况。当拖轮在上述三个部位顶推，大船的速度为5kn时所获得的转首角速度分别为3°/min、12°/min、24°/min。

(3) 停船性

由于尾部拖轮带有短缆(当顶推用舵时防止拖轮船首打滑)，因此，当大船需要减速时可适时起拖减速，需要时可放长拖缆以加大拖力，前部两侧拖轮亦可协助减速停船。因为后尾部拖轮可在大船首尾线方向拖带，直接作用于船身运动方向，效果要大大好于傍拖轮。综上分析可知，尾部拖轮较好地解决了无动力船的动力、保向、改向性及停船性，再加上前部拖轮协助，可简便安全地对无动力船进行操纵。首傍拖轮在静水航槽中作用不大，但若有风流时使用尾拖会加大船向下风或流方向的移动，特别是大船船速较慢时应备用前拖协助改向以策安全，风流较急时可在下风或流外增加拖轮。

13.3.3.2 在狭窄的人工航道内的引航

对于满载的大型船舶由于其吃水较大，要想在狭窄的人工航道内对其进行操纵，其难度远高于在开阔水域的操纵。特别是对于无动力船舶进行操纵属于救助性质，如何既能尽量减少拖轮使用费又可保证船舶安全无疑是一道难题。

这里举出在引航实践中使用的一种简便方法：某外轮，船长225m，吃水13.5m，秦港706泊位开船，使用三艘拖轮协助离泊，其中两艘马力为5000匹，一艘马力为3200匹。离泊时该外轮主机使用正常，在使用拖轮掉头时曾用倒车，但在掉头过程中正车却开不出来，紧急用一大马力拖轮去船尾正中顶推以控制退速，同时掉头基本完成。此时机舱通知驾驶台可试正车，但正车开出几秒后即停，如此几番操作，大船船位已经接近301泊位，此时又接到机舱通知主机故障短时间内无法修复。由于大船已经进入航道，退回原泊位亦相当困难，遂决定在此三艘拖轮的协助之下沿航道离港，同时令左首拖轮带一短缆，右首拖轮将拖缆收短，尾拖亦在船尾带一短缆且快车顶推。初始阶段由于船速很慢，大船的舵不起作用，当船首偏时令船头拖轮顶推以保证航向，但效果不明显，后令尾拖左右变向，顶推效果极佳。当大船航速达到3kn时，舵效逐渐明显，如此航行5n mile安全离港(图13-1)。

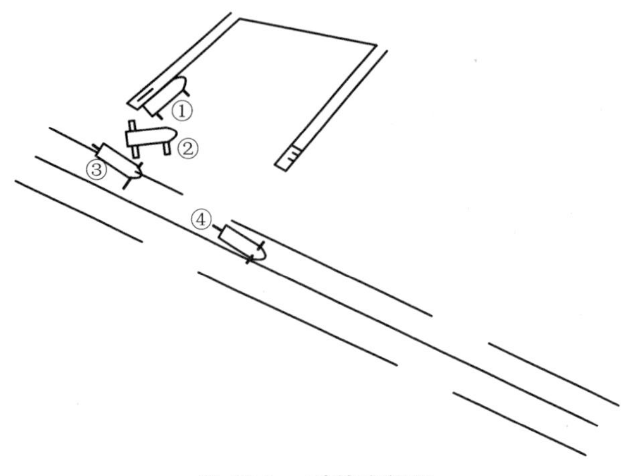

图 13-1　引航实例图

13.3.3.3　海事部门对无动力船舶防台风的管理措施

海事部门作为海上安全监督管理的海事管理机构，依法对船舶、辖区水域的通航秩序进行监督检查，督促船舶落实各项安全管理措施。

① 书面通知船厂及无动力船舶业主，落实相关措施，采取巡航艇到位、执法人员上船，指挥拖带至远离桥区、海塘堤坝的合适水域避风，并须有拖轮保护。

② 海事部门在进入防台戒备后，须不间断地派出海巡艇、海事执法车辆和人员，对港内大桥、海塘堤坝、码头、锚地等重点水域进行巡查和指挥拖带，充分考虑港内锚地船舶容量和避风技术特点，保证船舶疏密合理、容量适度，避免因走锚导致连锁碰撞事故发生，确保港内船舶避台安全。

③ 利用 CCTV、VHF 设备系统实施防台监控和指挥。对于 CCTV 监控范围内的港内锚地、航道、码头、桥区等重点水域，白天可以对其进行实时监控，同时结合 VHF 通信设备，对避风船舶的锚泊位置、船舶密度进行有效控制，并及时滚动播发台风动态和防台信息，从而最大限度地保证避台船舶的安全。另外，船舶也可通过 VHF 及时反馈防台动态信息及船舶间的互相联络沟通。一旦出现突发险情事故，立即沟通联络，就近组织投入救助。

④ 落实应急力量，做好突发抢险准备工作。在进入 Ⅲ 级防台警报的同时，海事部门、搜救成员单位和社会应急人员、船艇、车辆进入 24h 应急待命值班，并进行通话测试，确保应急待命船舶通信渠道畅通。备足应急物资及设备，一旦出现险情，随时投入抢险工作。

13.4　LNG 船舶引航

13.4.1　LNG 船舶的定义

LNG 的主要成分是甲烷，另含有少量的乙烷、丙烷、丁烷，以及少量硫化物、水和其他非烃类杂质。按照欧洲标准 EN1160 的规定，LNG 的甲烷含量应高于 75%，氮含量应低于 5%。LNG 的产地不同，其成分也不同。

LNG 船是指在 －162℃ 的低温下将 LNG 从液化厂运往接收站的专用船舶，是一种“海上超级冷冻车”，被喻为世界造船“皇冠上的明珠”，目前只有美国、中国、日本、韩国和欧洲的少数几个国家的船厂能够建造。LNG 船的储罐是独立于船体的特殊构造。在该船舶的设计中，考虑的主要因素是能适应低温介质的材料，及对易挥发或易燃物的处理。船舶尺寸通常受到港口码头和接收站条件的限制。目前 12.5 万 m^3 是最常用的尺寸，在建造船舶中最大的尺寸已达到 20 万 m^3。LNG 船的使用寿命一般为 40 ～ 45 年。

13.4.2　LNG 船舶的特性

13.4.2.1　LNG 的特殊危险性

为了便于船舶运输，一般都将天然气冷却至约 －162℃，此时，天然气由气态变成液态，其体积约为同量气态天然气体积的 1/600。LNG 除了具有和原油相似的危险性外，还有着其特殊的危险性，而低温是它的主要危险特征。主要表现在低温条件下它不仅对人体造成危害，还能给船体、港口及设备造成损害。所以，对 LNG 船安全性能的要求比油轮和其他一些化学品船高得多。在航海实践中，LNG 的特殊危险性主要体现在以下几个方面：

(1)LNG 对人体的影响

LNG 是低温的液化气体，当其与人体直接接触时，会大量地从皮肤上吸热，并且由于其在汽化的过程中吸收潜热，裸露在外的皮肤会被冻伤。冻伤的程度由接触时间、接触面积以及人体体温散失率决定。如果皮肤与 LNG 接触时间过长，就会造成永久性的伤害，严重时可能会危及生命。

(2)LNG 对船体的影响

LNG 对船体的危害主要来自低温和潜在的爆炸性。超低温的液货和普通的船体接触时，由于局部冷却产生的应力会使船体产生自发性的脆裂，失去延展性，从而危及整个船体的结构。同时，LNG 汽化后的气体与氧气以适当的比例混合后有爆炸的危险。甲烷在空气中的爆炸浓度为 5% ～ 15%，在实际操作时，只有浓度低于 1.5% 时，才允许工作人员进入，但是禁止进行热操作和其他产生火花的作业。另外，由于 LNG 在常温下极易汽化，不可避免地导致液货舱内的压力和温度的升高，过高的压力也会对液货舱的结构造成威胁。

(3)LNG 对港口及设备的影响

LNG 对港口及设备将产生危害，主要是由于船舶发生事故、接收站储存设施破损等原因造成大量的液货溢出而无法得到控制所致。LNG 溢出后产生的可燃性气体如果没有得到燃烧，会形成可见的蒸气层。在顺风时，此层气体会向四周扩散，极有可能飘向居住区，造成相当大的危害。

13.4.2.2　LNG 船舶的安全特性

从第一艘 LNG 船投入商业营运，至今 LNG 的海上运输已有 47 年历史，经历 4 万多个航次，航程超过 1000 万 n mile，但是船舶事故发生率低。IMO(International Maritime Organization) 安全委员提交的 LNG 船舶正式安全评估报告[Formal Safety Assessment Liquefied Natural Gas (LNG) carriers]指出，根据对 158 个(截至 2005 年)LNG 船舶事故有效样本的统计，LNG 船舶各类安全事故及其频率见表 13-1。

表 13-1　LNG 船舶各类安全事故及其频率

Accident category	Number of accidents	Accident frequency (per ship year)
Collision	19	6.7×10^{-3}
Grounding	8	2.8×10^{-3}
Contact	8	2.8×10^{-3}
Fire	10	3.5×10^{-3}
Equipment or machinery failure	55	1.9×10^{-2}
Heavy weather	9	3.2×10^{-3}
Incidents while loading/unloading of cargo	22	7.8×10^{-3}
Failure of cargo containment system	27	9.5×10^{-3}
Total	158	5.6×10^{-2}

和其他类型船舶事故率相比较，LNG 船舶事故率处于一个相对较低的水平。不同类型船舶事故率年度分布图参见图 13-2。

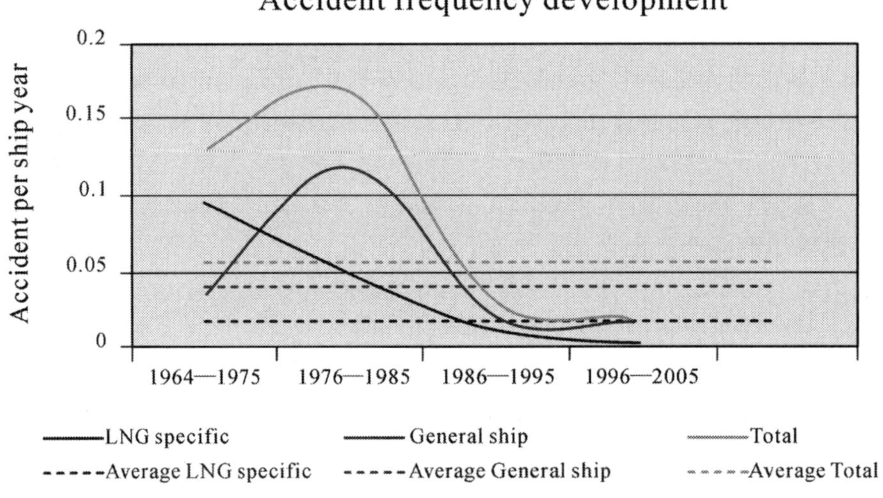

图 13-2　不同类型船舶事故率年度分布图

虽然 LNG 船舶事故率很低，但也不能掉以轻心。一般来说，LNG 船舶最易发生以下两种事故：

(1) 火灾

在正常情况下，LNG 船发生火灾的可能性比普通油轮低，这是因为液货舱内没有氧气等助燃气体。之所以会发生火灾，除了人为因素外，大多是由于工作管路或者装卸货系统的结合处发生破损，引起 LNG 外泄，LNG 汽化后与周围空气混合生成冷蒸气雾，稀释受热后与空气形成可燃性气云。可燃性气云若遇到火源，将引发闪燃或蒸气云爆炸等事故。因此，对火灾的预防及应急显得很重要。当 LNG 发生泄漏，应快速启动应急程序。首先，立即停止所有的液货泵、压缩设备，关闭所有阀门；随后，迅速关闭所有通风口和甲板上的开口，接近泄漏现场的人员应立即使用消防龙头冲洗冷却甲板。如发生火灾，立即用船上的大型灭火系统进行扑救。应当注意的是，在未断绝 LNG 来源前，尽量不要进行灭火工作。即使在短时间内扑灭了小型的火灾，由于 LNG 还在继续泄漏，如遇到适宜条件其还会再次发生燃烧爆炸，造成的后果会更严重。

(2) 冻伤

LNG 温度很低，人体在接触后会发生严重的冻伤。最可能发生冻伤的情况是人体接触冰冻的管路和舱壁。因此，要求船员在进行装卸或其他相关作业时，应该穿戴安全服和防护手套等劳保用品，而且应尽可能有人在旁协助，严禁单人作业。

13.4.2.3　LNG 船舶的操纵特性

LNG 船用于输送大气压下约 －162℃ 沸点状态的液体天然气。由于其所运输的货物具有低温、易燃易爆等特性，建造 LNG 船在材料、设备、工艺技术上除要满足一般的国际规范外，还要符合国际液化气和化学品装运的特殊要求。因而，LNG 船不仅技术含量高，且具有较高的附加值。此外，由于液化天然气海上运输属于危险品运输，LNG 船舶具有高危险性，其危险等级要高于大型油轮。

从事 LNG 海上运输的船舶与油船比较相似，一般为“尾机型船”，液货主要储存在船中部的液货舱内，液货舱占船舶长度的 2/3 ～ 3/4。由于液货较轻，液舱不能作为压载舱，故液化天然气船舶的干舷比较高。据统计，绝大部分 LNG 船采用球形的 B 型独立液货舱。船舶有较大的尺寸，甲板有大开口，甲板结构不连续，应力集中点多。此外，由于球型货舱有一部分露于甲板之上，船受风阻面积大，影响船体可见度。因此，LNG 船与同尺度其他货船相比具有吃水小、迎风面积大等特点。其主要操纵特性包括：

① 满载时盲区大，瞭望困难，避让时受可航水域影响较大；

② 吃水深、干舷高、船型宽，受风、流影响比其他船型更加明显；

③ 船舶质量大、惯性大、冲程长、旋回半径大、操纵性较差；

④ 在港口航道的浅水效应、岸吸和岸推十分明显；

⑤ 舵效较差，淌航中丧失舵效的时机较早，转向较为困难，需用大舵角加车克服；

⑥ 有的配备有首侧推器，但马力不大或不能使用。

LNG 船舶在营运方式上通常采用班轮运输方式，属于定时、定点、定期航行的班轮。

13.4.2.4　LNG 船舶危险区

所谓 LNG 船舶的危险区(Hazard Zone)，是指在 LNG 船舶发生泄漏事故时，LNG 火灾可能威胁到的区域。根据美国 Sandia 国家实验室(Sandia National Labs) 的研究报告(Guidance on Risk Analysis and Safety Implications of a Large Liquefied Natural Gas (LNG) Spill Over Water)，LNG 船舶的危险区可以根据灾害事故发生时在某段时间内单位面积内的热流量(Heat Flux) 来划分为不同的区域，划分标准参见表 13-2。

表 13-2 LNG 船舶危险区边界定义

区域(Zone)	热流量(10min 接触时间)	依据(Basis)
Ⅰ 区(Zone 1)	37.5kW/m²	非常可能对结构物造成重大伤害
Ⅱ 区(Zone 2)	5kW/m²	可能造成伤害或者一定的危害
Ⅲ 区(Zone 3)	达到可燃浓度下限(5%)	LNG 蒸气能够被点燃的最外区域

三类危险区的范围与 LNG 船舶的容量以及可能的泄漏量有关。根据 Sandia 的研究，一般情况下，对于意外的事故性泄漏(Accidental LNG Spills)，Ⅰ 区(Zone 1) 的范围为船舶周围 250m 范围；Ⅱ 区(Zone 2) 的范围为船舶周围 250 ～ 750m 范围，Ⅲ 区(Zone 3) 的范围则在船舶外围 750 ～ 1500m。对于较大量的故意性泄漏(Intentional LNG Spills)，Ⅰ 区(Zone 1) 的范围约为船舶周围 500m 范围；Ⅱ 区(Zone 2) 的范围为船舶周围 500 ～ 1600m 范围，Ⅲ 区(Zone 3) 的范围则在船舶外围 1600 ～ 3500m。

由于重点关注的是船舶在航行过程中可能对通航环境的影响，因此，对于主力船型为 150000 ～ 165000m³ LNG 船舶在通航过程中的危险区域，其取值范围的确定应重点考虑船舶在进出港航行过程中遭遇意外事故可能导致的风险，因此，LNG 船舶的危险区域取值范围主要参照意外的事故性泄漏的取值范围，如图 13-3 所示。

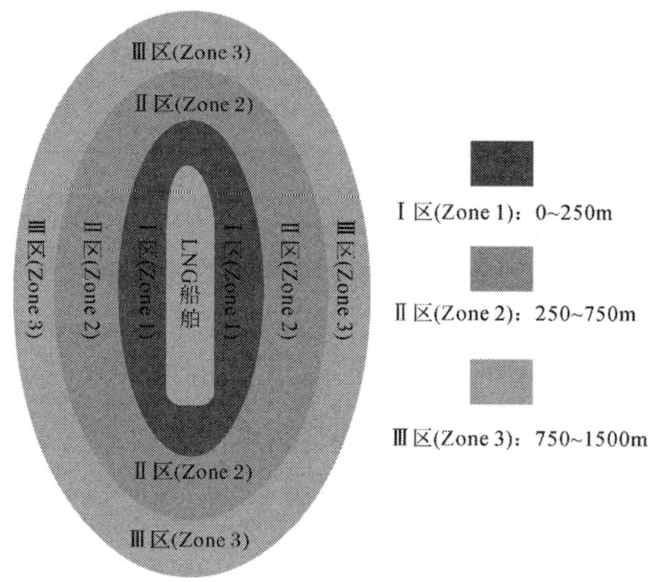

图 13-3 LNG 船舶危险区划分示意图

在 LNG 船舶进出港过程中，其危险区是随着船舶的运动呈动态分布的。

13.4.3 LNG 船舶的交通组织方案(包括引航方案及拖轮配布)

13.4.3.1 LNG 船舶的一般性要求及基本原则

① 拟进出港口的 LNG 船舶的设计、构造、设备应当符合有关国际公约的要求，经船旗国政府或其授权的船舶检验机构检验、认可，并保持良好的技术状态。

②LNG 船舶液货舱内货物充装极限应当符合有关国际公约和规范的要求，液货舱的装载应当满足其舱型的特殊要求。

③LNG 船舶液货舱压力和温度应当控制在货物操作手册规定的范围内。货舱安全释放阀的最大释放压力应当经船籍国认可的检验机构设定并持有有效证书。

④LNG 船舶惰性气体系统应当保持良好的状态，能满足其服务处所的惰化要求。

⑤LNG 船舶货舱监视系统、可燃气体探测系统应当始终处于开启状态并有效监控。在货物控制室和驾驶台应当能连续监控货舱绝热状况、屏蔽空间的压力、温度和可燃气体浓度。

⑥ 在确保安全的前提下兼顾效率，尽量降低 LNG 船舶对其他船舶航行和港口生产带来的不利影响。

⑦ 海事管理的属地管理原则，即 LNG 船舶在航经不同海事管理辖区时由不同海事主管机关对其实施管辖。

⑧ 节省海事管理资源，简化手续，方便 LNG 船舶进出港。

13.4.3.2 组织机构及其职责

为保障 LNG 船舶进出港通航安全，一般由港口调度中心实施 LNG 船舶进出港交通组织，其在 LNG 船舶进出港交通组织中的主要职责如下：

① 负责受理 LNG 船舶的进出港航行计划的申报；

② 根据 LNG 船舶的申报以及 LNG 船舶计划航线水域通航环境状况和港区船舶动态，编制 LNG 船舶进出港船舶的航行计划；

③ 提前 24h 统一向 VTS 预报进出港船舶的动态，并在进出港前 1 日 20：00 前确报第二天的航行计划，便于 VTS 核准；

④ 及时收悉 VTS 核准的船舶航行计划，并向船舶反馈，并组织船舶按照 VTS 核准的航行计划执行；

⑤ 密切关注船舶进出港动态，及时处理船舶进出港航行计划的修改或变更；

⑥ 协调进出港船舶之间的冲突，努力提高航道的利用率，降低其他船舶的滞留和等待时间，在保障 LNG 船舶进出港安全的前提下，提高航道的通过能力和港口的吞吐效率；

⑦ 协调进出港船舶的其他事宜。

13.4.3.3 船舶安全航行设备

为保障航行安全，LNG 船舶至少应配备满足下列要求的导助航仪器：

① 两台独立工作的雷达和雷达自动标绘仪；

② 至少两套满足 IMO 要求的能够独立工作的操舵系统；

③ 卫星导航与全球定位系统（GPS）；

④ 全球海上遇险与安全系统（GMDSS）；

⑤ 测深仪；

⑥ AIS；

⑦ ECDIS；

⑧ 跟踪控制系统（Track Control System）。

13.4.3.4 船舶消防设备

所有拟进出港的 LNG 船舶必须按照《1974 年国际海上人命安全公约》（简称 SOLAS 公

约)、《国际散装运输液化气体船舶构造和设备规则》(IGC Code),以及中华人民共和国相关法律法规的要求配备满足要求的消防设备设施,至少应包括:

① 能够覆盖生活区、集控室和所有货物主控阀的水喷淋系统;

② 传统消防系统;

③ 用于 LNG 船舶的干粉灭火系统;

④ 用于保护机舱、压载泵房、应急发电机、货物压缩机的二氧化碳灭火系统。

13.4.3.5 引航

所有拟进出港口的 LNG 船舶必须强制申请引航,由港口引航站提供引航服务。

引航站在接受 LNG 船舶引航申请后,应根据 LNG 船舶的航行特点和要求,结合航经水域通航环境特征,拟定详细的引航方案。对于首次进港的 LNG 船舶,引航站在制定引航方案后,还应在 LNG 船舶抵港前 3 日向港口的海事部门报送引航方案。

从事引航工作的引航员应保证至少 2 名,并持有一级引航员适任证书,经液化气船安全知识及安全操作培训合格。

由于 LNG 船舶航经水域通航环境复杂,为便于引航员熟悉 LNG 船舶操纵特性和通航环境,积累引航员驾引 LNG 船舶的经验,一般利用船舶操纵模拟器对引航员进行严格培训。

13.4.3.6 船舶报告

为保障 LNG 船舶进出港区水域的安全,在 LNG 航经水域实行船位报告制度,LNG 船舶须按下列要求报告:

①LNG 船舶应当提前 72h(航程不足 72h 的,在驶离上一港口时) 向海事管理机构提供预计抵港时间,提前 24h 确认抵港时间,提前 2h 报告船舶动态;

② 船舶在离泊前 30min 应向港口海事部门报告船名、动态和开航申请。因故不能按时开航的,应及时报告并说明原因;

③ 船舶靠泊后、离泊前,应通过 VHF 向海事管理机构报告;

④ 船舶锚泊后、起锚开航前及引航员登离船时,应通过 VHF 向海事管理机构报告;

⑤ 船舶在进出港航行期间,应保持在 VHF16 频道、VHF11 频道收听,注意收听海事管理机构播发的海上安全信息,及时应答海事管理机构的呼叫和询问。

报告内容:初次报告包括船名、国籍、呼号、总长、总吨、船位、上一港、进港目的、首尾吃水、船舶种类、危险品种类和数量、拖带情况和其他要求的事项。其他情况报告:船名、位置和其他要求的事项。

13.4.3.7 护航

LNG 船舶在进出港航行过程中,护航方案应根据 LNG 船舶航经水域的不同通航条件和 LNG 船舶的通航需求来制订,可参考下列情形进行:

情形一:配置 3 艘护航艇(其中船首 1 艘用于引导,左右各 1 艘用于机动)、1 艘消拖两用船(船尾水域) 护航,如图 13-4 所示。

情形二:配置 3 艘护航艇(其中船首 1 艘用于引导,左右各 1 艘用于机动)、2 艘拖轮(拖轮用于协助航行)、1 艘消拖两用船(船尾水域) 护航,如图 13-5 所示。

情形三:配置 4 艘护航艇(其中船首 1 艘用于引导,LNG 船舶左舷侧 2 艘,右舷侧 1 艘用于机动)、1 艘消拖两用船(船尾水域) 护航,如图 13-6 所示。

情形四:配置 2 艘护航艇(其中船首 1 艘用于引导,船侧 1 艘用于机动)、1 艘消拖两用船

(船尾水域)护航,如图 13-7 所示。

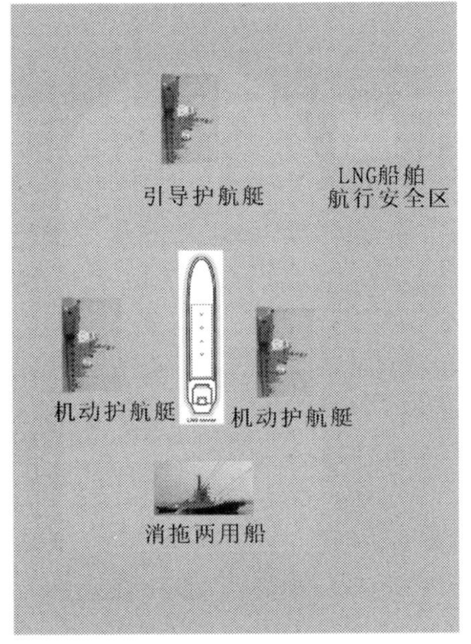

图 13-4 护航情形一

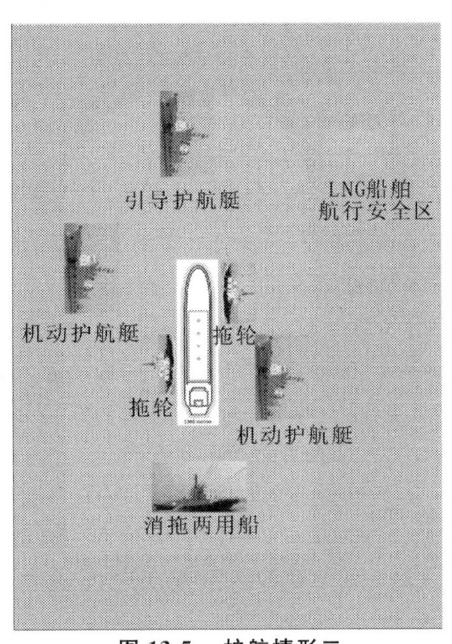

图 13-5 护航情形二

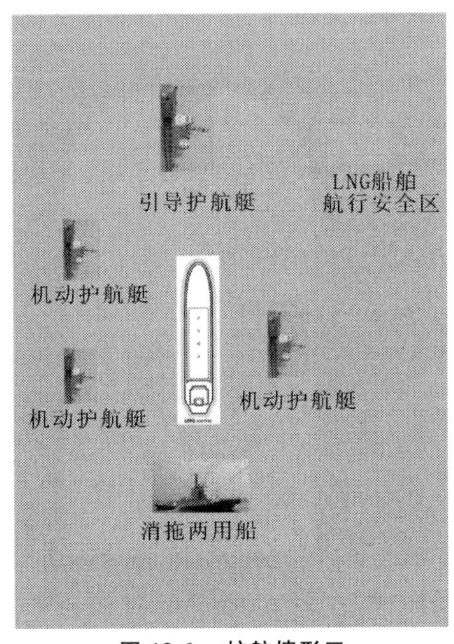

图 13-6 护航情形三

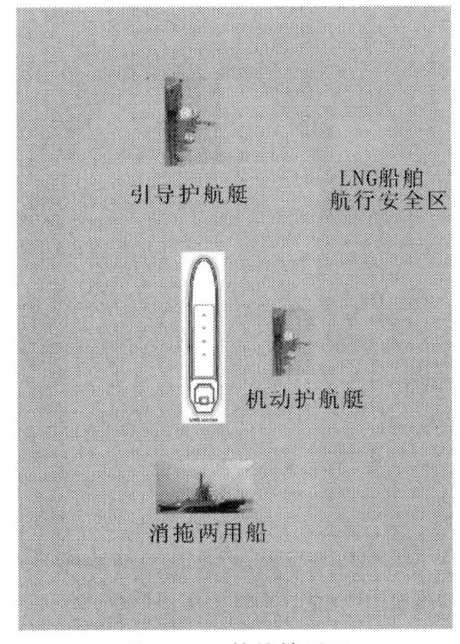

图 13-7 护航情形四

13.4.3.8 实施交通管制

在 LNG 船舶进出港航行中,不同的交通管制方式主要通过航行通(警)告、现场交通管制、VTS 动态管制来实施,具体如下:

(1) 航行通(警)告

LNG 船舶进出港口期间,海事管理机构对 LNG 船舶计划航线及其附近水域实施交通管制。交通管制的具体时间、管制区域以及交通管制期间船舶设施的航行规则由海事管理机构提前以公告、航行警告、港内 VHF 等形式对外发布，有关单位、船舶应注意接收。

(2) 现场交通管制

现场交通管制主要是对 LNG 船舶进出港航行过程中所经水域的现场进行交通管制，主要包括对 LNG 船舶航行安全警戒区进行警戒，防止未经允许的船舶进入 LNG 船舶航行安全警戒区，对 LNG 船舶航经水域附近的船舶交通流进行疏导和控制等。

现场交通管制主要由 LNG 船舶护航艇和现场监护艇完成。其中现场监护艇主要用于对关键水域的船舶交通进行监护和控制。

(3)VTS 动态管制

VTS 动态管制主要是利用 VTS 动态监管的优势，对 LNG 船舶进出港航行期间交通管制区内的船舶进行动态监控，及时提醒、指挥调度可能对 LNG 船舶安全航行构成影响的船舶采取措施(比如改变航向、改变航速、到锚地抛锚等)以消除或避免影响。

VTS 动态管制主要由 LNG 船舶航经水域的 VTS 指挥中心来实施。在实施过程中，VTS 指挥中心应与现场交通管制组保持紧密联系，并及时将有关情况通报给现场指挥。现场指挥在需要了解相关水域其他船舶动态时，也可以直接与 VTS 中心联络，VTS 中心应予以及时反馈。

13.4.3.9　危险区的安全控制

在 LNG 船舶进出港航行过程中，为降低对 LNG 船舶可能造成的影响，对不同危险区采取不同的安全控制措施。

对危险 Ⅰ 区，重点是加强防止蒸气扩散和火灾危害。海事管理机构对区带内的物标(船舶、设施等)应实施强制管制，即禁止该区域内的物标使用明火、进行明火作业以及其他可能导致 LNG 船舶燃烧、爆炸的危险操作和作业。同时通过实施交通管制，在 LNG 船舶航经期间，禁止其他船舶进入区带内航行。

对于危险 Ⅱ 区，重点是加强防止火灾和蒸气扩散危害，区带内的相关部门应该具有处置 LNG 突发事故的突发事件管理和应急处置方案。在 LNG 船舶航经时，海事主管应告知相关部门或者人员做好相应的应急准备，以便在危险发生时能够进行适当的应急反应。

对于危险 Ⅲ 区，重点是防止 LNG 蒸气云扩散危害，区带内的相关部门应该具有处置 LNG 蒸气云扩散突发事故的突发事件管理和应急处置方案。在 LNG 船舶航经时，海事管理机构应告知相关部门，引起各相关部门的注意和重视。

13.4.3.10　应急反应

①LNG 船舶和海事管理机构应针对航行过程中可能出现的风险制订相应的应急计划，并定期进行演习，熟悉应急行动过程。

②LNG 船舶发生水上险情、交通事故、污染事故、货物系统异常及其他应急情况时，应立即启动船舶应急计划和采取有效的应急措施，防止损害、危害的扩大。

航行及靠泊作业期间发生事故、险情等应急情况，应立即向海事管理机构报告。

海事管理机构接到报告后，应立即启动相应的应急救助预案，根据事故性质和要求组织救助。有关单位和船舶、设施必须听从海事管理机构的统一指挥。

③LNG 船舶发生或者发现保安事件时，或者公司保安员收到船舶保安报警后，应按照规定立即向海事管理机构报告。报告内容包括：船名、船籍港、位置、船舶种类、船上人员和货

物情况、受到的保安威胁等情况。

④LNG 船舶发生事故、险情时，海事管理机构应立即开展事故、险情的调查处理工作，当事船舶应主动接受海事管理机构的调查处理。

14　特殊环境下的引航

14.1　能见度不良时的引航

能见度不良是指由于受雾、霾、下雪、暴雨、风沙等影响而使视距受到限制或因光照度差而使夜间航行视程降低。由于视线较差，航行条件恶化，航行船舶易失点迷向而造成事故。

14.1.1　夜航

夜间引航要点及注意事项：

14.1.1.1　*做好夜航前的充分准备工作*

① 驾驶人员接班前应重温本班夜间所航经河段的航道情况，熟知地形、地物及岸嘴、礁石等碍航物。同时还应根据水位的变化，熟悉航段内的主流、缓流及不正常水流的分布情况，以便选择航路。

② 驾驶人员应熟记航向和航段标志的配布，能熟知物标（包括显著的天然物标）的位置及特征，并能合理地利用它作为夜航叫舵、转向，以及校核船位、航向的重要依据。

③ 值班人员在进驾驶台接班前，应于黑暗处闭眼停留片刻，使眼睛适应在黑暗中视物。待交班人交清航道等情况、摆正船位、稳定航向后再接班。禁止交接不清，盲目接班或在避让时交接班。

驾驶台内应避免其他灯光射入而影响值班人员视觉。如需用灯，应遮蔽灯光不使其外露，或采用不耀眼的弱光或红色灯光。

14.1.1.2　*夜航中应掌握的要点*

① 要充分利用望远镜、罗经、雷达、VHF 等助航设备加强瞭望。在山区河流或狭窄河道，在不妨碍他船航行时，可利用探照灯助航。

② 随时准确测定船位，掌握好夜航转向点和掉向点，使船舶始终保持在计划航线上或处于“落位”状态。

③ 通过突出的岸嘴、石梁、礁石、急流滩或险槽时，要准确掌握地势、滩情水势，正确使用车舵，采取的安全措施稳妥。夜间绞滩，要分工明确，措施落实。遇陡涨水或本船为重载的上行船，在航经未设绞滩站的险滩时，要充分考虑本船的过滩能力，以避免船舶吊滩、退滩或失控而造成重大事故。

④ 宽阔河段（尤其是入海河口段）的物标、灯标稀少；支汊河口处，灯光混杂；洪水期的漫坪地段，灯标远近相互交错，辨认不清。要熟记每个航标的名称、灯质，两标间距和本船所需的航行时间及相对方位，以确定船位、航向和航道走向，避免失误。

⑤ 在漆黑的夜晚，近岸航行时，要及时抓住显著物标（地形、地貌）校正船位。船首线与岸线保持平行，并根据地形特征，及时转舵扬头，岸距应大于日间航行岸距。

⑥ 在弯曲、狭窄、横流强的河段，切忌会让船舶，应选择在航道较宽、水流情况较好的地

点会船。避让他船时应及早鸣笛，显示避让方向的闪光灯，统一会让意图，以便会让船舶双方安全互让。对实行分道航行的河段，严格按规定要求选择会让方向。

当前方航行情况不清，他船动态不明时，应及早停车等候，待弄清情况后，方能续航。尾随船舶应与前船保持较大距离，以防前船动态急变而措手不及，造成紧张的局面或发生碰撞事故。

14.1.2 雾天航行

雾天航行一般分为两种情况：一种是在轻雾中航行，另一种是在浓雾中航行。前者是指在能见度在一级雾范围内，雾情变化缓慢，不会突然恶化的情况下航行。后者是指在大型河流的中下游，非港区的宽阔航道内雾情已达到三级雾，配备有良好的导航设备，且操纵灵活的船舶，借助雷达等导航设备定位航行，或船舶本来按轻雾航法航行，经过山溪、沟口或浓雾区时，因突然遇浓雾，一时无法选择锚地抛锚而被迫在浓雾中航行。以下分别介绍两种雾中航行的引航要点及注意事项。

14.1.2.1 轻雾中航行

① 驾驶人员应切实掌握各航段雾季的分布、特点、征兆及变化规律，随时注意雾情变化。

② 减速行驶，按章鸣笛，并报请船长，同时通知机舱备车。抓岸形、航标和显著物标点，摆正船位，勤测勤算，做好应变的准备。

③ 所有值班人员应坚守岗位，加强瞭望。大型船队应加派专人到首驳瞭望，并随时将情况报告驾驶台。

④ 开启雷达，派专人进行雷达观测，随时报告观测情况。

⑤ 运用 VHF 加强与信号台(站)及附近船舶的联系，远离避让。

⑥ 发现雾级有向浓雾转化的趋势时，及早做好锚泊扎雾准备工作。山区河流下行船舶更应准确地掌握船位、航道特征及浓雾区，不要错失掉头的时机和锚地，及时选择锚地扎雾。

14.1.2.2 浓雾中航行

除应按照轻雾中航行要点进行操作外，还应做到：

(1) 驾驶人员能熟练使用雷达定船位、选航向。能使用雷达航行参考图，能准确从雷达荧屏上选择掉向点、转向点，按航道走向及时调整船位，使船舶航行在计划航线上。能从雷达荧屏上区别航道内外动静物标，区别船舶类型、大小、走向，有无碰撞危险。如发现有碰撞危险，应及时用车、舵，采取紧急应变措施。

(2) 雾航中使用雷达协助避碰时的注意事项：

① 用雷达协助避碰时及早发现来船是关键。海上航行一般要在 8n mile(15km) 以外发现来船，6n mile 以外判明情况，并立即采取避让行动。采取避让行动后，要继续观测，验证避让效果。如果采取的行为未取得预期的效果，这时应及时重新做出判断，然后进一步采取避让行动。

② 当能见度不良时(一般海上能见度低于 3 ～ 5 n mile，内河低于 1.5km)，或接近雾区航行时，应开启雷达助航，并保持仔细和连续的观测，距离挡应远近交替使用。

③ 发现来船回波应做好观测记录，以判明与来船的关系，如与来船是否存在碰撞危险，来船有无明显的避让动作等。

④ 雷达避碰要求在远距离采用大幅度变向或变速方法，目的是让来船能从雷达荧光屏上及时了解本船的意图，采取相应措施，即使来船没有雷达也能安全通过。一般转向角不应小于 30°，减速应在 50% 以上。在海上不管采取什么行动，均应保证会让距离不小于2 n mile。

⑤ 海上航行，突然在 5 n mile 以内发现他船回波在本船正横前，应首先减速，以便能有更多的时间进行观测和判断。

⑥ 采取避让行动后，如发现对方采取不协调行动，距离越来越近，而形成紧迫局面，唯一的办法是立即停车，继续观测对方的动向。在相距 2 n mile(3.6km) 时，把船停住，并鸣放相应的声号。

⑦ 在狭水道中遇雾，如本船雷达性能好，船位正确，则可以谨慎沿航道右侧(或规定的航道一侧) 航行。切忌在转向点与他船会遇，宁可停车等对方先过转向点。

14.2 雷雨大风天的引航

14.2.1 风天气候变化特征

我国地处亚洲东部，太平洋的西岸，北纬中低度亚热带地区，属季风气候区。由于领土辽阔、地形复杂、气候多变，从海洋到内陆的各种气候几乎都有。在大气环流影响下，每年冬季以北方南下的冷空气控制为主，较多干冷的偏北风；春季由于冷空气强度逐渐减弱，但还有一定的势力，常与开始活跃的暖湿空气交汇，多低气压活动，因此风向多变。夏季由于是暖湿空气最强盛，而冷空气处于最弱的时候，受西太平洋副热带压影响，以偏南风为主，常出现雷暴大风天气。夏季又是台风活动最频繁的季节。当台风在我国沿海登陆时，会形成 10 ～ 12 级或以上的大风，不仅影响附近海域，而且影响我国主要内河的下游及河口段。当强冷空气南下时，常会出现短时间的大风降温天气，产生 6 ～ 8 级以上大风，一般风向以偏北为主，有时会出现西南大风。秋季是大风最少的季节，主要是因为冷空气南下势力不强，暖湿空气已经衰退，常受弱高压控制，偏南风减少，偏北风增多。

14.2.2 雷雨天引航注意事项

雷暴雨常发生在炎热的夏季，时间短、来势迅猛，多发生在南方河流和我国东南沿海。从对航行安全的危害程度上讲，给内河航行安全带来的影响大些。因为内河航道尺度小，船舶流密度大，特别是对于航行在山区河流的船舶，突然而来的雷暴雨，使四周漆黑一片，能见度几乎等于零，要保证在礁浅、急流等险恶水域的航行安全，难度是可想而知的。

突遇雷暴雨天气，船舶应做好如下安全措施：

① 船舶航行在雷雨出现的航区，应装有避雷设施，并保证其功能良好。

② 发现有雷暴雨来临征兆，或航经经常出现雷暴雨的航区，应提前开启雷达、甚高频无线电话，请船长到驾驶台。

③ 雷暴雨来临时，立即减速鸣放雾航声号。利用目测、雷达、罗经等一切有效瞭望手段，加强瞭望。派专人观测雷达、罗经，收听甚高频无线电话，并及时向船长报告船舶动态和河床航道变化情况。必要时停车淌航，阶段性用车助舵调向。对无雷达的船舶，在摸索淌航中，可

利用闪电的余光抓点定位、掉头、抛锚。上行船宜早抛锚扎雷雨，或停车稳舵待航；下行船应选择宽阔水域掉头，选择锚地抛锚。

14.2.3 风天引航

内河航道尺度虽然较海洋小，但风浪影响仍然是存在的。如在比较宽阔的长江下游，4～5级风所产生的浪，足以影响船队的安全航行，而7～8级以上的大风，对大型客货轮也会产生影响。

14.2.3.1 顺直河段和河口段的风浪特点

① 顺直河段和河口段的风浪较其他河段为大，且大浪多出现在风、流同向时，如航道为南北向，流向为北向，风向与流向相同，但作用方向相反，为逆流风。此时风与流相撞击，会在整个河段上掀起大浪。水深、流速大的地方，浪头更大。

② 在同等风力下，顺流风的浪小于逆流风的浪。

③ 在同等风力下，下行顶浪航行船舶受浪的影响大于上行顺浪航行的船舶。

④ 下风岸的浪大于上风岸的浪。

14.2.3.2 风浪中引航的操作要点

在顺直河段或河口段内航行的船舶遇到风浪时，对船舶安全危害较大的，一般是上行船舶顺浪航行，下行船舶则是顶浪航行。此外，在横越航道或回转掉头时，因受到横浪袭击，对船舶航行的危害也较大。

当上行船顺浪航行时，因为航路多在小浪区内，基本上避开了大浪区，但风浪的影响仍然存在。当航速小于波速时（如慢速船队），则船舶将随波而运动，航向稳定性显著降低。若航速大于波速，上述现象则不存在。

下行船顶浪航行时，因航路大都在深水区，浪的影响特别大。船舶受到波浪的强力冲击，会产生横摇、纵摇、偏转甲板上浪、打空车、失速、纵向波浪弯矩、稳性损失和操纵性变差等，严重时还会产生中拱、中垂等有损船体强度的现象。假如这时纵摇周期接近于波浪周期，则纵摇加剧，并使船首有钻有入波峰的危险。此时为安全起见可驶离原航路，以避开大浪区，或降低车速。但必须使船具有一定的舵效。

顶推船体下行遇风，应使船队离开下行航路，航行于小浪区。如风浪对船队安全仍有威胁，应尽早抛锚扎风。掉头地点，掉头方法要选择恰当，否则船队因受横浪袭击，可能会发生断缆、散队、沉驳等事故。吊拖船队抗浪能力比顶推船队要强。如果吊拖船队为单排一列式队形，可加大前后驳间距，则既能防止缆绳突然受力而崩断，又能防止前后驳相互碰撞。

船舶在风浪中航行，航行与波浪推进的方向垂直时，横摇剧烈；若船舶航向与波浪推进方向斜交时，则横摇与纵摇同时发生。

船舶在风浪中的引航操作有以下几种情况：

(1) 顶浪航行

当船舶在湖泊或水库中迎着大风浪航行时，船首将受到波浪的强烈冲击，并产生纵摇。当船首没入波谷时，将发生空车现象，车速突然增大，使船体受到强烈的震动，容易损坏机器。此时应将航速降低至能保持或维持舵效的程度，使船舶处于缓速顶风的状态。

如风浪很猛烈，为了防止波浪对船首产生过分强烈的冲击，可使航向偏离波浪推进方向20°～40°，做斜向慢速航行。不过这样虽降低了纵摇程度，却出现了相应的横摇。为了使船体均匀受力，可使左右舷轮换受浪。

（2）顺浪航行

船舶顺浪航行时舵效减弱，航向稳定性差。若用大舵角校正，必使船舶摇摆更剧烈。

在顺浪航行时，航速与波速（此指波浪速度）之间的关系非常重要。当波速大于航速时，从后方赶来的波浪冲击船尾与舵，使船体失去控制。当航速接近波速而船舶又位于波浪的前坡或波谷中时，船体就极可能发生偏转，以致受到横风、横浪的侵袭而造成倾覆。只有当航速大于波速时才能够正常航行。因此，在顺浪航行中，最好能调整航速，使之略大于波速。顺浪航行，不宜采用大舵角转向，要注意保持航向，配合使用不同的车速，来增强舵效，应选择不受波浪大角度冲击的航向行驶。

（3）横浪航行

横浪航行时，船体将发生横摇。船舶横摇与船舶稳性有关。当船的摇摆周期与波浪周期接近一致时，产生谐摇现象，使船横摇加剧，甚至有倾覆的危险。在此情况下，必须设法改变航向，以减轻横摇。但在调整航向使船头受浪时，切忌用大舵角，以免造成翻船的危险。如欲使船尾迎浪，必要时可用倒车，则船首能自动平稳而缓慢地转向下风。

不论单船或船队，在湖泊、水库或江河中航行，必须密切注意天气预报。根据天气变化的趋势与本船的抗风能力等具体情况，听从有关调度及气象台站指挥行事，不能盲目冒险。

14.3　高洪水期的引航

高洪水期是指河水上涨至漫出洪水河槽或淹没了大部分的岸坪、滩地时的水位，或称特高洪水位。这时航道呈现出不同于正常水位时的特点。在平原河流中河道变化大的河段，堤岸崩塌，旧堤被毁后又筑新堤，形成“岸内有堤，堤外有坪”，使河道两岸出现高低不一，形态各异的岸坪、废堤、矶头及抛石物，这成为高洪水期特殊的河床形态特征。高洪水期河水漫坪后，水面汪洋一片，给引航和船舶定位带来很大的困难。

14.3.1　高洪水期的航行条件

（1）航道水流特征

① 在山区河流的宽谷河段，局部谷坡被淹没，河面宽阔，除有少数的石质急流滩外，一般水流条件相对较为缓慢；峡谷河段，洪流急增，与河槽断面的增加不相适应，比降、流速增大，流态变坏。特别是水位猛涨时，流态险恶，使船舶的引航操作十分困难。

② 在平原河段中，高洪水位期水流特点是：两岸低坪部分及滩地被淹后，河槽与岸坡的界线不清。特别在弯曲河段，漫滩水流撇弯取直，更难于识别河槽地貌，极易走错航道。又因流程缩短，弯道出口的比降和流速均增大，且流向与船航向间的夹角增大，形成了强横流，增大了引航的难度。

（2）随着水位升高，部分河岸被淹没，岸形发生变化，驾驶人员在选择航路、确定航向、摆正船位等方面失去了可靠的依据。

（3）航标布置变化较大，在弯曲河段，尤其是两河湾相邻的航段，观察航标时会出现相互交错，容易引起混淆。夜航时，灯光远近难于辨别，如遇灯标流失、移位或熄灭，更难以准确地判断河槽的位置。

(4) 随着水位的升高，有些汊道，此时有了适航水深，可供船舶作为经济航道航行，但其流量也随着水位上升而增大，进出口处会产生强横流。

(5) 跨河建筑物的净空高度随着水位升高而减小。

14.3.2 高洪水位期的引航要点

① 随时掌握本船船位。高洪水位期，航行条件及定位目标发生明显变化。此时定位的依据是：岸上的高大建筑物、山头、树丛、支汊河交汇处的岸形特征等天然物标；浮标和泛滥标；被淹没岸线边缘和洲滩边缘的特殊水文特征等。借助目测、雷达、罗经等助航设施综合定位。

② 及时修正流压差角。漫滩水流的流向与原河槽的轴线存在较大夹角，航行船舶应注意各种不正常流态的影响，及时调整流压差角，挂高船位，抑制漂移，确保船舶在河槽内安全航行。

③ 正确识别航标灯质，设标位置，避免远近灯光混淆。夜间航行应将航线选择在与漫坪堤岸相对的缓流航道一侧，防止上坪搁浅。两岸均淹没的漫坪河段，航行无足够把握时，宜选择在白天通过该航段。

④ 航经支汊河口时，若遇到涨水急流时，应向来水一方挂高船位。若遇到强吸入流时，应绕开航行。航经高洪水位期开放的副航道时，要切实校核航宽、水深及碍航物的高(深) 度能否满足本船安全通过的要求。注意减速过浅区和要求减速的河段，防止浪损。

⑤ 航经山区河流的高流速滩槽前，应仔细了解、校核滩槽水位、流速和滩头水势，果断决策是否自行上滩或施绞上滩，或扎水待航，提前做好各项准备工作。

⑥ 通过跨河建筑物(如桥梁、架空管线) 前，应该规定，准确计算有无剩余高度，必要时倒桅通过或停泊待航。

14.3.3 在水位猛涨、猛落时的引航注意事项

水位猛涨、猛落是山区河流的特征。山区河流比平原河流无论是年变幅还是日变幅均要大，各港对水位陡涨急退规定的标准不尽相同。如长江上游重庆港规定，猛涨水为 15cm/h 或(4 ～ 5m)/(24h)。当水位陡涨，涨幅又较大时，不仅增加了船舶航行安全、引航操作、航道维护等的困难，而且危及两岸人民的生命与财产安全。在水位猛涨、猛退时，船舶航行必须注意以下事项：

① 注意水情预报，了解水位涨幅、洪峰传递及达本河段与本船相遇时间，以便制订防范措施。

② 洪峰来临，造成短时间内(如中川江一般是 1 ～ 2d，多则 3d) 流量急增，因径流量大，水面比降大，水流湍急，河中不正常水流到处存在。在峡谷河段，洪流喧啸，水势汹涌，翻腾成卧槽漩坑。上下行船舶往往在特高水位时需“扎水” 停航以确保安全。

③ 洪峰到达时，因水位陡涨，以致堆积在两岸来不及转移的物资以及树木、杂草等随流倾泻而下。航行中若疏于瞭望、避让不当，极易打损车舵或导致航行事故。

④ 洪水期某些急流滩段，在陡涨水位期，其流速急增，流态变坏，滩势恶化。设有绞滩设施的滩段，此时也不能施绞；有的滩段，平时船队原来可自行过滩，但在此时则无法自行通过。因此，上行船舶(队) 应充分估计水情水势。确无把握时，应于滩下选择安全锚地“扎水”，切不可盲目冒进。否则，上滩后将进退两难，造成事故。

⑤ 当某一水系中较大的支流，在山洪暴发、水位陡涨时，因径流量(包括泥沙含量)大，在干支流交汇口附近，水流发生急剧变化，支流口堆积物增多，滩体变形，堵塞了干流的水流，使其上游壅水，下游水流变急，流态变坏。如在滩段内则改变了同一水位期的水面曲线，加大了纵比降。船舶经过此处，舵力难以抗衡水力，出现失控，反而造成事故。

⑥ 水位陡涨会造成航标流失、移位、熄灭，而又不能及时得到恢复。此时，船舶不能完全依靠航标助航。驾驶人员应参考岸形、物形、水文现象，正确选择航路和判明船位。

⑦ 水位急退时，水流动力轴线将会急剧摆动。在高水位期淤积泥沙的地带，此时被水流强烈冲刷会出现走沙水，航道内可能会残留沙坝或沙包，船舶应避开航行。

14.4 流冰期的引航

14.4.1 流冰期的航行条件

北方河流，当气温降到一定程度时，便发生冰情，形成冰块，顺水漂流出现流冰。冰凌期航行条件具有如下特征：

14.4.1.1 水位变化异常

在流冰畅通的河段，水位正常。当流冰因多种原因受阻时，局部水位开始上涨。流冰受阻严重时，河流阻塞，坝上水位猛涨，坝下水位急落，形成数米的水位落差。

14.4.1.2 船舶吃水增加

在严寒的气温下，水中的冰块附着船底，增加了船舶吃水和阻力，不仅直接影响船舶操纵，有时还会使船舶在浅水航道上搁浅。

14.4.1.3 水面上有漂移的浮冰

春季的流冰，经常夹着大小不均匀的坚硬冰块。对船舶威胁较大的是半沉半浮的大型冰块，如航行中未被发现，船舶撞击后，会造成船舶破漏、进水，甚至沉没的危险。

14.4.1.4 航道易改变

在封冻的河流、冰雪覆盖的河床内，泥沙运动和浅滩演变仍然不停地进行。河床中洲滩位置按照河流运动的规律可能会发生较大变化。春季开江时，航道部门如果按原来未封冻前的方式设标，可能会出现差错。船舶若按封冻前设置的导标行驶，将会有在航道上搁浅的危险。

14.4.1.5 航路选择困难

由于冰块占据了水面，航道尺度变小，流冰沿主流漂移，而主流区正是船舶航行的深槽。船舶航行中为避开冰块，往往被迫离开航线。船舶在狭窄航道会让冰块，还有可能酿成事故。

14.4.1.6 天气恶劣，视线变差

秋季流冰期经常出现风暴天气，能见度极低，视线不清。当航标被冰雪覆盖时，难于辨认标志颜色。

14.4.2 冰区航行特征

14.4.2.1 冰区航行船舶的机动性能发生的变化

① 随冰层厚度的增大船舶回转倾角减小。

② 船舶航速降低，回转速度减小，导致回旋周期增大。

③ 最大舵角不是最佳回转舵角。在冰中航行，如果冰层厚度 $h \geqslant (0.6 \sim 0.7)h_{极}$（$h_{极}$ 为该船通航时冰的极限厚度），若采用大于最佳舵角的舵角回转，将导致航速和回转速度的急骤下降。

④ 航向稳定性差，尤其是倒航、稳航极为困难。

⑤ 船舶冲程减小。

14.4.2.2 冰区航行定位

船舶在流冰中航行时，定位存在着较大困难。因为驾驶员既要定船舶相对岸边的位置和航道轴线的位置，又必须随时估算冰况，避免撞击冰排。冰凌期，航行标志有时会出现不正常状态：标志缺少、部分流失、发光不正常，甚至全部失常，给航行船舶带来危险局面，甚至迫使船舶停航。驾驶员应充分了解和掌握航道情况并根据天然和人工物标的特征进行定位。

从厚冰中开挖出的冰上航道（简称冰上运河），给船舶定位提供了良好的条件。但必须确认冰层不会因船舶通行而移动。夜间可借助探照灯观察船舶周围冰的特征，依据近岸特征定位。在视线不良和黑暗的夜晚引航时需要配置两部船用雷达、大功率探照灯和船首探照灯。并且保证岸上助航设施（如灯塔、岸标反射装置）工作的可靠性。在水库和湖区中，最好设立雷达站，为船舶导航。

14.4.2.3 航行值班

在恶劣的冰凌条件下航行，应按以下方法组织值班工作：驾驶台应有不少于 2 名驾驶员，高职务者为工班长。船舶接队航行时，工班长的职责是准确、无误地执行指挥船的指令，按规定的通信频道，保持与指挥船的联系。严格按规定航路行驶，保持船舶之间的安全距离。随时掌握自身船位，定期监测船体有无漏水。船体内生活用水及残存污水，必须每小时测取。如果有严重事故发生，应不间断地观测、量潮，直到无潮为止。

交接班时，值班长在航行日志上应记载航区冰况（形状、厚度、破损情况、坚韧性、浮冰数量及风的影响等）、航速、距前船的距离、引航船交代的事项。

在气温为零下时的冰区停泊，为防止车、舵冰冻，必须不停地使用车、舵。

14.4.3 冰区航行

运输船舶在允许的冰况条件下航行，称自航。船舶由无冰水中驶入冰区，应仔细评估冰况，再次检查舵设备、自动化设备、堵漏及救生设施工作的可靠性和储备量。最好在视线好的情况下，或收到气候变好的预报之后进入冰区。避免在流冰、冰坝时进入冰区。

以最小航速、直角或接近直角驶近冰块的边缘。驾驶员应随时估算冰况，选择航道内冰层最稀少、结构尚不坚实的冰区。由冰块的厚度、船体结构强度和冰况确定允许的安全航速。应避免撞击冰堆。船舶转向时，因有漂角，船舷可能会撞击冰块，因此应谨慎地减速操作。特别要警惕半沉半浮的超大冰块，其水下部分常有锋利的棱角，若船舶以高速触撞这类冰块，船体会发生破损。

冰区航行应注意以下事项：

① 靠近大冰块行驶，不可贴压，应避开凸嘴。当不可避免撞冰时，应避重就轻，使船首相擦，避免撞击船尾和机舱部位。

② 避免操急舵或大角度转向，以减小船舶倾斜和撞冰。转弯时应靠近有突嘴的岸边。

③ 定向直线航行时，应定期转动 3° ～ 5° 舵角，避免车、舵冻结。船舶倒航时，舵应放在正舵位置。

④ 流冰和冰塞对在冰凌条件下工作的船舶有较严重的危险性，流动的浮冰能将船舶压向岸边、浅滩、礁石，致使船舶损坏。在天然河流中，当得到流冰的信息后，航行船舶必须尽快驶向最近的卧泊地、岸嘴、洲滩、岛屿的下方停靠。如果无法实现，必须尽快靠岸（最好是河湾的上半部），使船舶与岸线成 20° ～ 40° 夹角，向泊岸一方操最大舵角，并开小转速顺车。如果停车，船尾会被水流压向岸边，危及车舵设施。

⑤ 对冰区航行实施以上安全措施确有困难的船舶，要求驾驶员采取一切手段严防船舶在航道中冻结。具体操作是：先减小车速，停车，舵放置在"中舵"位置，开倒车后退 30 ～ 50m，最后再减小车速前进到原来位置，反复进行。船舶待航、过夜、等待援助等情况下的停泊，一般不抛锚。

14.4.4　船舶卧冬

封冻河流在"霜降"以后，一旦出现冰情，航行中的船舶就应考虑卧冬问题。尽量缩短航程，逐步向指定的船坞靠拢。如果途中遇到寒流袭击，被秋季流冰所阻，不得冒险行驶，应就近（或顺流冰下航一段），在河流沿岸寻找适当的卧冬地卧冬，以减少冰损。

14.4.4.1　船坞

船坞是指有足够水深，能容纳一定数量船只的卧冬地。分自然坞与人工坞两种。

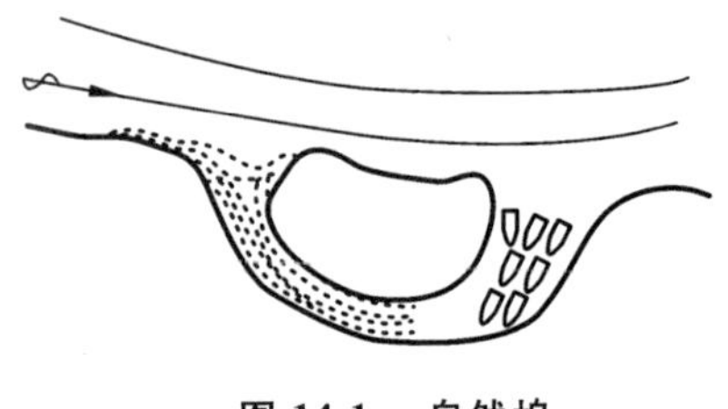

图 14-1　自然坞

（1）自然坞

老河槽上口被泥沙淤积堵死，只有汛期能过水，下口仍与河流相通。这种坞池即为自然坞，较为理想，如图 14-1 所示。

（2）人工坞

人工坞为在船籍港附近，经周密设计而修筑的卧冬地，有如下两种形式：

① 挖掘式：沿河流某岸向岸边挖掘的宽阔水域，周围筑堤。如佳木斯船坞，如图 14-2 所示。

② 堤坝式：如哈尔滨船坞，如图 14-3 所示。

图 14-2　佳木斯船坞　　　图 14-3　哈尔滨船坞

14.4.4.2　船舶卧冬地

船舶卧冬地是船舶因故不能入坞，依靠有利的自然条件，能使船舶减少冰损的冬季停泊处。

一般卧冬地选择在下列地点：

① 老河槽下口；
② 小河下口附近；
③ 岛屿下端靠近岸边处；
④ 河岸突嘴下方；
⑤ 堤坝及水工建筑下方。

以上地点流速较缓，封冻早，岸冰外扩，可免受秋季流冰威胁；春季流冰也因受突嘴、堤坝影响而流向河心，同样能减少冰损。

14.4.4.3 *船舶进坞*

(1) 入坞前的准备
① 测量坞池水深，清理坞内障碍；
② 扩挖坞口，安设标志；
③ 检查系缆桩、垅套等是否处于良好状态，必要时应更新；
④ 安排捣坞船只。

(2) 进坞
① 按指定船位，依次进坞；
② 进坞后，掉头，逆流对正标志，船位偏上风一侧；
③ 入坞后，用缆绳固定卧泊位，并绘出卧泊位水深图；
④ 保持船舶间的安全距离(纵向 8 ～ 10m，横向 5 ～ 7m)；
⑤ 坞内应设防火通道，便于在冰上打防火井，且消防车能通行。

港作船和捣坞船及交通艇卧泊在坞口附近，便于开江出坞，及时投入工作。

14.5 淤沙走沙期的引航

14.5.1 河流淤沙走沙的一般规律

14.5.1.1 *淤沙*

河流泥沙的淤积(简称淤沙) 与冲刷，是水流与河床相互作用的结果。水流作用于河床，当水流冲刷力超过河床水质的抗冲能力时，水流则夹带大量泥沙流向下游；而水流流速达不到某一临界值时，说明水流挟沙能力较小，会将泥沙释放在河床上，形成淤积体。天然河流曲直相间，以弯曲河段为多。洪水期流量增大、水位上升，主流切滩撇弯。主流流经之处部分河床受到冲刷，而远离主流流经的地段，往往有不同程度的淤积。随着流量减小，水位下降，主流归槽，水流在局部河段流速加大，冲刷沙床，此时各淤沙河段均出现走沙水。如长江上游臭盐碛河段，当奉节水位从 11m 急退到 10m 时，水流为了找出路，将以每秒 20 余吨的输沙量强力冲刷，如不能及时将淤沙全部或大部分冲走，则中水期就会出现淤沙，乃至枯水期形成浅滩。

14.5.1.2 *冲刷*

各航槽淤沙的冲刷程度和速度，取决于各淤沙航槽某一交替水位变化的速度及变化的幅度。当水位下降时，正槽(老槽) 将开始冲刷，航深不足，且副槽水位深也不足以过船，航行受阻。待水位再退，主流归入正槽，强力冲刷淤泥，方能通航。

14.5.2　淤沙走沙期的引航

14.5.2.1　淤沙浅区的特征

淤沙浅区航行首先必须正确识别浅区水纹特征、船舶入浅特征和走沙水纹特征。

① 浅区水纹：水色呈暗黑色，水花不明显。水清似堰塘水。起风时呈小麻花浪，浅区边缘有白色泡沫。

② 船舶(队）入浅：船速降低，浪赶船。船首下沉，水花声减弱。舵效不灵，船首向深水处偏转，轮驳起伏，出现摩擦声。

③ 走沙水纹：江水浑浊，泥沙含量大增。水波浪呈暗黑色，船速急骤下降。水性变坏，有沙包、沙漩出现，船舶操纵难度增大。

14.5.2.2　淤沙河段的引航注意事项

① 及时收听航道、水深通报和航道公报，准确了解淤沙河段开放航槽的淤沙、走沙特点。

② 减速进槽，测深，并根据航标配布情况，选择上下行航路。循流水航行，尽量远离淤沙水域。上行切忌贪缓流。

③ 发现水深不足时，应立即停车，防搁浅，断缆散队。船舶吸浅或垫尾，有倒关之势时，应在航道和水流的上游抛首锚带头。下行船必须抛锚带时，更应掌握好抛锚时机，以防船身下垮，被锚触穿船底。

④ 经过重点淤沙河段的注意事项：减载，调整好前后吃水；通过与信号台联系，了解航标配布情况、航道尺度及其他船舶通过时的操作方法；船长、轮机长、大副、水手长应坚守岗位，备锚，船队则驳船备舵。必要时，由航标艇引航通过。

14.5.3　典型重点淤沙河段臭盐碛的引航实例

臭盐碛(204.0～209.5km)是川江典型淤沙航道。该航道有两个航槽，沿右岸的枯水航槽，称为“老槽”。左岸臭盐碛上盐灶与鸡翅膀之间碛坝较低洼的部分，大约在水位7.5m时穿浩。每年洪水后期，水位退至一定值时，碛槽水深不足以过船，老槽淤沙又未冲刷干净时，对航行安全威胁很大。

奉节白马滩水位10～11m为臭盐碛航道最困难、多变时期。此时碛槽水深不足，老槽沙未冲刷干净(俗称未洗通)，将导致封航。不过这种局面不会持续很久，一般在一昼夜即能洗通老槽。

14.5.3.1　上行引航

(1) 碛槽

过江巴石吊向鸡翅膀白浮，左舷与盐灶红浮顺向，防被水流拖泻困袭盐灶脑外积沙。平盐灶红浮左舵外扬，丢鸡翅膀白浮于左右舷，防其脑部碛浅。平鸡翅膀白浮，右转向，分心稍靠白浮直至奉节大部南门。进槽前注意与信号台保持联系，了解航槽情况。勤测深，驳船备舵、备锚。当出现倒头情况时，采取抛锚带头的措施以挽救危局。

(2) 老槽

达张家沱早伸出，右舷挂主流沿八狼角左转向，船身将要顺向时，注意右舵顶住向右岸冲压的水势。沿右岸以右舷挂主流上，经铜锣背、青龙嘴掉向铜钱堆二夹水。平铜钱堆右舵外扬，顺沿白浮出槽。遵循洗沙水路的规律性，白天通过时应观察水纹现象（黑沙泡活动水区为深水），谨慎驾驶。

臭盐碛大走沙时，巫山以上沿途水性均有明显异常征兆。例如：各滩滩势流速增大，水性变坏，摩擦阻力增大，明显感觉船走不动；主流带有断断续续的白色泡沫，水色浑浊；流水处浮标尾后出现拖浪等。当对航槽的变化及沙漩不明时，不论上行老槽或碛槽，均是在白天通过较为安全。

14.5.3.2　下行引航

过白马滩左舵稍收，沿左岸下以提高船位，防水流由碛槽向右岸淤沙区冲泻。达大南门右舵抬向分心稍沿白浮一，置于鸡翅膀白浮的左前方，左防背脑袭浅。平鸡翅膀白浮右转向，将盐灶沙埂及内拖水丢右舷，掉向娃娃石，以避免盐灶周围的浅埂和对航向右岸拖泻的水势，使船归槽。平盐灶右舵顺向，左舷与岸形基本顺向稳向下势。出槽后将船身收顺右岸，以左舷挂主流依岸形渐走渐右转向。

进槽前提前与信号台联系，结合航道设标和淤沙、走沙情况，控制车速，谨慎驾驶。

过李家坝右舵道取红、白浮间进槽。达铜钱堆沿正常流水下驶，以避开盐灶周围的浅埂。过青龙嘴按碛槽航法出槽。

参考文献

[1] 刘明俊.航道与引航.北京:人民交通出版社,2003.

[2] 刘明俊,陈金福,翁建军.航道与引航.武汉:武汉理工大学出版社,2015.

[3] 杨亚东.船舶操纵.武汉:武汉理工大学出版社,2015.

[4] 祝建国,翁建军.雷达观测与标绘.武汉:武汉理工大学出版社,2010.

[5] 吴兆麟,朱军.海上交通工程.大连:大连海事大学出版社,2004.

[6] 刘大刚,冷梅.航海气象学与海洋学.大连:大连海事大学出版社,2011.

[7] 李作敏.交通工程学.北京:人民交通出版社,2000.

[8] 住房和城乡建设部,国家质量监督检验检疫总局.GB 50139—2014 内河通航标准.北京:中国计划出版社,2015.

[9] 邵学军,王兴奎.河流动力学概论.北京:清华大学出版社,2005.

[10] 梁应辰,涂启明,魏京昌.长江三峡、葛洲坝水利枢纽通航建筑物总体布置研究.北京:人民交通出版社,2002.

[11] IMO.船舶定线制和报告制.中华人民共和国海事局编译.大连:大连海事大学出版社,2003.

[12]《水运技术词典》编辑委员会.水运技术词典.北京:人民交通出版社,1982.